See the Forbidden City

看見故宮

看见故宫

See the
Forbidden
City

余辉　冯明珠　徐琳
王健华　丁孟
马顺平
著

看见故宫

目录

See the Forbidden City

看见故宫

第一章 陶瓷

一　中国古陶瓷发展巡礼　/ 002

二　陶器的烧成：磁山文化红陶盂及支座　/ 006

三　古老的绘画艺术：马家窑文化彩陶漩涡纹双耳罐　/ 009

四　最早的"china"：东汉青釉双耳壶　/ 012

五　瓷器发展史上的里程碑：隋代白釉罐　/ 015

六　秘色之谜：唐代青釉秘色瓷八棱瓶　/ 019

七　穿越千年的盛唐泥塑：唐三彩胡人背猴骆驼俑　/ 023

八　雨过天青云破处：宋代汝窑天青釉弦纹樽　/ 026

九　乾隆皇帝的宝爱：宋代官窑弦纹瓶　/ 030

十　陶瓷史上的悬案：宋代哥窑青釉弦纹瓶　/ 035

001

十一　健康活泼，人见人爱：宋代定窑孩儿枕　/ 039

十二　入窑一色，出窑万彩：宋代钧窑玫瑰紫釉葵花式花盆　/ 042

十三　多元文化的交流与融合：元青花飞凤麒麟纹盘　/ 046

十四　窖藏文物的前世今生：元青花釉里红镂雕盖罐　/ 050

十五　一直被追仿，从未被超越：明永乐青花缠枝莲纹压手杯　/ 054

十六　郑和下西洋与"苏泥勃青"：明永乐青花寿山福海纹香炉　/ 058

十七　价比黄金的永宣瓷器：明宣德青花云龙纹天球瓶　/ 062

十八　帝王专属的宫廷法器：明宣德青花蓝查体梵文出戟法轮盖罐　/ 066

十九　历朝皇帝宝爱的御用酒杯：明成化斗彩鸡缸杯　/ 070

二十　御膳房的食物盛放与保存：明嘉靖五彩鱼藻纹盖罐　/ 074

二十一　古代孩童游戏的童年：明万历青花婴戏图圆盒　/ 078

二十二　康熙朝瓷绘艺术：清康熙青花"红拂传"图棒槌瓶　/ 082

二十三　五彩之后的粉彩杰作：清雍正珊瑚红地粉彩牡丹纹贯耳瓶　/ 086

二十四　雍正皇帝的庆寿礼物：清雍正粉彩过枝桃树纹盘　/ 090

二十五　珐琅彩上的中国传统绘画：清雍正淡黄地珐琅彩兰石纹碗　/ 094

二十六　乾隆工艺瓷的"鬼斧神工"：清乾隆各种釉彩大瓶　/ 098

第二章 青铜器

一 青铜器：早期中国的政治表达与艺术丰碑　/ 104

二 商代青铜器的铸造巅峰：三羊瓿　/ 108

三 青铜王国的神秘和浪漫：兽面纹夔足铜鼎　/ 114

四 商人祭祀的盛酒礼器：弦纹青铜斝　/ 118

五 西周贵族克的传奇人生：青铜克钟　/ 123

六 远赴重洋的神秘乐器：四虎青铜镈　/ 128

七 大象的退却与环境变迁：象纹簋　/ 132

八 周公制礼作乐的历史见证：春秋时期蟠螭纹青铜编钟　/ 136

九 商周与春秋的艺术分野：莲鹤方壶　/ 141

十　战火中的国宝迁徙和离散：龙耳虎足方壶　/ 146

十一　青铜时代的女性婚姻：杞伯匜　/ 150

十二　一代枭雄存风骨：少虡剑　/ 154

十三　三千年前的太阳能取火工具：阳燧　/ 159

十四　春秋小国的生存之道：郏友父鬲　/ 162

十五　清宫"烤火盆"与战国盥洗器：龟鱼纹方盘　/ 167

十六　古代巴人的战舞与战鼓：虎钮錞于　/ 173

十七　战国先民的生活图景：宴乐渔猎攻战纹青铜壶　/ 177

十八　吴越宝剑的千年锋芒：越王者旨於赐剑　/ 182

十九　楚秦争霸的历史见证：铸客盉　/ 187

二十　统一六国与称量天下：秦始皇诏铜权　/ 190

二十一　乐声中的北宋兴衰浮沉：大晟钟　/ 194

第三章 玉器

一 君子比德：中国古代玉器文化漫谈 / 202

二 天下第一龙：红山文化玉龙 / 206

三 远古时期的知识分子：红山文化玉巫人 / 210

四 新石器时代的超新星爆发：凌家滩八角星纹玉板 / 215

五 奥运奖牌的灵感来源：玉璧 / 220

六 中国古代射礼文化的传承：玉韘 / 226

七 玉器发黑之谜：古玉中的水银沁 / 233

八 南越遗珍：西汉南越王墓出土玉器 / 238

九 驱疫避害话辟邪：汉代玉辟邪的故事 / 244

十 大唐与异域文化的交融：胡人玉带板 / 250

See the Forbidden City

看见故宫

十一　玉器的文人化和世俗化：宋代玉图画　/ 255

十二　游牧民族的"四时捺钵"：我与春水玉钩环的缘分　/ 259

十三　元明易代与服饰流变：从帽顶到炉顶　/ 265

十四　真假难辨的玉器：名噪一时的"子刚"款　/ 269

十五　圣君与贤臣的关系隐喻：从渎山大玉海到云龙大玉瓮　/ 273

十六　乾隆皇帝的"纪念碑"：大禹治水图玉山　/ 278

十七　乾隆皇帝与"乾隆工"玉器：爱玉如痴的乾隆皇帝　/ 282

十八　乾隆皇帝与"乾隆工"玉器：造办处的玉器生产线　/ 287

十九　乾隆皇帝与"乾隆工"玉器：文人书画皆可入玉雕　/ 292

二十　翠华玉意两逢迎：清代宫廷中的翡翠　/ 298

第四章 书法

一　万象之美：中国古代书法史概说　/ 308

二　"天下第一法帖"：陆机和《平复帖》的故事　/ 312

三　"下真迹一等"：冯承素摹书圣王羲之《兰亭序》　/ 317

四　唐代诗人的书法名篇：杜牧《张好好诗》　/ 323

五　超逸绝尘"杨风子"：杨凝式《神仙起居法》　/ 326

六　天马行空：苏轼行书《题王晋卿诗后》　/ 330

七　神完气足：黄庭坚草书《诸上座帖》　/ 333

八　天马脱衔，追风逐电：米芾行草书《盛制帖》　/ 338

九　尽善尽美：赵孟頫楷书《昆山淮云院记》　/ 342

十　云淡风轻：董其昌行书《临柳公权兰亭诗卷》　/ 346

十一　奇趣自出：邓石如《四体书册》　/ 351

第五章 绘画

See the Forbidden City

看见故宫

一　妙笔丹青：古代绘画的发展史和基本常识　/ 358

二　人物画鼻祖：东晋顾恺之的才绝、痴绝、画绝　/ 366

三　巾帼楷模　教化之用：东晋顾恺之《列女图》卷（宋摹本）　/ 369

四　顾画之胜在传神：东晋顾恺之《洛神赋图》卷（宋摹本）　/ 374

五　唐朝的一幅"新闻照片"：阎立本《步辇图》卷（宋摹本）　/ 379

六　举案齐眉　相敬如宾：五代南唐卫贤《高士图》卷　/ 383

七　棋盘里的宫廷秘密：五代南唐周文矩《重屏会棋图》卷（宋摹本）　/ 386

八　气候的细节：北宋郭熙《窠石平远图》轴　/ 390

九　唐画气象　宋儒雅韵：北宋李公麟《临韦偃牧放图》卷　/ 393

十　花石无情人有情　江山不在枉有情：北宋赵佶《祥龙石图》卷　/ 397

十一　画中得意　画外失国：北宋赵佶《雪江归棹图》卷　/ 401

十二　以画劝谏：北宋张择端《清明上河图》卷的里里外外　/ 404

十三　丰亨豫大：北宋王希孟与《千里江山图》卷　/ 412

十四　以史为镜　借图成谏：五代顾闳中（传）《韩熙载夜宴图》卷（宋摹本）　/ 417

十五　金军习泅引宋谍：南宋佚名《柳塘牧马图》页　/ 425

十六　工笔青绿中的逸气：元代赵孟頫《秋郊饮马图》卷　/ 428

十七　爱恨亲仇分外明：元代任仁发《二马图》卷　/ 431

十八　囿于绳矩而不窘：元代王振鹏《龙舟夺标图》卷的秘密　/ 434

十九　天地晶莹　洁净世界：元代黄公望《九峰雪霁图》轴　/ 438

二十　画中瓜鼠亲　画外得子乐：明代朱瞻基《苦瓜鼠图》卷　/ 442

二十一　仁政驱虎患　德行化民怨：明代朱端《弘农渡虎图》轴　/ 445

二十二　泪雨和墨倾盆下：明代徐渭《墨葡萄图》轴　/ 448

二十三　如镜取影　妙得神情：明代曾鲸《葛一龙像》卷　/ 452

二十四　哭留根失土　笑有花无果：清代朱耷《古梅图》轴　/ 456

二十五　山川精华　人生草稿：清初石涛《搜尽奇峰打草稿》卷　/ 459

二十六　龙行初履：郎世宁《乾隆皇帝大阅图》轴　/ 463

二十七　指头生活　人间百味：清代高其佩《高岗独立图》轴　/ 467

第六章 台北故宫博物院

See the Forbidden City 看见故宫

一　台北故宫博物院故事与精彩典藏　/ 474

二　奇古难辨识　译码三百年：散氏盘的故事　/ 479

三　一场唐宫里的茶酒音乐雅集：《唐人宫乐图》　/ 484

四　中国历史上规模最大的一部丛书：文渊阁本《四库全书》　/ 490

五　传达庶民的美感与喜悦：翠玉白菜　/ 497

六　听到了秋声与鹊鸣：崔白《双喜图》　/ 502

七　画史传奇：黄公望《富春山居图》　/ 507

八　郁郁乎文哉：周宣王与毛公鼎　　/ 518

九　传递文教兴邦的治国理想：珊瑚魁星点斗独站鳌头盆景　　/ 522

十　神行自然：苏东坡《寒食帖》　　/ 528

十一　天下第二行书：颜真卿《祭侄文稿》　　/ 534

十二　已有丹青约：宋徽宗《蜡梅山禽图》　　/ 540

十三　心传目击之妙：易元吉《猴猫图》　　/ 544

十四　中国历史上规模最大的一部类书：《永乐大典》　　/ 548

十五　朱批奏折：馆阁体与盛清三帝书法　　/ 552

十六　最华丽的儿童启蒙诗读本：《明解增和千家诗注》　　/ 561

王健华

曾任故宫博物院古器物部陶瓷组研究馆员。故宫研究院古陶瓷中心研究员。从事库房文物整理工作40余年。现任中国社会科学院历史学院古陶瓷鉴定与修复专业硕士生导师。

第一章

陶瓷

一

中国古陶瓷发展巡礼

故宫博物院是明清两代的皇宫，也是世界上收藏中国古陶瓷数量最多的博物馆，一共有 37 万多件陶瓷，时间跨度从七千多年前的磁山文化到 1949 年新中国成立以前的民国时期。收藏范围遍及神州大地的各个著名窑口，故宫博物院的陶瓷藏品相当丰富，完全可以囊括各个历史时期的重要品种，贯穿整个古陶瓷发展的历史。笔者将从这些藏品中精心遴选出 25 件最有代表性的藏品，每一件藏品为一节内容，把它们连成一条线，由器物来印证历史。

首先来介绍我们国家发现的最早的陶器标本之一。20 世纪 60 年代至 90 年代，我国的考古工作者在江西省万年县大源镇西北部的仙人洞、吊桶环遗址发现了人类居住和生活的痕迹，当时出土了大量粗陶陶片。据多次科学检测，这些陶片最长已有一万两千年的历史，也就是说我国的先民最晚在一万两千年以前就已经使用陶器了。世界上最早的栽培稻遗存之一也是在该遗址发现的，说明当时人们已经开始耕种土地过定居生活了。陶器中的三足器是用来煮东西吃的，也说明当时的人已经开始吃熟食，对陶器的需求量很大。

新石器时代，黄河流域的仰韶文化非常著名，主要的分布地区非常广泛，从青海、甘肃一带一直到中原地区的河南、山东、陕西等地。因为最初是瑞典考古学家1921年在河南省渑池县仰韶村发现的，所以此种类型的文化都被称为仰韶文化。长江流域的河姆渡文化、马家浜文化、良渚文化等都是我国高度文明的史前文化。稍晚的龙山文化的黑陶，最有代表性的就是在山东省日照龙山镇的城子崖发现的薄如蛋壳的黑陶，也被称为蛋壳陶。山东博物馆常设展览中有几件蛋壳陶的器物，非常精美。此外河南安阳的商代殷墟遗址出土了精致的白陶，上面布满了繁密的花纹，花纹图案与商代青铜器上的图案非常像。商周遗址中还出现不少原始青瓷，原始青瓷是怎么回事呢？原始青瓷是陶器演变到瓷器的过程中产生的一种半陶半瓷的器物，比陶器坚硬，多数有釉，比瓷器疏松，没有完全烧结。它也是从陶到瓷的必然产物，从西周到西汉，原始青瓷与陶器并存，在春秋战国时期最为发达。

我们都知道"中国"的英文名称就是"China"（首字母小写的china译作"瓷器"），对陶器为哪国的发明学界没有定论，但是中国最早发明了瓷器，是世界公认的，没有任何人有疑问，因为发明瓷器最需要具备的原料高岭土，在当时的世界上还没人知道。中国是瓷器真正的故乡。2007年，在我国浙江德清的火烧山发现了很成熟的青釉瓷器，比之前在浙江上虞小仙坛发现的东汉瓷器还要早，但是这些考古新发现还在不断完善整理的阶段，没有被写进教科书，所以我们界定中国瓷器的发明不晚于东汉时期，是在浙江烧制成功的。瓷器的发明意义非常重大，在没有不锈钢、没有塑料的古代，金、银、铜、铁是统治者和少数贵族的专享物，普通人根本沾不上边。瓷器的发明不仅对中国，对世界物质文明进程也起到很大推动作用。

魏晋南北朝时期，青釉瓷器在南方各省遍地开花，得到飞速发展。大地主、贵族墓里经常出土青釉谷仓，谷仓的寓意是死后丰衣足食。魏晋时期文人阶层开始形成，他们仕途受挫，隐逸山林，赋诗作画，大量的文房用品和陈设瓷问世，吉祥动物雕塑的日用品增多。北齐范粹墓出土的白瓷标志着白瓷的创烧成功。隋代李静训墓出土的白瓷更加精美细致，为日后中国彩瓷的发展奠定了坚实的基础。

唐代经济繁荣，生活富足，是当时世界上的富庶国家，瓷业生产蓬勃发展，呈现"南青北白"的新局面。什么是南青北白呢？南青北白就是说唐代陶瓷烧造的整体面貌是南方青瓷以越窑秘色瓷为代表，北方白瓷以邢窑白瓷为代表，也就是说唐代烧造青瓷最好的窑场在南方，烧造白瓷最好的窑场在北方，但是南方也有白瓷，北方也有青瓷，它们都同时得到很大发展。唐代还有著名的唐三彩、唐青花，产品行销海外的长沙窑等非常多的窑场遍及各地。宋代统治阶级受程朱理学的影响，偏爱清幽静谧的单色釉，瓷业生产开始受到皇室需求的直接影响，最高端的产品已经完全被皇家垄断，著名的五大名窑有汝窑、官窑、哥窑、定窑、钧窑。这些名窑曾一度为宋皇室烧瓷，民间不得见。此外还有南北各地的八大窑系——南方的龙泉窑系、建阳窑系、景德镇窑系、吉州窑系，北方的钧窑系、定窑系、磁州窑系、耀州窑系等产量颇丰。什么是窑系呢？就是中心窑场向周围扩展的一些规模较小的窑，产品追仿中心窑场的主要品种，形成的同一个品种的系列。

元朝政府也十分重视窑业的发展，北京的枢密院下设景德镇浮梁瓷局，由元政府直接统辖管理。元代瓷器虽然发展时间不长，但是在元青花、釉里红烧制方面取得了卓越的成就，元卵白釉、元蓝釉、元红釉、元戗金五彩等优秀品种都为明清官窑瓷器的辉煌开辟了道路。

明代是中国瓷业空前发展的时期，景德镇成为全国的瓷业中心。明初永乐、宣德二朝的青花、甜白釉、宝石红、宝石蓝震撼人心，许多新的造型和新的彩釉如雨后春笋蓬勃而出，业内称此时是中国瓷业史上前所未有的"黄金时代"。因为明代以后所有瓷器的造型品种都没有超越永乐、宣德时期的范畴。今天无论世界上哪一座博物馆，都是以拥有永乐、宣德时期的展品为自豪的，私人收藏也不例外，这一时期的藏品也是显示收藏水平和实力的器物。永宣青花那种恢宏豪迈的大国气魄达到后人望尘莫及的高度。之后的所谓空白期，就是正统、景泰、天顺三朝。经过近年的考古发掘，发现实际上并不空白，只是品种产量相对有所减少，但青花瓷器的烧造质量大多保持了宣德的遗风。明中期的成化、弘治、正德三朝除了接续前朝继续烧制青花瓷之外，最有名的就是成化斗彩、弘治的鸡油黄、正德的孔雀蓝等。斗彩在宣德年间已经非常成熟，但是遗留至今的数量较少，成化时期这个品种得到极大重视和发展，加上晚明文人笔记中的叙述，成化斗彩闻名遐迩。明中晚期的嘉靖、万历二朝，景德镇瓷业呈现"官民竞市"的繁荣局面，主要表现在数量大，品种多，青花色泽浓重，五彩古拙艳丽。明末的天启、崇祯二朝，景德镇官窑受到农民起义的强烈冲击，基本处于停滞状态，有官窑款识的瓷器极其少见。

清代瓷器的成就主要表现在康熙、雍正、乾隆三朝的134年中，所以我们在了解清代瓷器的时候，特别要关注康熙、雍正、乾隆三朝的成就。乾隆以后多是传承延续，少见创新。

康熙青花展现出清新挺拔的时代风格，造型式样开始标准规范化，康熙青花青翠鲜艳，"独步本朝"；康熙五彩在明代的基础上增添了黑彩和釉上蓝彩，金、银彩也大量使用，增添了绘画的表现力。雍正时期官窑瓷器更加注重宫廷文化的彰显，珐琅彩、斗彩、粉彩成绩突出，单色釉达到50多个品种，烧造水平达到"前无古人，后无来者"的境界。乾隆朝洋彩瓷器洋溢着欧洲洛可可艺术的华丽繁缛，色调明快；大件的宫廷陈设瓷增加，各种烧造难度大的转心瓶、转颈瓶、镂空套瓶、雕塑人物佛像问世，模仿自然界瓜果梨桃的仿生瓷特别逼真，彩釉调配非常到位，烧造技术均达到了出神入化的程度。

乾隆以后中国的官营瓷业开始走下坡路，道光年间帝国主义列强瓜分中国，瓷业生产受到很大的冲击，每况愈下。同治、光绪年间慈禧太后当政，为儿子同治皇帝结婚烧制了大批婚庆用瓷。西太后自己的五十、六十、七十大寿的祝寿用瓷，据说都是挪用了海军军费。光绪振兴实业，瓷器生产出现短暂的复兴，仿清三代（康、雍、乾）的大件器皿增加，仿宋代名窑的器物有所增加。宣统年间只有一些餐具、花瓶、祭器还在烧制。宣统三年（1911年），随着清王朝的灭亡，存续五百多年的明清官窑就此消亡。

二 陶器的烧成：磁山文化红陶盂及支座

磁山文化红陶盂及支座，是故宫博物院目前收藏的所有陶器里最早的一件。实际上中国最早的陶器之一，是在江西万年县西北部的仙人洞、吊桶环遗址发现的，距今已经一万两千年了。该遗址同时也是中国稻米种植的发源地之一。也就是说，中国陶器的发明，不晚于一万两千年前。那么故宫博物院的这个红陶盂是在哪里出土的呢？1976 年，河北武安发现了磁山文化遗址，红陶盂及支座就是在那里出土的，后来被上交到了故宫博物院。磁山文化距离今天有七千多年，那时候的人类处在新石器时代。那么当时人类是如何用泥土和火制造出陶器的呢？

首先要说明的是，陶器并不是在某个地域发明出来，然后推广到全世界的，它几乎是在世界各地同步被发明的，也有个别地域稍晚一些。我国的陶器发源地主要分布在北方的黄河流域和南方的长江流域。恩格斯在《家庭、私有制和国家的起源》中讲到，陶器的发明，最早是在编制的或木制的容器上涂上泥巴，经过火烧而成。

这件磁山文化陶器有三个支架，底下可以烧火，这说明在七千多年前，原始先民已经开始吃熟食了。

陶器通过火烧黏土制作，这个过程最开始是无意识的，到了后来人们就特意找比较耐火、不会一烧就裂的黏土来烧制陶器。这件红陶盂制作得非常细腻，将实用和美观结合在了一起。它的表面并不是很光滑，如果表面光滑，又没有提手，就容易滑脱，它是用一种掺粗砂的泥烧制成的，这样表面涩涩的，不会滑脱。

新石器时代磁山文化红陶盂及支座，通高 20 厘米。盂：高 9.5 厘米，
口径 10.5 厘米，底径 11.3 厘米。支座：10.5 厘米。
故宫博物院藏

陶器的出现，大大改善了原始人的生活质量，人类开始有意识地制造陶器，并且不断钻研。到底哪些土烧制时不容易开裂，不容易变形，更适合用来制造陶器？远古的时候没有密封的窑，他们在哪里烧制陶器？陶器烧造对温度有一定要求，他们要怎么控制温度，做到既不把泥坯烧爆，又能把陶器烧得结实呢？要知道，陶器本身就很容易碎。史前烧制陶器的窑，多在地面挖个浅坑，上面覆盖泥坯砖。

从七千多年前到今天，经历了地震、洪水等无数灾难，这个小罐子居然完好无损，它用来自远古的声音，告诉我们原始时期人类的生活状态。

原始时期的陶器制作完全是出于实用性的考虑，所以并没有装饰太多的花纹。比如说，红陶盂就是用来盛装食物的。没有陶器的时候，人类只能从大自然中捡一些现成的东西来盛食物，比如蚌壳、树墩或石槽，既不方便又不干净。陶器的发明，解决了这些问题。所以，陶器在最开始的时候，只是作为容器来使用的，人类制造陶器也只是因为生存需要，并不考虑美观问题。我们可以想象，远古时期的人类，光应对大自然中的各种突发状况，就够累了，没有闲情逸致做有纹饰的陶器。所以磁山文化红陶盂及支座，就是以陶瓷最粗糙、原始的状态出现，它展现的是最天然、淳朴的史前文明。

我们不能仅看它的外观没有花纹装饰，就低估了先人的智慧。红陶盂所用的是夹砂红陶，用这种原料烧出来的东西更加坚固。我们小时候家里储水用的大缸就是夹砂陶，表面看很粗糙，很普通，但砂能够提高陶器耐热、耐冷的性能。因此，磁山文化红陶盂不仅可以用来盛装食物，还可以放在支座上加热。支座由三个独立的支架组成，支架上面是支托，用来托住陶盂，下面是圆形圈足，这样保证站得稳当，不会把食物洒了，中间空的地方可以点上火，将盂里的食物煮熟。如果想更多地了解史前人类的生活状况，大家还可以到河北武安的磁山文化博物馆去看一看，那里再现了史前先人的生活场景。

磁山文化属于新石器时代中期的文化，在此之后，陶器开始蓬勃发展，从光秃秃没有纹饰，到有了各种颜色和形态。

三 古老的绘画艺术：马家窑文化彩陶漩涡纹双耳罐

1921年，在河南省渑池县一个叫仰韶村的地方，出土了一大批彩陶罐。这些陶罐上不仅有水波纹、漩涡纹，还有一些以羊、猪、青蛙为代表的更加具象的动物纹。经过考古专家鉴定，这些陶罐距离今天已经有六七千年的历史。因为这一批陶罐集体被发现于仰韶村，所以该文化就被称为"仰韶文化"。

在考古学中，有一个惯例：一件东西最早在什么地方发现的，以后有同样特点的东西出现，就以最开始发现的地方来命名这种文化。比如读者朋友听说过的大汶口文化、良渚文化等，就是在大汶口、良渚这些地方首次发现了重要的文物。所以仰韶文化的彩陶，不单单出现在河南省渑池县仰韶村，它的分布范围非常广泛，黄河流域的甘肃、青海，还有河南、山东的一大片地方都有仰韶文化的彩陶出土。

故宫博物院收藏的彩陶漩涡纹双耳罐就在1923年出土于甘肃省临洮县马家窑村，它的肩部及上腹部以宽肥的黑彩条带和细窄的锯齿状条带构成漩涡纹，利用弧线的起伏旋转表现河水奔腾向前的韵律感。这种将柔和的弧线和醒目的圆点相结合构成"二方连续"的装饰带，是马家窑文化的典型构图方式。而马家窑文化则是仰韶文化向西发展的一种地方类型。这件彩陶罐的胎呈暗红色，而漩涡纹则呈黑色，这里的黑色又是用什么画上去的呢？当时的人是把天然的矿物质研成很细的粉末，用水调和，再用最原始的毛笔画在彩陶上。原始的毛笔，就是用动物的毛拴在一根小树棍上制成的。

当时这些彩陶几乎都是由妇女完成的。这件彩陶漩涡纹双耳罐

第一章 陶瓷 | 009

新石器时代马家窑文化彩陶漩涡纹双耳罐，高 37 厘米，口径 10 厘米，
故宫博物院藏

的出土，表明陶器已经从最开始的纯实用，进化到了美观和审美层面。原始先民把他们对水的渴望做成了一个圆圆的罐子，来盛水。我们还发现，有的罐子里装有稻米炭化的渣子。

这件彩陶罐告诉我们：第一，仰韶文化彩陶可以说是中国陶瓷艺术史上最灿烂的一支。第二，仰韶先民们对陶器制作有了更高的审美需求，在这种审美意识的驱动下，彩陶从原料、制法到造型、花纹，都比前面提到的磁山文化红陶有了很大的进步。它的红色、黑色颜料都是天然的矿物质，所以能够保持几千年不变色。

那么这种彩陶罐在制作方面，又有哪些进步？仰韶文化代表着当时的史前文明的最高成就。这一时期，磁山文化的泥条盘筑法已经过时。所谓泥条盘筑法，就是先把泥搓成一根根长条，然后从下往上一圈一圈盘起来，最后再把两边拍平。这种方法很原始，到了仰韶文化时期，新出现的慢轮、快轮制陶工艺逐渐成为主流，它们是现代制陶的雏形。不仅效率很高，而且形状更规整，做出来的陶器胎体更薄，更轻便。仰韶文化的彩陶，在快轮制作方面已经非常成熟。几千年后，我们现在的手工制陶，仍然离不开轮制的方法。

我们怎样识别现代的仿制品并非真正的仰韶文化彩陶呢？这里给读者朋友一个鉴定文物的小常识。仰韶先民采用快轮制陶法，操作时人力和速度不均匀，器物的底部或者里面会有明显的人工不规则痕迹。现代制陶是用电动拉坯，速度均匀，没法模拟那种手工制作的不规则痕迹。所以如果你看到一个彩陶罐特别漂亮，特别规整均匀，薄厚一致，那应该就是文创作品，而不是文物。

仰韶先民特别喜欢在彩陶上画漩涡纹，这是为什么呢？这和他们的生活环境有关。制作陶器是不能没有水的，因为得和泥。居住在黄河流域的人们，从洗衣、吃饭到下地干活，都依赖水源，所以波光粼粼的漩涡纹样就被他们记录在了陶器上。

逐水而居的人还会经常捕鱼，他们经常吃鱼，所以彩陶上除了漩涡纹之外，也有很多鱼纹，他们把自己的生活记录在所用的器皿上。除此之外，菱形纹、锐角、直角三角纹，还有圈点纹也是仰韶文化彩陶上经常出现的花纹。原始先民将自己对艺术的理解直接描绘在彩陶上，呈现的是人类早期最纯真、最幼年的美。如今这些花纹也经常被用在染织布料上，用于装点人们的穿戴和家居。你会发现，几千年过去了，它们看起来仍然呈现天然去雕饰的质朴美感，一点都不过时。

最后留一道思考题：仰韶文化彩陶上的装饰图案，一般都出现在器物的上半部分，下半部分则光秃秃的，这是为什么呢？提示一下，想想原始先民的居住环境，你肯定会很快找到原因的，下一节再揭晓答案。

四 最早的『china』：东汉青釉双耳壶

上一节我们留了一道思考题：为什么仰韶文化彩陶上的装饰图案，一般都出现在器物的上半部分，下半部分则光秃秃的？因为那时候原始先民还处在半穴居的生活环境里，还没有桌子柜子之类的家具用来放这些瓶瓶罐罐。而且罐子的底部是内收的，在盛满东西后可能站不稳，所以他们就在地上挖坑，把这些罐子坐在坑里，防止被打碎，罐子的下半部分一般都在土里，自然也就不需要再去画花纹做装饰。

陶器经过发展，最终形成瓷器。我们都知道，在英文中，瓷器跟"中国"是一个单词——"china"。为什么"瓷器"能够成为中国的代表呢？

对于这个问题历史学家有不同的答案，但是作为一个文物工作者，笔者喜欢用文物证据来说话。下面我们就用故宫博物院收藏的一件瓷器——青釉双耳壶，来回答这个问题。

青釉双耳壶诞生于东汉时期，在故宫博物院所收藏的所有瓷器中，它是年代最久远的一件。也就是说，最迟在东汉时期，瓷器就被中国人创造出来了。

故宫博物院收藏的这件青釉双耳壶，看上去普普通通，表面的釉色也不是那么光润匀净，壶通体都有圆圈状的弦线纹。所谓弦线纹，就是一条条细长的线，在器物上绕圈。跟大家在故宫博物院能看见的大多数特别漂亮的瓷器相比，这件青釉双耳壶谈不上有多么好看。因为故宫博物院所藏的大多数瓷器，都是宋、元、明、清的

东汉青釉双耳壶，高 24.5 厘米，口径 11.5 厘米，底径 9 厘米，故宫博物院藏

皇家瓷器，皇家一般不太注重早期瓷器，更注重瓷器的精美。年代更早的瓷器，都是新中国成立以后，由文物部门调拨给故宫博物院的。这件东汉时期瓷器的宝贵之处就在于它的年代非常早。

从陶器到瓷器，其间经历了漫长岁月，我们把中国瓷器的起始下限定在1800 多年前的东汉。这件青釉双耳壶弥足珍贵，因为经过多方的科学检测，我们知道它不吸水，烧造温度在 1250 摄氏度以上，胎土不再是黏土（也就是陶土），而是耐高温的瓷土。如果是用普通陶土的话，一烧到 900 多摄氏度，就会烧爆了。陶和瓷的原料不同，一个是用陶土，一个是用瓷土。瓷土最开始是岩石的状态，把它从山上开采下来以后，经过砸碎、捶捣、风化，用滤泥池滤掉残渣，剩下最细的用来烧制瓷器。而黏土是随地可取的，比如河床的沉积土可以烧陶器，但是却烧不了瓷器。所以在烧成原始青瓷之后，经过漫长岁月，进行了无数次试验，人们才知道哪个山头的土是可以烧高温瓷器的，这个过程非常不简单，所以说瓷器是中国最伟大的发明。从外表看，这件青釉双耳壶青灰色的釉微微泛了点土黄色，胎质还有一点疏松，可是这刚好说明，这件青釉双耳壶所处的时代，烧制工艺还处于初级水平。这是现今能见到的整个中国陶瓷史上最早的瓷器，也就此宣告了瓷器的诞生。

可是，问题来了：为什么是东汉呢？

我们知道，在古代，国与国之间都有大山，还有原始森林阻挡，没有汽车，也没有飞机，更没有 Wi-Fi（一种无线局域网技术），什么现代通信设备都没有，不同地区人们的交往非常困难。但是，这种情况到汉代发生了变化。汉代是一个走出去的时代，许多中国人走出去，看到了外面的世界。汉武帝派出的使节张骞出使西域后，也带回了许多以前中国人从来没见过的东西。黄瓜、茄子、核桃、葡萄、石榴、胡萝卜……最初都产自西域。

这种交流和融合使得东西两汉都极其富足。在之前的几千年，人们都用陶器来盛放食物。到了汉代，生活变得越来越好，许多豪门地主生活得非常富足，每一顿都有许多吃不完的肉，还养了许多兔子和鸡。在出土文物中我们能看见许多陶马、陶兔，在汉代的画像砖里，也能看到当时人们大口吃肉的场景。大家对"怎么吃"越来越重视，对厨师的手艺也越来越看重。

食物越来越多，如何储存就成了问题。原先用陶器储存食物，但是陶器透水性强，于是大家就很想要一种不透水的容器。最后人们找到了一种非常神奇的土壤——高岭土。高岭土制成的容器，耐高温，不吸水，比陶器好用。至此，陶器终于在汉代进化成了瓷器。汉代以后，人们对精致的生活有了更高的追求。我们可以看到，许多出土的汉代漆器里，装着已经碳化的瓜子、花生、榛子等，在新疆地区还出土了花式点心，说明汉代人吃得特别好，穿得特别讲究，向着文明、雅致的生活迈出了一大步。

在富裕、文明、国际化的汉代，美观而且不透水的瓷器成为文明的象征，在不断的中外交流中，瓷器从中国流传到海外，成为中国的代名词——"China"。所以说，从这一节开始，我国正式进入了瓷器时代。

五 隋代白釉罐

瓷器发展史上的里程碑：

1972年，故宫博物院陶瓷馆在闭馆好几年后重新开放，笔者是在前一年被招进故宫博物院，当三位一体的保管员。什么叫三位一体？就是一个人同时担任保洁、讲解、安全三种工作，上班时要保持室内卫生，注意文物安全，同时给观众讲解文物。四五十年前别说电脑，就连电视也不常见，所以我们获取知识的渠道只有看书。当时的书也不多，专业书尤其少。对于这件隋代的白罐子，在书中也并没有见到现成的介绍。当时笔者面对这件宝贝，就像普通人一样，只在直觉上认为这是一只圆溜溜、滑润润的白罐子，可是，这个白罐子能告诉我们什么呢？

当时的讲解稿都要我们自己来写，因为没有现成的。笔者通过翻阅史料了解到在中国历史上，隋朝虽然只存在了短短38年，但却是非常重要的一个时期。581年，杨坚称帝，后建都西安，结束了魏晋南北朝以来300多年的分裂局面，为大唐王朝的复兴和繁荣打下了坚实的基础。我们为什么断定，这件瓷器一定精确到属于隋代，而不是唐、五代或者宋的呢？怎么能体现这件隋代白釉罐的特殊意义呢？

断定这件白釉罐属于隋代，是有以下三个证据的。

第一个证据，是这件瓷罐的釉色。自东汉以来，瓷器大多是青色，或灰黄色釉系。就是说瓷器基本是青色的，有的偏灰黄，有的偏灰黑，但都是一种发青的主色调。白釉瓷器特别稀少，应该说是没有。在之前的朝代，北齐的范粹墓里，虽然出土了一些白瓷，但

隋代白釉罐，高 19.2 厘米，口径 9.7 厘米，底径 15.2 厘米，
故宫博物院藏

在严格意义上说，还是白中微发黄的，没有这件小罐这样纯净的白色。当时的人们也非常想烧出精美的白瓷，但是要把瓷器变白，是一个难度很高的工作，属于古代的"高科技"。这主要是因为瓷土里所含的杂质较多，特别是存在着大量的

铁元素，在当时的淘洗冶炼条件下，瓷土里的铁元素不太可能去除得特别干净。在瓷器刚刚诞生的东汉时期，所有的瓷器在颜色上都显示出一种青色的主色调，到了魏晋南北朝以后，才在北齐墓中出土了第一件白瓷。但是，北齐墓中的白瓷颜色仍然是肉眼可见的白中带黄，颜色并不那么纯粹。到了隋代，瓷器工艺就得到了很大的提升。李静训是一个九岁的小女孩，在这个九岁小孩的墓葬中，出土了一批隋代的白瓷，颜色特别纯粹、净白，跟我们这件隋代白釉罐是一样的颜色。1959 年，国家文物局把这件白瓷罐交给故宫，使故宫藏品中终于有了一件隋代的真正的白瓷了。

第二个证据，是这件瓷罐的"足"，也就是底。看一件瓷器，要从上看到下，就跟看人一样，比如说口部，就是它的最上面；口部以下，像人的肩膀一样，叫作肩部；肩部以下就是它的腹部；腹部以下，如果是直上直下的，从腹部直接就过渡到足。这里所说的"足"不是脚的意思，"足"就是整个一个圆圈。有的像现代人的饭碗一样，有一个圈，叫圈足。还有一种，没有圈，就是实足，平得像被刀切了一样。隋代的碗和罐子基本还没有进入圈足阶段，隋代的实足也叫平足，就是指足的那个位置被切了一刀，这样平平的一个足直接就接触地面，并没有圈足支起来。到了唐代，瓷器的底部就挖了一个小圈，很浅，陶瓷术语叫作玉璧底，像一块圆的玉璧一样，中间有一个小小的凹槽。五代时候，有了窄圈足，什么是窄圈足？就是比玉璧底要细一些，比现在的圈足要粗一些，叫窄圈足。到了五代以后的宋代，才出现了真正的圈足，就像我们现在吃饭的饭碗的底部。这件白釉罐是平足，也就是实足，具有典型的隋代特征。

第三个证据，是这件瓷器中"胎"的细腻程度。唐代瓷器的胎子是更为细腻的，隋代的胎子比魏晋南北朝的胎子要白一些，细一些，但是没有唐代的细。隋代瓷器的胎子，处于粗糙与细腻之间。这里的胎是什么意思呢？就是指瓷器的胚体，在瓷器的断面中才可以发现胎。在看不到瓷器的断面的时候，只有看瓷器漏釉的地方，或者看瓷器的圈足露出的一点点没有釉的地方，才能看出胎。如果说瓷器没有破，是非常完整的一件东西，里外都施釉，足上也全部施满了釉，我们就没法看胎的粗细了。只有在露胎的没有釉的地方，我们才能观察胎子的粗细。我们看这件小罐，外面的釉是满的、白的，但里面的釉并没有上完，用手电筒照里面，半截是没有釉的，所以看得到胎子的粗细。还有，我们看到它的足部，平切的足部的那个圈,外沿也是露胎的,它的胎比唐代的要粗糙一点。

除了以上的证据,我们断定这件瓷器的年代最主要是根据造型。这件小罐这种瘦长圆润的造型,我们在魏晋南北朝没有见过,唐代罐的造型开始"肥胖"了,开始丰满了,它不是这种长溜溜的。就跟我们看隋代的陶俑一样。隋代的陶俑细长、秀美,唐代的陶俑一下子就丰满起来。隋代的器物,都呈现出一种秀气、内敛的造型风格。所以我们从这几方面来断定这件瓷器的年代,业内也没有人提出过异议。无论是它的釉色的白度、胎子的粗细度,还是它的造型,都体现了隋代瓷器的特征。隋代在中国艺术发展的历史上,有什么重要的呢?对于这个问题,笔者个人认为,隋代这三十多年是承上启下的,最重要的是,隋代的瓷器解决了一个困惑:中国古陶瓷南方的艺术比北方更为发达吗?其实不然,在隋代,并不是这样。

对于这件白釉罐,专家们一致认为烧制于北方窑,而不是南方窑。在制瓷工艺方面,东汉时期,浙江就产生了青瓷,到了魏晋南北朝时期,在南方一度就以青瓷为主。陆羽的《茶经》中就说,白瓷类银类雪,他形容白瓷就像银子和雪一样白,青瓷则类玉类冰。所以在隋代,北方的白瓷与南方的青瓷是各领风骚的,甚至北方的制瓷工艺,在烧造白瓷上比南方还好。到了唐代,我们熟知的唐三彩、唐白釉都是在北方烧制的。到了宋代,宋室南迁到杭州以后,瓷器的精品才在南方普及起来。到了元代,瓷器就以江西的景德镇独领风骚。所以从文化的繁荣程度来说,这件隋代白釉罐,刚好见证了文化中心从北向南迁移始于南宋的历史。

白瓷是中国瓷器发展史上的里程碑。为什么说是里程碑呢?我们知道,没有白瓷就没有后来的彩瓷,因为白瓷作为彩瓷的"底",是一种铺垫,就像我们画画,画在一张黄纸上,画在一张黑纸上,都不如画在一张白纸上。我们把瓷器的釉面做成一张"白纸"以后,就可以尽情描绘出中国彩瓷的辉煌。所以说,今天大家所能见到的青花瓷、五彩瓷、珐琅彩的辉煌,都是以白瓷为基础的。如果没有隋代白瓷的烧成,没有打下的好的基础,彩瓷在不洁净的瓷面上绘画,它的效果肯定会大打折扣。

六 秘色之谜：唐代青釉秘色瓷八棱瓶

大家都知道有白瓷、青瓷、彩瓷，但秘色瓷是什么颜色呢？这个问题曾经困扰了学者们上千年，直到30多年前才有了答案。

为什么叫这个神秘的名字呢？这个问题，宋朝人曾经在笔记里写到过："越上秘色器，钱氏有国日，供奉之物，不得臣下用，故曰秘色。"也就是说越地，即今浙江一带的秘色瓷是专为宫廷烧造的，一般的大臣和老百姓是不能用的。秘色瓷不但常人不能使用，就连釉料配方也是保密的，至于它的釉色，更是像它的名字一样，秘而不宣，所以称为秘色瓷。因此到了宋代以后，关于秘色瓷的记载越来越模糊。秘色瓷真的存在吗？秘色瓷是什么样子的？慢慢就没有人知道了，千百年来就成了一个悬案。

1987年，陕西扶风法门寺唐代佛塔翻新重建，在这个过程中，考古学家发现了法门寺地宫，这个地宫是全世界迄今为止发现的年代最久远、规模最大、等级最高的佛塔地宫，里面出土了大量文物。就是在法门寺地宫中，我们发现了秘色瓷。

大家一定很好奇，现在已经没有人见过秘色瓷了，怎么能确定故宫博物院的这件瓷器就是秘色瓷呢？那是因为法门寺地宫里出土了一块物帐碑。这块物帐碑上，详细记述了地宫埋藏的所有宝物的名称，其中就有"瓷秘色"三个字。最终从地宫中出土了14件精美的青瓷器物，与碑文中所记载的秘色瓷碗、碟数字完全相符，于是我们才了解到，原来这种青绿色的青瓷就是传说中的秘色瓷。

2015年10月，考古学家又在浙江慈溪上林湖发现了后司岙秘

唐代青釉秘色瓷八棱瓶，高 22.5 厘米，口径 1.7 厘米，足径 7.2 厘米，故宫博物院藏

色瓷窑址，这是晚唐五代时期秘色瓷的主要烧造地，里面出土了各种各样的秘色瓷，除了过去已知的八棱净瓶、花口碗、花口盘等样式外，还有长方形枕、穿带壶等各种新样式。穿带壶就是两边有口，可以穿上带子的壶。这个窑里还出土了烧制用的窑具，秘色瓷釉色的关键就在于这些专用的窑具。这个窑被发现之后，不仅丰富了秘色瓷的器形，还让我们了解到秘色瓷的制作工艺，使得秘色瓷终于不再神秘了。

秘色瓷的谜团终于解开，那么秘色究竟是什么样的颜色呢？唐代诗人陆龟蒙写过一首诗来赞美越窑秘色瓷，诗名叫《秘色越器》，诗里面写道"九秋风露越窑开，夺得千峰翠色来"，说秘色瓷的颜色是千峰翠色。秘色瓷确实是青瓷的一种，是唐代越窑青瓷中的精品，具体来说，这个颜色叫艾青色，接近艾草的自然颜色，不透明，不张扬，看上去很普通，但细细品味又让人感觉"秘而不宣，妙不可言"。秘色瓷的胎体薄而平整，胎骨坚质，烧制的难度特别高。

以法门寺的秘色瓷为参考，对照故宫博物院收藏的越窑青釉八棱瓶，我们发现其实是相同的秘色瓷。在1987年以前，故宫博物院一开始只是把这件瓶子作为普通的越窑青釉瓶收藏，后来发现，法门寺地宫中出土的一件八棱瓶跟这件几乎一模一样，这件青釉八棱瓶，其实应该命名为"青釉秘色瓷八棱瓶"，它的意义立刻就不一样了。故宫博物院收藏的这件唐代青釉秘色瓷八棱瓶，保存得很好，瓶身有八个棱，釉色青绿，光滑温润，是一件不可多得的秘色瓷国宝。

2017年5月，唐代青釉秘色瓷八棱瓶还参与了故宫博物院举办的"秘色重光——秘色瓷的考古大发现与再进宫"展览。当时因为上林湖后司岙窑址入选2016年度"全国十大考古新发现"，2017年又正值法门寺秘色瓷发现30周年，所以故宫博物院联合浙江省文物考古研究所、法门寺博物馆、苏州博物馆等9家文博单位，汇集了187件（组）文物，举办了这场全国规模最大的秘色瓷展览。

笔者当时有幸参与了这次展览，最深的感受就是"震撼"。秘色瓷是唐代瓷器中南方青瓷最高的成就，一般只用于皇家寺庙供奉，用来盛供品供奉佛祖。到了今天，流传在世的完整的秘色瓷特别少。但这次展览中，共有187件（组）秘色瓷展出，规模之大，前所未有。而且这187件（组）展品都是完整的、烧制得很成功的。要知道秘色瓷的烧造难度很高，成功率很低，甚至不到千分之一，所以弥足珍贵。在这187件（组）展品之外还有大量的残品和碎片展出。

笔者两三年前曾经去过后司岙秘色瓷窑址，感觉同样是非常震撼。窑址中有几个几十米深的大坑，里面堆积了大量的瓷器残片，要么是颜色没有掌控好，要么是造型烧制不够好，残品足足堆积成了一个小岛，由此可见古代匠人精益求精的工艺追求。

秘色瓷的千年秘密，我们已经一步步解开了。作为一个文物工作者，我们的考证和研究过程很多时候都是非常枯燥的，甚至很难找到头绪，但每一次探究都会有新的收获。就像这件唐代青釉秘色瓷八棱瓶，一开始连正确名字都没有，但随着考古工作的深挖，我们知道了它是哪个朝代的，原来就是史书当中提到的秘色瓷，有了正确的名字。最终，一件件这样的陶瓷文物，就能串联起陶瓷文化的发展史，从中看到每一个朝代的技术水平，看到它的盛衰兴亡。

约唐开元年间（713年—741年）三彩胡人背猴骆驼俑，高74厘米，长55厘米，故宫博物院藏。

七 穿越千年的盛唐泥塑：唐三彩胡人背猴骆驼俑

大唐盛世距离我们已经一千多年了，当时的人们究竟是怎样生活的呢？光看文字是很难去想象的。就算有画，也多是墓里的壁画，因为画在绢上、纸上，很容易腐烂或者被虫蛀，很难保存。但是唐三彩这种陶器，即便过去了一千多年，依然色泽亮丽，通过出土的唐三彩，我们可以非常直观地感受大唐的气息。

这件唐三彩胡人背猴骆驼俑，高 74 厘米，骆驼非常健壮，驼峰一个向左歪，一个向右歪，背上坐着一个深目高鼻、满脸络腮胡子的胡人。中国古代汉人一般把西北地区的少数民族及中亚、西亚等广大地区的人统称为胡人。很有意思的是这个胡人的背上居然有一只灵巧调皮的小猴子，它紧紧地抱住胡人的脖子，看上去与主人关系非常亲密。

在正式了解这件陶器之前，笔者想先介绍一下什么是唐三彩。唐三彩虽然叫"三彩"，但不是说它只有三种颜色，三彩其实是多彩的意思，它主要的颜色是黄、绿、白三种，偶尔也有蓝色、褐色。这么漂亮的器物有什么用处？估计大部分人会猜是装饰用的。现在有很多去洛阳、西安等地旅游的朋友，总要带回几件仿制的唐三彩，摆放在客厅里，亲朋好友看见都会赞叹一声好看，朋友们心里估计也挺美的。不过，要是知道唐三彩是干什么用的，可能就美不起来了！

中国古人讲究事死如事生，简单说就是死后也要和生前一样。我们知道在商周的时候都用人殉葬，到唐代的时候已经不怎么用人殉葬了，改用别的东西来殉葬。用什么呢？用唐三彩，因为唐三彩

第一章 陶瓷

是陶器，用泥土烧制的，制作成本比较低，所以成了陪葬的最佳选择，既经济，又好看，还实用。也就是说，唐三彩在唐朝主要是一种明器，为的是让死者在另一个世界继续享受生活。

正因为只是用土烧的陶器，还是陪葬用的，所以最开始中国人其实很不把唐三彩当回事，但是外国人一见就大为惊叹。为什么呢？因为一千多年前的人是什么样子，通过唐三彩就能够如此直观地看到。唐人的服饰是什么样子的，发型是什么样子的，各种动物的形象，甚至马鞍、骆驼鞍的装饰等，都能了解得一清二楚。唐三彩可以说是唐朝社会生活形态的缩影，比如唐三彩的钱柜就做得特别讲究，又是铁锁又是雕花。另外还有很多唐三彩的房子、楼阁等，也十分精美。

在对唐三彩有了基本的认识后，我们再来看这件胡人背猴骆驼俑。出土的唐三彩中，有大量的骆驼造型，这反映了那个年代丝绸之路上贸易往来的繁荣。骆驼被誉为沙漠之舟，在古代，是唯一一种能在沙漠中行走的交通工具。双峰骆驼比单峰骆驼行进的时间更长，驼峰可以存水，它可以好几个星期不喝水。沙漠中的仙人掌就是骆驼最好的点心，骆驼的大厚嘴唇像牛皮一样结实，大肉舌头会把仙人掌的刺全部压平，唾液会把刺软化。所以长满尖刺的沙漠植物，其他动物碰都不碰，却是骆驼超爱吃的多汁水果和开胃菜。而且双峰骆驼有两个驼峰，人坐在中间，前后都有驼峰挡着，是非常舒服的。挂在两边的包袱也会更加稳当，不容易掉。在笔者看来，这只骆驼高大威猛，昂首挺胸的样子很漂亮。骆驼身上的装饰，特别有中亚地区那种华丽的风格。我们可以想象一下丝绸之路，从中亚到长安有多远？在这样一个长途跋涉的过程中，胡人穿过浩瀚的沙漠，只有骆驼与他做伴，那是怎样的一种相依为命的情感？

读者也许想问，这些胡人大老远地跑到中国来干什么呢？唐代的中国非常强盛，通过丝绸之路，把中国盛产的生丝、瓷器等放在骆驼背上运往世界各地。繁荣、强大的唐朝则吸引了很多外国人来中国谋生，他们进入中国的唐代都城长安，也就是今天的西安，把外国的特色文化，如杂技、歌舞、乐曲等带到中国。这件唐三彩中的胡人就是来自西域国家的驯猴师，他带着心爱的宝贝、调皮的小演员不远万里，长途跋涉来到大唐的都城表演节目，靠耍猴谋生。在出土的唐三彩中，有很多胡人，或牵马，或歌舞，他们都是身怀一技之长，远赴中国来挣口饭吃的。

接下来，我们再把视角拉回近现代，看看唐三彩是怎么被发现的。在这里，就不得不提一件比较遗憾的事，唐三彩的存世数量虽然非常多，但是中国国内收藏的唐三彩总数只是全世界的四分之一，绝大部分的唐三彩都流落到了国外。国内现存的唐三彩基本都是新中国成立以后从墓葬中出土的。这是怎么回事呢？

唐三彩发掘的历史比较短，1905年，修建陇海铁路时，工人在洛阳北邙山一带发现了很多唐代墓葬，出土了很多的唐三彩。那时候的人还认识不到唐三彩的价值，觉得只不过是一些动物造型或者人造型的陶器，所以扔得到处都是，缺胳膊少腿的，结果被经过这个地方的外国人发现了，觉得这些东西或许有价值，就拿到北京的古玩市场。不过，古玩店的老板没见过这种东西，不知道是什么，后来被近代史学家王国维、罗振玉知道了，他们在当时的报纸上发表了文章，提出唐三彩就是唐代的明器。外国人知道后，马上就跑到当地，也不管那些唐三彩有没有缺胳膊少腿，就都拉走了；接着，古董商也闻风而动，一车一车地往北京拉，然后补一补、粘一粘，就可以卖出去了。当然，主要是卖给外国人。所以，新中国成立前出土的唐三彩大都流落到了国外，其中日本、美国、英国这几个国家最多。

现在如果喜欢看唐三彩的话，去河南转一圈就可以了。开封、洛阳、郑州等地方博物馆里，都有很多唐三彩，什么造型的都能看到。

八 雨过天青云破处：宋代汝窑天青釉弦纹樽

宋徽宗赵佶是一个被皇帝职份耽误的天才艺术家，他管理国家的能力实在差劲，但他却是一个在书法、绘画等艺术领域造诣很深的艺术家。据说，当年宋徽宗很喜欢青色的瓷器，但是他对进贡的瓷器很不满意，嫌弃它们颜色太丑了。下面的人就很着急：皇帝到底想要什么样的颜色呢？毕竟青色也是分很多种的。有一天，趁着皇上外出画画心情好，下面的人就大着胆子问宋徽宗："皇上万岁！万万岁！您喜欢的青釉瓷器到底是什么颜色呢？您给我们这些下人说说，指点迷津，我们只要知道了是什么颜色就一定能够烧出您满意的物件来。"宋徽宗听了当时也没说什么。几天后宋徽宗就做了一个梦，梦见下大雨，雨停后，天开云散……他特别兴奋，第二天就下谕旨：烧造"雨过天青云破处"的天青色。全国的地方官员都组织能工巧匠争相烧制，进献宫廷，最后河南宝丰地区的汝窑工匠技高一筹夺得魁首，烧出这种素雅清逸，就像静谧深邃的天空的天青色。因此，汝窑顺理成章地成了五大名窑之首。不过，这个关于梦的故事总归是戏说。下面我们就借汝窑天青釉弦纹樽，来解读宋朝汝窑瓷器体现的美学理念，以及汝窑瓷器的烧制与欣赏。

宋朝在政治上表现得很弱，但是在文化上是极为讲究的，宋朝在中国历史上是一个大文化的时代。当时的士大夫阶层推崇朱程理学，主张"存天理、灭人欲"。这一主张表现在艺术上就是，手工雕琢的东西越看不出雕琢的痕迹就越好，就像现在我们说的最高级的化妆就跟没化一样。

宋代汝窑天青釉弦纹樽，高 12.9 厘米，口径 18 厘米，底径 17.8 厘米，故宫博物院藏

　　这种"存天理、灭人欲"的观念也体现在宋朝的瓷器上。宋人尊崇自然，自然界中蓝天、湖水、星空、晚霞的颜色，都能在宋朝的瓷器中体现出来。汝窑烧制的天青色，乍看好像也挺平常的，没有什么特别之处，但是你永远都不会看腻。这种颜色在你观察实物的时候，看一百次有一百次的感觉，不会有两次完全相同，它展现的是一种非常深邃的美感。你可以说它是天空的颜色，也可以说它是湖水的颜色，因为它的颜色是正经的天青色，偏绿的、偏黄的、偏灰的，都不是汝官窑。

　　这里我们要区分一下，汝窑是有官窑和民窑之分的。官窑就是指专门烧制宫廷里使用的瓷器的窑口。民窑就是指民间瓷窑，是相对官窑而言的。汝窑在唐朝的时候就出现了，不过那时候还属于民窑，到北宋末年才成为官窑，汝官窑存在的时间很短，大概也就 20 年。后来，随着北宋的灭亡，汝官窑也就不复存在了。

虽然只有短短的20年，但是汝官窑就是汝民窑的精华，深刻反映了宋人的美学理念。汝官窑烧制的汝瓷，不管是摆家里，还是放陈列馆展览，都给人一种宁静、深远的感觉，这种美学的理念能让你浮躁的心安静下来，这可不是一般的器物能做到的。

有人就问，汝窑能成为五大名窑之首，秘诀在哪里呢？

上文已经说了，汝窑最大的成就就是烧制出了天青色的瓷器。瓷器表面那层玻璃质薄层我们把它叫作釉。烧制瓷器时，当瓷器的坯体做好后，就要把一些矿物原料和化学原料按照一定的比例混合，磨成釉浆，再把釉浆涂抹在坯体的表面，经过烧制后，瓷器表面不仅光滑，而且因为釉浆成分的不同，会烧制出不同颜色。

烧制出天青釉的配方就非常独特，是工匠们经过无数次的试验，才总结出来的。它的秘密就在于，工匠们在釉浆中加入了玛瑙。正是因为添加了玛瑙的粉末，才烧制出清幽、深色的天青色。现在的玛瑙很常见，也不值钱，但是在宋朝，玛瑙是一种非常珍贵的宝石。

另外，从制作工艺来说，汝窑烧制要求也非常高。一般我们做罐子或者瓶子的时候，里面可以不涂或者涂很少的釉，但是，汝官窑烧制的汝瓷，上上下下、里里外外都有釉，而且釉色非常均匀。匠人们是怎么做到的呢？

给坯体上釉的时候，在坯体底部收缩的地方，需要用一个垫圈一个匣钵把它装在里面，然后有一个支点，这个支点会在器物底部留下支痕，文献称汝瓷"底有芝麻细小挣针"。工匠烧制时不喜欢留有瑕疵，要把釉涂满，所以会用很小的垫圈，每个垫圈上面要突出几个小点，将坯体支起来，支得它满身都是釉又不往下流，釉非常均匀地分布在它的表面。这样烧制出来的汝瓷，对技艺的要求非常高，非常珍贵，所以一直都被宫廷宝藏。到目前为止，全世界传世汝官窑瓷不足100件，每一件汝瓷都是无价之宝。比如故宫博物院收藏的汝窑天青釉弦纹樽，存世的一模一样的只有2件，一件在故宫博物院，另外一件被英国大维德基金会收藏。

汝瓷太过珍贵，但是烧造技术在南宋之后就慢慢失传了，后世不断仿制，明清的宫廷，都专门仿制过汝瓷，但是仿制不成功。也有人提出疑问，今天我们技术这么成熟，有没有可能再去仿制呢？当然，我们肯定能做，差别就在于，今天的人再去做，外面那层釉会厚薄一致，显得特别呆板，不灵动。以前的工匠是手工拉坯，湿的胎子是有收缩力的，拉出来的不一定完全一模一样，有手工痕迹。

而现在用机器做出来的胎土比以前的硬，没有弹性，所以做出来的东西就比较死板，不灵秀。

如果一件瓷器，让你去判断是不是汝瓷，怎么去判断呢？这主要看两方面。

第一看造型。比如这件天青釉弦纹樽，直上直下呈圆筒状，下面有三个小足支撑。它的底部、边壁厚薄程度是一样的，这一点非常难得。它的三个足很坚硬、很踏实。整体大小适度，恰到好处。另外汝窑还烧制盘子，以及像盘子一样但是多了三条腿的笔洗，总的来说，陈设品居多，非常珍贵。

第二是看釉色。这件天青釉弦纹樽由上而下凸起几道隐约可见的弦纹，弦纹就是在器物上凸起的横线。这件器物通体被天青釉包裹，它的釉有点透明，在釉下面透明的凸起的地方还有洋肝色。洋肝色发粉发灰，看起来非常漂亮。底部是香灰胎，就是燃完了香的灰色的胎。另外，还有一些细碎的小开片。开片是指瓷器釉面的一种自然开裂现象。这种开片不一定是刚出窑以后一下子裂开了，而是慢慢形成的时代的痕迹。

传世的汝官窑瓷器非常罕见，故宫博物院、台北故宫博物院、河南博物院、大英博物馆、美国大都会博物馆、日本东京国立美术馆等几个大的博物馆有收藏。

九 乾隆皇帝的宝爱：宋代官窑弦纹瓶

宋朝五大名窑，汝窑排第一，排第二的是官窑。北宋官窑的窑址就在都城汴梁，也就是现在的河南省开封市。读者看到这里可能要提出疑问，上一节也提到了官窑，但是当时说的官窑是指专门为宫廷烧制瓷器的窑口，与民窑相对。怎么跟这里的解释不一样？注意一下，两种解释都没错，这里就涉及官窑的两种定义。上一节提到的官窑，是从广义上来说的；这一节提到的官窑是狭义的，指两宋官窑。

这件弦纹瓶出自北宋官窑，瓶子底部圈足部分有方孔，孔是两侧对称的。瓶子高 33.6 厘米，它的母型是古代的青铜器，颈部和腹部的弦纹也是仿青铜器做的。瓶子个头比较大，通体青釉，特别温润，还有一些比较大的开片纹。古代的青铜器很多是酒器，如果去提的话会手滑，没法提。所以，两个方孔的作用就是方便提拿，用来穿绳子的，这种带有方孔的瓶子我们称为穿带瓶。

也正因为这件弦纹瓶仿的是青铜器，所以它给人以青铜器那种敦实厚重的感觉。瓶子的胎体比较厚，也给人庄重的感觉。官窑的一个突出特点就是"紫口铁足"。在它的口部特别薄的地方，露出了浙江的紫金土的胎体。紫金土呈现出一种褐铁色、黑褐色，当我们在黑褐色的胎体上覆盖青釉的时候，如果青釉往下流淌的话，口那里青釉比较薄，没有完全盖住，就露出了里面紫金土的颜色，发紫，这就是"紫口"的意思。那么"铁足"是什么意思呢？铁足就是指瓶子的圈足会有一圈没有釉，露出胎体的颜色，这个颜色就是铁色，

宋代官窑弦纹瓶，高33.6厘米，口径9.9厘米，足径14.2厘米，故宫博物院藏

也就是黑色，不过也不是纯黑，还带着一点巧克力色。

所以这件官窑弦纹瓶告诉我们的信息就是，它仿青铜器器形非常稳重肃穆，而且不只器形浑厚稳重，它的胎子也很厚，釉也很厚，整体都给人以厚重的感觉。

最有意思的是瓶子上的开片纹，开片就是瓷器在烧制后冷却时，因为釉和胎的膨胀系数不一样形成的一种釉裂胎不裂的现象。关于开片纹，晚清民国都有文献记载，最开始认为这是一种窑病，意思就是烧坏了，开窑之后有的东西釉面开裂，有裂纹，严重点的从里面裂到外面，就漏了，不能用了，连水都装不了，只能打烂。还有的恰巧"皮"爆了，"瓤"没爆，就有个别工匠把这种废品拿出去降价卖。结果，这些残次品居然受到一些文人墨客的追捧，因为有文化的人喜欢这种残缺美。这就导致有纹路的比没开裂的、光溜的价格还要高。窑主们很快抓住商机，开始专门烧这种釉裂胎不裂的瓷器，老北京话叫崩瓷儿，那么这种纹片是怎么形成的呢？其实就是在冷却过程没有完成之前，窑内进入了很强烈的冷空气，瓷器一下子就爆了。但是这个火候要把握好，如果开门开大了，冷空气进多了的话，瓷器会彻底爆裂、报废；开门开小了的话，瓷器又无法形成开片。这个火候是很讲究的，要等到一个特别合适的时机，一个特别合适的温度。所以要想形成这样一种妙趣天成的残缺美，技巧是不太容易掌握的。

故宫博物院收藏的这件官窑弦纹瓶，是宋代官窑的典型代表，一直被宫廷收藏，历代皇帝都很喜欢。雍正时期，宫廷画家意大利传教士郎世宁画了两幅非常有名的静物写生《聚瑞图》。其中一幅图中插花的瓶子就是雍正喜欢的青瓷弦纹瓶（见下页图）。乾隆皇帝也非常喜欢这个瓶子，把这个瓶子摆放在自己的桌子上，方便随时欣赏。

读者可能会提出异议：这样的细节，我们后人怎么会知道呢？是不是后人杜撰出来的？当然不是，笔者这么说，确实是有证据。乾隆皇帝特别喜欢收藏一些古物，而且还时不时地拿出来欣赏。所以乾隆时期就有表现皇帝鉴赏古物的情景的画作，叫作《乾隆皇帝是一是二图》，类似这样的图共有五幅，而这个瓶子在其中两幅画中都摆在显眼的位置上，可见乾隆皇帝有多喜欢这个瓶子。唯一的遗憾就是，这个瓶子的口部有一个小小的残纹，已经修补过了。

读者可能还听说过，官窑分旧官和新官，北宋的官窑俗称旧官，南宋的官窑俗称新官。其实，这种说法是不对的。只有定窑的瓷器底下有时候会写"新官"

郎世宁《聚瑞图》，长 173 厘米，宽 86.1 厘米，台北故宫博物院藏

或者"官",意思就是说这件瓷器已经被皇室征用了。因为定窑烧的瓷器特别多,其中只有顶级的瓷器才会被皇室选中,如果不做个记号,一不小心可能就被别人拿走了。所以那个"官",跟我们这一节中所说的官窑没有关系。当然也就没有"新官""旧官"的区分了。

我们都知道,官窑存世量非常少,所以就有一个说法,说是瓷器烧出来后,宫里的太监就要去检查,如果发现有瑕疵就摔碎,剩下的精品才会送进皇宫。其实,官窑出的瓷器少主要是因为当时的官窑是有贡则烧,无贡则止,就是有需要就烧,没需要就停。烧的时候,宫廷当然要出钱,最后成品出来了,也必须符合要求,如果不合格,钱也就别想要了。如果宫廷没下任务,就不烧。读者可能会想,工匠们可以私下烧,烧了拿去卖,不是也能卖出不错的价钱吗?

事情当然没有我们想象的这么简单。在元以前官窑没有形成定制,是非常松散的,所以工匠们有活儿的时候给官家烧,没活儿的时候就给民间烧。但是,官土都是垄断的,没有官土,巧妇难为无米之炊,也没法烧。另外,釉的配方都是被宫廷严格控制的。比如说配方绝对不可能掌握在一个人的手里,而是由几个人分别掌握,几个人的合在一起,才能烧制出官瓷。有很多细节都是由几个工人分开完成,他们各自保密,不让对方知道。据说他们的配方都是传男不传女,女婿也不传。这也导致中国古代很多技艺都失传了。所以说官窑瓷器存世量少,从某种意义上来说,主要还是本身烧制的数量太少。因为少,价值就更高,所以也出现了很多仿品。怎么去辨别这些仿品呢?真要分析起来的话,就太专业、太复杂了。笔者只能简单分享一些。

比如说,清代的仿品给人的感觉胎体非常薄,没有那么厚的釉,也没有紫金土。另外,如果是宫廷仿制,会写上"大清康熙年制",或者是"大清雍正年制"等官窑款识。

官瓷目前存世量仅几十件,大部分珍藏在博物馆里。如果有谁说手头有官窑瓷器,那就是仿品居多。故宫博物院收藏的这件官窑弦纹瓶是一件孤品,也是真正的无价之宝,这件文物从来没有出国参展,就怕被磕着、碰着。如果想近距离欣赏这个瓶子,可以直接到故宫博物院的陶瓷馆参观。

十 陶瓷史上的悬案：宋代哥窑青釉弦纹瓶

相传，宋代，在浙江龙泉，有一个姓章的人烧造的青瓷非常有名，他把技艺传给了两个儿子，大儿子叫章生一，二儿子叫章生二。

两兄弟成家立业后，就分开过，各自经营自己的窑场，烧制青釉瓷器，再把瓷器拿到附近的集市上去卖，开始兄弟俩的销量都差不多，两人也相安无事。可时间一长，差别就出来了，哥哥的瓷器比弟弟的瓷器好卖，这下子弟弟心里就不舒服了。

有一次，哥哥的丈母娘家有急事，他得走一趟，当时，窑正烧着。烧一半，也不能说停就停。于是，哥哥就找到弟弟，让弟弟帮忙看着。弟弟当时满口答应，但是心里却在想怎么搞破坏。只不过他没有想到，他的一个破坏，居然成就了一大名窑。这是怎么回事呢？

我们知道，通常用柴火烧窑，烧成熄火之后不能马上开窑门，一般要闷一整天，等器物慢慢冷却，再打开窑门，取出产品。马上开门冷空气一下子进去，烧好的瓷器会全部烧裂报废。弟弟当然知道这个道理，他怎么使坏呢？他就提前打开窑门，往窑里泼了几瓢凉水，然后窑里的灰尘、渣子等乱七八糟的东西都飞溅起来，至于里面烧制的瓷器，不用想也知道，热胀冷缩，大部分的瓷器都裂了。当然，裂的程度不太一样，有的是整个瓷器都碎了，有的是瓷器表面的釉裂开了。所以，当哥哥回来以后，打开窑门一看，就傻眼了。哥哥当然明白是怎么回事，觉得特别伤心，但是事情已经这样了，也不能把弟弟怎么样，后来就想，惹不起还躲不起吗？于是决定搬家，离得远远的。

第一章　陶瓷

宋代哥窑青釉弦纹瓶，高20.1厘米，口径6.4厘米，足径9.7厘米，故宫博物院藏哥哥就开始收拾家当，还把那口窑里釉裂的瓷器找出来，打算便宜卖了，好歹还能换几个钱。毕竟瓷器还是能用的，无非就是釉裂开了，是残次品。这本是无奈之举，哪知道，歪打正着，居然出现了意想不到的效果。

集市上，这些瓷器被抢购一空，没抢到的，就跑来找哥哥预订。原来，瓷器上面的釉面因为开裂，有了纹路，关键是这些纹路还有了颜色，有深一点的铁黑色，有浅一点的褐黄色，交替反复，如网如织。人们把这个纹路称为"金丝铁线"。

哥哥看这些残次品居然这么好卖，当然很高兴，但是也着急啊！别人都找他预订这种瓷器，但是他都不知道金丝铁线是怎么来的。去问弟弟，弟弟也不知其所以然。弟弟就猜是当时浇水造成的，所以就偷偷摸摸地试了几次，不过再也没有出现过这种金丝铁线。而哥哥有一股不服输的精神，想着既然能烧出一次，自然也能烧出第二次，所以尝试了很多很多方法。最后，终于成功造出了这种自然天成的"金丝铁线"纹。

据说他是在缸里放铁水，再把还温乎的瓷器放在里面泡，泡24个小时后捞出来，纹路粗的地方铁水渗进去就成了铁线，纹路细的地方，铁水渗得少或没有渗进去，就成了浅黄色。

"金丝铁线"一出，哥哥烧的瓷器很快就出名了，人们就说找哥哥的窑，哥窑，最后哥窑的名字就传开了。因为要造出这种"金丝铁线"很有难度，所以哥窑就此闻名天下。

弟弟一看哥哥烧出了"金丝铁线"，说实话那是打心眼里佩服的，毕竟他自己也试过，知道能烧出来不是一件简单的事。弟弟的手艺其实也不差，他脑子也灵活，所以就转变思路，走大众化路线，以量取胜，甚至把瓷器折腾到海外去了。弟弟的窑被人们称为弟窑，与哥窑相呼应。弟窑就是现在扬名海内外的龙泉窑。既然弟窑都发展得那么好，那走精品路线的哥窑肯定就不用说了，所以后来哥窑被皇室看中，给宫廷烧制瓷器，成为宋代五大名窑之一。

非常遗憾的是，到目前为止，我们还没有找到哥窑的遗址，这成为中国陶瓷史上的悬案。另外，现有的实物资料与古文献的记载有很多地方对不上，迷雾重重，所以哥窑一直给人以非常神秘的感觉。

有人可能会问，难道仅因为烧出了"金丝铁线"，就能成为官窑吗？当然不是，哥窑能被皇家选上，成为官窑，自然有其他值得称道的地方。接下来，我们就以故宫博物院收藏的哥窑青釉弦纹瓶为例，来解读哥窑瓷器。

这件小瓶子，长长的脖子，扁圆的肚子，浑身上下布满了开片，像密密麻麻的蜘蛛网一样，仔细看它的纹片，颜色还不一样，大一点的纹片发黑，小一点的纹片发黄，深浅不同，但是混搭在一起却格外好看。这就是前面提到的"金丝铁线"纹，也是哥窑瓷器的一个典型特征。哥窑瓷器是用紫金土烧制的，所以另外一个典型特征就是紫口铁足。关于紫口铁足，在讲官窑的时候，已经有过详细的介绍，这里就不多说了。

这件小瓶子给人一种美的享受，不管是长长的脖子，还是略微有点瘪的肚子，都恰到好处。同时，你还能感受到一种拉力的美，一下子把它拉起来了，那是一种向上的感觉，如果没有外张的、向上的口，这件瓶子就是那种"躺平"的瓶子，就像我们经常说的"葛优躺"，瘫着没有意思，没有精神。这件瓶子看上去特别精神，它底下往下垂，上面往上拉，整个牵拉起来，精气神出来了，优美的造型也出来了。

刚刚就提到，哥窑走的是高档精品路线，所以哥窑瓷器基本上都用来做陈设瓷，比如当个插瓶、摆件，或者作为文房用具，比如笔洗。至于吃饭用的盘、碗、碟，是不多见的。

哥窑瓷器还有另外一个用处，这个用处大部分人绝对想不到：如果整天欣赏这些哥窑瓷器的线条，潜移默化中自然就会培养出对线条的美的感受。读者可能会提出疑问，普通人去哪儿弄哥窑瓷器，那可是无价之宝，有钱也买不到！要是有哥窑瓷器摆着当然好，没有也没关系，现在科技发达，弄几张三维图像不是很简单的事情吗？图片也可以给人美的感受，把那些拍好的照片放在相框里，隔两天换一张，天天看，对线条的美的感受就培养出来了。

目前存世的哥窑瓷器大部分都是当年清廷的藏品，非常珍贵，都是无价之宝。早在1963年的时候，老一辈文物专家给文物定级的时候，一级品分甲乙两等，这件哥窑青釉弦纹瓶就被定为最高级的一级甲等。作为顶级文物，从来没有出国展览，因为实在是太珍贵了。

十一 宋代定窑孩儿枕

健康活泼，人见人爱⋯

故宫博物院藏有一件非常可爱的文物，叫作宋代定窑孩儿枕。看到这件文物的图片，读者可以先猜一猜是用来做什么的。

有人一看是孩儿枕，顾名思义，认为是枕头。但是也有人可能会提出异议：瓷器这么硬，这么凉，用来当枕头，睡觉多不舒服，应该不是枕头吧？

这种推理好像很有道理，不过我们一定不要忘记，在设想古人的日常生活、生产场景的时候，一定不要代入现代人的思维和想法。比如古人讲究高枕无忧，但是现在大家都知道枕头太高，对颈椎是有害的。早在隋代就出现了瓷枕，而在宋代，瓷枕已经是人们日常生活中的一种寝具了。想象一下，在炎炎夏日，没有电扇，没有空调，要凉快全靠手上一把大蒲扇，这时候，睡觉时用一个瓷枕多少是可以祛除一些暑气，睡个安稳觉的。作为日常用品，瓷枕在唐诗宋词中的出现频率也挺高。

宋代著名的女词人李清照在《醉花阴》中有一句"佳节又重阳，玉枕纱厨，半夜凉初透"。这里提到的"玉枕"，并不是真正的玉石枕头，而是宋代景德镇生产的高档瓷枕。景德镇烧制的青釉瓷器白中泛着湖水绿，被当时的人们形容为美玉。这句话的意思是九九重阳节的时候，李清照独自一人枕着冰凉的瓷枕躺在有纱帐的床上，思念远方的丈夫，内心惆怅。通过这首词可以看出，当时瓷枕就是当作睡觉的枕头来使用的，在宫廷和民间都比较普遍。

既然瓷枕是一种很常见的寝具，那这件孩儿枕珍贵在哪里呢？

宋代定窑孩儿枕，高18.3厘米，长30厘米，宽18.3厘米，故宫博物院藏

  我们先来看看这件孩儿枕的造型。这是一个趴在床榻上的小男孩，小孩方头大脸，天庭饱满，一双聪慧的大眼睛调皮地注视着周围，神情喜乐顽皮，非常可爱。小孩的背部做成枕面，他双臂环抱垫起圆圆的大脑袋，小腿交叉上翘，手中拿着一个随时甩动的绣球。整个造型生动形象，枕身釉为白色闪牙黄色。

  这件孩儿枕出自五大名窑之一的定窑，定窑虽然烧制了很多瓷器，但是瓷枕却很少见。在经过了几百年的天灾人祸之后，传世作品大部分被损毁。孩儿枕目前全世界仅存三件，一件珍藏在故宫博物院，另外两件珍藏在台北故宫博物院。这件定窑孩儿枕能保存完好，洁白如初，主要是因为早年就进入宫廷，得到了较好的保护。2013年，定窑孩儿枕还被《国家人文历史》推选为九大镇国之宝之一。

  烧制孩儿枕的定窑窑址在今天河北曲阳县，宋代时归属于定州，所以叫作定窑。宋代五大名窑之一的定窑瓷器，完全不同于我们前面讲到的三个窑的瓷器，汝窑、官窑、哥窑都属于青釉系列，但是在河北的定窑完全是白色系的，擅长烧造白瓷。相比其他几大名窑，定窑有什么样的特点呢？

第一个特点是白。在宋代五大名窑中，其他四个名窑都属于青瓷系列。定窑烧制的洁白无瑕的瓷器被皇室看中，进贡到皇宫。皇宫中装酒的大瓶子，盛装食物的大碗、大盘子，餐桌上用的茶盏、小杯、小碟等，很多日常用品都是定瓷。其实定瓷的白并不是纯白，而是象牙白，白中泛黄，却又不透明。制作定瓷坯体时，工匠把制作坯体的高岭土反复淘洗，洗得特别白，坯体也制作得非常薄，再加上釉又很白，最终就烧制出釉光莹润的白瓷。白瓷虽然很早就有，但是定窑把白瓷发展到了极致。

第二个特点是采用了刻划花的装饰手法。唐代定瓷大部分都是光素的，也就是没有什么装饰，但是到了宋代，就很少有完全素净的，多少都会装饰一些花纹。划花就是在没有干的坯体上用铁、木、竹等工具划出浅细的花纹，线条没有粗细、深浅的变化，技法比较简单。刻花就要复杂一些，虽然使用的工具一样，但是刻出的线条有宽窄、深浅的变化，看起来有一定的立体感。很多时候，刻花与划花会结合使用。另外还有一种比较省事的装饰手法，就是先制作出一个刻有花纹的模子，然后用模子直接翻印到坯体上。我们在定窑窑址中发现了很多模子，碗的模子上面有龙凤，还有一些特别复杂的花纹。

第三个特点是采用了一种特殊的烧造工艺——覆烧法。覆烧简单讲就是将瓷器坯体倒扣起来烧。在瓷器烧制的过程中，为了防止灰尘、气体等对坯体、釉面造成破坏、污损，事先会烧制一个匣子，把坯体放置在匣子里，这样不仅可以保证瓷器烧制的质量，还可以提高烧制的数量，因为可以把匣子叠起来烧制。而覆烧法则进一步增加了烧制的数量。比如可以把口径大小不同的碗坯，按照从小到大的顺序，依次倒扣，放入匣子里面，然后放到窑里焙烧。读者可以想一想，这样倒扣着烧有什么不好的地方？

熟悉瓷器的朋友马上就会想到，倒扣的口沿不能挂釉，烧制出来后，会出现"芒口"。芒口就是我们俗称的"毛边"。有毛边，不仅影响美观，而且用起来也会扎嘴。怎么办呢？聪明的工匠不仅想到了解决的办法，而且把定瓷提升了一个档次。他们用金、银、铜圈镶嵌在口沿作为装饰，使瓷器显得豪华富贵。

十二 入窑一色，出窑万彩：宋代钧窑玫瑰紫釉葵花式花盆

北宋徽宗皇帝是一位非常文雅的皇帝，喜欢奇花异草。他当政的时候，宫廷设置了一个机构，专门帮他在全国各地搜集奇花异草、异石美石。这些奇花异石运到皇宫后，又被制作成形态各异的假山和盆景。既然是盆景，当然要用到大量的花盆——不是那种泥盆，而是适合宫廷氛围的，能够摆在桌子上的干净又高雅的花盆。有的甚至是用宝石做的假盆景，所以他就要求花盆的装饰性很强，不是光为了养花。

宋徽宗曾下令全国各个窑场，烧制花盆进贡。各个窑场当然也是铆足了劲，烧出了各种颜色、各种样式的花盆，任徽宗挑选。最后，徽宗选中了钧窑，他觉得钧瓷釉色厚重，颜色又多变，每一个花盆的颜色都不一样，不死板，可以配很多的盆景，钧窑就此成为官窑，成为五大名窑之一，在五大名窑中的数量最多，这与徽宗的审美习惯有很大的关系。

宋钧窑玫瑰紫釉葵花式花盆，就是北宋钧窑为宫廷烧制的陈设用瓷。相比前几节介绍的文物，我们会发现，这件文物的颜色非常厚重、艳丽，与宋代美学理念崇尚的清雅、清幽完全不同。那么钧窑这种釉色是怎么烧出来的呢？为什么能烧制出各种各样不同的颜色呢？

宋代的钧窑窑址在今天河南禹州，属于北方窑系。钧窑瓷器经高温烧制之后，有如同映红天际的晚霞的红色，有如同风雨将至的天空的灰蓝色，还有很多想都想不到的颜色，这些无法预先完全掌

宋代钧窑玫瑰紫釉葵花式花盆，高 15.8 厘米，口径 22.8 厘米，足径 11.5 厘米，故宫博物院藏

控的色泽给钧窑窑变带来无穷的奥妙。

这里就提到一个词——"窑变",什么是窑变呢?窑变就是瓷器在烧制过程中,表面的釉色发生不确定性的自然变化。瓷器在进窑之前会涂一层很厚的釉水,我们用眼睛去看基本就是肉色的,但是钧窑一直有"入窑一色,出窑万彩"的说法。这种变化是当时的人力无法控制的,最后烧出来的颜色,有好看的,也有不好看的。其中,最好看的颜色是海棠红、玫瑰紫,海棠红是一种特别艳的颜色,玫瑰紫就是我们在这一节介绍的这个花盆的颜色。不过一个窑里出不来几件这样颜色的瓷器,最后要么是颜色太深、要么是颜色太浅。民间关于钧窑"十窑九不成"的说法,就是指没有烧出海棠红或玫瑰紫。

瓷器的烧制过程,确实有很多不可控的因素,但是为什么只有钧窑的烧制会出现这么多种绚丽多彩的颜色呢?一切的奥秘都在它的釉料上。钧窑的釉料采用的是当地的矿物质,这些矿物质成分非常复杂,含有多种微量元素,而且即使是同一种矿物质,由于所处矿床的位置不同、加工方法不同,所含有的成分也有很大差异;另外瓷器坯体在窑炉里摆放的位置不同,受热的角度不同,还有釉料的粗细、厚薄不同等等,这些因素都会引起窑变。所以在当时,窑变是人力所无法控制的,谁也不知道最终会烧制出什么样的瓷器,就算是同一窑炉烧出的瓷器也没有两件是完全一样的。如果在一件器物上出现了玫瑰紫和海棠红这两种最有代表性的颜色,那这件瓷器的价值就会翻好几番。

这件玫瑰紫釉葵花式花盆是钧窑的典型作品,花盆呈六瓣葵花式,花盆内外满釉,釉色是窑变的玫瑰紫色,边线是酱色。整个花盆造型稳重,胎体很厚,釉层也很厚,外面玫瑰紫,里面深青蓝,两种以上的颜色渐变中相互照应,给人一种精美、华贵的感觉。

钧窑主要以烧制装饰性的花盆摆件为主,至于那些实用的餐具、碗、盘基本上没有。钧窑花盆的造型特别多,有长方形、六角形、海棠式、葵花式、莲花式、仰钟式等。因为花盆作为装饰摆件使用,所以都是成对的。

那么,钧窑后来的发展状况怎么样呢?钧瓷有没有持续烧制下去?

宋代是钧窑发展的高峰期,在这之后钧窑还在烧,但是品质大不如前,到明代中晚期,钧窑窑变技术就失传了。清代雍正皇帝特别喜欢钧窑的花盆,想在景德镇御窑厂恢复这个品种。一个叫吴尧圃的技师专门去河南找老技师学习,最后终于在景德镇御窑厂恢复了钧窑的烧制，生产出一批精美漂亮的雍正款的仿钧釉作品。新中国成立以后，河南省政府特别重视发展钧窑产品，开设了许多工厂烧制钧窑，但是由于无法找到原来宋代用的原料，所以没办法复原宋代钧窑。当然，因为比较珍贵，无论是宋钧还是清代官窑仿钧釉制品在皇宫里通常都不会直接放土种花，而是作为观赏盆或者花卉的外套盆使用。宋徽宗以后，历代皇帝都把钧瓷当成宝贝，后代的文人笔记中就有"纵有家财万贯，不如钧瓷一片"的说法。

不管在哪个朝代，钧窑釉料的配方都是保密的，被皇家垄断，所以民间基本上烧不出海棠红、玫瑰紫这类釉色。到目前为止，存世的宋钧窑瓷器总量有200多件，相比其他四大名瓷，数量还算是多的。

十三 多元文化的交流与融合：元青花飞凤麒麟纹盘

元朝是蒙古族建立起来的王朝，虽然只存在了98年，却是中国历史上疆域最辽阔的朝代。蒙古族世世代代生活在草原上，特别善于骑马射箭。元朝建国初期，四处征战，最远打到了欧洲地区。在征战过程中，他们采取了残酷而野蛮的屠杀和奴役政策。据说所到之处大部分的人被杀害，只有那些拥有手工技艺的匠人幸免于难，这些工匠俘虏被带回国内，为宫廷所用。比如中亚、西亚地区金属镶嵌工艺十分发达，贵族首领都使用金子或者银子做成的十分精美的酒壶、饭盆和成套的餐具，这些器具上都被敲打出特别细密和美丽的花纹。当元朝西征时攻占伊朗的城市后，当地的手工艺匠人就被带回了元朝，为宫廷制作精美的器物。

故宫博物院收藏的元青花飞凤麒麟纹盘，表面上看似一件普通的蓝底白花的大盘，图案纹饰和造型中却融汇了三种文化特质。

大盘表现的第一种文化是显著的西亚文化。花口、板沿、造型吸收了西亚地区金属大盘的特征，这种盘子与汉人习惯使用的圆口盘是有很大区别的。首先是颜色。我们第一眼看到这个盘子，会感觉颜色有点不太一样，虽然这个盘子的主色蓝色和白色很常见，但仔细观察，就会发现不同之处。一般我们看到的青花瓷都是白底蓝花，但是这个盘子却恰恰相反，它是蓝底白花。为什么有这种不同呢？原来，伊斯兰文化非常推崇绿色植物，喜欢蓝色，所以蓝底白花成为伊斯兰文化的典型审美。比如大家非常熟悉的蓝色清真寺，就是以蓝色为主色调，配合白色等。而这种蓝底白花的瓷器也是从

元青花飞凤麒麟纹盘，高 7.9 厘米，口径 46.1 厘米，足径 26.1 厘米，故宫博物院藏

元代才开始出现的。其次是盘子上凸起的纹饰。西亚流行金银器，在制作金银器时，会使用镶嵌工艺，比如在铜盘上或金盘上镶嵌银丝，这种镶嵌工艺最终展现的是一种凸起的纹饰。而在这个盘子中，白花部分都雕刻成浅浮雕的花纹，是微微凸起的，很有立体感。这样凸起的纹饰给人带来浓厚的西亚金银器的感觉。从制作工艺上来说，这种浮雕制作工序相比一般的青花瓷更加复杂，难度更大。最后是从整体造型上看，盘子有着类似西亚金银器的边壁。盘子的口沿没有做成通常的圆形，而是做成有许多瓣的菱花口，使整个盘子看起来非常有气势。

大盘融合的第二种文化是蒙古文化。一般提到盘子的时候，大家脑海中想到的可能就是家里吃饭盛菜的盘子，家庭用的盘子直径也就20厘米至30厘米。这件元青花飞凤麒麟纹盘的直径是多少呢？是46.1厘米。这么大的盘子，对汉族家庭来说是没法想象的，因为日常根本不会用这么大的盘子来盛菜吃饭。但是蒙古人很豪放，他们偏重肉食烧烤，大块的羊排、牛排、手抓羊肉之类的，都需要用很大的盘子盛装，所以盘子很大，美观实用，符合草原民族的特征。当然，如果大家有机会去故宫博物院陶瓷馆亲眼看看这个盘子，那种感官的冲击会更强烈。因为对绝大部分人来说都无法想象，这么大一个盘子居然是用来吃饭的餐具。造型硕大的元青花飞凤麒麟纹盘是名副其实的蒙古文化的产物。

大盘通体的青花纹饰体现的第三种文化是正统中华文化。青花瓷是我国彩瓷最重要的主流品种，早在唐代已经出现，只是到了宋代因为皇帝崇尚自然界的纯色，喜欢五大名窑的素瓷，所以青花瓷器工艺发展进步缓慢。到了元代，由于发达的海外贸易，青花瓷也得到了蓬勃发展。这件元青花飞凤麒麟纹盘，无论是青花的颜色，还是凸起的浮雕手法都是元青花中的佼佼者，有相当高的艺术水平，在国内外收藏的元青花大盘的传世品里无疑是最精美的。

盘内壁绘有白色缠枝牡丹纹，牡丹纹是一种典型的代表中华文化的装饰纹样，自隋唐以来，就被视为富贵吉祥的象征，寓意繁荣昌盛、幸福美好。盘内中央绘有一只飞凤和一只麒麟。飞凤就是飞翔的凤凰，凤凰在中国古代被尊为鸟中之王，是祥瑞的象征，凤凰纹也是中华民族的传统吉祥纹样。麒麟是中国古代传说中的神兽，象征好运将至，吉瑞到来。相传，明朝初期借着郑和下西洋的宝船到中国来觐见皇帝的外国使团曾进贡给宫廷一头非洲长颈鹿。皇帝从来没有见过这么温雅的动物，大家也都来观赏这个稀罕物。后来皇帝让画家把它画下来，进行神化和美化，给它安上了牛角、马蹄、龙鬃等，就成了具有非凡的吉祥寓意的瑞兽，成为一种人们想象出来的动物，一种神奇吉祥的动物。人们当时以为，这种动物就是麒麟。不管这种说法是否有史实依据，麒麟纹成为汉族传统的瑞兽吉祥纹样却是不争的事实。所以说这些装饰纹样充分体现了中华文化的历史传统。

元青花瓷主要用于对外贸易，元朝宫廷使用得较少，因为元朝统治者崇尚白色。所以，从目前存世的元青花瓷来看，完整器的存量国外比国内多一些。元青花瓷在当时的阿拉伯国家备受欢迎，是王室贵族的标配。元青花瓷制作精良，纹样丰富，是多元文化交流与融合的产物。它所包含的文化内容异常饱满丰富，在整个陶瓷史上的地位非常突出。

十四 窖藏文物的前世今生：元青花釉里红镂雕盖罐

1964年夏天，河北保定市永华南路小学搞基建盖房子，因为前一年发大水把教室都淹了。工人们在往下打地基的时候突然发现了一个洞，感到很奇怪，就通知了当地的文物部门，文物部门的工作人员前往勘察，一看里面全是瓷器，于是立刻通知北京派专家学者前往考察。北京的文物专家到了一看，既惊又喜，永华南路这个小学校一共出土了元代瓷器11件，件件都是珍品。当时的保定文物部门把最精美的5件瓷器交给国家文物局，国家文物局将之拨交给了故宫博物院，以填充故宫博物院元代藏品的不足，另几件归属保定市文物部门的上级单位河北博物院。这5件瓷器中，就包括我们这一节要介绍的这件青花釉里红镂雕盖罐。其实，当时出土的是一对，另外一件留在了河北博物院。青花釉里红镂雕盖罐的制作过程十分复杂，烧制难度特别大，为什么呢？

首先，青花釉里红大罐是两种不同的釉下彩结合在一起烧成的。什么是釉下彩呢？就是在已经烧制成型的素坯上，用色料绘制各种图案，然后在上面罩一层透明的釉，烧出的彩色是在釉的下面，经久耐磨，所以叫釉下彩。

青花和釉里红使用的是两种不同的呈色剂，呈色剂就是让瓷器着色的矿物质，比如含钴的矿物质经火高温烧出来就是青花的蓝色，含铜的矿物质经火高温烧出来就是釉里红的红色。青花和釉里红都是釉下彩，所以用两种颜料在瓷坯上画完之后，还要再上一层透明的釉，然后经高温烧制。青花釉里红烧制的难度在于这两种呈色剂

元青花釉里红镂雕盖罐,通高 41 厘米,口径 15.5 厘米,足径 18.5 厘米,故宫博物院藏

  的烧造温度是有差别的,青花通常是 1250 摄氏度,釉里红要达到 1300 摄氏度才能呈现理想的鲜红色。

  因为青花与釉里红是两种烧制温度不同的釉下彩,所以要想同时烧制出色彩纯正的青花和釉里红，难度非常大。它的烧制过程完全依靠工匠的经验，如果按照烧制青花的条件烧，那么釉里红的温度达不到，颜色就出不来；如果温度高了达到釉里红的烧制条件，青花就可能过火烧煳发黑。所以青花釉里红同在一件器物上烧制，在过去完全依靠柴窑控温的情况下的成功概率是很低的。

除了青花和釉里红两种釉下彩烧制难度大之外，大罐腹部四面花边开光使用透雕的技法，这种透雕的镂空花纹非常容易断裂，因此烧制起来极难。镂空开光的边线是用很多细密的小瓷珠串成，如同细密的珍珠镶嵌，必须用人工将一颗颗小小的泥球码成花边轮廓线，不是雕刻上去，而是镶嵌上去的，所以技术难度特别大。

当然，青花釉里红一旦烧制成功价值就非常高。这两种颜色都属于高温釉下彩，彩色包裹在一层完全透明的玻璃釉面之下，这种釉下彩瓷不会因长久磨损而有丝毫褪色。因此，我们今天看到的许多窖藏出土的保存完好的元青花瓷器，看起来就像新的一样，而实际上它们已经历经几百年漫长岁月。

元青花釉里红镂雕盖罐代表了元代制瓷技术的最高水平，那么这件罐子是出自哪个窑场呢？又有着怎样的传世经历呢？

大罐是在浮梁烧制的。提到浮梁，可能大家会非常陌生，但是如果说景德镇，相信大家都非常熟悉，在相当长的历史时期，景德镇仅仅是浮梁管辖下的一个市镇。现在的景德镇还保留了浮梁县衙门的一处遗址。元代的青花瓷主要就是在浮梁烧制的。当时，元朝廷还设置了浮梁瓷局，这是全国唯一一所为皇室服务的瓷务机构。这样说起来，浮梁烧制的瓷器很多都是官窑，不过与其他朝代不同的是，浮梁瓷局烧制的瓷器并不是像明清官窑一样直接装船运往北京皇宫，而是大多用于海外贸易。元朝的统治者是骁勇善战的马背民族，不管是对外的征战，还是维持内部的奢靡生活，都需要很多资金，所以浮梁烧制的瓷器，很多都是拿出去换钱换物的。许多西亚的阿拉伯国家有很多天然的宝石、金矿，但是当地人不会烧制瓷器，所以元朝的青花瓷备受推崇，价格也非常昂贵。

这件大罐在浮梁烧好以后，不知出于什么样的原因辗转到了今天河北省的保定地区。由于战乱，大罐的主人为更好地保护这批珍贵的官窑瓷器，就把这件大罐连同其他10件珍贵的元代瓷器埋藏在自家的地窖里。我们不知道后来到底发生了什么，这批瓷器的主人再也没有回到埋藏宝物的地窖，大罐的主人到底有没有后代延续至今，现在还是一个未解之谜。一般来说，窖藏文物比墓葬出土的文物保存更为完好，这件元青花釉里红镂雕盖罐就是一件窖藏文物。

窖藏实际上就是在地上掏一个洞把需要储存的东西放进洞里保存。笔者印象最深的是童年时家家窖藏大白菜的情形。小的时候物资比较匮乏，冬天能吃到的菜只有大白菜，而且还是政府按每户人口一次性配给。家家户户到了冬天都要储存大白菜，如果储存不当，大白菜就会烂掉，那也就意味着整个冬天没有新鲜的蔬菜吃，只能吃腌制的咸菜。住平房的家庭就在房前屋后挖菜窖，把一冬天的白菜都放进菜窖储存，随吃随拿。

故宫博物院现今收藏的 37 万多件瓷器，可以分为两大部分：一部分是清宫旧藏，也就是故宫博物院成立之前就在宫廷里使用存放的；还有一部分是 1949 年新中国成立以后墓葬和窖藏出土的器物，由国家文物局调拨给故宫博物院收藏。这件大罐属于后者，是由国家文物局调拨给故宫博物院的一件非常珍贵的窖藏文物。

元青花大罐制作复杂，数量很少，国内外加起来总共不到 10 件。国内除了这一对窖藏大罐以外，首都博物馆还藏有一件元青花"昭君出塞"图罐。

之所以会出现窖藏器物，主要是从古至今，战乱较多，一旦发生战乱，有的人就会想把一些既值钱但又不容易携带的东西就地埋藏起来，等到战乱结束后再返回家乡取出来。人们认为埋藏在地下是最安全的，所以就出现了窖藏器物。只是很多时候，窖藏器物的主人流离失所，在交通不发达的古代许多人无法再回到埋藏宝物的家乡，也有不少人死于战乱和饥荒，那些藏起来的宝贝就无缘重见天日，一直深埋地下无人知晓了。所以说，有些窖藏出土的器物是非常珍贵的。

元青花重要的窖藏除了保定出土的这批以外，还有江西高安的元代窖藏，元青花是其中最具代表性的作品。高安市政府特意为珍贵的元代青花瓷器窖藏建了博物馆，常年陈列着 19 件元青花瓷器。国内特别有名的窖藏还有西安的唐代何家村窖藏，出土的都是皇室收藏的文物，非常珍贵。

但并不是所有的窖藏器物都珍贵，大多数窖藏只是出土平民百姓的一些日常生活用品，如饭碗、小罐，以及大量的铜钱等，虽然是真的，但是历史价值不高，算不上珍贵。

十五 一直被追仿，从未被超越：明永乐青花缠枝莲纹压手杯

这一节要给大家介绍的这件文物，叫作明永乐青花缠枝莲纹压手杯。

我们先从它的名字讲起，为什么叫压手杯呢？如果你有机会近距离观察这个杯子的话，你会发现它的碗壁和底部都很厚，笔者因为一直在故宫博物院瓷器库房从事保管工作，多次接触过这件压手杯。它只有成人的拳头大小，张开手掌完全可以把杯握住，大拇指扣住杯边的时候，正压虎口（食指与大拇指之间的一个穴位）。因为它的杯壁厚且小，贴合虎口，拿在手中不像一般的瓷杯那样轻飘飘的没有分量，而是有点沉甸甸的压手感，所以被称为压手杯。这种压手的感觉奇妙无比，好似手里放了一个重心在下的小秤砣，又像手里放了一件铜器一样有分量。

这件压手杯的形状看着像现代人吃饭的小碗。那么它是用来吃饭的吗？

当然不是。压手杯的大小正好像一个半大不小的碗，当时应当是用来喝酒或者喝茶的。碗沿正好压虎口，适合用手触摸、把玩。所以，压手杯既有喝茶喝酒的功用，又有把玩欣赏的美感。更准确地说，是给皇帝本人制作的把玩器物。明人笔记中就提到了压手杯。压手杯传世数量极少，毕竟是皇帝御用的东西，一般人在坊间是根本见不到的。

既然是皇帝使用的东西，自然非常珍贵，具体来说，表现在两个方面。

明永乐青花缠枝莲纹压手杯，高 5.4 厘米，口径 9.1 厘米，足径 3.9 厘米，
故宫博物院藏

　　文物古董界有一个不成文的规矩，就是"物以稀为贵"。永乐压手杯非常稀少，除故宫博物院以外世界上任何地方都没有。故宫博物院总共收藏了三件完整的压手杯，除了这件碗里葵花（指秋葵的花）款的以外，还有一件碗里狮子款和另一件碗里葵花款的。这三件完整的宝贝一直从明朝宫廷保存到现在，非常珍贵。故宫博物院资料室还有半个残缺的压手杯，所以确切地说只有三件半。

　　或许有人会问，怎么半个压手杯还要算数呢？又不是完整器。这里就涉及一个考古事实，从 1978 年到 2018 年的几十年里，景德镇瓷窑遗址陆续出土了数以吨计的瓷片，这些瓷片几乎囊括了所有的烧造品种，居然没有发现一片永乐青花压手杯的瓷片。

1984 年，著名陶瓷考古专家刘新园先生第三次来北京，专程来看永乐压手杯。这次正好是笔者在陶瓷馆负责具体接待工作。当我们给刘先生打开柜门取出这件压手杯后，刘老师捧在手里看了足足半个小时。

在此之前，刘老师曾经说，除了故宫博物院以外，从来没有在其他任何地方见到过压手杯的痕迹。反复仔细观察我们的这件压手杯之后，刘老师说了六个字："是真的，我服了。"他经过多次观察实物，确认故宫博物院收藏的永乐青花压手杯是景德镇的御用官窑生产的瓷器。他说，我拿在手上看了这么久，它的胎和釉各方面给人的感觉，跟永乐官窑的瓷器是完全一致的。

在景德镇出土的成吨的瓷器碎片中，为什么连压手杯的残片都是凤毛麟角？因为景德镇作为官窑，生产的御用瓷器本身就比较少，压手杯是永乐官窑创造的一个新款式，只烧制了几件，没有批量生产。用现在的话说就是专门为皇帝定制的。数量太少了，这样的压手杯能不珍贵吗？

压手杯自从问世之后就受到世人追捧。明末清初文人谷应泰写了一本很有影响的书——《博物要览》，书中记载："压手杯，坦口折腰，沙足滑底。中心画有双狮滚球，球内篆书'大明永乐年制'六字或四字，细若粒米，此为上品。"其中，"永乐"就是明成祖朱棣的年号。

这件明永乐压手杯之所以备受推崇，还因为它是最早写官窑帝王年号款识的瓷器，在此之前官窑瓷器是没有款识的。压手杯碗心写帝王年号款识，说明了官窑瓷器正式刻写帝王年号款识就是从永乐朝开始的。这之前开国皇帝朱元璋时期的瓷器并没有款识。

虽然洪武二年（1369 年），景德镇就开设了官办御窑厂，专门为皇室烧造瓷器，但是那时的瓷器，不标款识、不打 logo（标识），也就是没书帝王年号款。因为当时瓷器的底部大多沿袭元代，多是没有釉的，也就是涩胎，如果没有釉，款识写在哪里呢？没有一个完整的白釉底的地方写款识，所以就不写了。永乐、宣德朝御用官窑迎来了它的黄金时代，瓷器里里外外都处理得非常好。比如说一个罐子，它里外都涂满了釉，里面的釉非常好，外面的釉也非常好，底部也涂满了釉，这个时候就具备了充足的条件，有很大的空间来书写款识。

另外，笔者个人以为官窑瓷器写款识与当时安定的社会环境也有很大关系。

在永乐、宣德时期，国富民安。这时候，皇帝觉得四海升平，天下大定，需要彰显帝王的荣耀，所以就开始在官瓷上写帝王年号款识。

刚开始写帝王年号款识的时候，特别讲究艺术美，用的是篆书，楷书到宣德年间才开始使用。年号款识写在碗心，与所画的花纹协调搭配。故宫博物院藏的另一件压手杯是狮子绣球纹饰的，就把"永乐年制"四个字藏在绣球里头，显得非常美观协调。官窑瓷器上书写帝王年号款识由永乐朝开始，是封建等级制度在瓷器上的表现，使人们对瓷器制作的年代一目了然。

因为永乐青花压手杯过于珍贵，所以几百年来，对它的仿制从来没有停止过。最早的仿品出现在晚明时期的万历年间，后来清朝康熙、雍正官窑，都有仿品问世，一直延续到民国以至现代，景德镇仿烧压手杯一直没有间断。

笔者有个朋友花几百块钱买了一只现代仿永乐压手杯喝茶，因为碗小而厚实，保温效果好，茶水不容易凉透，所以感觉不错。现在很多博物馆做文创就是"复刻"古代的器物，让我们从中感受到古人的生活和情趣所在，借助传统文化丰富我们现在的生活。生活中不只有电脑和游戏，老祖宗留下的有趣的东西很多，需要我们开动脑筋去体验，也会给我们带来一种精神上的熏陶和享受。

十六 郑和下西洋与"苏泥勃青":明永乐青花寿山福海纹香炉

在中国传统绘画中,以礁石海水作为装饰的纹饰就叫"寿山福海",寓意"福如东海,寿比南山"。当我们第一眼看到这件明永乐青花寿山福海纹香炉的时候,感觉眼前一亮,这一片明亮鲜艳的蓝色非常震撼人心,为什么它的蓝色比我们通常见到的青花瓷要明亮很多呢?它烧制时使用的青花色料与一般的色料有何区别呢?这件永乐年间的青花大香炉极富传奇色彩。这一节我们就借由这件大香炉去感受一下那个时代的文明气息,回顾当年郑和下西洋的盛况以及六百多年来的沧桑巨变。

永乐官窑的青花色料不是国产的,它来自遥远的西亚地区,翻译成中文叫"苏泥勃青"或者"苏麻离青"。苏泥勃青的来历可不简单,是郑和船队下西洋时带回中国的珍贵青料。当时的明朝航海技术世界领先,郑和奉命带领船队,浩浩荡荡,七次下西洋。郑和船队每次出海都结集两百多艘宝船由国内港口出发,他们历经好几个月的海上航行,到达今天的波斯湾附近,然后用中国瓷器、生丝、铁器与当地酋长和百姓进行贸易,苏泥勃青就是由郑和船队带回中国的。

讲到航海,可能很多人都会联想到现代乘坐大游轮旅行,但实际情况却相差很远。六百多年前,没有发明机电动力,远航宝船都是帆船,航海所需的动力主要是风。海上航行的动力就来自那高高竖起的风帆,人工操纵风帆的收放和角度,利用海上季风出行和返航。每次都要航行好几个月才能到达目的地。为了防止翻船,必须

明永乐青花寿山福海纹香炉，高 55.5 厘米，口径 37.3 厘米，足距 38 厘米，故宫博物院藏

在船舱底部放满沉重的瓷器、铁器等压舱物，回程时，就把贸易和交换来的宝石香料等当地土产带回中国。所以郑和下西洋的时候，带走了很多非常漂亮的官窑器，有些质量上乘的作为礼物赠送当地国王和酋长，一般器皿用来与当地居民进行交换和买卖。

郑和下西洋遵循了明太祖"帝国居中，怀柔远人"的谕旨，并不是单纯的对外贸易。郑和七下西洋，由于路途遥远，海上航行周期太长，人员伤病损失严重，明政府要赔上大量的金钱。也许有人会提出疑问，这不太可能吧？大家都知道，中国瓷器在国外特别受欢迎，出去一趟，光卖瓷器也得赚很多钱啊，怎么会亏本呢？

其实不然，当时途经的国家都比较贫瘠弱小，大多是物与物交换，直接以白银结算的很少。明成祖朱棣为了让这些国家每年来朝贡明朝，在太祖的基础上又制定了一些更具体的优惠政策，政策的核心是"厚往薄来"。简单说就是郑和船队远航异国，不是为了赚钱，而是为了宣扬国威，拓展扩大朝贡国家的范围。

每次郑和船队在第二年随季风返航时，会有很多外国使团搭船随行，到中国以后，给皇帝献上一点土特产。据档案记载，有苏木、龙涎香、碧牙西（碧玺）、苏泥勃青、孔雀石等，明宫廷根据"厚往薄来"的政策，赏赐使团大量的瓷器、丝绸等价值几倍或几十倍的回礼。所以，物质匮乏的太平洋、印度洋小国，特别喜欢来中国朝贡。时间一长，明政府也感觉受不了，太吃亏了。据说明朝宰相刘大夏为了防止国库亏空，把所有有关郑和下西洋的航海材料全部烧毁，烧了三天三夜。他认为组织一次远航耗费的人力物力难以想象，出去也没换回什么对中国有价值的东西，国力下降、劳民伤财，是败家行为。所以宣德末年郑和下西洋终止以后，我们就再也找不到苏泥勃青的影子了。

苏泥勃青到中国后，就被送到景德镇用来画官窑高档青花瓷器。因为它深邃艳丽，含铁量很高，画出的青花花纹，在特别厚的地方就析出铁的结晶，散发出金属般的光泽。使用这种青料烧造出的瓷器，深得人们的喜爱，价格特别昂贵。

那么，永乐皇帝为什么要烧这么大的香炉呢？我们都知道，永乐皇帝先是在南京称帝，后来才营建北京城，在1421年迁都北京。为了表示江山安定，于是命令景德镇的御窑烧制跟青铜大鼎一样庄严无比的青花大香炉。这可把御窑场的工匠们忙坏了，虽然造型已经确定了，但是具体使用什么样的纹饰，什么釉料，这些都得他们自己去琢磨。

最后，他们确定烧制白底蓝花的青花瓷，同时使用寿山福海的纹样，结合造型，寓意皇上福寿绵长，江山永固。为了能使瓷器有青铜鼎的沉稳、凝重之感，整个香炉全部使用苏泥勃青料。这种青料画出来的青花有那种深入胎、酣畅淋漓的晕散感，是其他青料不能替代的，更增添了御用官窑的皇家气势。

香炉的烧制过程非常复杂。因为它的厚度是一般瓷器的十几倍，很不容易在当时的窑炉条件下完全烧透，朝廷要求香炉要像青铜大鼎一样，必须很大很厚。烧造胎体很厚的瓷器，对窑炉有多种要求，首先就是要密封性能好，其次就是要有充足的火量，不然没办法烧透。再有因为青花瓷器是釉下彩，也就是做坯之后画彩，然后罩上透明釉一次烧成。如果火大了温度过高，彩会烧焦烧煳。这两点对很难控制温度的柴窑来说简直太难了。不过奇迹还是出现了，据记载御窑厂先后烧了三个，两个烧制成功，另一个严重变形，就地打碎埋入地下。有人会问被打碎埋到地下了那你怎么知道的呢？因为20世纪90年代，景德镇考古研究所在御窑厂遗址挖出了那件残损香炉的所有残片，重新黏合成型，现在陈列在景德镇陶瓷馆。

故事讲到这里是不是就结束了呢？当然没有，大香炉坎坷的命运还在后面！

两个烧制成功的香炉被送进了皇宫，此后安安稳稳地待了五百多年。1931年，九一八事变爆发，日本发动侵华战争。1933年，山海关失陷，北平（今北京）受到威胁。为了保护故宫博物院珍藏的文物，故宫博物院理事会决定将部分文物运往上海，这两个大香炉就在第一批运送的文物里，可见大香炉的珍贵程度。了解历史的朋友都知道，当时的上海并不安全，所以这些文物最后都被运到了四川。抗日战争结束后，这些文物又被运回了南京，因为当时的南京是国民政府所在地，是首都。1948年，国民党撤退去台湾的时候，又把这批文物中的一部分运到了台湾，但是还有2000多箱文物没来得及运走，留在了南京，留下的就有这两个大香炉。其中一件完好无损的大香炉就留在了南京，成为南京博物院的镇馆之宝。另外一件耳部残缺，经修复复原成为故宫博物院的镇馆之宝。这两件宏伟壮观的青花大香炉一南一北遥相呼应，可以说见证了六百多年的沧桑岁月。

连同景德镇挖出的那件，现在世界上仅存3件这样的大香炉。

通过明永乐青花寿山福海纹香炉的前世今生，我们见证了郑和下西洋的伟大壮举，了解了明初中国瓷器的输出和海外贸易，也看到了古代瓷业工匠的匠心独运；大香炉从北平到上海转四川，回南京，到北京，辗转多地，见证了我们故宫文物的播迁。

十七 价比黄金的永宣瓷器：明宣德青花云龙纹天球瓶

中国传统的瓶子一般都用于插花，造型大小适中。在故宫博物院的陶瓷藏品中，却有几件造型独特、并不多见的瓶子——明宣德青花云龙纹天球瓶。这件瓶子瓶身鼓圆，比足球还大，颈部粗圆，与宋元时期传统的瓶子相比差距很大，怎么会出现这种造型呢？

这是明永乐、宣德时期，景德镇御窑厂为适应出口西亚的需要，模仿伊斯兰金属铜瓶的母型创造出来的一种新的瓶式，造型浑厚大气，端庄稳重，瓶口下方有一行青花六字楷书款识"大明宣德年制"。瓶身整体就是一个大大的圆球。为什么叫天球瓶呢？道理很简单，因为这件瓶子是官窑烧制的高档御用瓷，是供应皇帝本人和皇族使用的，也许皇帝认为自己是真龙天子，称之为天球瓶也是皇权的一种象征。跟前面讲到的永乐青花压手杯一样，青花天球瓶也仅限于皇室使用，民间根本不得见。这件青花云龙纹天球瓶是宣德官窑的一件非常典型的代表性作品，烧造数量不是很多，目前主要收藏在故宫博物院和台北故宫博物院，以及南京博物院等国内几家大的博物馆，国外大英博物馆、纽约大都会博物馆也有收藏。

在中央集权的明初社会，皇权无处不在，天球瓶的名字要表现皇家的气派，纹饰方面也有更直接的体现。中国古代什么样的纹饰最能代表封建帝王呢？当然是龙纹。

这件瓶子的腹部，一条青花巨龙盘踞其上，龙口大张，鬃毛冲天，做腾云回首状。龙有三爪，如鹰钩一样，尖锐有力。周围各种形状的祥云环绕，衬托出巨龙行空之势。龙是中国古代传说中的动

明宣德青花云龙纹天球瓶，高 43.2 厘米，口径 9.4 厘米，足径 16.5 厘米，故宫博物院藏

物，最早出现在距今约7000年的仰韶文化彩陶上。作为中原大地原始部落的图腾，龙纹集中了许多现实生活中不同动物的特征，但是实际上谁也没有见过真正的龙，我们在自然博物馆看到的是恐龙化石。龙是神话传说中的动物，在中国传统文化数千年的延续中它已经由一种传说的动物演变为中华民族的象征，是吉祥辟邪的瑞兽。在明清时期，更是成为帝王专属的装饰纹样。宣德时期官窑瓷器上的龙纹很多，有三爪龙、四爪龙、五爪龙之分，形态威猛矫健。平民百姓根本不得用，如果谁私底下烧制一个有龙纹的瓷器，或者在衣服上绣上龙纹的装饰，那就会被判有越位谋反之心，不仅自己性命难保，恐怕还要株连家眷，遭灭门之祸。

作为故宫博物院旧藏的宣德款青花云龙纹天球瓶，其历史价值是无法估量的。据文献记载，永乐、宣德年间官窑瓷器价比黄金。这是怎么一回事呢？为什么这一时期官窑的瓷器这么珍贵呢？这就不得不提当时的历史背景了。

明朝永乐、宣德朝加在一起，一共33年，永乐22年，宣德10年，其间还有洪熙1年。这33年是明代最强盛富裕的年代，国库充盈，生活富足。历史学家把这一时期称作"永宣盛世"。因为国家强大，经济繁荣，专为皇帝烧造的官窑迎来了烧造史上的黄金时代。

永乐、宣德两朝瓷器风格一致，所以一直以来就有永宣不分之说，两朝传世瓷器每一件都代表了当时的烧造水平。也许有的读者会问，古代烧瓷没有电窑也没有煤气窑，都是匠人用柴窑烧的，温度很难控制，难道没有烧不好品相差的东西吗？笔者正要回答这个问题。永乐、宣德两朝瓷器的高质量高水平，就是建立在大量地筛选和淘汰的基础之上的，相比元朝并没有太多的妙招，只不过是对大批不太精美的瓷器毫不留情地淘汰和处理的结果。明初御窑厂检验严格，层层把关，稍微有一点瑕疵就全部敲碎，集中销毁，深埋地下。当时的明朝政府资金雄厚，非常有钱，对检验不合格的瓷器全部砸碎，一点都不在乎。

这种检测严格到了什么程度呢？景德镇的考古工作者曾经在御窑厂原址挖出当时就地掩埋的瓷器残片，然后把这些残片复原黏合起来，结果有些瓷器根本看不出是哪里出了毛病，就被拣选的人一锤砸烂，根本找不出当时被砸毁的原因。比如笔者曾经看到过一个陈列在景德镇龙珠阁装饰龙纹的盘子，粘起来以后鲜艳透亮，非常完美，仔细观察才发现盘的口沿下方的青花款识中"年制"两个字有一点晕散。大盘是被人用锤子从中间砸毁的，呈放射性的碎裂。盘子的胎子、釉面、纹样都没有什么瑕疵，实在是烧得很好，苏泥勃青料色纯正，龙纹也好，没有晕散。只是因为大盘外壁上的"大明宣德年制"的款识最后两个字有一点模糊不清，就完全被砸碎变为废品丢弃了，现在看起来真是非常可惜。

既然要人为地砸碎和损毁那么多瓷器，那么究竟会有多少瓷器碎片被掩埋？从20世纪80年代开始，景德镇的陶瓷考古工作一直没有停止过，出土了数十吨瓷片。2016年，有人初步统计明朝出土的瓷片已经有"亿万片"之多了，其中很多是永宣官窑的瓷片，由于当时官府检测过于苛刻，合格率"百不得一二"，也就是说拉坯成型100件器物，经过几道工序的淘汰以后，最后烧成送进宫中的成品，有一两件就不错了。绝大部分都由于各种各样的原因被认为不合格而被淘汰丢弃。由于等级制度特别严格，御窑厂的残片只能埋在御窑厂的围墙内，一般老百姓连碎片都见不到。

因为合格率太低，所以才有永宣瓷器价比黄金之说。一方面是因为官窑瓷器确实精美，另一方面将砸毁成本都算上，按照合格率2%来算的话，成本起码得涨好几十倍，所以核算下来真是贵得不得了。这种大瓶永乐时期就开始烧制，它的主要用途是随郑和船队出使西洋，因为形制是来源于西亚的金银器而特别受到伊斯兰地区王室贵族的欢迎，它所呈现的异国风情也受到皇室的青睐。

这样千挑万选出来的精品瓷器，付出如此高的成本烧制出来以后，进入皇宫，有什么具体作用呢？确切地说只是作为陈设瓷，没有什么太实际的作用，如果插鲜花，装上水显然太沉太大并不实用。一般情况下就是作为摆在宫殿里的观赏瓷。如果遇上什么重大的活动，比如佛前供奉，也可能用来插花。40多厘米高的瓶子只适用于插置木本枝条的朵花，或者水生的荷花之类。因为瓶体硕大，一般的花都压不住瓶身的气势，必须用特别大的荷花或者木本的折枝牡丹花才能压得住。

十八 帝王专属的宫廷法器：
明宣德青花蓝查体梵文出戟法轮盖罐

这一节要给大家介绍的这件文物，叫作明宣德青花蓝查体梵文出戟法轮盖罐。盖罐，顾名思义，就是配有盖子的罐子。看到这件大罐的图片，大家会发现，它与我们之前介绍的所有器物都不太一样。

大罐高 28.7 厘米，底径 24.7 厘米，光看数字读者可能没概念，我们可以回忆一下以前上中学用的 33 厘米的直尺，也就是说，这件大盖罐的高和宽就比直尺短一点。上面扣着中心内凹的圆盖，肩部安有八个长方形出戟把手，出戟就是指器身上凸出的把手状装饰。戟是中国古代的一种兵器，《三国演义》里吕布用的兵器就是戟。这件大盖罐通体装饰青花，上面环绕三行我们不认识的字和一些杂宝花卉装饰。这些字是古印度的佛教经文语言梵文。梵文通常被教徒解释为创造世界的梵天所发明的文字。大罐盖子的中心往下凹陷，从罐上面看，会发现肩部的八个出戟就好像佛教法轮上的把手，所以这件大罐也叫法轮罐。

大罐的底部有"大明宣德年制"六字青花款识。奇怪的是，罐子里面居然也有款识，想要在罐子里面写字很不容易，因为青花是釉下彩，用毛笔在罐子里的坯胎上写字通常伸展不开，写完字还要上一层透明釉，在瓷器罐子里写款识的情况非常少见。那么罐子里写的是什么字呢？

罐内底有一行端庄秀丽的青花篆书"大德吉祥场"五个字。罐盖的里面对应也写有同样的篆书"大德吉祥场"五个字。而且字的

明宣德青花蓝查体梵文出戟法轮盖罐，高 28.7 厘米，口径 19.7 厘米，盖口径 22 厘米，底径 24.7 厘米，故宫博物院藏

书写顺序都是从左往右。这就很奇怪了，因为只有现代人的书写习惯是从左往右，古人书写习惯是从右往左，那这五个字为什么违反古人的书法常规呢？这几个字到底是什么意思呢？为什么要在这两个位置上同时书写"大德吉祥场"呢？

先解释一下"大德"，大德是佛家对德高望重的僧人的一种尊称。"吉祥场"就是道场。换句话说，大德吉祥场的意思就是侍奉皇上的高僧布置的法会道场。罐里心和盖子里心，两处"大德吉祥场"则分别代表天和地。到这里大家想必已经猜到大罐的用途了。

没错，法轮大罐的确是宗教法器。什么是法器呢？简单解释一下，法器就是

第一章　陶瓷　|　067

在举行一些宗教仪式活动时，专门使用的有宗教用途的器物。刚刚我们提到，大罐肩部那八个出戟的把手象征着法轮，法轮旋转的方向是从左向右的，而字的书写方向正好与法轮转动的方向一致。

故宫博物院是明清两代的皇宫，宫廷各处都设有大小不同的佛堂，供皇室家族供奉佛祖、神仙和列祖列宗的牌位。佛堂常年养着一些僧人，专门负责处理佛堂的日常事务和奉旨组织一些宗教活动。皇帝和普通人一样，每逢生活中遇到一些问题，无论大事小事通常喜欢占卜算卦。比如出征打仗能不能赢，今年的雨水如何，收成是不是好，婚丧嫁娶是不是顺利，等等。故宫博物院御花园的钦安殿里还放置着清宫旧藏的大签筒，里面的签足有半人多高。这些签不光都是写着吉祥话的上上签，中签、下签，甚至下下签都有。想想看，哪天皇帝驾到要是冷不丁地抽出一个下签来，如何是好呢？旁边的道士和听差的谁也别想活命了。有人可能会说道士们太傻了，都弄成上签不就得了吗？皇帝可不好糊弄。现在的人去庙里算卦抽到的大多是上签，掏了钱大家都高兴。偶尔抽了下签要掏更多的钱，宰你没商量。忽悠你抽签的大多没有什么真本事。

皇室讲究传统堪舆学，关注风水的影响，钦安殿里什么签都有，如果真的抽到了一个下签怎么办呢？这个时候就要举行宗教仪式祈福驱邪，转危为安，化险为夷。

必要时还要请大德主持法会道场，祈求福从天降，法轮罐是宗教仪式上装法物的容器，它的造型借鉴了旋转的法轮，把不好的东西转出去，把好运转过来。这件宣德朝青花蓝查体梵文出戟法轮盖罐不是普通的瓷罐，而是皇室道场的重要器皿，专事皇帝御用。当时的场景无法再现，估计是在罐里面放一些神秘的东西，然后大德高僧围着罐子转圈诵经，这套仪式通常要持续进行七七四十九天。这一系列的活动内容具体是什么样，我们已无从知晓，因为皇室神秘的仪式不能外传，既不能让人画下来，也不能让人说出去，印证了那句"天机不可泄露"。皇室相信通过这些活动，能够逢凶化吉，将坏事变成好事，凶兆变成吉兆。

这件梵文大罐绝对是中国古代陶瓷文化中的精华之作，代表了那个时期最高的艺术水平，对它我们要保持敬畏之心。

作为稀见的瓷制法器，这件青花蓝查体梵文出戟法轮盖罐的珍贵程度当然是不必多说。这件大罐还特别受到乾隆皇帝的宝爱。乾隆皇帝喜欢历代的古董珍玩，在宫里设有专属他个人的古董房用以欣赏文物。他让宫廷画家把他欣赏文物的场景画下来，形成《乾隆皇帝是一是二图》，也叫《乾隆鉴宝图》。在故宫博物院收藏的一张乾隆的鉴宝图中，皇帝坐在一张大桌子旁边，桌子上放满了铜器、玉器、书卷等宝物。其中最显眼的一只几案上就放着这件青花蓝查体梵文出戟法轮盖罐，台北故宫博物院收藏的乾隆鉴宝题材的绘画作品里都出现了这件气势恢宏的宫廷法器。可能对乾隆皇帝而言，这件法器的确很神奇，具有消灾祈福、逢凶化吉的功能，十分灵验，所以他把它长期放置在私密的鉴宝室欣赏。

之所以把法轮大罐定位为宣德朝御用瓷器的精华之作，主要是基于两个方面。

第一，烧造难度大。难在哪里呢？首先是它的造型复杂，比前面讲的明永乐青花寿山福海纹香炉更为复杂，所以稍不留神就容易烧变形。其次就是这件大罐有八个出戟，这八个出戟是突出来的，在一个平面上，没有支撑，是悬空的，在烧制过程中，特别容易烧塌、烧歪。

第二，这件大罐只有两件存世。虽然全世界有两件这个造型的大罐，一件在故宫博物院，一件在台北故宫博物院，不过两件稍有不同。台北故宫博物院那件也是从清宫出去的。故宫博物院的专业研究人员查阅到雍正朝的档案，谈到了当时雍正皇帝给法轮大罐配盖子的事：雍正朝时这对法轮大罐其中一只的盖子已经摔坏，缺失不见了。雍正皇帝很关心这件事，专门命令御窑厂的工人照着原先的样子配一只盖子盖上。所以台北故宫博物院的法轮罐的盖子和这只当时明代宫廷的原盖是有所区别的，台北故宫博物院那只的盖子显得更细腻更轻盈一点。在故宫民国时期的老账本上标注着"盖非原偶"，就是说不是原来明朝旧有的盖子，而是后配上去的盖子。原装原盖的完整器只有故宫博物院收藏的这一件，所以，从严格意义上来说，故宫博物院这件大罐是全世界"独一无二"的。

十九 历朝皇帝宝爱的御用酒杯：明成化斗彩鸡缸杯

永宣盛世之后，中国的瓷器进入了正统、景泰、天顺朝的空白期。之所以叫空白期，当然不是说没有烧制瓷器，而是说瓷器烧制的数量相对比较少，而且风格有了很大的转变。

这件成化斗彩鸡缸杯，口径8.3厘米，足径4.3厘米，高3.4厘米，这是什么概念呢？如果把这件鸡缸杯放入一个成人的手掌心，可以完全把握住。那么为什么它的名字中既有"杯"又有"缸"呢？这一点后文再讲，我们先来了解下这件器物的传奇身世。据说鸡缸杯的烧制与一位极具传奇色彩的妃子有关，这位妃子就是万贵妃。提起成化皇帝和万贵妃，二人也算是造就了历史上一段奇特的爱情故事。

万贵妃原本是成化皇帝的奶奶孙太后的侍女，比成化皇帝大17岁，从小就陪伴在成化皇帝身边，可以说是她把成化皇帝抚养成人。自幼缺乏父母关爱的成化皇帝，把万贵妃当成自己的母亲、朋友、爱人，不仅不顾所有人的反对，成年后把她纳为自己的妃子，而且一直对万贵妃恩宠有加，甚至在万贵妃死后几个月，成化皇帝也随她而去。

相传，为了哄万贵妃高兴，成化皇帝令人烧制了鸡缸杯，总共烧了多少个并没有确切的数字记载，但是目前世界上仅存的完整器明成化斗彩鸡缸杯有13只左右。这是以万贵妃的审美标准来烧制的，鸡缸杯的风格非常柔美，杯子小一点，花色鲜艳一点，最后就变成了当时官窑烧制的风格，毕竟官窑烧制瓷器肯定是以皇帝的喜好为

明成化斗彩鸡缸杯，高 3.4 厘米，口径 8.3 厘米，足径 4.3 厘米，
故宫博物院藏

标准。万贵妃曾经为成化皇帝生下一个男孩，可惜很早就夭折了。所以这件鸡缸杯的图案也蕴含了吉祥的寓意，是什么样的寓意呢？我们来看看这件鸡缸杯上的详细图案。

在山石花草中一只公鸡伸长脖子正在打鸣，紧随其后的母鸡带着三只毛茸茸的小鸡，在低头觅食，地上有一只蜈蚣逃脱不成，正在被母鸡反复啄食。看上去是非常祥和的一家五口。也许有人就要问，为什么要画鸡呢？毕竟鸡作为普通家禽，似乎不应该出现在高大上的皇宫里。

这是因为鸡的谐音是"吉"，在中国古代代表的是大吉、吉祥，很多瓷器都画着一只大公鸡，站在石头上鸣叫，有着雄鸡一唱天下白的气势。而且母鸡身边还画了很多小鸡，表示多子多福。

这件鸡缸杯不仅让成化皇帝讨得了万贵妃的欢心，而且历朝皇帝都十分喜欢。

据明代文献记载，明朝末年的万历皇帝就特别希望拥有一件成化朝的鸡缸杯来喝酒，当时成化鸡缸杯的价格已经是天价，后来下面的人为万历皇帝弄了一对成化鸡缸杯，他特别高兴，成天摆在桌子上欣赏、把玩，越看越喜欢。《神宗实录》记载："神宗时尚食，御前有成化彩鸡缸杯一双，值钱十万。"神宗就是万历皇帝，也就是说在万历朝，这对鸡缸杯已经值十万钱了。四百多年前的十万钱换算到现在那就是天文数字了，从中可以看出鸡缸杯虽小，由于受到历代皇室的推崇，始终是天价，一般百姓可能连听都没有听过。鸡缸杯除了因为是皇帝的御用之物，所以价值连城外，它的珍贵之处还体现在哪里呢？

有朋友就提出疑问，万历朝距成化朝时间不过百年左右，万历皇帝直接让人烧制这种斗彩鸡缸杯不就行了吗？还真不行，因为烧不出来。为什么烧不出来呢？

成化年间的这件鸡缸杯有很多绝妙的地方。比如说，它的胎子如果在阳光下透着光看的话，不是纯白的，有点发粉、发黄，呈现出一种非常柔和的白色，至于是什么原因，目前还不知道。另外，它的彩是那种纯粹的矿物质的彩，虽然不是很干净，但是非常透亮鲜艳。万历的时候已经找不到这种彩，烧制不出这种感觉。

虽然时间上相隔不远，但是万历朝已经没法仿造出一模一样的物件了，一方面是找不到这种材料，另一方面就是没法仿造出那个时候的那种感觉。古代器物对时间的承载，对当时历史的折射，是后世的仿品难以达到和复制的。

前文我们还有一个问题没有解决，就是这件鸡缸杯因何得名。我们仔细端详这只小杯子,它的口部稍微外撇一点,杯子的壁是直着下来的,形制有点像盛水的水缸,只不过是特别小的迷你水缸,所以叫鸡缸杯。俗话说的"小模大样",就是指这种器物虽然小小的,但是看上去却很大气的样子。

另外,鸡缸杯的烧造也非常复杂,涉及一种叫斗彩的制作工艺。斗彩是成化皇帝在位 23 年间最为著名的烧造工艺。这种工艺比烧制青花瓷复杂,因为它要烧两次。先用青花在瓷胎上画好花纹的轮廓线,经过 1250 摄氏度以上的高温烧好以后,再在青花的轮廓线内填上红、黄、绿等各种颜色,再经过 700 多摄氏度的低温烧成,所以每一件斗彩瓷器都需要烧造两遍,工艺上比青花一次烧制要复杂许多。

为什么不全画完了一次烧成呢?因为青花是高温釉下彩,彩色是在釉下,要在 1250 摄氏度以上才能烧制成功,其他的红、黄、绿是低温的釉上彩,彩色是在釉上,只要七八百摄氏度就可以了。温度再高,彩就要烧煳或者烧飞了。所以不能一起烧,要先烧高温的青花瓷的轮廓线,之后再画彩,烧低温的釉上彩,最后合成一体,釉下青花和釉上彩相结合,争鲜斗艳,交相辉映。斗彩的名字也因此而来。

二十 明嘉靖五彩鱼藻纹盖罐

御膳房的食物盛放与保存：

　　明代嘉靖、万历年间，是五彩瓷发展最灿烂的时期，出现了各式各样的造型，除了盘、碗、罐子以外，还有方斗杯、盖盒、瓜棱罐、笔山、笔盒、壁瓶、串铃盒、果盒等，非常古拙实用。上一节提到了斗彩，这一节我们把目光集中在五彩上，探究五彩的烧制方法、五彩与斗彩的区别以及嘉靖时期五彩兴盛的原因。

　　既然叫五彩，是不是都得有五种颜色？我们可以数一数这件明嘉靖五彩鱼藻纹盖罐上的颜色，有红色、绿色、黄色，还有青花的蓝色，怎么不到五种颜色呢？实际上，五彩出现在元代末年的景德镇，据记载当时叫"戗金五彩"。上海博物馆有元戗金五彩的高足碗在陈列室里展出，大家有机会可以去看看。明宣德时期的五彩瓷烧制已经非常成熟和精美了，其实"五彩"不一定非要有五种颜色，三种以上就可以了，一般都要有最基本的红、绿、黄三种颜色。上一节我们说过，斗彩是经两次烧造而成的，先用高温烧制绘好轮廓线的青花瓷；然后画彩，用低温烧制釉上彩。与斗彩不同的是，五彩是先用高温烧出一个素坯的瓷器，然后在瓷器上用彩色描画花纹，再用低温烧制而成。不过瓷器上使用的彩色原料的熔点必须一模一样，否则，绿的烧透了，黄的出不来，黄的烧透了，红的出不来。

　　斗彩由于烧造复杂、费工费时，烧造的都是一些轻薄瓷胎的小罐、小杯等小件器物，没有太大的，超过20厘米高的成化斗彩几乎没有。相对来说，五彩烧制就比较简单，也适合做大件器皿。

　　比如这件五彩大罐，通高33.2厘米，看上去已经不小了。据记

明嘉靖五彩鱼藻纹盖罐，通高 33.2 厘米，口径 19.5 厘米，足径 24.1 厘米，故宫博物院藏

载，嘉靖时期宫中还有很多高60厘米左右的大花觚、大瓶子。大罐最初是御膳房盛装和保存食物用的。400多年前，即使是皇家的御膳房也没有可以安全保存食材的电冰箱、塑料桶，容器都是瓷器或者木桶。米、面、油、酱、醋，都要用大罐子大坛子盛装，瓷制大盖罐可以防止老鼠偷吃，防止食物受潮发霉，实在是最干净卫生的好容器了。很多年前我们在库房整理文物时发现，有的明代大罐里还有油脂痕迹，想必是盛装烹调食用油的。这些皇家的实用器皿由于太大、太厚重，烧造的时候十分容易歪塌变形，废品率很高，使用的时候会来回移动盖子，经常不断开合，很容易损坏，所以目前在全世界范围内，明嘉靖五彩盖罐的藏量也是非常有限的。这件故宫博物院旧藏五彩鱼藻纹盖罐代表了嘉靖朝五彩瓷器制作的最高水平，弥足珍贵。

那么，五彩在明嘉靖时期发展到鼎盛的原因是什么呢？

第一，此时元代以来一直被官府控制的高档的高岭土已经消耗殆尽，改用质量较差的胎土烧瓷，胎的颜色没有早期白，就要通过繁复的五彩绘画来遮挡胎质的瑕疵和不足。我们都知道，"巧妇难为无米之炊"，烧制瓷器的关键在于使用高档的高岭土。但是这些高岭土属于不可再生资源，用完就没有了。官窑中使用的高档高岭土也叫麻仓土，由于长时期的大量持续烧制，到明朝嘉靖、万历年间就没有了，只能用其他的土代替。但是换土以后，就烧不出永乐、宣德时期那么晶莹、漂亮、白净的瓷器了，这时候的瓷器胎质比较粗，也没有那么白。那怎么办呢？就只能在装饰上下功夫了，比如说给瓷器涂满各种彩色，画得密不透风，谁还去注意它们粗糙的胎土呢？另外还有创制各种各样新奇复杂的造型。

第二，皇室对官瓷的质量要求没有明初那么严格。嘉靖、万历年间，明朝的国力已经逐渐衰弱，皇室对官瓷的要求也不像从前那么"高大上"了。这时候制定了"官搭民烧"政策来增加官窑的产量。什么是"官搭民烧"？举个例子，皇室要求官窑烧三万件器物供应宫廷每年日常需要，但是在官府规定时间内，官窑完不成任务，只能完成两万件，怎么办呢？剩下的一万件就分派给民窑完成，由民窑按皇家的定制品种规格烧制。当然，烧出来的瓷器也是要经过严格检测的，验收合格就没事了，民窑该干什么还干什么，继续生产民用的商品瓷供应市场。官窑瓷器的使用对象是皇室宫廷，所以不计工本，民窑在烧制官窑分派下来的任务时，会得到资金和技术方面的扶持。但是在完成皇室的定制任务之后，民窑的使用对象仍然回到普通老百姓，必须计算生产成本，最大限度地赚取产品利润。所以普通民窑与官窑之间的差距是显而易见的，但是在"官搭民烧"的政策下，民窑的水平在慢慢接近官窑，出现了"官民竞市"，促进了民营瓷业的发展。五彩瓷器在官民相互竞争相互激荡中得到很大发展。

第三，瓷器的需求量太大。嘉靖、万历时期中国城市空前兴起，城市与城市之间的商品交易开始流行起来。著名的历史学家侯外庐认为，晚明开始出现资本主义萌芽，而这种萌芽表现在城市的兴起上，老百姓的日常生活受到很大影响，通过城市间的自由贸易，生活质量提高了。比如山西的醋做得特别好，也很有名，山西就开始与外省其他城市交易，同时其他城市的特产也会被运到山西，相互受益，这种城际的食品佐料的交流就需要大量的容器。还有黄酱、虾酱、酱油、红糖等，都需要大批的陶瓷容器。五彩瓷器实用美观，虽然价格高于青花，但还是很受欢迎。

还有一个原因就是当时的对外贸易比较发达。瓷器是出口的主要商品。当时欧洲的贵族都用金银器或者玻璃器来喝水，一般普通老百姓、穷人就只能用木头、石头制品，是用不起瓷器的。在欧洲王室和贵族看来，中国瓷器就是身份的象征。这种极易损坏的瓷器从遥远的中国装船运到欧洲，本身的运输成本是一般人无法承担的，必须要有很多的钱，还要有规范渠道才能买到漂亮的中国五彩瓷器，瓷器在当时是很时髦的高档奢侈品。出口的五彩瓷器多会根据欧洲贵族的需要加上金彩，使之富丽堂皇、鲜艳夺目。

二十一 古代孩童游戏的童年：明万历青花婴戏图圆盒

古代的孩子没有玩具房、游乐场、手机、电脑，但是他们的童年却非常快乐，所有大自然赋予的东西他们都可以尽情玩耍。

明万历青花婴戏图圆盒，就为我们生动地再现了400多年前孩子们是怎样玩的，玩什么游戏。这件圆盒虽然个头不是特别大，通高才11.3厘米，口径20.8厘米，但是里面却画了16个活泼可爱的孩子，他们神态各异，憨态可掬。而且这16个孩子也不是随便画上去的，而是蕴含了丰富的吉祥寓意，同时还配有多种多样的纹饰。

通过这件圆盒的名称，我们可以知道，盒子上绘制的图叫"婴戏图"。婴戏图就是描绘孩童游戏时的场景的图。当然，这里的"婴"不是我们理解的婴儿，而是指孩子、儿童。

仔细观察这件圆盒，我们可以看到画面右上方，有几棵高大的庭院树，树下是一扇屏风，上面画着旭日东升的图案，屏风下面有一个男孩，他的打扮跟别人都不一样。他头戴官帽，身穿长袍，坐在椅子上读书，四个手捧书本的小孩在下面随声附和，也就是说屏风下的这个小孩是在模仿老师。可以看到，这五个读书的孩子在画面上占了很大的比例，那么这个场景有什么寓意呢？它表达了父母希望孩子"读书做官"的愿望。

我们再看，画面左上方有一个小孩手持风筝边跑边放线，它的寓意是"远走高飞"。左边的小方桌前面有三个小孩在模仿大人练习茶道，沏茶倒水。还有个小孩正高举旗帜狂奔，寓意"旗开得胜"。正下方有两个小孩在骑竹马，骑竹马的寓意是"一马当先"。右下

明万历青花婴戏图圆盒，通高 11.3 厘米，口径 20.8 厘米，足径 16.2 厘米，故宫博物院藏

方还有两个小孩在玩斗草游戏，斗草的寓意是"一决胜负"。在这些日常游戏中，寄托了家长望子成龙的殷切期望。

除了这些主要纹饰外，瓷器上面还绘有杂宝纹饰。杂宝就是指辅助性的纹饰，主要散杂在主纹之间的空隙内。杂宝跟八宝全都是从佛教的宝物演变而来的，佛家的八宝有轮、螺、伞、盖、花、罐、鱼、长。八宝是佛家的吉祥物，杂宝是从八宝衍生出来的，比如说犀角、响板、磬等，还有一些杂七杂八的东西。杂宝的范围比八宝要广得多，可能有三四十种，比如珊瑚、海螺等海里的一些东西，还有元宝等。日常生活中、自然界中存在的一些大家认为很吉祥的，看着很舒服的，可以当作礼物互相赠送的东西都可以做杂宝。有人统计过晚明时期的杂宝，固定的、能叫出名字的，有三十多种，还有一些叫不出名字的，甚至连包子、粽子也算杂宝。这些杂宝纹饰主要用来点缀画面，让画面更加丰富，同时又有吉祥喜庆的意思。

圆盒的边壁上还画了四条龙，龙的前面有一颗珠子，龙和珠子画在一起叫赶珠龙。另外我们会发现，在盒子的上面有一圈圆线，视觉上的第一感觉就是它是为了分割画面，使画面更有层次性。如果有机会把这件盒子拿在手上把玩的话，你会发现，盒盖是圆的，有点不好拿，会滑，而那圈圆线，在手感上会有点涩，这样方便手拿，不容易滑脱。

再仔细观察这件圆盒上的青花，你会发现，青花色泽艳丽明快，蓝中泛紫，与以往看到的略有不同。这又是怎么回事呢？

说起青花，我们在前几节中已经多次介绍，知道青花的色泽与使用的青料有很大关系。青花瓷虽然早在唐朝就已经出现，却是到元代才蓬勃兴起，而使用最多的则是明代。明代青花瓷器非常兴盛，但是每一个阶段使用的青料略有不同，这就形成了表面色泽略有不同的各种青花。

明朝初年，郑和下西洋，带回了苏泥勃青，苏泥勃青也成为制作青花的重要原料，但郑和船队不再下西洋以后，苏勃泥青也不再进口，逐渐被国产的青料所替代。成化年间，青花瓷器已经在使用江西出产的平等青、石子青，平等青的颜色淡雅，均匀稳定，但是数量有限；石子青的颜色偏灰一点，绘画出来效果也不错。到了明晚期的嘉靖万历年间，平等青也用完了。那怎么办呢？于是开始在国内外寻求青料的来源。嘉靖的回青产自外国，但是数量有限很快也用完了。万历时期又开始使用江西的石子青，这件圆盒使用的就是石子青。为什么来回换呢？主要是瓷器的烧造量很大，青花颜料是一种深埋地下的钴土矿，藏量不大，开采完了就没有了。工匠们只能不断地寻找新的天然钴矿。

一般两个相邻朝代使用的青花料不是截然分开的，有时候有混合的现象。在没有广播、电视、报纸的年代，信息是非常闭塞的，当皇位更替，新皇帝在北京太和殿举行登基大典的时候，新皇帝继位的消息只能通过骑马的信使往各地的驿站逐渐传播。景德镇窑场年复一年，日复一日地照常烧造，只有通知工匠写新皇帝年号的时候，人们才知道新皇帝登基了。多年囤积的原料和青料都在继续使用，没有了才补充新料，新的不满意就和老料掺和着使用。这样一代又一代传承着，两个相邻的朝代瓷器烧造的风格和花纹通常是十分相近的。

二十二 康熙朝瓷绘艺术：清康熙青花『红拂传』图棒槌瓶

在洗衣机还没有发明时，人们洗衣服一般都到河边或者池塘边，找一块干净的大石板，搓洗敲打。为了更省力地把衣服清洗干净，就会用有把儿的圆粗木头使劲敲打衣服，这个木头就叫棒槌。康熙时期青花瓷器发展到一个新阶段，创制了一系列挺拔的新造型，棒槌瓶就是其中之一，它是以洗衣服的棒槌为母型，在此基础上加工修饰，整体造型比原来的木头棒槌优雅漂亮，成为康熙官窑最典型的瓶式之一。

棒槌瓶是康熙时期的新发明，当时官窑瓷器造型非常多，出现了几十种新的瓶式。怎样用最贴切的名字来区分这么多不同形状的瓶子呢？在当时的条件下，景德镇与北京距离遥远，交通不便，造办处要求烧什么样的瓷器，要多少件，何时烧完运到北京，都是通过来往官员传达。如果不写清楚所要品种的名称、尺寸、规格等各方面的细节内容，工匠就没法动工烧制，所以要求新创烧的瓷器造型必须有一个非常容易记住、通俗易懂的名字，而且要非常贴切，一说工匠就知道是什么样的造型。既然瓷器是由工匠烧造，那按照擅长造型设计的匠师们的叫法来起名就简单明了。所以康熙朝创制的一系列标准化的造型都有特别贴切又容易记住的名字。除了棒槌瓶以外，还有将军罐、凤尾尊、观音尊、摇铃尊、锥把瓶、荸荠扁瓶等许多新造型。由于名称的规范，康熙朝瓷器开创了瓷器造型的标准化时代，突出各种瓶子因造型不同而名称有别，定型之后起名，起名之后工匠根据规范烧制，管理官员们也根据统一名称要求质量。

清康熙青花"红拂传"图棒槌瓶,高 45.3 厘米,口径 13.3 厘米,足径 14.7 厘米,故宫博物院藏

一种造型只有一个名称，促进了官窑瓷器的统一规范化生产。比如要烧棒槌瓶若干个，工匠一听就知道要做成什么样子的，当然还要提出大小规格，以便工匠按比例合理收放，大的高一米以上，小的高不到十厘米（放中药的小药瓶）。但无论怎样都是棒槌形状，不能走样。棒槌瓶又有硬棒槌和软棒槌之分。这件青花"红拂传"图棒槌瓶的肩膀折角比较硬，肩端起来了，是硬棒槌；如果肩膀折角柔顺，溜肩下来，就叫软棒槌。

介绍完造型，我们再来看看这件棒槌瓶的青花发色，康熙朝青花瓷在历史文献中被誉为"独步本朝"，也就是说整个清代的青花瓷，康熙朝的是最好的。雍正、乾隆都不及康熙，往后就更不用说了，这是为什么呢？康熙朝的青花发色有什么特殊的地方呢？

前面提过明代青花，大家肯定能够猜到是康熙使用的青料最好。青料是一种矿物质，不可再生，完全依靠大自然的恩赐。康熙青花使用产自我国云南的珠明料，俗称"翠毛蓝"。烧出的青花纹饰如同这件大瓶的纹饰一样，鲜艳明亮，令人耳目一新。珠明料产量很低，雍正初年就没有了。所以"独步本朝"的奥秘，使用珠明料肯定是其一。

青花在康熙朝的瓷绘艺术也达到了很高水平。明朝社会是一个非常繁荣的社会，市民阶层兴起，各种戏剧、小说大量涌现，比如我们非常熟悉的《金瓶梅》《西游记》《水浒传》《三国演义》等。这些戏剧、小说大量出版，出版的图书中还配有很多精美的插图。而康熙朝瓷器上绘制的内容，大多取自图书的插图。明末版画的繁荣为康熙青花的绘画题材注入了鲜活的内容，瓷绘出现了大量非常生动的人物故事题材。这件棒槌瓶所绘的人物，据考证出自唐人传奇小说《虬髯客传》。故事讲的是隋末大乱，李靖投奔西京留守杨素，府上歌伎红拂对李靖一见钟情后决定私奔，途中遇见虬髯客张仲坚，张仲坚鼎力相助，成人之美。后人把这个故事编写成《红拂记》，广为流传。瓷瓶所绘场景正是《红拂记》的情形。画面上坐在帐幕居中的人物是隋炀帝的重臣杨素，他身后有两个貌美的歌伎，其中一个靠近杨素的可能就是红拂女，画面下方一个男子正从外面进来准备拜见杨素，应当就是投奔杨素的李靖。瓶子的另一面是故事的延伸，李靖与红拂女一见钟情，私奔途中与虬髯客张仲坚相遇，张仲坚倾囊相助。

棒槌瓶圆筒形器身，特别适合绘画山水人物，可以把一幅整画绘制在上面，画面连贯展开就是一幅整图。棒槌瓶描绘的故事场景还有许多衬托点缀的景物，如路旁一棵巨大的芭蕉树，天上祥云环绕，地下芳草青青。生动传神的画面就像在纸上一样清新文雅，由于彩绘是在釉下所以可以几百年不变色，历久弥新。如果是纸上或者绢上的绘画，收藏在寻常百姓之家，虫蛀、水浸、烟熏都是不可避免的，加之兵荒马乱、天灾人祸，恐怕很难保存至今。

此外，在瓷绘的用色技巧方面，康熙朝以前，青花绘画多是单一颜色，没有明显的浓淡不同的层次感。明万历年间已经有许多小件器物使用了青花浓淡的绘法，但是多用于画花草昆虫的小碗小碟，"墨分五色"的技巧还不成熟。"墨分五色"指的是中国传统的水墨画的颜色虽然都是黑色，但通过浓淡不同的色阶使画面具有远近不同的立体感。康熙青花的"墨分五色"，达到青花瓷器史上的绘画最高峰，是独步本朝的突出特点。康熙青花在瓷器上绘制的效果就像在纸上绘画一样生动自然。为了调出不同浓淡颜色，工匠们会在青料中加入天然的松节油之类的稀释剂。调出来的色阶有七八种之多，然后根据场景要求进行绘制。所以说这件棒槌瓶在运用"墨分五色"的技巧方面已经炉火纯青。要知道在瓷器上画画，最不好画的就是人物。在画人物眉眼的时候，要求非常细致，因为釉下彩是绘制以后烧制的。青花色料有一定的晕散性，有时候晕散得重，有时候晕散得轻，很容易出现人物眉眼不清的情况。

二十三 五彩之后的粉彩杰作：清雍正珊瑚红地粉彩牡丹纹贯耳瓶

牡丹常被视作中国的国花，象征富贵吉祥，因为寓意特别好，皇宫里常年栽种，在一些喜庆的场合也经常用到，也是官窑御用瓷器中最常见到的装饰题材。这一节我们就借由一件清雍正珊瑚红地粉彩牡丹纹贯耳瓶，来了解雍正皇帝的艺术审美和雍正朝的瓷器成就。

在清军入关后的十个皇帝中，雍正登基当皇帝的年龄是最大的，他即位时已经45岁了。因为他的爸爸康熙当了61年皇帝，直到雍正45岁才去世，所以雍正在青中年时期有很多读书的时间，可以在宫廷里研究摆弄随处可见的艺术品。他17岁时康熙赐建府邸，初为贝勒府，后改为雍亲王府，也就是今天的雍和宫。他在自己的府邸里专门设立了匠人坊，招募全国手工艺绝高的人，为他做各种各样好玩的玩意儿，供他独享。金石玉器、竹木牙角、珐琅玻璃、家具刺绣样样俱全。所以雍正皇帝的艺术品位非常高。

在所有的宫廷器物中，雍正皇帝最看重的就是瓷器，所以雍正朝官窑瓷器的水准始终在清代瓷器中拔头筹。历代皇帝对艺术品的喜好大都停留在赏玩上，可是雍正皇帝不一样，他经常参与设计画稿和造型改良的技术环节。当了皇帝的雍正日理万机，每天有很多事情等着他去处理，但他还是会抽出一些时间，亲自过问瓷器的烧造情况，并提出十分具体的要求。比如说花卉的叶子画大了，龙的身子画小了，瓶子口高了，香炉的足矮了等具体的意见，在造办处的档案中都有记载，这对提高宫廷御用瓷的质量起到了关键作用。

清雍正珊瑚红地粉彩牡丹纹贯耳瓶，高31.4厘米，口径7.1厘米，足径9.6厘米，故宫博物院藏

清朝宫廷里有一批宫廷画家供职，专门伺候皇上，很多很有名气的画家像钱维城、蒋廷锡、余省等本身就是官位不低的大员，都是皇帝的重臣。雍正在宫廷的造办处集中了一批有绝活的人，聚在一起为皇帝制作好玩的东西。当然，设置造办处并不是雍正朝首创，无法确定明朝有没有，可以确定的是最晚在康熙朝，宫廷里就设立了造办处，下面有如意馆等下属机构，培养一批画师专门为宫廷服务，如意馆建制一直延续到清末宣统朝。

这件清雍正珊瑚红地粉彩牡丹纹贯耳瓶，从器形、绘画、彩料、烧制工艺等各个方面来说，都是独一无二的，代表着雍正朝宫廷粉彩的最高成就。

先从名称和器形入手，珊瑚红地是说这件瓶子的彩色花纹是覆盖在珊瑚红的色地上。那么贯耳是怎么回事呢？这种空心短管状的双耳，就叫贯耳。圈足两侧还有对称的两个方形孔，称为穿带孔。整体做成中间大两头收敛的造型，如同橄榄的形状。实际上，贯耳穿带瓶的做法借鉴了古代铜器中的酒壶样式，青铜酒壶为了承重方便常在肩两侧安装短管状双耳，圈足两侧穿孔以便穿带后提携酒壶。这件雍正官窑的珊瑚红地粉彩牡丹纹贯耳瓶造型借鉴了古代青铜器，做成橄榄式更符合瓷器轻盈华美的韵味。橄榄瓶正是雍正时期最经典的瓷器造型。

再看绘画，这件瓶子属于高档的御用彩瓷。制作前先要有画稿，而且这些画稿都要经过雍正亲自审查，通过后再由宫廷画师负责绘制，每一个环节都一丝不苟，所以瓶子上绘制的花纹线条特别精细。把这个瓶子展开，就是一幅超级漂亮的工笔绘画作品，是名副其实的国之重宝，海内外仅此一件。这件瓶子在烧制前，先让宫廷画师在鲜艳的珊瑚色红底上画满盛开的牡丹花，用白、粉、绿、赭等色绘出三朵硕大的牡丹，牡丹花好像是在微风中摇曳，牡丹花的叶子阴阳相对，牡丹花开得太大了，细细的茎梗好像有点撑不住的样子。有一年四月底，景山公园的牡丹花盛开，笔者特意跑过去看，看到许多头重茎轻的牡丹花，跟这件瓶子上画的牡丹的样子非常相似。

我们再仔细观察这件瓶子上的牡丹花，会发现绘制得非常真实，比如牡丹花瓣，由浓到淡，很有层次感。之前的瓷器上是很难见到这么写实的风格的，为什么呢？这主要得益于雍正时期盛行的粉彩工艺。之前我们讲过五彩，那么五彩与粉彩的主要区别在哪里呢？

五彩是单线平涂，意思就是涂抹的颜色红的就是红的、绿的就是绿的，没有中间色，没有浓淡的区分，就跟杨柳青的版画一样，非常朴实。而到康熙末年，出现了粉彩，但很少，好几万件的康熙瓷器中，只有四件粉彩盘子。粉彩就是在五彩里放进颜色较深的一种金属原料，它能使色彩变得柔和，出现中间色，比如说有粉的，有红的，还有亦红亦粉的。有些红粉色是渐变的，因为用了玻璃白打底，玻璃白打底是什么意思呢？就是在粉彩的各种颜色上掺进一些比较浅的白色，使得这种彩色浅一些、亮一些。简而言之，粉彩是在五彩的基础上受珐琅彩的影响而产生的新品种，就是在彩绘时掺加玻璃白，玻璃白具有乳浊效果，使得器物的彩色不像明朝的五彩那样生硬，它是有色阶、有渐进的，呈现出一种渐变的颜色，使得绘画有阴影，有灵动的感觉。

介绍完什么是粉彩，接下来我们来看看这件瓶子是做什么用的。它的颜色这么鲜艳，能用来插花吗？大家可以想象一下，如果这件瓶子用来插花，插什么花比较好看？一想你就会发现，这样一件珊瑚红地的花瓶，不管插上什么花，这些花都会黯然失色，因为瓶子本身就已经够花了。所以这件瓶子是一件宫廷陈设瓷，牡丹花是画在瓶子上的，一年四季永开不败，散发出宫廷艺术品的气质。也许有人要问既然摆着为什么还要做两个"耳朵"呢？是不是多此一举？当然不是，这是有讲究的。从瓶子整体来看，如果不做成贯耳瓶，只做橄榄式样瓶身就会略显轻薄，因为它本来胎体就非常薄，做成青铜穿带的装饰，会显得稍微凝重一点，减少轻飘的感觉。

通过清雍正珊瑚红地粉彩牡丹纹贯耳瓶，我们了解了雍正皇帝对瓷器的喜爱程度和他的审美志趣，也知道了粉彩是在康熙末年出现，雍正朝开始流行的，它跟五彩的区别就是颜色有了深浅不同的变化，不再是大红大紫，画面变得更加自然精美，这也表明了清代彩绘技术的进步。

二十四 雍正皇帝的庆寿礼物：清雍正粉彩过枝桃树纹盘

清代自皇太极改国号为"清"起，统治持续了276年。在清代皇帝当中，雍正皇帝的个人品位是最高的，对瓷器的制作要求也是最严格的。官窑瓷器造型、彩绘、工艺制作都堪称一流。上一节我们已经简单介绍了雍正皇帝，知道雍正皇帝是一个酷爱瓷器的皇帝，这一节我们继续深入了解雍正皇帝的审美趣味和他个人的艺术爱好。

用现代的话说，雍正是一个非常内行的器物专家，他的审美高度提升了整个清代宫廷文化的品位。雍正因为老爸当了61年皇帝，所以他即位前当皇子的时间最长，当了45年的皇子，之后执政13年就驾崩了。虽然执政时间不长，但是官窑瓷器的成就特别辉煌，为什么说他的审美造诣出类拔萃呢？这要先从他的父亲康熙说起，康熙8岁即位时正处于儿童的成长时期，别说是瓷器，就是日常生活一个8岁的小孩也是很难自己搞定的，所有的政务都是由辅政大臣和太后协助办理。在这样的情形下，童年的皇帝不可能对工艺美术品有更多的关注，成年以前也不可能具体过问瓷器烧造。雍正就不一样了，他熬到45岁人到中年才当上皇帝，已经阅历颇深。他从小在宫中浸泡，饱读诗书，作为养尊处优的皇子有大量的时间接触最正统的宫廷文化，将近半个世纪的熏陶，耳濡目染，他的眼光怎么会不高呢？加上他个性细腻，追求完美，他非常挑剔，经常对宫廷造办处进呈的瓷器样品"吹毛求疵"，提出具体要求，甚至还会亲自参与设计。

清雍正粉彩过枝桃树纹盘,高 8.4 厘米,口径 50.6 厘米,足径 28.1 厘米,
故宫博物院藏

雍正皇帝对瓷器情有独钟。官窑瓷器的烧造实际上只有一个目的，就是让皇帝高兴。内务府的造办处会出一些图样告诉下面的官员，要画什么样的花，包括尺寸、规格、用途，剩下的事就是造办处直接跟御窑场官员联系沟通，最后给皇帝送来烧好的成品。但是雍正皇帝不这么干，他先把自己的需求说出来，然后让下面的画师设计画稿，画稿完成后，雍正审查合格后，让工匠们画在木头或者纸壳上看效果图，当时没有发明电脑，所以效果图都是要画在同样大小的模型上。这样可以仔细观察图案布局，观察每一个花纹细部，如果通过了，再画在瓷坯上烧制。

有读者可能问，既然雍正艺术造诣这么高，那他的绘画或者书法类作品应当很多吧？雍正的确擅长书法，但流传下来的并不多。作为一代君王，他更擅长挑毛病。他可以把瓷器的毛病挑得特别细致，而且还出主意，说这个龙头画大了，说那幅画的叶子太大，往小了画，"俗气""不甚文雅""往精细里画"等，这些都是他档案中的原话。雍正的档案朱批中经常出现非常具体的指导，他对工艺美术提出的要求和改进方法都是具有实操性的。他不是说这个东西我看不顺眼，我不喜欢，他会说哪方面应该改进，这样大臣们或者工匠们就会有的放矢，按照他的意图，把他的审美理念融汇到作品中，完整透彻地表达皇帝的想法。

接下来我们还是回归正题，通过具体的器物来看雍正朝的瓷器发展。细心的读者可能已经发现，陶瓷这一章我们一共选择了三件雍正官窑瓷器，为什么会选这么多？因为在清代官窑瓷器方面，雍正瓷器是公认的精美绝伦，前无古人，后无来者，品种也很多，有粉彩、珐琅彩、斗彩和单色釉，所以说选择三件代表作品已经是最少的了。雍正上承康熙的清新，下启乾隆的艳丽，作为清代瓷业的最高点是当之无愧的。

这一节挑选的是清雍正粉彩过枝桃树纹盘，盘子上一共画了9颗桃子，盘里6颗，盘外壁3颗，图案中枝条相连，里外连通，一气呵成。桃子自古以来就被认为是神仙爱吃的水果，所以一般称之为仙桃。据说吃了仙桃可以长生不老，所以也叫寿桃。老人过生日，很多时候都会摆上寿桃表示祝寿之意，增寿祈福。在没有奶油蛋糕的年代，普通家庭的老人家过生日都是用面粉蒸几个寿桃形状的大馒头表示祝福。

皇帝的生日非同小可，给皇帝祝寿也不可能蒸几锅寿桃馒头就可以了。全国上下大小官员都要变着法儿地进贡礼品让皇上高兴。景德镇官窑更是要提前设计烧造出皇上寿宴中使用的各种与生日有关的器皿。这件硕大无比的粉彩盘子画了9颗大桃子，里外全有，延伸绵绵，寓意福寿绵长，是专门为庆祝皇上的生日设计制作的果品盘。

画师们为了画好这件盘子也算是绞尽脑汁，采用康熙时流行的"过墙龙"的技法画成"过墙桃"，也叫"过枝桃"。画面从里延伸到外，盘内用粉彩绘画了一根桃树枝，上面挂满6颗成熟粉嫩的鲜桃，枝杈一直延伸到盘子外翻转过去，在盘子的外壁又画了3颗桃子，与盘内的6颗桃子遥相呼应。"过墙桃"的画法，在康熙、雍正、乾隆时期非常流行，一直到道光时期都有，到清末就不多见了。如果画的是龙，就叫"过墙龙"；如果画的是凤，就叫"过墙凤"。总之里外图案连成一体就叫"过墙"。

为什么要画9颗桃子？这不是随便画的。"九"在中国传统文化中是最大数，表示无休无止没有穷尽，表示长长久久。桃树翻墙过枝，表示生命力极强无限延伸。另外，我们仔细看会发现桃树旁的空隙还画有几只红色的蝙蝠，蝙蝠取谐音"福"，寓意福气。一般画桃子都会用蝙蝠来点缀，寓意"福寿双全"，古人也讲究生活质量，既长寿又有福气，才是人们企盼的理想生活状态。把盘内外的彩绘组合在一起，表达了"福寿双全""长长久久"的吉祥寓意。

这只大盘由于胎体厚重，在烧制上也有很大难度。有人也许会说现代烧制的大盘子有的直径2米也没有变形，说明工艺还是在不断进步的。可是我们不能忘了雍正大盘是用以松柴为燃料的柴窑烧造的，现代是用可以控制温度的电炉或者煤气炉。制作雍正大盘的时候最重要的步骤是手工拉坯，现代大瓷盘是灌浆模制，灌浆的技术在新中国成立初期就已经在工业卫生陶瓷上普遍使用了，制作多大的器皿都是不成问题的，而拉坯的话，有很多特别大的器皿就很难拉成。

通过这一节，我们了解到雍正皇帝不仅是一个勤勉的帝王，还是一位内行的陶瓷美学设计家，他对宫廷艺术品的精益求精，使雍正朝的瓷器成为清代宫廷文化的代表品种，创造了清代瓷器烧制的顶峰。由于九桃盘是为皇帝庆寿而制，所以充满了喜庆福寿的吉祥寓意。

二十五 珐琅彩上的中国传统绘画：清雍正淡黄地珐琅彩兰石纹碗

通过上两节的内容，我们知道雍正皇帝对瓷器的烧制特别挑剔，很多时候都要亲力亲为，亲自审查瓷画画稿，这在历朝历代的皇帝中是很少见的，这是为什么呢？

从很大程度上来说，这与雍正的性格以及成长背景有关。45年的皇子生涯，长期处在多个皇子争夺皇位的政治旋涡之中，雍正养成了敏感、细腻的性格，做什么事情都非常细致，面面俱到、亲力亲为。

他非常谨慎，自律性很强，能够克制自己的急躁情绪，是一个隐忍、敏感的皇帝。这种性格表现在艺术欣赏方面，就是非常注意细节。比如说日常使用的家具，一般做家具前，大概看看屋子的空间布局，然后做出来就可以了，这就导致很多家具很相似。但是雍正使用的家具就不一样，雍正朝做的任何家具都是根据屋子来"量身定制"的。他强调因地制宜，做什么东西都要根据场景、环境，考虑诸多方面的因素来制作，所以经他过问的东西就非常协调，包括家具、文房用品等。比如圆明园里，某个角放一个角柜，这个角柜放到其他任何地方都不行，只能放在那里。或者在某个地方放一张床，这张床是靠南墙还是北墙都是固定的，它永远只能放在那里，挪到其他任何一个地方都不协调。

雍正皇帝酷爱一种瓷器，叫作珐琅彩。烧制珐琅彩的时候，他也特别强调协调，讲究细节，追求精益求精。其实在早期，他对珐琅彩并不满意。珐琅彩是什么呢？

清雍正淡黄地珐琅彩兰石纹碗，高 5.2 厘米，口径 10.3 厘米，足径 4 厘米，故宫博物院藏

珐琅就是一种最早装饰在西洋钟表铜胎上的彩料，康熙初年从西洋进口。当时，主要是在玻璃胎、铜胎上使用珐琅进行绘制。一直到康熙五十一年（1712年），宫廷才炼制珐琅料成功，可以直接在瓷器上画珐琅彩。这种在瓷胎上画珐琅彩也被称为"瓷胎画珐琅"。这种珐琅彩与我们之前提到的粉彩、斗彩、五彩等有什么区别呢？

珐琅彩瓷器烧之前是什么颜色，烧之后就是什么颜色。也就是说，工匠在烧之前，就能想象出它烧出来以后是什么样子。如果想要烧制出来的珐琅彩好看，其中一个很重要的因素就是珐琅的颜色。珐琅的颜色越多，画师们可以发挥的空间就越大，画出来的效果当然也就越好。但是，珐琅在初期进口的时候，只有八九种颜色。雍正对此当然很不满意，督促下面的工匠开发、研制，最后增加到18种之多，一下子就让珐琅的颜色丰富起来。有了颜料就可以进行瓷稿的创作了，我们在上一节中已经详细讲述了雍正是如何参与瓷稿的创作的，这里就不再多说。我们重点来看这件淡黄地珐琅彩兰石纹碗的绘画情况。

作为雍正朝珐琅彩的典型代表，这个碗上描绘了洞石兰花图，同时在另一侧题写了"云深琼岛开仙径，春暖芝兰花自香"的七言诗句，并在诗句的句首及句末共加盖了三枚闲章，使中国传统画中所讲究的诗、书、画、印为一体得到了完美的体现，同时也彰显了雍正皇帝喜静、喜雅、喜素的艺术品位。

对珐琅彩而言，有了丰富的颜色、精美的画稿只是第一步。接下来就是要在胎体上使用珐琅作画。这时候，对胎体的要求就特别严格。首先胎一定要非常薄，其次胎体上的釉要有一定的透明度，通体都得是白的，不能有黑点，不能有渣粒，也不能有小的气泡或者瑕疵，要平光如水。如果胎特别闷、不够白、不够透亮那就不能用来烧珐琅彩。比如这件淡黄地珐琅彩兰石纹碗，就特别轻盈，胎体非常薄。到哪里去找这样高品质的胎体呢？

最后锁定的还是景德镇的御窑厂，先让御窑烧制很多这种胎子，再从数百个里面挑出几个，真正是百里挑一，然后千里迢迢从江西运送到京城。

珐琅彩的烧制过程也非常艰难，一方面是胎子太薄，一不小心就会烧坏；另一方面就是对烧制温度的要求非常严格，大概是七八百摄氏度，温度太高胎子容易爆裂，彩也会被烧焦；温度太低，颜色就出不来。所以烧制出一个颜色非常好的珐琅彩需要天时地利人和，需要各方面的高度协调配合。这也导致珐琅彩异常珍贵，大件的珐琅彩几乎没有，大都是一些中小件，盘碗居多，而且都是陈设、把玩的欣赏瓷，哪怕是皇帝也舍不得拿来使用，要喝茶或者吃饭，就用别的官窑瓷器。

因为珐琅彩烧造太费工费时，成本太高，耗费的银两太多，到乾隆晚期就不再烧制。当时烧制珐琅彩，从配料到画彩，烧造所有的步骤都严格保密不能外传，所以乾隆以后就失传了。到清朝快要灭亡的时候，也就是光绪年间，官窑又开始仿烧清三代的珐琅彩。光绪朝珐琅彩虽然也比较精致漂亮，但是彩料已经不是原来的材料，胎子也不如之前的，当然皇帝也根本不会亲自关注。所以，从严格意义上来说，这并不是纯粹的珐琅彩，而是属于晚清粉彩范畴的一个新品种。这种仿制清三代珐琅彩的情况一直延续到民国。改革开放以后也有不少仿烧珐琅彩的作品，但均属于现代工艺品。如果拿这件雍正珐琅彩的小碗去比对，现代仿烧的工艺品差距就太大了，审美上也差很多，根本不能相提并论。

1949年，故宫博物院旧藏的珐琅彩大部分被国民党政府运到中国台湾，现在收藏在台北故宫博物院。而留在故宫博物院的这件淡黄地珐琅彩兰石纹碗，全世界只有这一件，瓷胎、色彩、绘画堪称一流，为绝代佳作。

二十六 乾隆工艺瓷的"鬼斧神工":清乾隆各种釉彩大瓶

乾隆皇帝25岁登基,86岁退位,89岁去世,是中国历代帝王中寿命最长的一位皇帝,执政时间达60余年。实际上他也是执政时间最长的皇帝。虽然他爷爷康熙帝执政61年,他因为谨守孝道不能超过自己的爷爷,所以坐满60年皇位之后自动退位,但他又做了4年的太上皇,仍主要政。他实际上执政的时间是63年,比康熙帝还多2年。我们前面讲了三件雍正时期的瓷器,可以看出乾隆的父亲雍正皇帝的品位:喜欢瓷器的精、雅、秀,不喜欢热闹的花纹。

乾隆皇帝继承了酷爱瓷器的家族传统,在执政的60多年中烧造了数量空前的官窑瓷器,创烧了许多造型独特、鬼斧神工的工艺瓷。乾隆时期的瓷器,在烧造难度上达到了巅峰。乾隆深受西方艺术的影响,喜欢张扬华美的装饰感,受西洋绘画影响很深,追求色彩的鲜明对比和工艺上的极致繁复,这尤其表现在乾隆像生瓷上。所谓的像生瓷就是用瓷器烧制出与日常生活中用的、玩的、吃的东西模样相似的器物,比如朱漆菊瓣式盖碗非常精美,乾隆就命工匠烧出一个瓷质的菊瓣式盖碗来,逼真到什么程度呢?如果把两件器物放在一起的话,不仔细看不知道哪一件是瓷器,哪一件是漆器。乾隆朝像生瓷品种非常丰富,有仿铜器、仿漆器、仿木器、仿金器、仿料器,还有我们常见的河蟹、青蛙、龙虾,烧出几只螃蟹放在盘子里,甚至能勾起人们的食欲,还有鸡、鸭、鹿、鹤、兔、海螺、瓜子、核桃、荔枝等。还有文房用品,如砚台、墨床、熏炉等绝品,迄今为止还没有什么现代大师的作品能够达到乾隆像生瓷的水平。

清乾隆各种釉彩大瓶，高 86.4 厘米，口径 27.4 厘米，足径 33 厘米，故宫博物院藏乾隆朝工艺瓷的成就不只是这些,还包括大、中、小各种转心瓶、转颈瓶、转腰瓶、镂空转心多层套瓶等。套瓶就是一个大瓶子套一个小瓶子,小瓶子里又套一个更小的瓶子。过去的瓷器是用柴火烧制的,温度不易控制。瓷器的湿坯在烧成之前和之后,大小是不一样的,湿坯经火烧成后要收缩15%—20%。如果这些套瓶温度稍有不合适,或者没烧透,收缩率不一样,就会粘连,这些套瓶就无法转动了。说乾隆工艺瓷"鬼斧神工"不是夸张,而是其真的达到了这个高度,很多制作工艺方面的难题至今也无法解决。乾隆的像生瓷木盆上的纹理,都是模仿木头本身的自然纹理,一点一点绘画出来的,仿佛天然生成的木质纹理,粗细不一、走向自然,特别逼真。

乾隆皇帝对瓷器烧制的要求极高,需要具体实施的贯彻者将他的旨意变为现实。乾隆朝工艺瓷达到如此高的水平,不得不提到清代官窑烧造史上最著名的传奇人物——督陶官唐英。唐英是沈阳人,很小就到养心殿服侍皇上,他先后在雍正、乾隆两朝负责烧制御用瓷器。他本人聪明好学,努力钻研自学成才,成为古器物造型设计师和瓷器专家,擅长设计画稿和研发瓷器新品种。他几十年深入窑厂第一线,与烧窑工匠同吃、同住、同劳动,身为清宫重臣亲自深入一线研发烧造,的确是一位难得的内行管理者。

乾隆朝制瓷工艺的巅峰之作——清乾隆各种釉彩大瓶,就是唐英督窑时期烧成的绝品,它集历代名品烧造工艺于一身,所以也被称为"大瓷母"。大瓷母在完全手工制作、完全柴窑烧制的乾隆时期完好无缺地烧制成功,不能不说是一个奇迹,迄今为止全世界仅存一件。当然,仿品有千千万,前几年笔者去景德镇看到大瓷母满街都是,有大有小,琳琅满目。现在人们用化学制剂呈色,用电窑控温,一次全部搞定,表面上看似乎差不多,但是皇家瓷器的韵味荡然无存,仿品虽可以无限复制,但充其量也就是工艺品而已。那么,具体而言,这件大瓷母的烧制难在哪里呢?

第一,窑炉温度不好控制。大瓶包含的内容太多了,多种色釉的烧造温度都是有区别的,在同一种温度下不可能出现这么多颜色。不知道读者是否还记得之前讲过的斗彩鸡缸杯,为了烧制出斗彩,必须进行两次烧制,先烧高温釉的青花,然后烧低温釉的斗彩,那件鸡缸杯只是涉及两种釉料。而这件瓷母自上而下装饰的釉、彩多达十几层,这也就意味着要使用十几种不同的釉料,而这些釉料烧制所需的温度是不一样的。比如说青花是釉下彩，烧制的温度大概是 1250 摄氏度左右；粉彩是釉上彩，烧制的温度是 850 摄氏度左右。这些不同温度的釉彩不可能一两次就烧成。有的色釉如果反复经火会变色发黑，但是我们看到这件大瓶上的釉色都非常鲜艳，层次也好，没有看出反复烧造的痕迹。如此复杂的工艺，只有在全面掌握各种釉彩性能的情况下才能完成。所以这件瓷母到底是怎么烧成的，至今还是一个谜。

第二，个头太大，容易烧坏。瓷母高 86.4 厘米，口径 27.4 厘米，足径 33 厘米，也就是说大概有半人高，这么大件的瓷器非常少见。瓷器越大，烧制时越容易因火力分布不均而歪塌变形，或者烧不出所需要的鲜艳颜色。

因为烧制不易，所以全世界仅存一件，瓷母把各种名贵色釉都荟萃在一起，纹样复杂、颜色艳丽，表现出泱泱大国的皇家气魄，它呈现的不是阴柔、小巧的美，而是一种开放、富贵、华丽之美。乾隆喜欢富丽堂皇的装饰风格与当时欧洲艺术在中国的传播有很大关系。乾隆时期，一些西方传教士来到中国，把各种西洋供物带入皇宫，作为赠送皇帝的礼品，这些西洋玩意儿很受乾隆喜爱，当时修建的最伟大的皇家园林圆明园充分反映了乾隆皇帝对西方建筑艺术的欣赏，圆明园里残存的大水法完全是西式的。在这件大瓷母上，使用了粉彩，同时也使用了洋彩，在瓷母的口部和腹部就有各种色地"洋彩锦上添花"的装饰。洋彩就是花纹布局和纹饰有西洋绘画的光点效果，完全吸收了西洋绘画的外来风格。

通过这一节我们知道了乾隆皇帝喜爱富丽堂皇的装饰风格，烧制出了全世界独一无二的各种釉彩大瓶，将历代陶瓷工艺荟萃一处，创造了陶瓷烧造工艺史上的神话，反映了乾隆时期瓷器工艺制作的顶峰。

到这一节为止，瓷器部分就全部讲完了，感谢大家跟着笔者一起通过故宫博物院馆藏珍品，沿着中国古陶瓷发展的历史脉络到此一游。中国古陶瓷是"china"，是中国的一张名片，也是全世界炎黄子孙的骄傲。

丁孟

故宫博物院研究馆员、器物部副主任。中国社会科学院和中国艺术研究院研究生导师。北京市文物鉴定委员会副主任委员、清华大学艺术博物馆收藏鉴定委员会委员，中国钱币学会理事、中国人民银行纪念币评审委员、中国文物学会理事、青铜专业委员会副会长。

第二章

青铜器

一

青铜器：早期中国的政治表达与艺术丰碑

（一）

对早期中国历史，我们习惯借用西方考古学家提出的"青铜时代"一词来指传统上称作三代（夏代、商代、周代）的历史时期，因为在这一时期中国的青铜制造业已经达到其顶峰。

"青铜时代"这一概念一般指人类早期历史上广泛制造和使用青铜工具的时代，但在中国，青铜时代应该被定义为礼器的时代，这是因为夏、商、周三代以青铜器为最主要的礼器代表。

中国青铜时代的特征是青铜这种金属的使用与礼仪和战争密切相关，换言之，青铜礼器是中国青铜时代政治权力的首要象征。它显示了政治的支配权，因为这些器物的所有者的改变标志着统治权的改变。

青铜礼器被珍藏在城中心的宗庙之中，而宗庙是统治者家族举行重要祭祀活动的法定场所，外人不能靠近这些宗庙重器，因为这种"僭越"就意味着篡夺政治权力。这也就是为什么在青铜礼器作为政治象征的春秋时期，随着周王室的式微出现了楚王问鼎的事件。

公元前 606 年，野心勃勃的楚庄王挥师至东周都城洛阳附近。这一行动的目的并非表现他对周王室的忠诚，此时的周王已经成为傀儡，并不时受到那些政治权欲日益膨胀的地方诸侯们的威胁。周王派大臣王孙满前去劳师，而楚庄王则张口就问"鼎之大小轻重"。这一看似漫不经心的提问，却显示出青铜礼器的意义。

青铜礼器被铸成后，它们的意义马上发生了变化。它们不仅是维持统治秩序的工具，同时也象征政治权力本身。青铜礼器九鼎的迁徙因此指明了王朝的更替。

统治者拥有了九鼎，就理所当然地是天命的所有者。这也是为什么野心勃勃的楚庄王要问九鼎，对楚庄王来说，夺取九鼎是获得王朝权力的第一步。

中国古代青铜礼器被称为"重器"，这里的"重"指的也是器物的政治和精神意义上的重要性，而不仅仅是其物质上的尺寸和重量。作为中国古代最为重要的青铜礼器的九鼎是祭祀时用的一套炊器，由于这种礼仪中的用途，它们成为宗教活动中沟通人神的礼器，同时纪念所有继承和拥有过九鼎的先王们。由于只有王室成员才能主持这样的祭祀，九鼎的使用者也自然是政权的继承者。

西周确立了一套严密的礼乐制度，它实际上是一套不成文法。这其中，用鼎制度占有核心位置。用鼎制度也称为列鼎制度，用以代表使用者的身份等级。列鼎是指鼎的陈列形式，奴隶主贵族在祭祀、宴飨、丧葬等礼仪活动中，要将形制和纹饰相同，而尺寸递减或相同的成组的奇数的鼎，展示使用，表明身份。据《春秋公羊传·桓公二年》何休注，"《礼》：祭，天子九鼎，诸侯七，卿大夫五，元士三也"。九鼎之数进而反映了周代的一个新概念，以"九"象征天子至高无上的地位。据文献记载，周代灭亡后不久九鼎就沉没于河。公元前 3 世纪秦始皇统一六国后，九鼎又现于河。始皇大喜过望，并命令数千人下河寻找九鼎，但当他们找到了九鼎，正准备用绳子把鼎拉上来的时候，突然出现一条龙将绳子咬断，九鼎因此重新消失，再也没有出现。有心人可以看到的是，九鼎的"生命"历程正好和三代的历史吻合。

这就是礼器和中国青铜时代的终结。也就是在这个时候，青铜时代的主要代表九鼎从历史舞台上退场：它们在周代灭亡后突然消失，再也没有人能够得到它们。

（二）

中国的青铜时代在人类历史上是独一无二的存在：青铜器是中国文明的象征。

我国著名考古学家夏鼐于1983年在日本就中国文明起源问题做学术讲演时，客观阐述了商代殷墟文化具备文明的三个关键要素：都市、文字、青铜器。因此得出结论，商代创造了灿烂的文明。

中国青铜时代的文字发现主要有两个方面的表现：一是甲骨文，二是金文。甲骨文为刻在占卜用的甲骨上的文字；除了甲骨文以外，由于青铜礼器用于祭告祖先等重大典礼，所以从商代开始在青铜礼器上铸上文字，称为金文。

商代金文比较简短，但是族徽很多，因为商代社会是建立在各自分立的图腾氏族和方国的基础上的。西周青铜礼器通常带有长铭，主要是宣扬祖先功勋和自身业绩，并借以传之后世。许多铭文记载了周初立国和建国的极其重要的资料，诸如消灭商王、分封诸侯、征伐方国、任免职官、赏赐土地和奴隶、王室的祭典、王臣的各种活动等。不少铭文内容可以补充史书记载中的不足，这是其重大价值所在。

（三）

当欣赏商周青铜器时，时而会觉得进入了一个阴森恐怖的世界，时而会觉得置身绚丽璀璨的梦幻之中，你不得不佩服几千年前古人创造物的生动感染力。如果说青铜器物形制的不同更多地取决于器物用途的差异，那么，纹饰则更多地表现了审美观念和理想。

已知最早的中国古代青铜礼器——二里头遗址出土的夏代晚期平底爵，器表没有装饰纹样而显得"原始"，它代表了古代礼器从陶器向金属器过渡的重大变革。丰富的纹饰在商代早中期的青铜礼器上出现，并很快成为青铜艺术的领先因素。西周时期，青铜器装饰明显呈现出由繁丽向简约发展的趋势。

春秋中期以后，新的青铜工艺得到极大发展，青铜器造型别致，纹样精美。不得不提到此时出现的一件具有里程碑意义的器物——莲鹤方壶。莲鹤方壶高122厘米，于1923年在河南新郑李家楼郑公大墓出土。此壶造型华丽，纹饰代表春秋时期的主要内容和风格，设计巧妙，是新的铸造技术成熟的体现，尤其是壶顶的立鹤，形象逼真，造型生动，完全是一种生活的意趣。郭沫若曾说，这只舒翅昂首的立鹤要飞向一个崭新的时代。

（四）

艺术是文化的表征，中国青铜艺术所具有的狞厉美、雄健美、秩序美、崇高美，在两千多年的青铜时代里表现无遗。中国青铜时代的艺术在精神追求上与其他三大文明古国，乃至古希腊艺术是一致的，在表象上具有很大的互补性，殊途同归。

中国青铜时代的艺术和古希腊的艺术在人类艺术史上是两座并立的高峰。中国青铜时代的艺术是以青铜器为代表，古希腊的造型艺术主要反映在雕刻方面。青铜艺术孕育了中国艺术的主要特质，古希腊艺术则孕育了西方艺术的特质。两种艺术类型从不同的途径创造了人类艺术的经典规范，这是可以比较的前提。

早在公元前20世纪，古希腊就进入了青铜时代，但青铜主要被用来制作工具和兵器，铸造艺术品较少。公元前6世纪，先进的埃及青铜技术传到希腊，形成了一些青铜造像中心，这为石雕提供了造型的技术准备。古希腊造型艺术的最高成就体现在大理石的雕刻上，可以说古希腊创造了大理石的史诗。中国青铜时代的艺术的主要材料是青铜，商周时代是青铜铸造的文明。

从形式美的整体感来说，古希腊的雕刻艺术尚静，因为它的艺术理想是追求"静穆中的伟大"，几何学是希腊人创造形式美的基石，严谨的几何法则保证了艺术的静态与平衡。中国青铜时代的青铜艺术则是尚动的，追求生生不息的变化，即便是静态的规矩的图式，如抽象的云雷纹，也能体现出运动感。

可以说，古希腊的雕刻艺术是关于人的艺术，而中国青铜时代的青铜艺术是关于宇宙的艺术。

把中国青铜时代的青铜艺术与古希腊雕刻艺术进行比较，也是源于立足世界的观看方式。苏轼有诗："横看成岭侧成峰，远近高低各不同。不识庐山真面目，只缘身在此山中。"对处于文化全球化背景下的我们而言，重新关注青铜艺术，也是一种文化道义和使命。

二 商代青铜器的铸造巅峰：三羊瓿

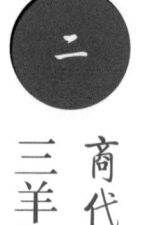

谈及中国的青铜瓿，就不得不提现存商代青铜器中的三羊瓿。三羊瓿是目前我国发现的同类器物中之最大者。这件青铜重器在河南安阳殷墟出土，是商代青铜顶峰时期的代表作。那么，你知道总重达 51.3 千克的三羊瓿是用什么方法铸造的吗？这一节，我们就来介绍铸造青铜器的"官窑"，并从中寻找答案。

三羊瓿铸造于商朝晚期，属于礼器，"瓿"的意思是小瓮，最开始是用来盛酒水或者酱的。当然，故宫博物院藏的这件三羊瓿已经不是日常放食物的容器了，而是一种礼器。这件三羊瓿造型厚重、纹饰精美繁复，肩部以圆雕塑造三个生动的卷角羊头。

羊的形象是中国典型的吉祥文化符号，在易学家的研究中，羊被用作"太阳"的象征符号。成语"三阳开泰"，就是春节常用的吉祥语，有万象更新的象征意义。在英国大英博物馆和日本根津美术馆，还分别珍藏着一件双羊尊。

专家分析，这两件双羊尊应是一对，出土于中国湖南，它们的造型如出一辙，双羊并立、背负尊筒。所以说，象征吉祥的羊，早在 3000 多年前的商代，就被古人广泛应用，足见华夏文化的传承与发展。

故宫博物院藏的这件三羊瓿传说是 1939 年在河南安阳殷墟遗址出土的。殷墟是商朝的都城遗址，距今已有 3300 多年历史，殷都也是中国历史上可以肯定确切位置的最早的都城。殷墟因为出土 15 万片甲骨而震惊世界。同时，殷墟也是迄今为止出土青铜器最多的遗址，

商朝晚期青铜器三羊瓿，高 52 厘米，口径 41.2 厘米，重 51.3 千克，故宫博物院藏

双羊尊，高 45.1 厘米，宽 41 厘米，纵深 20 厘米，重 10.6 千克，大英博物馆藏

双羊尊，高 45.4 厘米，口径 14.9 至 18.4 厘米，日本根津美术馆藏

器形包括礼器、兵器、工具等。其中最著名的青铜器有：后母戊鼎、后母辛鼎等。这些稀世珍品在规格、铸造工艺上，都代表了中国青铜鼎盛时期的最高水平。

既然早在3000多年前，商代工匠已经具备铸造大型青铜器的工艺，那么三羊瓿是在哪里铸造出来的呢？这还要从一次重大考古发现说起。

2003年，中国社会科学院考古研究所在殷墟考古发掘中，又有了重大发现，在殷墟西部的孝民屯，出土了一座铸铜遗址。这是殷墟目前发现规模最大、等级最高的铸铜作坊。

在面积近6万平方米的范围内，考古人员陆续发现取土坑、窖穴、大型青铜铸造间及与铸造活动有关的房址、水井和匠人墓地等遗存，证明这里曾是一个分工明确、布局合理的青铜铸造作坊。

此外，这里还出土了大量铸造青铜器的陶范模具。根据陶范上的图案，考古工作者辨析出这里铸造的青铜器，有鼎、簋、觚、爵、卣、尊等，大部分是青铜礼器。无论是遗址规模，还是所生产青铜器的种类，都证明这里曾是商代晚期为统治者生产青铜礼器的大型铸铜作坊，称得上一座名副其实的青铜器"官窑"。

而接下来，又有了一个更惊人的发现。在铸铜遗址的一角，发现了一个圆形遗存，专家经过论证，认为这里应是铸造青铜圆盘的一个底部模具。根据测量，可以估算出青铜盘直径达到了1.54米，这比后母戊鼎还要大很多。这意味着后母戊鼎都还不是商代铸造的最大青铜器，更别说三羊瓿了。如此巨大的青铜重器，只能是帝王祭祀使用的礼器，也只有官方的青铜作坊才有资格铸造这种形制的青铜器。因此，这里很可能就是铸造三羊瓿的地方。

那么，三羊瓿又是如何铸造出来的呢？

三羊瓿采用了范铸法的铸造工艺，这种工艺也是古代铸造青铜器最普遍的一种方法。范铸法就是把金属放在熔炉内经高温熔化成液体，然后倒入模型中，等温度下降后，铜液在模型中就凝成了青铜器。这个过程还有一个专业术语，称作"范金合土"。

青铜器的模具用陶土制作，又称陶范。主要分为内范和外范两种。殷墟孝民屯铸铜遗址出土的陶范，包括兽首模、铭文芯、簋复合范、鼎模、鼎范等，显示出商代工匠制作模具的高超工艺。

三羊瓿不是一次就能浇铸成的，它的羊头是先铸成后嵌入瓿范，瓿身则是一

三羊瓿纹饰细节

次浇铸而成，三羊瓿的烧铸用了多块陶范。

古人有"一范制一器"的说法，指的是铸造一件青铜器，需要一套完整的陶范，而铸造青铜器的最后一步，就是砸碎陶范，伴随着模具的"粉身碎骨"，一件青铜器才会诞生。因此，出土的陶范，几乎全部是碎块，但它们仍然具有极高的艺术价值。怎么去欣赏它们的艺术美呢？比如有的刻有清晰的云雷纹，图案与三羊瓿上的纹饰相近，工匠把平面纹饰与立体雕塑融会贯通，雕琢出构图匀称新颖、线条流畅细腻的纹饰。

除了艺术水准高超之外，铸铜遗址出土的陶范还代表了中国铸铜技艺的最高水平。

为了浇铸出三羊瓿这类器形复杂的青铜器，青铜器的外范一般由多块陶范拼接成一体。是怎么拼接起来的呢？原来两块陶范，一块边缘的突起，正好可以插入另一块的凹槽。这种拼接设计，很可能借鉴了木建筑的榫卯结构。另外，还有为复杂器形专门制作的陶范。从中可以看出，古代工匠已能灵活掌握模具的拼接技艺，显示出高超的工艺水平。

通过殷墟孝民屯铸铜遗址，我们还原了商代三羊瓿制作的完整流程，了解了3000多年前冶炼铸造技术的实际状况。

青铜器是中国古代文明重要的存在，殷墟孝民屯铸铜遗址和三羊瓿，是青铜器铸造巅峰时期的代表，它们是中国青铜文明辉煌成就的见证，是展示中华文明悠久历史的瑰宝。

三羊瓿纹饰细节

三 青铜王国的神秘和浪漫：兽面纹夔足铜鼎

故宫博物院收藏了近百件商周青铜鼎，其中有一件特殊的铜鼎，它的足与众不同，像三把大刀一样，上面还有着奇特的花纹，这究竟是一件什么器物？

在介绍这件铜鼎之前，我们先来回顾一下它的来历，因为它的来历非常传奇。1946 年 1 月 12 日，一个人开着大卡车从故宫博物院后门进来。车上卸下来不少大箱子，箱子打开，里面竟然是许许多多珍贵的中国青铜器……

这个人是谁？为什么会有这么多珍贵的中国文物？他叫杨宁史，其实是个德国人，从他手中接过这批文物的，就是后来非常知名的文物鉴定大家王世襄先生。

1945 年 9 月，从燕京大学文学院毕业的王世襄，在马衡与梁思成两位副主任的引荐下，进入了"清理战时文物损失委员会"（以下简称"清损会"），并担任平津区助理代表。从此，王世襄的人生就与追寻和保护国宝结下了不解之缘。

进入清损会后，王世襄就积极查找在日本侵华战争期间被日本人和德国人或强取豪夺，或廉价收买的青铜器、瓷器、古代字画。

一天，一个古玩商为王世襄提供了一条关于青铜器的重要线索：沦陷时期，出土于河南等地的重要青铜器，几乎都被一个叫杨宁史的德国人买走了。据说这些青铜器足有上百件之多，都是稀世之宝。

于是，王世襄费尽周折终于在天津找到杨宁史，他向杨宁史说明了清损会关于收回所有散失文物的决定，并告诉他，他手中的这

商代晚期兽面纹夔足铜鼎，高 35.5 厘米，口径 21.8 厘米，重 4.36 千克，故宫博物院藏

批中国青铜器在被收回之列。

杨宁史只好同意交出这批文物，但名义是"呈献"而不是"没收"。

1946年1月12日，经过王世襄的努力和官方的出面交涉，杨宁史存在北京台基厂百利洋行运输公司的古青铜器和古兵器被运到故宫博物院；22日，王世襄和故宫博物院工作人员在御花园绛雪轩对这批文物正式点收，共接收文物240多件，有宴乐渔猎攻战纹青铜壶、商代兽面纹大钺、矢壶等许多珍贵文物，也包括这件有着三把大刀一样的足的特殊铜鼎。这件铜鼎名为"兽面纹夔足铜鼎"，圆腹，圆底，两耳对称直立于口沿上，铜鼎的腹部表面还刻有奇异的兽面纹饰。整只铜鼎造型精美大方，纹饰清晰可辨，给人以华贵神秘之感。

更引人注目的是，这件铜鼎与我们以往见到的鼎不同，它的足是实心扁长足，像三只架在一起的大刀。在中国古代青铜鼎中，鼎足是鼎造型的主要装饰之一。在商代，鼎足一般都以圆柱形为主，有的上下等粗，有的上端略粗，如著名的后母戊大方鼎就是圆柱形的鼎足。可是，这件铜鼎的足却十分不同，它竟然是扁长形的，这种鼎足的原型又是什么呢？

扁足鼎的足有龙形和鸟形两种，而以龙形为多。这件铜鼎的扁足被称为"夔龙足"，简称夔足。这种鼎足是中原地区青铜器的典型特征，传世和出土都很少。

夔，是中国古代传说中的奇异动物。据《山海经》记载：夔的身体和头像牛，但没有角，只有一条腿，浑身青黑色。据说夔放出如同日月般的光芒和雷鸣般的叫声，只要它出入水中，必定会引起风雨。商周时代青铜器上多雕铸其状作为纹饰，为有角张口的龙形，叫夔龙纹，也叫夔纹。而夔龙足就是中国古人以夔为原型创造出来的鼎足。

夔龙的形象不仅出现在青铜器上，也出现在其他文物上。如西汉时期就出现过蓝晶夔龙佩，清朝也有乾隆款青玉夔龙纹爵，它们都是以夔为原型创造出来的精美艺术品。

可见，夔龙是中国龙文化的一种体现，也表达了古人希望借助猛兽形象来抵御自然灾害的美好愿望。1976年，妇好墓就出土过一件夔足铜鼎，与故宫博物院这件鼎形制相似。

妇好墓位于河南省安阳市小屯村，是中国商朝第二十三代王武丁的妻子妇好的墓穴。1976年这个墓里出土了大量精美的随葬品，其中妇好鸮尊和同年出土的后母辛四足觥等，都是中国古代青铜器中的稀世珍品。

妇好墓中出土的夔足鼎，与故宫博物院收藏的兽面纹夔足鼎一样，圆腹、立耳、夔龙形三足，龙眼凸出，活灵活现。由此可见，两件夔足铜鼎应该是同一时期、同一地域的器物。

同时，在妇好墓出土的铜器上，专家们发现了"妇好"二字铭文，便鉴定出了这个墓是商王武丁为祭祀其爱妻"好"所建。而有趣的是，故宫博物院收藏的这件夔足鼎上，同样也有铭文，它铸在铜鼎的鼎腹之中，就是"正"字。这个字是什么意思呢？

中国出土的带有铭文的铜器，有很多是为死去的人所铸的祭器。专家推测，故宫博物院的这件兽面纹夔足铜鼎，可能是为"正"所铸造的祭器，而"正"的符号也是一个族的名称，至于到底是哪个族，现在已经无从查证了。

将这种扁长的夔足铜鼎跟圆的柱足铜鼎对比，它们的艺术风格各有千秋：柱足短而粗，夔足扁而长。夔足鼎造型美观，但是没有柱足鼎的厚重感；再配上奇异的兽面纹，又给夔足鼎增添了几分神秘，从而更显兽面纹夔足铜鼎的张扬和浪漫，威武和雄强。

可以说，这件收藏在故宫博物院的中国商代青铜重器兽面纹夔足鼎，生动地为我们展示了中国古代青铜王国的神秘和浪漫。

四 商人祭祀的盛酒礼器：弦纹青铜斝

从食器、酒器到水器、兵器，故宫博物院收藏的古代青铜器种类繁多、琳琅满目。然而，一件形状奇怪的器物却曾让青铜专家陷入困惑。它奇异造型的背后又隐藏着怎样的青铜密码？

这一节我们要介绍的这件商代弦纹青铜斝，造型非常奇特，最开始的时候，究竟该如何给它命名，困扰了很多专家。

1999 年，故宫博物院的青铜器馆中展出了一件造型奇特的器物，它的顶前部有一个斜向上的管状流，顶后部是一个鸡心形圆孔，侧部有一弧形鋬手，器底为三只袋形的底足，器物上腹装饰弦纹。

从 20 世纪 50 年代到 80 年代，河南郑州，还有湖北盘龙城、河南偃师二里头都出土过几件类似的青铜器，都是器口向上为圆弧形，旁边有一个斜向上的管状流；腹后部有一个手执的弯把手，最特别的是腹下有三个袋足。

在中国，青铜器是指古代用铜锡合金制作的器物，浑厚凝重，器形也是多种多样，有祭祀的鼎、爵，盛饭的簋，盛酒的尊，饮酒的觚等，繁缛富丽，都是我们很熟悉的青铜器。

而眼前的这件青铜器造型与常见的青铜器都不相同，是一种新的器形。新器形的出现让专家们欣喜不已，然而欣喜之余，也产生了众多的疑问：这是一种什么器物？应该叫什么？又是做什么用的呢？

专家们不断查找资料进行研究。有的专家认为，这种器物和青铜盉看上去有些相似。

商代早期弦纹青铜斝，通高 21.2 厘米，宽 14.7 厘米，重 1.36 千克，
故宫博物院藏

    青铜盉是一种盛酒器，古人用它来调和酒水。这两种器物都是前有流，后有鋬，下有三足或四足。
    不过，这两种器物又有着显著的不同，新发现的器物是封顶的，而青铜盉不

第二章　青　铜　器　　|　119

封口，口上加盖；新发现的器物封顶上有管状流，斜向前方，而青铜盉的管状流在腹部，斜向上；青铜盉上一般都会有"盉"字的铭文，而新发现的器物上并没有带"盉"字的铭文。因此，专家们就将这种器物称为"异型盉"。

那么，这种与青铜盉相似、被称为"异型盉"的青铜器，到底该叫一个什么合适的名字呢？近年来，学术界提出这种器物应该被命名为"鬶"。

什么是鬶呢？

据东汉许慎的《说文解字》记载，"鬶，三足釜也，有柄喙"。柄就是把手，喙就是鸟喙，意思是有个嘴儿。

在大汶口文化中期（公元前3500年左右）就出现了陶鬶。青铜鬶从陶鬶发展而来。许多陶鬶从外形上看，很像一只站立的飞鸟。为什么将陶鬶设计成飞鸟的形状呢？

原来，鸟是古人的一种图腾崇拜。古人把自己喜爱的鬶做成各种各样的禽鸟形象，似乎正展翅欲飞、仰首高歌，造型独特，姿态生动，是很有地方特色的典型器物。

青铜鬶与陶鬶造型相似，只是更规整些。

那么，青铜鬶是做什么用的呢？

青铜鬶使用于夏商时期，是一种盛酒器。青铜鬶弧形鋬手便于扶持，长长的流让酒倾泻时不容易溅出来。

肥硕的三只袋足就像女性的乳房。有的青铜鬶三足距离相等，给人一种精巧之感。有的两足较小，相距较短的在前面，一足肥壮点的在后面，有一种稳定感。三足支撑着整个器身，空心袋足与其腹部连通，增大了贮酒的容积。

不过，作为一种盛酒器，青铜鬶也不是普通人家能够使用的，而是一种祭祀的礼器。

夏王朝时期，中国古代社会正式进入青铜时代，贵族开始用青铜制作礼器。

我们在电视剧中常常看到这样的情节：在隆重庄严的祭祀祖先活动中，有人高高举起盛酒器，然后将酒洒在地上，用来祭神祭祖。这是祭祖礼仪中的第一个环节，寓意以酒的香味请神享用，然后再进行其他礼仪。据说，夏商时期，祭祀中这种盛酒的器物就是青铜鬶。

青铜鬶是目前考古发现的中国古代最早的青铜礼器，虽然我们讲的这件是商

青铜方斝（其一），高 70 余厘米，日本根津美术馆藏

代的，但考古发掘发现过夏代的青铜器，这不仅对中国古代青铜器研究十分重要，对中国古代礼制乃至中国古代文明的研究也具有十分重要的意义。有学者认为，中国的夏代已经正式进入青铜时代，正式进入文明时期。

青铜斝也是不断发展和演变的，早期的斝是圆腹，纹饰朴素，如故宫博物院藏的这件青铜斝；到了商代末期，青铜斝纹饰越来越精美，而且造型上也发生了一定变化，出现了方斝，也就是器腹呈方形，还出现了四袋足的斝。

不过，遗憾的是，目前存世的最精美最著名的青铜方斝并不收藏在国内，而是藏于日本。

日本收藏的青铜方斝不是一件而是一组三件。它们现藏于日本东京的根津美术馆，器物从头到脚布满了各种浮雕及纹饰。这三件方斝形制大小基本相同，通高70余厘米，出土于河南安阳侯家庄的商王陵墓。它们精致华美，如果有机会去根津美术馆仔细端详器物，你会发现，在其中一件器物的器腹外壁上竟然还写着字，可以清晰看到是一个"左"字；再看其他两件，分别为"中"和"右"。

青铜器上的文字被称为铭文，一般具有记录的作用：这组青铜斝上的一字铭文究竟是指器物的主人，还是有什么隐含的意义呢？

其实，它们是标识器物摆放的方位，分别为左、中、右。目前，在中国已知的青铜器中，记载摆放位置的铭文几乎没有出现过，这也使这几件青铜斝多了份神秘色彩，更显珍贵。

那么，这么重要的青铜斝为什么出土的却很少呢？

原来，西周时期青铜斝就退出了历史舞台。因为青铜斝封顶及管状流铸造费时费工，到了商代中晚期逐渐被青铜盉替代，青铜斝也就消失了。青铜盉就没有封顶，只有盖，制作起来更简单。

故宫博物院珍藏的弦纹青铜斝，跟流失日本的左中右方斝，都是中国同类青铜器中极为罕见的器形，它们精美华丽的造型再现了中国青铜器的鼎盛和辉煌。

五 青铜克钟

西周贵族克的传奇人生

青铜器是中华文明的灿烂瑰宝，它们造型奇特、纹饰精美，尤其是一些青铜器上铸刻的铭文，更是蕴含着大量的历史信息。这一节我们就通过故宫博物院收藏的一件西周克钟，去探寻青铜器铭文中的秘密。

克钟，为什么叫这个名字呢？克其实是个人名，他是辅佐周孝王的一个臣子。我们知道上海博物馆很有名的大克鼎，也是以克来命名的。克的这批青铜器，1890年出土于陕西省扶风县法门镇任村，有大克鼎、克盨、克钟、克簋等共120多件，分别收藏于中国、日本、美国。

为什么要给克铸造这批青铜器呢？这就要看上面的铭文了，通过铭文，我们可以知道历史背景。当时周朝疆土正经历着一场边疆危机，一个强大的诸侯国正在吞噬周王朝，此时在位的是周朝第八代王——周孝王。一连阴霾了几天的天空使得皇宫上下弥漫着一片阴郁，周孝王一脸焦急地来回踱着步。突然，门外来报：边疆已经失守。周王听后大惊失色，一下子瘫坐在宝座上，嘴里喃喃地说着："周近亡矣，吾将愧见列祖"。

这时已经是晌午时分，饭菜早已准备好，司仪大臣传令上菜，宫女们端着各色佳肴珍馐，在周孝王面前摆了整整一桌。可是孝王并没有胃口，边疆的战事已经让他一连几日寝食不安了。

周孝王满怀心事地随便吃了几口。忽然，孝王龙颜舒缓，胃口也好了似的，连连夸赞某道菜不错。站在一旁的侍从回话说，那道

西周青铜克钟,通高 60 厘米,口横 32.5 厘米,
故宫博物院藏

菜是克亲自为周王调制的。

周孝王若有所思，马上传令道：传克进宫同饮。

看到这里，读者可能有点纳闷，克不会就是周王的一个厨师吧？他当时确实被周孝王封为膳夫，相当于厨师，但是克当然不只是个厨师，他还是个贵族。周孝王想到克的先祖曾为周朝打下疆土，懂得兵法，克的领地内也是兵士众多，足以抵抗边疆的反叛。周孝王这次与克喝酒，其实是想让克亲自带兵去边疆巡查，平定叛乱。

克接到孝王命令立即启程前往边疆，不久，捷报传来。孝王为了迎接克的凯旋，赐给克车辆、马匹，还特意命克铸一套编钟来纪念这次的事迹。

西周克钟纹饰细节

这套编钟共6件，它们通体纹饰华丽，器表有重环纹，中部4组对称的夔形龙纹，篆间为窃曲纹，基本特征就是一个横置的S形，中央是对称相背式的卷龙纹。这些都是当时流行的纹路。克特意把周孝王委派自己巡查的功绩分别铸刻在这几件钟上。为此，这套编钟也被命名为克钟。

商周时期一般只有王室贵族拥有编钟，它们和青铜鼎一起，代表着礼乐并行的礼法制度。一般在打仗、祭祀，或者有重大庆典时，就会演奏编钟。如西周时

西周克钟纹饰细节

的晋侯苏编钟，上面铸有铭文，记载了晋侯受命伐夙夷的战争；还有战国的曾侯乙编钟，共有 65 件，被誉为"古代世界的第八大奇迹"，至今仍能演奏古今各种乐曲，乐声悠扬，神秘而悠远。

如果哪个诸侯王被天子准予铸编钟，那是最高的荣誉，周王赏赐克这套编钟后，克的地位更加显赫，成为当时众臣中势力最大的一个。

庆典过后，编钟被运回克的封地。这时人们却惊奇地发现，原本是 6 件的钟却少了一件。喝得半醉的克上前一看，一下子惊出一身冷汗，把周王御赐的东西丢了，这可是大忌，而且丢的还是编钟，如果被周王知道，怕是株连九族的罪名，祖上的恩荫可能因此而断送。

克立即命令侍从不可声张，并暗中派人调查，希望能够找回那件遗失的钟。可是，那天的庆典，所有人都醉心于酒乐，这钟遗失到了哪里，根本无从找起。

世上没有不透风的墙，消息很快就传到周孝王那里。周王知道克的功劳甚重，但在礼法面前不能讲私情，于是周王立即召克进宫。谁知克竟然推托有病在身，不便面见周王。

虽说克的地位如今已是万人之上，可他毕竟只是个近臣，把周王赐的编钟弄丢了，还推托有病不出，周王自然不高兴。此时周王满心怒气，又开始猜疑："如今克的势力这么强大,是不是已不把我周王放在眼里了?万一他拥兵自重,日后必将后患无穷,可如何是好呢?"

就这样,周王的疑心越来越重。可几天后,克突然进宫,当着所有文武大臣的面,竟跪在周王面前哭着,说了这样一件事——

那天庆贺结束,他一回到家中就乘着酒兴睡着了,梦中他的祖父师华父训斥他:君为臣纲,你如今位高权重,我把周王赐给你的钟收回一件,今后不可居功自傲,要时刻铭记周王的恩情。克突然惊醒,发现那套编钟竟然真的少了一件。

虽然先祖显灵收钟,可又怕周王降罪,克就大病了一场,病中他特意命家人赶铸一件镈。这件镈通高63.5厘米,口宽34.7厘米,器身自上而下饰有夔形龙纹,篆带上有圆形乳钉。

镈和钟造型相近,也是中国古代的一种打击乐器,体积较大,演奏的音调灵动、质朴。克的这件镈两旁扉棱是用镂空夔纹装饰而成的,显得既粗犷又细腻,非常壮观。

周孝王仔细看这件镈,发现上面竟然也铸有铭文,铭文共16行79字,记载了克接到周王的命令,立即到边疆圆满完成平叛任务的历史;铸造这件器物以感谢周王的赏赐,并怀念去世的先人。这铭文竟然和他所赐铸编钟上的那一整篇铭文一模一样。为什么呢?

原来,克命家人把编钟上的铭文全部铸刻在镈上,以此弥补丢失钟的遗憾,也希望周王不怪罪于他。听完克的讲述,周孝王顿时开怀大笑,对克的聪明智慧非常钦佩,也知道克其实并无叛逆之心,对丢钟一事也就不再过问了。这个故事,也来自对克钟上铭文的解读。

目前传世的共有5件克钟,这5件克钟分别收藏在故宫博物院(1件)、天津市博物馆(1件)、日本藤井有邻馆(1件)、上海博物馆(2件)。还应该有一件克钟,至今还没有发现,仍然是个谜。为什么说克钟应该是6件呢?因为克钟的整篇铭文被分为上下两部分,分刻在两件钟上,所以克钟是两件为一组的,现在有一件克钟仅有半部铭文,铸有另一半铭文的克钟消失了。

由于克的辅佐,西周在周孝王时社会稳定,又恢复了西周的中兴。然而数千年后,贵族克的120多件青铜器仍然天各一方,如今这些克钟、克镈已经无法鸣奏如当年的乐声,可是在这冰冷的青铜器背后,却是一个机智、骁勇的西周贵族。

六　四虎青铜镈

远赴重洋的神秘乐器：

中国有着五千多年的悠久文明，作为岁月的见证，每件文物都有独特的神韵。在众多文物中，神秘的青铜器一直都令国内外的文物爱好者着迷。我们知道，青铜编钟是中国古代一种最重要的乐器，与它相似的还有一种神秘的乐器叫作镈。这一节我们要介绍的就是一件收藏在故宫博物院的四虎青铜镈。

跟西方的圆钟比起来，这件体型略扁的铜镈，又有什么样的故事呢？

四虎青铜镈，通高 44.3 厘米，镈体呈椭圆的合瓦型。合瓦型，顾名思义，就是像两个瓦片合在一起的一种造型。它的上下各有一道缀以乳钉的圆带，镈体前后还有凸起的鸟纹为棱脊。

有趣的是，在镈的两侧翼还装饰着四只张口卷尾、形态逼真的扁形立体虎，构成镈两侧的扉棱，造型也极为精美。

读者可能会问，这件镈跟钟一样，也是一种乐器，看上去也差不多，怎么区分呢？其实，从造型上看，四虎青铜镈和西周时期的钟比较接近，但又和钟有所不同。钟的下口呈桥形，而镈是平口的，而且镈要比钟略大。

镈的作用与钟也有所不同。镈大多用在贵族宴会或祭祀之时，它与编钟、编磬相互配合使用。由于镈声音浑厚，且一般只能发出一至两个音，通常它都被用来作为节奏性的乐器。

据专家推测，这件四虎青铜镈极有可能是当时的一件陪葬品。因为在春秋战国之前，中国的奴隶制社会一直都用实物陪葬。西周

西周四虎青铜镈,通高44.3厘米,铣距27厘米,重16千克,故宫博物院藏

时期的贵族希望在死后也能听到浑厚的镈声……也就是说这件古老的青铜乐器，埋藏在地下3000多年后，终于重见天日，但它为什么会出现在故宫博物院呢？

在20世纪二三十年代，盘踞在湖南的军阀勾结当地的地痞、豪绅，盗掘了许多西周时期的墓地，挖掘出上千件珍贵文物。随后他们又把这些文物非法倒卖，有的甚至流失到了海外，四虎青铜镈不止一件，除了故宫博物院1958年收购的这件四虎青铜镈外，还有一件被美国古董商人非法带到美国，最终到了赛克勒博士的手中。提起赛克勒博士，也还有一番故事。

赛克勒博士是美国著名的医学家，他毕生酷爱收藏，出资400万美元修建了赛克勒博物馆。博物馆建成后，他又将自己收藏的1000多件艺术品捐给了博物馆。现在这座赛克勒博物馆坐落在美国首都华盛顿，跟弗利尔博物馆，合称美国国立亚洲艺术博物馆。

赛克勒博物馆收藏的艺术品有12 000多件，其中绝大多数都是来自中国的艺术珍品，包括青铜器、瓷器、玉器、书画等许多珍贵的文物。赛克勒博物馆的青铜器收藏颇有特色，四虎青铜镈就是它的一件重要收藏品。该馆收藏的四虎青铜镈，通高42厘米，与故宫博物院的四虎青铜镈形制相同，尺寸略小，应该是同组编镈。

说起来，赛克勒博士还是中国人民的老朋友。20世纪30年代，为了支援中国人民的抗日战争事业，他作为一个医学家，大力募捐，支持白求恩大夫在中国的医疗工作。

赛克勒先生还非常热爱艺术和人文科学，尤其是中国文化。他是怎么喜欢上中国文化的呢？原来一次偶然的机会，他看到了一张造型简洁、优美大方的中国明代小桌，他立刻就被这件小巧的家具深深吸引了，从那一刻开始，他就从喜欢明清家具进而迷上了中国古老的文化。

后来赛克勒博士收集的中国艺术品越来越多，他经常在文物市场上收购一些流失在海外的中国艺术品。有一天，他在一个美国的古董商人那里发现了四虎青铜镈。赛克勒博士一眼就认出这是一件古老的中国青铜乐器。酷爱中国艺术品的赛克勒博士看到这件古老的青铜镈如获至宝，便不惜重金将它买下，悉心保存起来。

然而，1987年5月26日，赛克勒博士因心脏病突发，在纽约去世。他的夫人随后就将他的收藏品捐赠给了赛克勒博物馆。从此，这件中国四虎青铜镈也就珍藏在了美国的赛克勒博物馆。

四虎青铜镈出土于湖南境内的湘水流域，是西周时期这一带的古越族特有的乐器。

古越族又称百越族，它是于越、山越、南越等古老越民族的统称。古越族从东南沿海一直延伸到云贵高原，包括今天的福建、台湾、广东、广西，以及江西、浙江、湖南等地。青铜镈上的云雷纹以及虎形的扉棱，就是这一地区的装饰风格。云雷纹是青铜器上的一种典型纹饰，是以连续的"回"字形线条所构成的。扉棱也是青铜器上一种常见的装饰，一般为凸出的条状，把器物上连续的图案分割开来。

由于四虎青铜镈的器壁比较薄，再加上年代久远，现在我们已经不能再听到它奏响的乐音了。但是站在故宫博物院的玻璃展柜前，我们仿佛也能听见远隔大洋的这两件铜镈，在合奏一曲千年前的美妙乐章……

七 大象的退却与环境变迁：象纹簋

中国古代的青铜器，很多都是纹饰神秘庄重的礼器。这一节我们要介绍的是收藏在故宫博物院中的一件造型非常奇特的神秘青铜器。它的器物口部呈圆形，就像一只大杯子，两侧对称各有一个耳朵，这件器物就是青铜器中的簋。

什么是簋呢？

簋，流行于中国商至春秋战国时期，主要用于放置饭食，是古代盛装煮熟的稻、粱等食物的器皿，相当于现在的大饭碗。直到今天，广东民间仍有"九大簋"之说。

"九大簋"指的是什么呢？

今天的"九大簋"的意思，就是指饭菜极为丰盛，夸耀其筵席规格之高。北京东直门内大街集中了众多的饭店，是人们聚会的好场所，为了表示美味丰盛，这条街就被称作"簋街"。

商周时期，簋除了作为盛放食物的器皿之外，它也是重要的礼器。宴享和祭祀的时候，簋以偶数与列鼎配合使用。

史书记载，天子用九鼎八簋，诸侯用七鼎六簋，卿大夫用五鼎四簋，士用三鼎二簋，这样使君臣、贵贱得到了清楚的划分，充分体现出商周时期严格的等级制度。

青铜簋器物造型多样，变化复杂，有圆体、方体，也有上圆下方，寓意天圆地方。

青铜簋是中国商周时期象征王室贵族身份的重要器物，不同的簋，上面铸造的纹饰也各不相同，有兽面纹、夔龙纹、象纹等。

西周象纹簋，高 15.8 厘米，宽 27.3 厘米，重 2.24 千克，故宫博物院藏

这件青铜簋的底部是四条身形怪异的龙形象，龙身体呈波浪形，富有动感，眼睛圆睁，龙口大张，极富夸张的表现力。簋的双耳就像两只造型夸张的小鸟一样，鸟的眼睛、翅膀和爪子都能够清晰分辨。簋身铸有如卷云般缠绕的纹饰，仔细辨别，螺旋一般的纹饰虽然抽象，但能够明显区分出身体和眼睛，这个奇怪的动物是什么呢？是大象，这个纹饰是中国古人对大象的生动描绘。

怎么能看出是大象呢？螺旋纹构成大象的身体，象口大张，象鼻子向上翘起，富有动感，就好像一只昂首前行的大象。象的眼睛被塑造得极为夸张，大大的眼睛，小小的耳朵，完全是古人描绘大象时的一种艺术性发挥。簋的前后两侧，共铸有四只象，两两相对，充满情趣。

作为西周时期的青铜器，象纹簋上铸有的大象纹饰以一种极富夸张的形象，向人们展示了中国古人天马行空的创造力。其实，这种大象纹饰的青铜器在我国已经发掘出土了许多件。而且这种螺旋纹体象纹是西周早期最富特征的纹饰，这种纹饰是周人的创造，从不见于商代青铜器，它的时间性很强，仅流行于武王和成王二世。

1971年出土于陕西咸阳市泾阳县高家堡戈国墓地的提梁卣（现藏陕西历史博物馆）上也铸有象纹，和故宫博物院收藏的象纹簋上的象纹非常相似，大象的身体都用螺旋卷曲的纹饰描绘，夸张的眼睛同样炯炯有神。

无独有偶，在台北故宫博物院也藏有一件象纹簋，这件簋是西周时期的一件青铜礼器，双耳、圈足，簋身上的纹饰，也是这种形态夸张、充满动感的大象形象。

1959年湖南宁乡出土了五件商代青铜大铙，铙是一种古老的打击乐器。1983年宁乡又出土了一件象纹青铜大铙，是我国目前所见最大的商代铜铙。铜铙上布满兽面纹和云纹等精美纹饰，铙的两侧分别立着一只卷鼻小象，比起夸张的象纹，这两只象的形象比较写实，但同样是以纹饰的形式铸造在铜铙上的。

故宫博物院还藏有一件商代九象尊（又名"友尊"），尊身装饰的九只象纹是平面浮雕式花纹。逗趣的大象高卷长鼻，象眼圆睁，略带俏皮。虽然是平面的纹饰，但大象缓缓行进的步态，被刻画得极为传神，动态感十足。

这些商周时期的青铜器往往都是当时象征贵族身份的器物，为什么他们要在青铜器上描绘大象的形象呢？

大象是自然界中身躯庞大的动物，因此，象常被古人用来作战，在敌军面前非常具有威慑力，甲骨文中就记载了商王命人驯象的历史。在殷墟曾先后发现两座象坑，各埋象一头，可以证实早在商朝，中国人就已经驯服大象。大象这一庞然大物，也就成为古人崇拜的一种生灵。

然而，今天的大象都生活在热带地区，为什么中国古代中原地区会有大象出现呢？

据考证，中国古代中原的气候和今天的并不一样，当时中原地区有广袤的草原沼泽，气候温暖湿润，十分适合象的栖息生存。山西、陕西、河南等地一些旧石器时代遗址中，出土了不少象化石，可以证实中国古代中原地区是大象生息繁衍的家园。所以说，这些饰有象纹的青铜器不仅展现了我国古代的艺术和生活，也为研究古代中原气候提供了珍贵资料。

中国古人对象的崇拜与日俱增，到了清代，大象成为象征吉祥的瑞兽，清宫中的许多瓷器、钟表都塑造成大象的形象。比如乾隆有一个御制的钟，钟整体为一头大象的形象，象身上还镶嵌各类宝石，极尽奢华。还有一些清宫瓷器、珐琅器，也被塑造成大象驮着宝瓶的形象，寓意太平有象、天下太平。

在流失海外的国宝中，也有不少与大象有关的文物，在法国巴黎吉美博物馆和美国弗利尔美术馆分别藏有一件象尊，两件青铜尊都被铸造成大象的模样，生动写实，其中的一件象尊还是一只大象驮着一只小象的形象，生动有趣。

八 周公制礼作乐的历史见证：春秋时期蟠螭纹青铜编钟

自古以来，中国就被称为"礼仪之邦"。礼乐文明更是中国古代文明的重要组成部分。那么，礼乐文明发端于何时？又是怎样形成的？这一节我们就通过一组春秋时期的青铜乐器，了解周公制礼作乐的故事。

周公，姓姬名旦，是周文王的第四个儿子，周武王的亲弟弟，因为他的封地在"周"，也就是今天的陕西岐山一带，所以称"周公"或"周公旦"。周公一生功勋卓著，他帮助哥哥武王灭掉了商朝，武王英年早逝后，周公又辅佐武王年幼的儿子成王，稳固了周朝初期的统治。

周公摄政虽然不到七年，却只争朝夕，做了很多事情。他东征平叛之后，在分封诸侯和营建东都的同时，还进行了一项具有深远意义的工作，就是制定礼仪、音乐制度。

3000多年过去了，人们虽然已经欣赏不到周公主持创作的乐舞，但能够演奏音乐的青铜乐器却得以流传。故宫博物院收藏的文物国宝中，就有一套战国前期的青铜编钟。

这套蟠螭纹青铜编钟，一共9件，最大的高21.1厘米，最小的高11.5厘米。钟上装饰蟠螭纹，螭犹如小龙，螭身相互盘绕，线条却清晰细腻，这套钟的拥有者是一位卫国贵族。

"鼓瑟鼓琴，和乐且湛（湛，通'耽'，沉浸在喜乐中）"，雅乐怡情，确实可以感化人心，但同时也要有相应的礼仪来规范人们的行为举止，才能使百姓安分守己，社会才能和谐发展。正是基于这

春秋时期蟠螭纹青铜编钟，尺寸由大到小分别为：通高 21.1 厘米，宽 14.6 厘米，重 2.57 千克；通高 19.8 厘米，宽 13.8 厘米，重 2.17 千克；通高 18.9 厘米，宽 12.8 厘米，重 1.7 千克；通高 16.9 厘米，宽 11.5 厘米，重 1.36 千克；通高 15.6 厘米，宽 10.8 厘米，重 1.12 千克；通高 14.3 厘米，宽 9.9 厘米，重 1.04 千克；通高 13.2 厘米，宽 8.8 厘米，重 0.89 千克；通高 11.8 厘米，宽 8.2 厘米，重 0.72 千克；通高 11.5 厘米，宽 7.8 厘米，重 0.64 千克；故宫博物院藏

样的想法，周公苦苦思索着如何制定一套礼乐制度。

然而制定礼仪规范，并非易事。虽然夏、商两代已经有了一些礼仪，但大多是供奉天神、祈求赐福的祭祀之礼，人们在社会生活中的礼仪如何规范呢？

为此，周公废寝忘食，一方面大量阅读文化典籍，希望从历史经验中寻找借鉴；另一方面，他访贤问士，请他们出主意、想办法。史书记载，周公"朝读书百篇，夕见七十士"，说他从早到晚忙碌不停，十分辛苦。据说，周公接见过的贤士、平民众多，他拜为老师的有 10 人，以朋友相称的有 12 人，住在穷屋陋巷里的有 49 人，还有不时向周公进言的多达百人，再加上到宫中拜访周公的，足有万人之多。

第二章　青铜器

春秋时期蟠螭纹青铜编钟（其一）

等到成王长大后，周公还政于成王，全部精力投入制礼作乐中，继续完善各项典章制度。

周公创制的周礼，有关乎国家政治的，比如君主和贵族官吏对待人民时，应该以道德教化为主，谨慎使用刑罚，更要多施恩惠，减轻赋税；周礼还确立了嫡长子继承制，并以此为核心形成了一套宗法等级制度。

除了国家政治之外，周礼还对民众生活的方方面面做了细致规范。史书记载，周礼包括"五礼"，即吉礼、凶礼、军礼、宾礼和嘉礼。吉礼主要是对天神、地祇、人鬼的祭祀典礼；凶礼是哀悯、吊唁之礼；军礼是军队操练、征伐之礼；宾礼是接待宾客之礼；嘉礼是处理人际关系的礼仪，是在日常生活中用的，比如吃饭、婚礼等场合。

在制定礼仪规范的同时，周公又主持创作了一系列的音乐舞蹈，以便在举行重大仪式的时候演奏和表演。比如诸侯在参加朝会的时候，一切行动都要与音乐和歌声相配合。礼，是用来约束人们行为的理性规范；乐，可以起到感动人心的教化作用。如此"礼""乐"结合，才是礼乐文明的社会。

在周公指导下创作的音乐歌舞，主要有两部：一部叫《大武》，歌颂武王伐纣、周朝开国的盛况；另一部叫《三象》，歌颂周公东征时驱逐商朝象队的胜利。表演乐舞时，演员们头戴冠冕，手执朱干、玉戚等道具，边舞边唱。"朱干"就是红色的盾牌，"戚"是一种小斧子。两部乐舞表现创业的艰难、胜利的喜悦和成功的豪情，场面宏大，气势磅礴。

周公主持创作的乐舞，在社会上流传很广，每逢节日庆典，都要表演一番，用来教育和激励周朝百姓。

周公制礼作乐，还用来界定不同阶层的差异。周朝实行等级爵位制，自天子以下，王朝贵族分为公卿、大夫、士三级；诸侯分为公、侯、伯、子、男五级；诸侯之臣又有卿、大夫、士的划分。这些等级和阶层的人都要遵守不同的礼乐规定，不得逾越。

比如对乐器的使用，就有着严格的规定。使用编钟、编磬等悬挂乐器时，就必须遵守"王宫悬，诸侯轩悬，卿大夫判悬，士特悬"的规定，意思是说，王这个级别可以在四面都摆放乐器，诸侯只能列三面，卿大夫只能列两面，士只能列一面。

对使用舞队行列的规定，则是"天子用八，诸侯用六，大夫四，士二"，这些数字的量词是佾（yì），通常认为，一佾就是一个由8人组成的行列。也就是说，天子用64人的舞队，诸侯用48人，大夫可以用32人，士只能用16人。

周礼对乐曲的使用，同样有明确规定。如《雍》只能在天子祭祀的场合撤除祭品时使用，《文王》是"两君相见之乐"等。如果违反了这些规定，便是"僭越"或"非礼"。

这些复杂的礼乐制度，被载入《周礼》《仪礼》《礼记》这三部礼经典籍中，并称为"三礼"。对后世封建王朝来说，"三礼"影响深远，它不仅是国家学术经典，更是统治者制定国家礼仪的指导规范。

为了推行制定的礼乐制度，周公在东都洛邑建成后，举行了几个重要的祭礼活动，既是庆祝新都的落成，也是让诸侯们演习新的礼仪。

周公还亲自制定婚姻的各项礼仪，从男女说亲到嫁娶成婚，共分为：纳采、问名、纳吉、纳征、请期、亲迎、敦伦七个环节，合称"婚义七礼"。相传，为了让人们理解如何执行"七礼"，周公还与妻子一起演习。可是，当演习到"敦伦"时，周公的妻子拒绝了。敦伦，就是敦睦夫妇之伦的意思，周公的妻子觉得非常不好意思。

踌躇间，正不知道怎么办好，周公看到儿子伯禽正摆弄几个葫芦瓢，尝试把两个瓢重新合为一个葫芦。周公灵感顿生。第二天，周公把贵族子弟召到学校，讲解"婚义七礼"。讲到"敦伦"时，他拿出一对原配的葫芦瓢，以此比喻：未分之前如混沌一体，剖开之后如男女有别，敦伦就如同把葫芦瓢重新合为一体。

后来，孔子把葫芦瓢收入礼书，称为"合卺（jǐn）"，成为结婚典礼时夫妇饭后以酒漱口的器具，时间一久，葫芦瓢又演变为喝"同心酒"的器具。在电视剧《芈月传》中，秦楚联姻的那场盛大婚礼中，可以看到这样一个细节。

在周公的大力推动下，礼乐制度很快实行开来。这些礼乐制度，使刚刚建立的周王朝面貌一新，人民和睦，颂声四起，远方的蛮夷之族也赶来朝贡。直到几百年后的春秋时代，孔子仍然对周礼推崇不已，忍不住赞叹道："郁郁乎文哉！"

周公制礼作乐，不仅使周朝长期稳定和谐发展，更使华夏文明从此进入了礼乐文明的时代。蟠螭纹青铜编钟作为礼乐文明的见证，向人们述说着周公制礼作乐的历史。

九 莲鹤方壶

商周与春秋的艺术分野

故宫博物院收藏了一件春秋时期的大型青铜盛酒器——莲鹤方壶。这件莲鹤方壶造型气派宏伟，装饰典雅华美，壶身为扁方体，结构严密精巧，制作工艺繁缛，集中了圆雕、浅浮雕、细刻、焊接等多种技法。壶的腹部装饰着蟠龙纹，龙角竖立，似乎正在回首反顾。壶颈两侧的耳朵是龙形兽，壶体四面各装饰有一只神兽，兽角弯曲，顶端分叉，肩生双翼，长尾上卷。圈足下两只虎抬头屈膝、侧首吐舌，神采奕奕。壶上的物像虽然繁多，却杂而不乱。

莲鹤方壶最为精彩的装饰，当数盛开的莲瓣形壶盖和伫立在莲瓣中央的那只栩栩如生的仙鹤。双层的莲瓣错落有致地盛开着，亭亭玉立的仙鹤立在莲瓣中间，正舒展双翼，展翅欲飞，虽然是以青铜塑造的仙鹤，却充满了灵动之美，可见当时铸造工艺之精湛。攀岩蹬壁的怪兽，使器物具有动中有静、寓动于静的艺术魅力，融清新活泼和灵动之美于一体。

这件春秋时期的青铜酒器其实是一对，另一只收藏在河南博物院。两只方壶，外表几乎一模一样，纹饰、器形都相同，就像一对孪生姐妹，只是在高度上有细微的差别，故宫博物院保存的方壶高122厘米，而河南博物院保存的方壶高度则为117厘米。

壶是中国古代青铜酒具的一种，也是青铜礼器的重要种类之一，其造型多种多样，有方壶、扁壶、圆壶、瓠形壶、提梁壶、僧帽壶等。

据考证，这对方壶出自中国春秋时期的郑国。郑国是春秋战国时期的一个重要诸侯国，公元前774年，郑国国君郑桓公将都城迁

春秋时期莲鹤方壶，高122厘米，宽54厘米，重64千克，
故宫博物院藏

莲鹤方壶局部

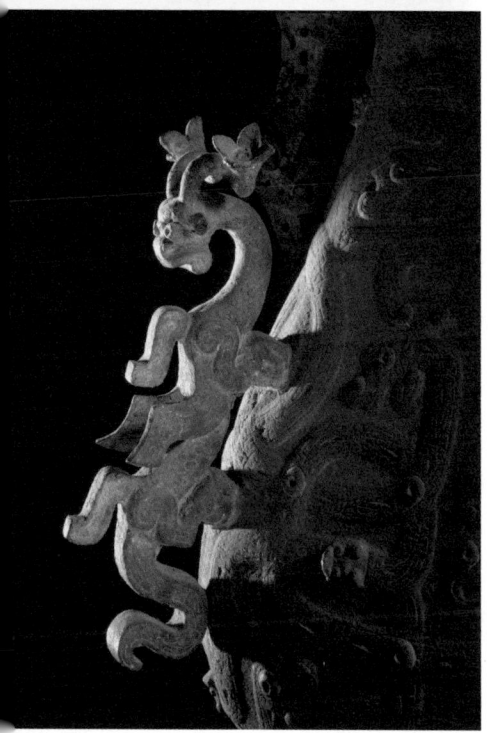

到今天河南省新郑一带。

公元前375年，郑国被韩国所灭。郑国历经400余年，经历了20多位国君的统治。莲鹤方壶到底属于郑国哪位国君？学者一般根据墓中出土的王子婴次炉进行研究，王子婴次炉是楚国令尹子重的器物。那么，这件器物是公元前575年鄢陵之战以后留在郑地的，郑国国君只能是在公元前575年以后的郑公，首先是郑成公，他是公元前571年去世的，可能性最大。

在中国历史上，青铜器一出现，人们就将它视作权力和地位的象征。因此，商周以来的统治者总爱用神秘繁缛的纹饰如饕餮纹、夔龙纹等装饰青铜礼器，以此加强青铜礼器的象征意义和寓意功能。

然而，莲鹤方壶却一反商周以来青铜器庄严肃穆的风格，它清新的造型充分体现了它身处的春秋时代自由、创新的精神。

春秋战国时期，文化思想空前活跃，百家争鸣，人们个性张扬，崇尚浪漫情怀。这一时期是中国古代社会的大变革时期，社会经济、政治、思想文化都发生了很大的变化。

因此，作为重要礼器青铜器的器形由厚重变得轻巧，艺术特色也由浓厚的神秘色彩而趋向写实风格，装饰纹样也多采用贴近生活的纹饰，而莲鹤方壶正是这一时期青铜器的最好代表。莲鹤方壶具有很高的艺术价值，因为它是春秋中晚期社会历史变革在文化艺术上的一个典型的反映和代表，无论从它的造型还是纹饰来看，它一改商周以来庄严神秘的时代风格，而变为清新、活泼、向上的一种新的艺术精神和一种新的写实的艺术手法。

当时，郑国居于晋、楚两个大国之间。受楚地文化浪漫风格的影响，莲鹤方壶的外形充分散发出楚地文化流动、飞扬的韵致。

莲花出淤泥而不染，象征着纯洁和高雅，清静而超然。仙鹤姿态优美、雅致，在古代是"一鸟之下，万鸟之上"，仅次于凤凰，象征着长寿、富贵，传说它享有几千年的寿命。莲鹤方壶以莲鹤完美融合的造型，生动形象地体现了这一美好的寓意。

莲鹤方壶的出现，打破了青铜器以往的神秘庄严，莲花和仙鹤的造型出现在青铜器上，在青铜器神秘的氛围中烘托出一种清新的气息，体现了时代观念的变革与解放。中国著名文学家、考古学家郭沫若先生高度评价莲鹤方壶乃时代精神之象征，更盛赞壶盖上的仙鹤"突破上古时代之鸿蒙，正踌躇满志，睥视一切"。

如今莲鹤方壶珍藏在故宫博物院的库房之中，是如此静谧和优雅，但是你能想到从它一开始现身，厄运和战火就与它纠缠不休，频频侵袭它吗？故事还得从20世纪20年代这一对莲鹤方壶的家乡河南新郑市李家楼一位乡绅家的菜园讲起。

1923年夏天，河南新郑县南门外李家楼的乡绅李锐家的菜园干旱十分严重，原本绿油油的蔬菜由于干旱而日见枯萎。见此情景，李锐心急如焚，这天，他顶着高温，在菜园中转悠了一圈又一圈，最后，他决定打井浇灌，以解燃眉之急。

他雇了几个人，选了个地方，开始挖起来。然而，奇怪的是，他们挖了几米深发现，这菜地下面的土质居然异常坚硬，像打了夯一样。

民工挖了一天也没挖出水，锄头却碰上了坚硬的东西。李锐蹲下去小心翼翼地挖了几下，一些青铜器隐隐约约现出了轮廓，他立刻明白了，原来自己家的菜园下是座古墓。

李锐让民工小心翼翼地挖出了几件青铜器，并嘱咐他们千万不要声张，随后，挑选了几件保存完好的青铜器小心翼翼地包起来，打算将它们卖掉。于是，他开始四处联系买家。

刚刚转手了几件青铜器，李锐挖到古墓的事便在县里传开了。凑巧的是，当时，北洋陆军第十四师师长靳云鹗正在新郑巡防，听说了这一消息后，他立刻前往李锐家，收缴并追回了部分被卖出的器物。

随后，靳云鹗又派工兵对古墓继续挖掘，共出土了100余件青铜器。然而，其中有些青铜器已经破碎，让人十分心疼。

靳云鹗派人将挖出的青铜器都武装押运到河南省城开封，交给当时的河南古物保管所收藏。

出土的文物运抵开封后，著名的金石学家罗振玉推荐了两位山东的技师修复破碎的青铜器。修复一新的文物中有一对青铜壶最为引人注目，它们的大小、形制几乎完全一样，清新独特的造型令人赞叹，就是这对莲鹤方壶。

当时的专家学者对这批文物进行了鉴定和初步的研究，发现这些青铜器都是中国春秋时代的文物，十分珍贵。当时还出版了相关的图录和著作，一时间名声大震，人们将这批青铜器称为"新郑彝器"。河南博物馆建成后，包括莲鹤方壶在内的一批青铜器便在博物馆安家落户了。

就在专家们忙于揭开这批青铜器的身世之谜的时候，1937年7月7日，震惊中外的"卢沟桥事变"爆发，日本帝国主义发动了全面侵华战争，华北各地相继沦陷。危急时刻，为了保证文物的安全，河南博物馆将莲鹤方壶等珍贵馆藏文物分装成箱，由开封南下，运到武汉的法租界内。然而，没过多久，上海、南京失守，武汉也危在旦夕。于是，这对莲鹤方壶连同其他文物又被转移到了重庆。

抗日战争胜利后，内战爆发，铁路中断，交通阻隔，这对莲鹤方壶一直滞留在重庆。1949年，当时的国民党政府计划把河南博物馆的这批文物运到台湾。

然而，由于战局发展迅速，只有一部分文物被装上飞机运往了台湾，而这对莲鹤方壶则幸运地留在了重庆。

1950年，河南省代表与国家文化部代表来到重庆，接收了国民党没来得及运走的河南博物馆文物。莲鹤方壶中的一件被调往故宫博物院，而另外一件则回归它的老家——河南。

躲过重重劫难的莲鹤方壶最终成为故宫博物院的镇院之宝，在青铜器馆展厅中鹤舞青莲，静默生姿。

十　战火中的国宝迁徙和离散：龙耳虎足方壶

1923 年，在河南省新郑市李家楼，出现了一个震惊世界的考古大发现。

之所以称为大发现，是因为出土的青铜器数量之多是前所未有的，以往出土青铜器一次也就十几件，而这次一下子就出土一百多件；说它震惊世界，那是因为不但数量多，而且品种也多，尤其是有许多体形庞大、造型精美、世所罕见的青铜重器，其中就有这一节我们要介绍的龙耳虎足方壶。更重要的是，这批青铜器是我国春秋时期铸造的，距今已经有 2000 多年的历史。

1923 年 8 月，家住河南新郑县南门外李家楼的乡绅李锐在自家的菜园中打井，没想到竟从地下挖出不少古铜器来。大部分都是碎铜片，他从中挑了几件比较完整的铜鼎去卖。没承想居然卖得大洋八百多块，李锐喜出望外，赶紧回家接着挖。他哪里知道，他家的这口井，正打在了 2000 多年前郑国君王的大墓上。

这件事被新郑县知事知道后，赶紧劝他别挖了。考古学家们挖掘出土文物用的都是小刷子、小铲子，还得蹑手蹑脚，小心翼翼。而当时那批国宝面对的是一个外行，用的还是粗笨的打井工具，能不叫人担心吗？

但是李锐没听劝，接着挖。

恰逢当时的北洋陆军第十四师到新郑巡防，得知此事之后，立即派人接管，监督继续发掘，还派出工兵部队参加。坑越挖越大，越挖越深，一直挖到 10 月 5 日，宝物也越挖越多。读者也许能想象

春秋后期龙耳虎足方壶,通高 87.5 厘米,宽 47.2 厘米,重 41 千克,故宫博物院藏

得到，这批国宝出土时没赶上好年代，当时正值民国初年，社会动荡、军阀割据、战火不断，乘机发国难财的大有人在。不少军阀仗着手里有枪，甚至公然盗掘古墓、哄抢国宝。

那龙耳虎足方壶的命运如何呢？

当时到新郑监督发掘古物的是冯玉祥将军的部下、北洋陆军第十四师师长靳云鹗。这一天，他派人把挖出的古物统统装上车，组成押运队，荷枪实弹，准备出发。靳云鹗大声喝道："钟鼎重器，尊彝宝物，应该归于公家，垂诸后世。把所有古物统统上交河南古物保存所保存，一件不少！"

说是一件不少，可能有点太绝对了，但是，先前被李锐卖出的那三件铜鼎也被靳云鹗原价收回，一并装车，押往开封。

据史料记载，当年新郑古物运至开封时，城门大开，全城彩旗飘舞，男女老少，当街喝彩。

这100多件新郑古铜器终于进了省城的文物大库，所有的人都松了一口气。当时全省的文物专家能来的全都来了，大家齐聚一堂，睁大眼睛，等着一睹古物风采。河南古物保存所何所长郑重其事地戴上手套，小心翼翼地打开包装箱……

"啊……！"在场的人都大惊失色，把放下的心又提了起来。

原来，新郑古铜器出土时大部分都已破损，大半器物的花纹都被土锈掩盖，光是铜碎片就有672片之多！不久，两位来自山东潍县的技师悄悄地来到开封，住进河南古物保存所的大库中，一连几个月闭门不出。当河南古物保存所的大门再次打开时，人们不禁被眼前的景象惊呆了：在中原大地沉睡了2000多年的国宝第一次展露出迷人的风姿！

现在要是想亲眼看见这尊龙耳虎足方壶的"庐山真面目"，还是得到故宫博物院，如今它就珍藏在故宫博物院的青铜器馆。

龙耳虎足方壶出土时，确实是一对。今天故宫博物院收藏的这件龙耳虎足方壶只是其中之一，而另一件方壶——它的孪生兄弟与之天各一方。

这对国宝方壶究竟是怎么分开的呢？那另一只的下落又如何呢？

抗日战争爆发，日寇的侵略铁蹄继续南下，华北许多重镇相继失守。

从华北至中原一马平川，无险可守，中原一带的国宝岌岌可危，龙耳虎足方壶也危在旦夕。时间就是生命，要保住中原国宝的生命，就必须争分夺秒抢在日寇进犯之前将其运走。此时，冯玉祥将军任河南省政府主席。身为抗日爱国的军事将领，他深知自己对手的残忍与贪婪。最后，这位文武双全的将军决定：河南博物馆馆藏精品即刻南迁！同时，他还委派省政府委员凌孝芬亲自督办。

河南博物馆将馆藏南迁文物分装为68箱，由开封西行，经郑州南下，开始了战火中的文物大迁移。整整68个箱子，有大有小，算一算，这需要多少辆汽车、马车，还要通过人扛、担子挑，经公路、水路、小路、山路；天上有敌人的飞机监视，地上有侵略者的军队截击；还要躲避强盗和土匪的抢劫……

仅仅用了3天时间，这批南迁文物就抵达武汉，悄悄地进入汉口的法国租界。

不久，日寇又大举进攻上海，南京及华东各地相继失守。

这68箱国宝再次启运，开始向大后方迁移。终于，这批文物于1938年11月底经由客轮抵达重庆。

1945年8月，日寇宣布无条件投降。但不久，内战烽火又起，虽然历经3年内战的炮火硝烟，但这对龙耳虎足方壶一直被完整地保存下来。

1949年10月1日，新中国成立。就在这一年的11月，国民党政府准备撤离重庆，转移台湾。慌忙之中，也没有忘记带上河南博物馆的那68箱国宝文物，其中的那对孪生兄弟的龙耳虎足方壶被分别装进了两个箱子，一起运到重庆机场。

攻占重庆的人民解放军迅速包围了整个飞机场，一些飞机起飞了，而另外十几架飞机被滞留在机场上，再也没有飞起来。

实际情况是，龙耳虎足方壶中的一件被留在重庆机场，后来，被新中国政府调往北京，至今保存在故宫博物院。而龙耳虎足方壶中的另一件则在炮火中随着飞机腾空而去，被收藏在今天的台湾历史博物馆的青铜器展馆内，只不过，它不叫"龙耳虎足方壶"，而是有着另外一个名字：春秋蟠龙方壶。

台湾历史博物馆的专家说，这件春秋蟠龙方壶，就出土于河南省的新郑，被视作台湾历史博物馆的镇馆之宝。

经过两岸的专家共同确认，这对方壶虽然称呼不一样，但确实就是当年失散的那一对。

到这里，龙耳虎足方壶的传奇身世已经真相大白。对于这对孪生的方壶兄弟，值得庆幸的是数千年历尽人间沧桑与战乱，依然完好地保存了下来；遗憾的是，如今它们却被一条浅浅的海峡所阻隔着而不能相聚。

十一 杞伯匜 青铜时代的女性婚姻

青铜，又称吉金。青铜器上的铭文，一般都是记载家族的荣誉和功绩，很少有提到女性的内容。因此青铜时代的女性大多面貌模糊，对于她们的人生故事，我们更是知之甚少。这一节我们就通过故宫博物院收藏的一件稀有的专门为女性铸造的春秋青铜器——杞伯匜，一起去了解那个时代的女性婚姻。

电视剧《芈月传》讲的是发生在战国时期的故事。剧中一场秦楚两国联姻的婚礼，场面非常隆重。剧中的楚国公主芈月，作为姐姐的陪嫁，跟随姐姐一起嫁到了秦国。

像这种以姐妹作为陪嫁的事情，来源于真实的历史。据《左传》记载，"凡诸侯嫁女，同姓媵之"，媵，就是陪嫁。也就是说，诸侯的女儿出嫁时，会以同姓的姐妹作为陪嫁。这种婚姻制度，称为媵婚，是西周和春秋时期贵族婚姻的一种形式。

诸侯或贵族嫁女，除了陪嫁人，还会陪嫁器物，称为"媵器"。比如现藏于故宫博物院的陈侯鼎，高 23.6 厘米，口径 31.6 厘米，重 5.58 千克。鼎，是煮饭用的炊具，三足较高，便于加热。陈侯鼎的铭文为"唯正月初吉丁亥，陈侯作妫四母媵鼎，其永寿用之"。陈侯把女儿嫁到了妫国，于是称女儿为"妫四母"。

再如毛叔盘，高约 17.2 厘米，宽 52.5 厘米，口径 47.6 厘米，重 14.26 千克。由铭文可知，这是毛国国君为女儿彪氏孟姬铸造的一件媵器。为了表达对女儿婚姻的美好祝福，毛叔还在青铜盘上铸有"其万年眉寿无疆，子子孙孙永保用"这样的句子。

战国杞伯匜，高 15.3 厘米，宽 26.4 厘米，重 1.92 千克，故宫博物院藏

  诸如这样的美好祝福，在《诗经》中也可以找到。"之子于归，宜其室家"，是说新娘子一定会有一个和顺美满的婚姻；"执子之手，与子偕老"，被后人引申为地老天荒的恩爱之情。然而，在春秋时期，像妘四母、彪氏孟姬这样出身贵族家庭的女孩子，却很难在现实婚姻里找到《诗经》里的美好与浪漫。

  当时因为周王室衰落，诸侯之间争战不断，弱肉强食，贵族女子的婚姻，不免被蒙上了一层政治色彩。各国诸侯为了自己的政治利益，常常将缔结姻亲作为重要的邦交活动之一。

  两国缔结姻亲，如果能够拥有共同的后代，基于血缘关系的维系，就可以进一步加强彼此的政治联盟。媵婚中的陪嫁姐妹，就是源于这个目的。如果正妻不能生育或没有儿子，作为陪嫁的姐妹就能够代替她完成生育后代的职责。不论是正妻，还是陪嫁姐妹的儿子，日后如果能够成为继位之君，嫁女一方的诸侯国都会因为这条血缘纽带实现政治上的利益。

  电视剧《芈月传》中的秦楚联姻，姐姐芈姝虽然顺利生了儿子，但是这个儿子不幸壮年早逝，幸而芈月的儿子后来成为秦国的君主。对楚国国君来说，自己的外甥做了秦国的国君，无疑是好事一桩，暂时不用担心外甥来攻打舅舅了。

因为是政治婚姻，女性的命运常常在两国的政治较量中摇摆不定，曾经嫁给晋国太子的秦国女子怀嬴，就是一个典型的例子。

史书记载，晋国与秦国打仗，战败后，只好将太子圉（yǔ）送到秦国做人质。为了安抚笼络太子圉，秦穆公把怀嬴嫁给了他。可是，当太子圉听说父亲病重后，就不告而别，逃回了晋国。临走前，他想带着妻子怀嬴一起走。可怀嬴左右为难，如果跟丈夫一起逃跑，就违背了国君的命令；如果不跟丈夫走，又违背了妻子的责任。

百般纠结之下，怀嬴最终没有跟丈夫一起走。但她选择了沉默，没有向母国泄露丈夫逃跑的消息。太子圉回到晋国后，做了晋国的国君。

留在秦国的怀嬴，不久后再一次被秦穆公嫁了出去，所嫁之人正是太子圉的伯伯——晋国公子重耳。重耳投奔到秦国，希望得到秦穆公的帮助。秦穆公因为太子圉出逃之事极为恼火，看到重耳一表人才，就想扶持他夺回晋国国君之位。为了笼络重耳，秦穆公一次就嫁了五位秦国女子给重耳，其中就包括怀嬴。怀嬴的命运，就这样身不由己地被摆放在不同的政治婚姻中。

当然，在两国缔结的政治婚姻中，也有一些让人暖心的故事。

并不是所有为女性铸造的青铜器，都是"媵器"。还有一些刻有女性名字的青铜器，是丈夫为妻子制作的。

现藏于故宫博物院的杞伯匜，内底铸有铭文三行："杞伯每亡铸邾娒宝匜，其子孙永宝。"从铭文可知，这是杞伯为自己的妻子制作的青铜器。

除了杞伯匜，故宫博物院收藏的杞伯鼎和杞伯簋也是杞伯为妻子制作的。据统计，杞伯至少为妻子制作了五件鼎、八件簋。在当时，青铜作为贵重金属，非常稀有，诸侯或贵族铸造青铜器，一般用来记载家族的重大事件或荣誉，很少有专门为妻子铸造的情形。而杞国既非大国，何以为妻子铸造这么多的青铜器呢？

杞国，就是"杞人忧天"故事的发生地。杞人头顶蓝天，脚踩大地，却整天担心天会塌下来、地会陷下去，就连太阳、月亮、星星，他们也担心随时会掉下来，以致寝食不安，惶惶不可终日。

故事虽然可笑，却并非空穴来风。杞国是一个小国，就连司马迁都说"杞小微，其事不足称述"。小小的杞国，身边却是强国如林，它们虎视眈眈，恨不得把杞国一口吞掉。杞国为了在夹缝中求生存，都城经常搬迁，从河南杞县搬到山东昌乐，后来又迁到山东安丘一带。

史书记载，杞国当年受到宋国、淮夷、徐国等势力的攻打，无法在河南立足时，杞国国君杞谋娶公，就带领国人逃到山东，投奔邾国避难。然而，邾国毕竟也是小国，国力微弱，杞人长居于此也不是办法，不久后杞谋娶公就带着国人搬了出来。

杞人生活在这样一个危机四伏的环境中，可谓天地虽大，却无处安身，难免生忧患之心。杞人忧天的故事，也许正是因此而来。况且，公元前687年，杞国一带曾经发生过一场流星雨，燃烧的陨石落到地上，砸毁了大片的房屋，引起的大火连烧三个月，几乎焚毁了半个国家。经历过此劫的杞人，也因此总是担心天塌地陷。

这样一个历经磨难的小国国君，能够为妻子铸造如此众多的青铜器，可见对妻子的敬重之情。杞伯的妻子是邾国的一位女子。杞、邾两国联姻，除政治利益之外，还有另外一层含义。

邾国原本是鲁国的一个附属国，春秋时期才开始位列诸侯，是一个比杞国还微不足道的小国，司马迁甚至没有为这个小国撰写一卷专属的国史。两个小微国家缔结婚姻，更有抱团取暖、相互倚重的意思。更何况，它们身边还有一个需要共同面对的大国——鲁国。

邾国虽然与鲁国是同姓国，却因为近邻的利益关系，常常被鲁国欺负。邾国为了生存委曲求全，多次到鲁国结盟朝见，并与鲁国结为姻亲。鲁伯愈父鬲，就是邾国与鲁国结亲的历史证物。但鲁国为了扩张领土，动不动就攻打邾国。仅《左传》记载，短短的200多年里，鲁国对邾国的入侵就多达十几次，先后夺取了邾国大片土地。

与鲁国为邻的杞国，同样有着被鲁国欺负的悲惨命运。面对强势的鲁国，杞人虽然恭敬不已，却仍然动不动就被鲁国蛮横无理地指责问罪，杞人整天战战兢兢，生活在鲁国的阴影之下。

杞国与邾国同病相怜，缔结姻亲，在面对鲁国时形成一种情感上的相互支持。

一件件春秋青铜器上铭刻的婚姻，背后隐藏着各国诸侯的邦交国策；美好的铭文祝福里，却找不到美好与浪漫。与妘四母、彭氏孟姬和怀嬴这些女子相比，杞伯的妻子似乎更幸运些。

十二 少虞剑 一代枭雄存风骨：

提到宝剑，大家也许会想起武侠小说中一个个武林高手随身佩带的绝世宝剑。这些文学作品中描述的宝剑，很大一部分都在古籍中有明确的记载，如轩辕、干将、镆铘等，都曾在历史上真实存在过。遗憾的是，这些宝剑大都没能流传至今，然而，1923年一次偶然的发现，却让人们有机会一睹传说中的绝世宝剑。

1923年农历正月的一天，山西省浑源县李峪村的村民高凤章像往常一样来到农田里干活，他抡起锄头开始刨地，突然碰到了一件铁一样坚硬的东西。他感到有些奇怪，于是放慢了速度，轻轻翻刨了几下，而令他震惊的是，映入眼帘的不是砖头瓦块，而是一件浑身带有绿锈的铜器。

高凤章连忙放下锄头，双手在土里连刨带扒，很快，一件大圆鼎露了出来。高凤章兴奋极了，他继续向周围搜寻。突然，他被眼前的景象惊呆了，只见一个不大的土坑里东倒西歪地埋着许多青铜器物。高凤章叫来乡邻一起帮忙挖。夜晚，村民们在家中清点这些青铜器，有鼎、簋、盘、匜、豆、壶，还有戈、匕、剑等，足足有60多件。

20世纪20年代，正值军阀混战的动荡时期，李峪村发现大量文物的消息不胫而走，大量文物贩子纷纷来到这个偏僻的小山村。没过多久，这些珍贵的青铜器就被文物贩子哄抢一空，并通过各种拍卖会，逐渐流散到世界各地。

这把青铜宝剑制作于中国春秋时期，是李峪村出土的为数不多

春秋后期少虡剑，长54厘米，宽5厘米，重0.88千克，故宫博物院藏

的青铜兵器之一。宝剑长54厘米,重0.88千克。剑身较长,锋刃尖锐,通体光亮如新,几乎没有被锈蚀的痕迹。剑格处饰有错金嵌绿松石兽面纹,剑首饰有错金云纹,精美异常。

仔细观察,剑脊上还刻有铭文20字,每面10字:"吉日壬午,乍为元用,玄镠铺吕。朕余名之,胃之少虡。"铭文大意为:壬午这天吉日,做了这把好用的剑,做剑的原料是"玄镠"和"铺吕",我给这把剑起了个名字,叫作"少虡"。

相传"虡"是中国古代的一种神兽,它的身体是龙,头却长成鹿的模样,能行走于天上,十分凶猛。宝剑的主人为它取名"少虡",喻义宝剑能像神兽一样威力无比。

值得庆幸的是,与其他大部分李峪村出土的青铜器不同,这把珍贵的少虡剑并没有流失海外,而是辗转流传到了中国著名古文字学家于省吾先生的手中。新中国成立后,于省吾先生将它捐给了故宫博物院,让人们能够有机会一睹这把绝世宝剑的真容。虽然春秋时代已经离我们远去,然而透过这把精美的少虡剑,一个烽烟四起、刀光剑影的时代仿佛又出现在世人眼前。

剑是一种近身搏杀的兵器。春秋青铜剑的使用者则普遍身份较高,一般为国君或贵族,因此剑素有"百兵之王"的美称。在中国古代,一把上好的宝剑是每个国君都渴望拥有的,因为它不仅是财富的象征,更体现出一种至高无上的权力。在中国的历史上,就曾经有一位古代国君为了夺得一把心仪的宝剑,而发动一场战争的例子。

春秋时期,周王室势力日益衰落。各诸侯国之间战争频繁。当时晋国和楚国是最为强大的两个诸侯国,为了争霸,晋国和楚国曾多次交战。

据先秦史书《越绝书》记载,春秋时期,楚国曾得到一把绝世好剑,名为泰阿剑。当时晋国的君王听说这把剑集天地精华于一身,是王者之剑。晋王认为自己乃中原霸主,理应拥有此剑。因此他向楚王索要,然而楚国将泰阿剑视为镇国之宝,不肯轻易交出。于是晋国联合郑国出兵伐楚,想要以索剑为名,借机灭掉楚国。

由于兵力悬殊,很快,楚国的大部分城池就被攻破,就连都城也被团团围住。而且一困就是三年,城里粮草告罄,楚国危在旦夕。

这一天,晋国派来使者发出最后通牒:如再不交剑,明天将攻陷此城,到时玉石俱焚！楚王不屈，吩咐左右明天自己要亲上城头杀敌，如果城破，自己将用泰阿剑自刎。第二天拂晓，楚王登上城头，只见晋国的兵马开始攻城，呐喊声如同山呼海啸，城破在即。楚王双手捧着泰阿剑，长叹一声："泰阿剑啊泰阿剑，我今天要用自己的鲜血来祭奠你。"于是，拔剑出鞘，直指敌军。

就在这时，奇迹出现了，只见狂风骤起，城外瞬间飞沙走石。晋国兵马大乱，片刻之后，旌旗仆地，全军溃退。

尽管故事中不乏夸张的成分，却真实地反映出中国古人对宝剑的尊崇。古人认为剑有某种超自然的、不可抵挡的神秘力量，是其他兵器所没有的。如果一国之君能够拥有一把集天地精华于一身的宝剑，那便是"君权神授"的最好证明。

这把少虡剑是中国春秋时期晋国的兵器。春秋时期晋国强盛一时，独霸中原，这把少虡剑工艺精、等级高，它的主人很有可能是晋国的镇守边关的高阶统帅。

虽然关于少虡剑的产地至今没有定论，但是它锋利的剑锋、流畅的线条，以及华美的装饰，向我们展示出晋国作为中原霸主的王者气概。

中国人有句俗语叫"好钢用在刀刃上"，这把少虡剑历经千年，依然寒光凛凛，锋利依旧，可见当时铸剑工艺的精湛。更为难得的是，这把剑上的铭文还明确记录了铸剑所用的金属材料。

"玄镠"和"铺吕"分别指的是金属材料锡与铜，也就是说，这把少虡剑的制作材料是铜锡合金的青铜。

中国古代的青铜器，就是将铜、锡以一定的比例混合冶铸成的。青铜具有熔点低、硬度大、流动性好、色泽金黄等特点。随着青铜武器、青铜工具、青铜礼器的广泛应用，中国历史开始进入一个新的时代——青铜时代。

"国之大事，在祀与戎"。在那个战火纷飞的年代，作为代表当时最先进的金属冶炼、铸造技术的青铜，就成了铸造兵器最理想的原材料。

少虡剑如今仍寒光闪闪，剑身上竟然不见一丝锈迹，历经千年依然完好如新。这把宝剑的青铜合金主要是由铜、锡组成的，但剑身不同部位的合金比例有着严格的配比。剑脊含铜较多，能使剑韧性好，不易折断；而刃部含锡高，硬度大，使剑非常锋利。

同一把剑，不同部位却有着不同的金属配比，这种铸造工艺被称为"复合金属工艺"。这种剑身和剑刃硬度完全不同的宝剑，刚柔并济，是古代青铜剑的巅峰之作。金属器物在铸造的过程中，必须分两次浇铸才能使器物复合成一体，而用这种工艺制造的宝剑，则称为复合剑，少虡剑就是复合剑中的代表。

复合金属工艺在世界上许多国家都是近代才开始出现的，而中国早在2000多年前的春秋时期就已经掌握了这项技术，着实令世人叹为观止。

中国有句成语叫作"短兵相接"，指的是在作战时，使用剑这种兵器，进行近距离的厮杀。剑由首、柄、格、身构成，剑身细长，两侧有刃，顶端尖而成锋，近战可刺杀和劈砍。剑柄短，格间缠绚（绚就是绳索的意思），便于手握。

每一件传世的古代兵器背后，都承载着一段金戈铁马的历史。故宫博物院收藏的这把少虡剑，是中国现存的唯一有明确剑名的青铜古剑，其珍贵程度更是不言而喻。它精致优雅、光洁如新，彰显着佩带者不凡的身份与地位。

十三 阳燧

三千年前的太阳能取火工具：阳燧

故宫博物院收藏先秦青铜器一万六千余件，而在众多的文物中，有一个小小的青铜圆盘，曾经被工作人员误以为是某个器物的盖子，如今却被定为珍品，那它到底是什么呢？

这件小小的青铜器物形似圆盘，直径只有 4.4 厘米。它的一面凹了下去，另一面的正中有一枚兽形钮，钮旁铸有蟠螭及四只浮雕的牛首。牛首尖角、瞪目，似乎正在献祭；螭龙却翻腾盘曲，相互缠绕，起伏多变。

这件春秋青铜器到底是什么呢？说它是镜子，可又不像镜子：一是体积太小，照不全人脸；二是照出来的人脸居然还是倒着的；三是镜子上装饰的图案充满了凝重和威严，不像梳妆所用。由此可以判断，这件小小的青铜圆盘肯定不是镜子。

那它到底是什么呢？从精湛的工艺来看，它显然并非寻常之物。

为解开这个谜，专家们研究多年，终于有了眉目。原来，在中国晋朝《古今注·杂注》中曾经记载过一种用青铜制成的器物，形状像小镜子，照东西却是倒影，用它能取火，这种器物叫阳燧。为什么叫阳燧呢？

《周礼注疏》中说："以其日者太阳之精，取火于日，故名阳燧。"阳指太阳，燧指取火器具，因为取火自太阳，所以得名阳燧。那么又是怎样从太阳中取火的呢？宋代科学家沈括在他的《梦溪笔谈》中说："阳燧面洼，向日照之，光皆聚向内，离镜一二寸，光聚为一点，大如麻菽，着物则火发。"意思就是说阳燧表面是凹进去的，对着太

战国阳燧,直径 4.4 厘米,重 0.03 千克,故宫博物院藏

阳照的时候,在离它一二寸的地方,光聚为一点像豆子那么大,碰到东西就会着火。

就这样,根据众多文献的描述,专家们判断,这个小小的青铜圆盘就是中国古史书中记载的阳燧!为了验证,专家们还以此为模型,特意仿制了一面,竟然真的用它取到了火。

这件小小的青铜圆盘,究竟是如何取火的呢?

原来,阳燧相当于一个凹面镜,当太阳光射到凹面镜上,经过镜面的反射后,光线汇聚在一点上,这一点又亮又热。易燃物放在这个光点上,就会被点燃。

在上古之时，取火困难，人们只能在雷击、自燃的火中取得火种，小心保存，一旦熄灭，就无计可施。后来人们又学会了钻木取火，中国古代传说中就有教人们钻木取火的燧人氏，是和黄帝、炎帝、神农、伏羲一样伟大的神话英雄。可钻木取火还是有诸多不便，靠摩擦生热起火对木材和技术要求很高，也很费体力。

因此阳燧的出现，是人们对火的认识和使用的一种升华。当时，世界上许多民族还在用钻木取火、摩擦生火，中国早在西周时期就已经发明和掌握了利用太阳能取火的先进技术，而在西方，据说直到古罗马时期才发明了反光镜。

近年，在中国的陕西扶风县周原、陕西扶风县庄白、陕西长安县张家坡、北京昌平等地也先后出土了类似的阳燧青铜器物，而三门峡西周虢国太子墓中出土的青铜阳燧更是中国发现最早，也是制作年代最早的一件。

现在虢国博物馆照壁前，矗立着一件巨大的阳燧。这面特大型阳燧直径 1.4 米，总重 1300 多千克，用铁和钢制成，由四部分构成。第一层为底座；第二层为重达 700 千克的机械传动部分，它根据太阳在每个时间的位置，通过高压轴承传动，使阳燧跟随太阳转动，从而顺利聚焦；第三层为重达 320 千克的阳燧方座；第四层为重达 280 千克的阳燧镜面，利用这个镜面能够顺利取火。

这个巨大的阳燧是虢国博物馆和虢国文化研究所以西周时期的阳燧为样本制作的。如今，它是世界上唯一的特大型阳燧，2006 年 10 月举行的安放仪式上，人们用阳燧顺利地取得了天火。

周代以后，人们不仅用阳燧取火生活，还在祭祀中用它获取天火，以增加祭祀的神圣性。

我们的祖先早在约 3000 年前就发明了利用太阳能取火的工具——阳燧，这是先人为我们留下的智慧和宝贵的财富，也是中华民族为人类文明做出的贡献。

十四 郑友父鬲

春秋小国的生存之道：郑友父鬲

故宫博物院珍藏的众多青铜器中，有一件貌不惊人的国宝：郑友父青铜鬲，这是一件著名的春秋时期的青铜器。

鬲是我国青铜时代主要的炊器之一，使用广泛，沿用时间很长。西周建立以后，食器得到前所未有的重视，铜鬲的地位得到很大的提高，并有了较大的发展。

这件春秋时期的郑友父鬲，低矮宽体，口沿宽而平折，鼓腹浅底，蹄形足跟较粗大，内侧有凹槽。器身饰夔龙纹，扉棱作锯齿状。器的口沿上铸有铭文字"郑友父媵其子胙嬛（胙曹）宝鬲，其眉寿永宝用"16字。由铭文可知，这是郑友父为其女儿铸造的一件媵器。为了表达对女儿婚姻的美好祝福，郑友父还在青铜鬲上刻有"眉寿永保用"这样的句子。

那么，郑友父又是谁呢？他是春秋时期的一个小国小郑国的国君，在齐、鲁、宋、楚等大国的夹缝中委曲求全，艰难生存。

中国古代的春秋时期，是一个社会动荡、诸侯争霸的时期。在这个时期，周王朝不断没落，而一些大的诸侯国如晋国、鲁国和楚国等，不断进攻和吞并周边的一些小国，扩张自己的国土。而那些国土面积有限、实力较弱的小诸侯国，在军事上无法与大国匹敌，经济上也无法与大国抗衡，它们又该如何在群雄逐鹿的春秋时期生存下来呢？

公元前798年，也就是中国西周晚期的周宣王三十年，周朝的一个诸侯国郑国，跟随周天子讨伐南方的强国楚国。大获全胜之后，

春秋时期郳友父鬲，通高 13.2 厘米，口径 17.5 厘米，重 1.58 千克，
故宫博物院藏

周天子为了奖赏邾国，分封了一块土地给邾国国君的儿子，一个新的诸侯国从此诞生了。这块土地位于今天的山东省枣庄市山亭区附近，在当时被称为"郳"地，所以这个新的诸侯国也就被称为郳国。这是一块不大不小的封地，南北约 55 千米，东西约 45 千米。由于土地的主人是邾国国君的儿子，所以在历史记载中，这个国家除了叫作郳国，也被称为小邾国。

2002 年，在山东省枣庄市山亭区的东江村附近，发现了 6 座墓葬，并出土了大量青铜器等文物。经考证，墓葬的主人竟然是小邾国的几任国君以及他们的家属。通过对青铜器上的铭文以及《春秋》《左传》等中国古代历史著作的研究，专家们逐渐复原了一个在齐、鲁、宋、楚等大国夹缝中艰难求生的小邾国。

小邾国第一任国君叫作邾友父，在得到了这么一块不大不小的土地后，年轻的邾友父却有点犯愁，该怎么治理这个国家呢？邾友父一点经验也没有。西周晚期，诸侯国之间为了土地和经济利益，经常会发动战争，两国之间稍有矛盾，就会大打出手，甚至有的时候根本没有矛盾，一方凭借雄厚实力，随便找个理由也能打上一仗，然后吞并另一方。邾友父刚得到的这块小小的土地，会不会被周围的诸侯国吞并呢？

好在邾友父新建立的小邾国，从一开始就得到了它的母邦国邾国的庇护。邾国的国君叫夷父颜，也就是邾友父的亲生父亲邾武公。夷父颜管理下的邾国，与小邾国相邻，无论从国土面积上，还是从经济实力上，邾国都比小邾国强很多。更重要的是，夷父颜刚刚帮助周宣王打败了南方强国楚国的进攻，军事实力也不容小觑。在为自己的儿子争取了小邾国这块封地之后，夷父颜又不厌其烦地把自己的治国方法详细教给了邾友父。邾友父聪明好学，很快就学会了治国之道，小邾国也在诸侯国林立的西周晚期站住了脚。

然而好景不长。到了公元前796年，周宣王讨伐鲁国，杀死了鲁国当时的国君伯御。倒霉的夷父颜因为跟鲁国国君关系密切，竟然也被周宣王顺便杀了。这一下，邾国自身难保，邾友父和他的小邾国也就失去了庇护。好在邾友父已经学会了如何治理国家，在之后的几十年中兢兢业业，小邾国的王位倒也顺利地传了下来。只不过，邾友父有一个愿望，一直到死也没能实现。

按照惯例，周天子在封地的同时，往往都要同时封给诸侯一个爵位。可是邾友父一直到死，也没能得到这个爵位。根据历史记载，小邾国一直到了第四代国君，才获得了周朝天子册封的爵位。因此，有的历史学家认为，邾友父的这块封地，有可能是他的父亲私自封给他的，没有得到周天子的认可。不管怎样，小邾国的这个爵位可以说是来之不易。

小邾国的第四任国君名字叫作郳犁来，是一个非常能干的国君。他在位期间，带领小邾国灵活地周旋在众多诸侯大国的夹缝中。为了让国家顺利发展，他给小邾国找了一个大靠山齐国。在上海博物馆收藏的楚竹书中有这样一句："进华孟子以驰于郳廷。"意思是说，齐桓公曾经和自己宠幸的宋国女人华孟子一起，乘车在小邾国境内游玩。齐国在当时的实力非常强大，很多小诸侯国都愿意巴结齐国，来获得庇护。齐桓公能到小邾国游玩，说明他对小邾国的国君郳犁来非常信任，两国关系应该是非同一般。既然关系这么好，齐桓公自然也不会亏待小邾国。公元前653年，齐桓公带着郳犁来见到了周惠王，朝拜完毕后，齐桓公对周惠王说："郳犁来还没有爵位，赏赐他一个吧！"看在齐桓公的面子上，周惠王痛快地册封了郳犁来一个爵位。

虽说跟齐国关系不错，郳犁来却并不觉得可以高枕无忧。春秋时期的大国对于自己的附属国，是从来不放在眼里的，小国稍有不从，就会招来灭顶之灾。如何才能既得到大国的庇护，又不至于被大国轻易灭掉呢？郳犁来和他之后的几任小邾国国君，采取了一个非常巧妙的方法，就是"多拜几个山头"。在与齐国保持着良好关系的同时，小邾国同时也是宋国和鲁国的附属国，而且还积极响应晋国发起的各种活动。这样，一旦不慎得罪了其中一个大国，还能有另外几个国家来为自己说情，至少不至于被轻易灭掉。利用几个大国之间的相互制衡，小邾国在大国林立的春秋战国时期，顽强地生存了下来。然而，这种外交方法，真的好吗？

作为大国的附属国，小邾国的日子并不好过。每年，小邾国都要准备好几份朝贡品，给各个大国送去；而且无论哪个大国有事，小邾国都要帮忙。齐桓公想来小邾国游玩，小邾国就要赶紧招待；晋国想攻打其他国家，小邾国也要赶紧派兵参战；而对于鲁国，小邾国也是毕恭毕敬，多次前往朝拜。

自古以来，外交从来不是一件简单的事，春秋战国时期诸侯争霸，外交关系就更加复杂了。小邾国的山头拜多了，就很难避免尴尬的事情发生。就拿晋国和齐国来说，这两个国家都是小邾国的庇护国，可是如果晋国和齐国之间有了矛盾，小邾国该听谁的呢？

公元前571年，晋国召集诸侯国的大夫开会。当时的晋国实力非常强大，经常征讨和吞并其他小诸侯国。听到晋国召集开会的消息，大家心知惹不起，都乖乖地派人前往。开会的日子到了，晋国在会场一点名，发现少了几个国家。首先是齐国，齐国这时候的国力虽然不如以前强大，但还是个大国，并没有太把晋国当回事，况且两国一直以来都把对方当作敌人，所以听到晋国召集开会，齐国国君撇撇嘴，就把这事忘到脑后去了。这下可把小邾国难为坏了。原来，小邾国当时既拍晋国的马屁，又是齐国的附庸，所谓"神仙打架，小鬼遭殃"，唯强是从的小邾国这下不知道听谁的好了。想来想去，齐国离自己近，要是翻脸的话，随时能打过来，还是先听齐国的吧，因此也就没派人参加晋国的会议。好在晋国的大将军荀罃（yīng）是个明白人，知道小邾国的难处，为小邾国说了几句好话，晋国国君这才没有再追究下去。而小邾国则是在事后赶紧讨好晋国，弥补自己的过失。

为了生存，小邾国的历任国君都是忍辱负重的高手，在与大国的交往中能屈能伸。根据史料记载，小邾国的第六代君主小邾穆公，曾经三次前往鲁国朝拜。在朝拜的过程中，还要察言观色，讨好对方。公元前539年，小邾穆公到鲁国朝拜。鲁国的大臣季武子压根就没把小邾穆公放在眼里，不愿意用接待诸侯国国君的标准来接待小邾穆公，打算随便搞个仪式，糊弄一下了事。要不是叔孙豹劝说他善待小邾国，小邾穆公肯定会难免一场羞辱。十几年后，小邾穆公再次前往鲁国朝拜，这回赶上鲁国国君高兴，不但按正常的规格接待了他，鲁国的大夫季平子还在宴席上朗诵了收入《诗经》中的一篇诗歌来赞美小邾穆公。小邾穆公见状赶紧起身离座，也朗诵了一篇诗歌来讨好鲁昭公。

小邾国的这种生存方法，完全取决于它的国君是否具有出色的外交能力。不幸的是，从小邾国第六代国君小邾穆公之后，再也没有才能出众、治国有方的国君出现。从此，小邾国疲于应付各国的无理要求，渐渐陷入了尴尬的外交境地，从此走向了没落。在群雄崛起的战国时期，小邾国最终还是没能逃脱灭亡的命运，被楚国所灭，前后存续约540年。

这就是邾友父青铜鬲背后的故事。从春秋无数个小国，到战国时期的七雄，可以想象，除了小邾国，还有很多个小国也是这样的命运，最终湮没在历史的长河中。如果不是这一件青铜器，我们又怎么会知道它们背后的历史。

十五 清宫"烤火盆"与战国盥洗器：龟鱼纹方盘

现藏于故宫博物院的龟鱼纹方盘，是一件战国时期的器物，距今已有2000多年的历史。龟鱼纹方盘呈长方形，四角略圆转，装饰极为精致华美，器物虽然不大，但它上面光浮雕的动物或异兽形象就多达十几种，工艺之精湛，令人惊叹。

最让人震惊的是，龟鱼纹方盘从上到下，从内到外，通体布满各种精细华丽的装饰，令人眼花缭乱。

战国龟鱼纹方盘，通高22.5厘米，长73.2厘米，宽45.2厘米，重23.5千克，故宫博物院藏

第二章 青铜器

铺首

    首先我们来看龟鱼纹方盘的正面，腹身左右两侧各装饰着一个铺首。铺首是什么呢？古装剧里的大红门上通常有两个兽首，嘴里各衔一个门环，这种组合装饰就叫铺首，是一种含有驱邪意义的传统建筑门饰。龟鱼纹方盘上的两个铺首也是兽面衔环，兽面上饰鳞纹，圆环上填以斜角云纹。这两个铺首之间是两只栩栩如生的熊。两只熊相对蜷卧，背脊隆起。左边的熊前足交叉相叠，托着熊首。右边那只熊，前足抓着一只怪兽，这个怪兽就是传说中的蟠螭。相传，蟠螭是没有角的早期龙，生得虎形龙相，具有龙的威武和虎的勇猛，因此在古代军队的军旗、印章以及兵器上经常出现。这只熊仿佛正在戏弄蟠螭，螭尾卷起抵着熊耳，形象非常生动。

    铺首的外侧各有一浮雕的鸟嘴带翼神兽。神兽呈屈腿蹲坐状。左边那只神兽前爪抓住一蟠螭，作吞食状，螭尾向左卷曲；右边那只神兽前爪捕捉一只蜥蜴，也作吞食状，蜥蜴尾下垂，略向外撇。这两只鸟嘴带翼的神兽很可能是《山海经》中记载的䍩头，其"人面鸟喙有翼，食海中鱼，杖翼而行"。就是说它长着人的脸，

168 | 看 见 故 宫

]的两只熊　　　　　　　　　　　　右边前足抓蟠螭的熊

鸟嘴带翼神兽

鸟的嘴，有翅膀，靠吃海里的鱼为生。

龟鱼纹方盘的左右两侧各有一浮雕蹲坐的神兽，名为獬豸。獬豸的额头上通常长一个角，俗称"独角兽"。它全身长着浓密黝黑的毛，能辨是非曲直，识忠

獬豸与羊

奸善恶，是公正勇猛的象征。

獬豸的上面浮雕一只羊。羊身体侧卧，前足一只向前伸，一只向后屈，后足交叠，羊角卷曲，羊首伸向"独角兽"的怀里，兽的前爪捧着胀大的乳房作哺乳状，动作亲昵，情态生动。

龟鱼纹方盘的盘底四侧装饰蟠螭纹，螭身填以三角云纹。四角各有一浮雕的蟠螭向下伸出，螭口衔咬下面虎足的背脊，两爪抓住虎背，螭尾蟠在颈上，向下卷曲，怒目圆睁。虎身下伏，臀部隆起，头略昂，口微张，牙外露，四爪抵地作支撑状，尾端上卷，身上饰有斑纹，看上去威风凛凛。

再看龟鱼纹方盘的内部，同样精彩。盘内底以三角云纹为衬底，装饰着七行浮雕的龟、鱼和青蛙。有的相对而游，有的悠闲地向左向右漫游。十条浮雕的蟠螭回绕于龟、鱼和青蛙之间，螭身相互纠缠，组成仿佛在流动的水波纹，非常有趣。

方盘内底四周装饰蟠螭纹，中间填以细三角云纹，有十二只浮雕的青蛙分布四周，做由水中跳至岸上的姿态，逼真生动。

方盘内腹四壁装饰粗条式的 S 状勾连云纹。口沿上以细三角云纹为底，密布着相互缠绕的浅浮雕蟠螭，螭首相背，螭尾向里卷曲，螭身有的以两条顺行的细线勾勒，有的则填以细重环纹。

方盘内部

龟鱼纹方盘铸造精美，装饰复杂。器物上除了常见的蟠螭纹、勾连云纹、三角云纹、弦纹等图案外，浮雕动物或异兽形象达十几种之多，数量总计几十只。其中既有当时流行的动物形象如羊、虎、熊等，也有非常罕见的装饰题材，如神兽蟠螭、獬豸等，鸟嘴带翼神兽更是在其他青铜器中没有出现过的。

为什么会有如此众多的装饰形象集于一器呢？

古人非常重视青铜器。商周时期青铜器的特点主要是器形端庄，器物名目和形状大小都有严格规定。到了春秋战国时期，随着铸造工艺的发展，青铜器越来越精致华美。这一时期社会里想呈现出百家争鸣的状态，表现在青铜器上也是风格各异、千姿百态。但像龟鱼纹方盘这样集这么多种精美装饰于一身的器物的确非常少见。

龟鱼纹方盘装饰繁缛，也让我们看到了古时的青铜之美。龟鱼纹方盘是一件清宫旧藏的珍贵器物，不过，就是这样一件华美的器物，曾经在宫中却受到冷落。这是怎么回事呢？

新中国成立以后，工作人员对故宫博物院的文物进行仔细清点和整理。

有一天，在一座大殿的角落里，工作人员发现了一件青铜器，是个大盘子，上面杂七杂八地堆了不少东西，这就是龟鱼纹方盘。工作人员把东西搬走，轻轻拭去上面的灰尘，青铜盘上一只造型生动的熊映入眼帘，熊前足交叉相叠，托着熊首，看上去憨态可掬。

工作人员看到如此精美的纹饰，非常高兴，继续清理，越来越多的纹饰逐渐显露出来。奇怪的是，青铜盘的内部有许多燃尽的烟灰，黑黑的，堆了厚厚一层。

原来，这件龟鱼纹方盘是一件传世品，一直藏在宫廷。不过，在清朝时，这件器物并没有得到皇帝的青睐，被随便放置着。后来，有太监见这件青铜盘大小适中，拿去做了火盆，冬天用它来烧炭取暖。

由于故宫博物院工作人员的慧眼识宝，默默无闻的龟鱼纹方盘才得以珍藏，并与世人见面。

龟鱼纹方盘以瑰丽雄奇的纹饰与造型著称，构思奇巧，是战国时期罕见的青铜佳作。那么，这样一件复杂的器物是如何制作出来的呢？

龟鱼纹方盘体现了战国时期高超的青铜制作水平。器物采取的是分铸法和焊接法。每一个装饰部分都可以分别铸造，比如铺首、虎足，浮雕的羊、熊等，铸完后再用焊接的方式合为一体。这样，一件精美绝伦的青铜珍品才最终完成。

专家慧眼识宝，才使得我们今天有幸一睹龟鱼纹方盘的芳容。那么，这样一件华美的青铜器是做什么用的呢？

龟鱼纹方盘其实是一件盥洗器，相当于我们现在的洗脸盆。

一般来说，青铜盘与青铜匜配套使用，流行于商代至战国时期。当时的贵族在举行祭祖和宴飨活动前必须洗手，这被称为沃盥之礼，以显示洁净与尊贵。洗手时，一人手拿青铜匜从上而下倒水，另一人手端青铜盘接水，洗手的人便可以直接洗了。这样，使用流动的水洗手，不但卫生，而且还体现出贵族的高贵身份。看起来有点像现在的"自来水"。

龟鱼纹方盘内底装饰的龟、鱼和蛙都是水中动物，我们可以想象，倒入水后，水波流动，方盘内的龟、鱼、蛙就像在戏水一样，非常生动。一件洗手用具都制作得如此考究，我们不能不感叹古人的智慧。

十六 虎钮錞于

古代巴人的战舞与战鼓

故宫博物院收藏了一件形制精美的虎形青铜器。这件青铜器有个有趣的名字，叫作虎钮錞于。这件青铜虎钮錞于就陈列在故宫博物院的青铜器馆里。

虎钮錞于，通高79.1厘米，相当于半人高，重34.8千克。肩围大而腰围小，整体呈椭圆筒形。顶部中央铸有一只老虎，虎的耳目清晰，张口露齿，四肢伫立，尾巴微翘，末端卷曲，造型栩栩如生。

那么，虎钮錞于究竟是用来做什么的呢？

錞于是始于中国春秋时期、盛行于战国至西汉前期的一种铜制打击乐器。由于这种乐器顶端有钮，可以悬挂，钮又多做成老虎的形状，所以又称虎钮錞于。

虎钮錞于这种乐器在中国长江流域及华南、西南地区都发现过，其中以古代巴人故地最为集中。虎钮錞于也就成为巴文化最具特征性的青铜乐器，一般用于祭祀和庆典。

巴人是4000多年前生活在现在中国重庆、湖北境内的一个远古族系。据史料记载，巴国虽然弱小，但巴人却以英勇善战著称于世。

当时，巴国的东面是强大的楚国，北面是雄踞关中的秦国。秦楚两国是战国七雄中最强大的两个国家。巴人相继与秦楚发生过大规模的战争。弱小的巴国靠什么与强大的秦楚抗衡呢？

原来，巴国除了拥有英勇善战的士兵，还擅长使用一种独特的作战方式。

巴国士兵这种独特的作战方式，就是战舞，也就是作战的一种

第二章 青铜器 | 173

战国虎钮錞于，通高 79.1 厘米，重 34.8 千克，故宫博物院藏

特殊舞蹈。读者也许会问，仅靠舞蹈怎么可能在战争中取得胜利呢？巴国的这种舞蹈究竟有什么特别之处呢？

古代巴人喜欢用歌舞来表达自己的喜怒哀乐，无论是庆祝婚姻、胜利，还是丰收、生育时都要欢歌起舞，战场上也不例外。

巴人这种战舞具有赫赫的英气和威猛的气势，使巴人在战场上锐不可当。与这种战舞相配合的，还有一种响声震彻天地的乐器，就是錞于。

战斗时，巴人先用绳子系住錞于的钮，并把錞于悬挂在支架上，然后用力敲击錞于的肩部。錞于发出的声音清脆嘹亮，声大如雷。

在錞于的伴奏下，巴人在战场上载歌载舞，声势震天。军队还能根据錞于发出的不同声响前进或后退，变换阵形，再伴以脚步节奏声、吼叫声，就组成了节奏强劲的混合声响，形成了压倒敌人的强大阵势。

敌军听到巴国军队发出的震耳欲聋的响声，胆战心惊，士气大减，而巴人却一鼓作气，势如破竹。这种鼓舞士气、震慑敌人的战舞和音乐，就是巴人在战场上克敌制胜的法宝。

商末周初，武王伐纣，联合八百诸侯，其中就有巴人。在著名的牧野之战中，巴人冲在了军队的最前线，晋代常璩在《华阳国志》中记载"巴师勇锐，歌舞以凌殷人"。

錞于在战场上发挥着至关重要的作用。那么，英勇善战的古代巴人，在錞于上雕刻老虎造型，又有什么特别的含义呢？

原来，巴族地区多山多水，气候温暖，空气湿润，使得这里常常虎豹成群。

老虎是兽中之王，而在巴人的心目中，它还是神灵的化身。

近年来，不断有专家学者提出："巴"是巴人称呼老虎的一种发音。据史书记载，巴人认为老虎是巴族的祖先，因此巴人认为自己是虎的后代，并以虎为崇拜对象，自称为"虎（巴音）人"，也就是巴人。

在錞于上雕刻老虎的造型，不仅体现了古代巴人对老虎的崇拜，还反映了英勇善战的巴族人希望自己能像老虎那样战无不胜，成为群雄之首。

这件青铜国宝铸造于战国时期。由于时间比较久远，虎钮錞于入藏到清宫的经历已经很难弄清了。

錞于使用时与其他乐器如何组合呢？

史书中錞于与鼓常常同时出现，如《周礼·地官》里面记载"金錞和鼓"。《淮南子·兵略训》里说"鼓錞相望"。这都说明鼓、錞两种乐器结合使用为普遍现象。

鼓作为军用乐器，在周代的战争过程中最为常见，先秦诸书中屡见记载。如《左传·庄公十年》中有"一鼓作气，再而衰，三而竭"的说法。鼓声是战争过程中进攻的信号。《荀子·议兵》所说"闻鼓声而进"，《管子·兵法》所谓"鼓，所以任也，所以起也，所以进也"。于此可见，鼓作为军事乐器，在战时极为重要，不可或缺。

錞于与铜鼓配合使用。清代的《晋义熙铜鼓考》里说："每岁正月首，偕诸寨瑶人，诣府县行献岁礼，击铜鼓、錞于，一歌百和。"意思就是说瑶族人每年正月到县衙去献礼，就会敲鼓、敲錞于。直到宋代，广西瑶族都还保存着铜鼓与錞于合奏的风俗。

现在，当我们驻足于故宫博物院的展柜前，看到这件虎钮錞于时，都会为之惊叹，想象着敲击这件古老的中国乐器，眼前立刻浮现出古代巴人在战场上载歌载舞、奋勇作战的情景，一下子就把人们带到了几千年前神秘的巴国。

一件看似简单的古代青铜錞于，竟然蕴含了这么丰富的文化内涵，我们不得不感慨先人们丰富的想象力和创造力。

十七 战国先民的生活图景：宴乐渔猎攻战纹青铜壶

故宫博物院珍藏的上万件青铜器，件件都是国宝，这一节要特别介绍的国宝——宴乐渔猎攻战纹青铜壶，就是一件著名的战国时期的青铜器。

我们可以看到这只铜壶，缩口、斜肩，肩上还有两只兽首衔环，最精彩的是壶身上、中、下三圈精美的图案纹饰，生动地刻画了古人"采桑习射""宴乐打猎""水陆攻战"三种情景，形象生动，纹饰独特，制作工艺十分精湛。

自上而下，我们先来看颈部，也就是第一圈，这一圈画的是"采桑习射"，共有18个人和2只鸟兽，上下两层，左右分为两组，主要表现采桑和习射活动。采桑组有2棵树、10个人和2只鸟兽，树上、树下共有采桑和运桑者5人，有的在桑树上采摘桑叶，桑篮挂于树枝上，有的正在攀登，有的在树下相接。采桑者细腰长裙，这是当时贵族妇人的服饰。《礼记·月令》里记载："季春之月……后妃齐戒，亲东乡躬桑。"意思就是说，在季春（三月）的时候，后妃都要亲自采桑，作为表率，来鼓励蚕桑的发展。所以这个纹饰所绘的可能是后妃所行的蚕桑之礼。习射组所有的男子，都束装，有的还佩剑。他们可能是在选取做弓箭用的材料，也就是《礼记·射义》中提到的"桑弧"。因为桑科树木是古代制造弓干的重要原料。纹饰用象征性的手法，表现了拣选弓材的场面。树前地面还陈设着猎获的禽兽。习射组4人在一个建筑物下面，前面设有侯。"侯"是什么意思呢？《小尔雅·广器》里讲："射有张布谓之侯，侯中者谓之鹄。""侯"就是

第二章　青铜器　｜ 177

战国宴乐渔猎攻战纹青铜壶,高 31.6 厘米,口径 10.9 厘米,腹颈 21.5 厘米,重 3.54 千克,故宫博物院藏

局部纹饰

指箭靶。一人主射，一人从射，后有一人扶弓持箭，有可能是司射。前面有一个人跪坐在檐下，应该就是获者，相当于现今打靶时的报靶员。下层有4个人，可能是列队待命习射的弟子。这一组画描绘的应该是古时候举行乡射礼时的场景。

第二圈位于壶的上腹部，画的是"宴乐打猎"，全区有人物20个，鸟兽鱼鳖35只，分为两组画面。左面一组为宴享乐舞的场面，7人在亭榭上敬酒，栏杆下面有两个圆鼎，两个奴仆正在从事炊事操作。这两个圆鼎的形制，浅腹圆底，附耳附足，跟春秋至战国时期的标准鼎制相合。下面是乐舞部分，旁边有鼓有钲，钲也是乐器的一种。这个鼓的形制跟我国南方所出的立式铜鼓不同，立式铜鼓盛行于汉以后，其上限也不过到战国晚期。而横式鼓则自商代已有之，以后才以木代铜为鼓身，以皮革为鼓面。图中有3个人敲钟，一人击磬，一人手持两个鼓槌

第二章 青铜器 | 179

敲打鼓和钲，还有一个人拿着号角状的吹奏乐器正在演奏，表现了载歌载舞的热闹场面。根据这一组纹饰中鼎和甬钟的形制，可以推断这件器物的时代应在春秋末至战国初期。右面一组是射猎的情景，鸟兽鱼鳖或飞或立或游，4人仰身用缯缴弋射，缯缴是一种猎取飞鸟的射猎工具。还有一个人站在船上，也手持弓箭做射状。这一区的画面虽分为两组，但相互间有一定的联系，可能是同一主题，表现的可能是天子、诸侯正在辟雍行大射礼。辟雍就是周天子设立的大学，后来历朝历代都有；大射礼是天子诸侯在祭祀之前，为挑选参加祭祀的人而举行的仪式，是规格最高的一种射礼。这种仪式在古文献和铜器铭文中非常常见。

　　第三圈是水陆攻战的场面。一组是陆上攻守城之战，横线上方与竖线左方为守城者，右下方沿云梯上行者为攻城者，短兵相接，战斗之激烈已达到白热化程度。

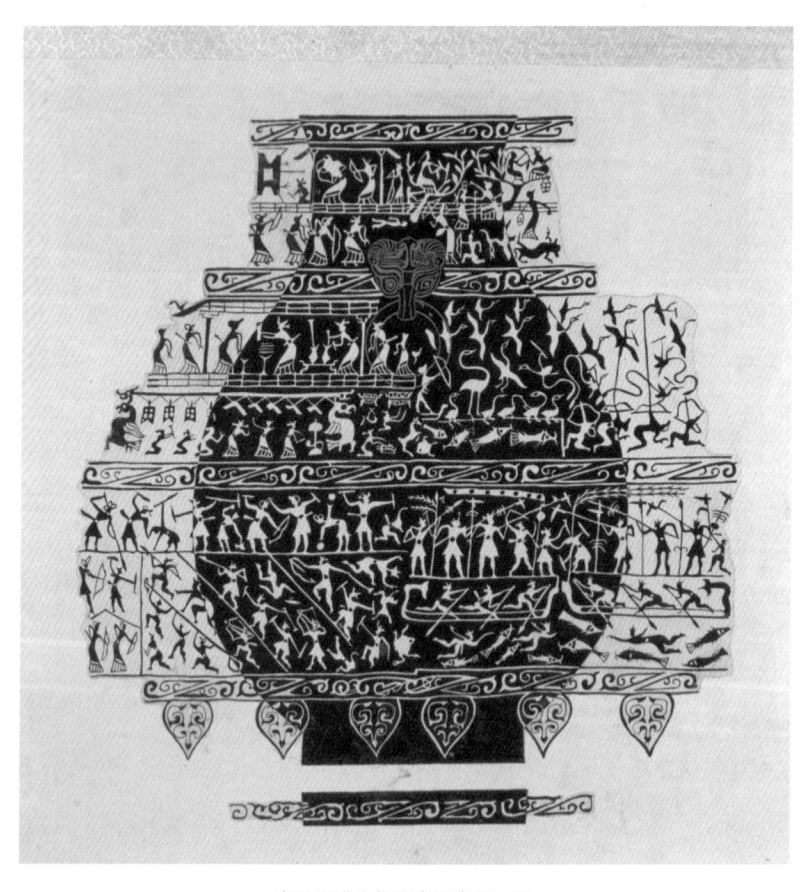

宴乐渔猎攻战纹青铜壶展示图

另一组是两艘战船在水战，两艘船上各自立有旌旗和羽旗，阵线分明，右边那艘船尾部一人正在击鼓，表示进攻另一方，也就是所谓的鼓噪而进。船上的人多使用适于水战的长兵器，船下有鱼鳖游动，表示船行于水中，双方都有蛙人潜入水中活动。作者用他极其敏锐的观察力和丰富的想象力，准确地抓住每一个人瞬间的具有各自特征的动作，构成了一幅有血有肉的战争场面，完全脱离了商周以来传统的对称而呆板的图案风格。因为这个区域位于壶的下腹部，界面较宽，所以图中人物也最多。

这个壶上的纹饰采用了生动活泼的画面与条带状几何形纹交错相间的布局，使动与静巧妙地结合，画面内容有条不紊，繁而不乱，形成了这种很有装饰感的特征。

这个壶上的纹饰中一共有178人，鸟兽虫鱼94只，虽略显庞杂，但内涵丰富，形象逼真，再现了古代社会的一些场景，这对我们研究2300年以前的社会习俗、生产、生活、战争以及建筑等，都有极为重要的价值，也足以证明战国时代的绘画与装饰艺术已经达到相当高的水平，而且它的这种风格也对汉代画像石（砖）艺术及以后的绘画产生了积极的影响，所以它不仅是我国青铜器中的艺术珍品，在美术史上也应占有相应的位置。

宴乐渔猎攻战纹青铜壶的造型，跟春秋时代盛行的所谓华盖壶很不一样。根据考古发掘出土的一些实物来看，进入战国阶段，壶的形制发生了很大变化，除小部分仍保留春秋旧制外，出现了一些新的形式，其中一种壶的颈变短，壶盖已变为平盖，上饰三或四只兽形钮，壶腹圆鼓，底圈足型。本器正与这种壶的形式相符，所以从造型上比较，它的制作年代应该在战国时代早期。

这件战国时期的珍贵文物是一件不可多得的稀世珍宝，得到专家学者一致的高度评价，金石学家唐兰先生为其定名：宴乐渔猎攻战纹青铜壶。然而，就是这样一件2300年前的精美国宝，在1945年抗日战争后期，却险些与前文提到的兽面纹夔足铜鼎一起被德国人杨宁史偷运到国外，幸而被当时"清理战时文物损失委员会"的平津区助理代表王世襄先生追回，这批珍贵文物才得以被故宫博物院收藏，并辟专室陈列。所以说，我们要特别感谢当年为夺回这些国宝而努力的王世襄先生和他的同事们，正是他们的努力，避免了这批国宝流失海外。

十八 吴越宝剑的千年锋芒：越王者旨於赐剑

青铜剑是一种古代的武器，这是人所共知的事实。但是，故宫博物院收藏的战国越王者旨於赐剑，却不一定是在战场上用来实际战斗的。那么，越王者旨於赐剑这样的诸侯佩剑，究竟有什么意义呢？

我们可以从春秋时代有名的"季札挂剑"这则故事谈起。

"季札挂剑"是春秋时代有关剑的一则有名的故事。据《史记》等记载：公元前544年，吴国的公子季札出使中原，途经徐国，也就是今天的江苏泗洪县南部。徐君见了季札的佩剑，很羡慕。季札想送给他，考虑到出使的需要，当时没有送。归途的时候经过徐国，徐君已经死去。季札就把剑挂在徐君墓旁的树上，然后离去。

徐君拥有大量财富，但见了季札的佩剑居然心生羡慕，而且表露出来了，可见这柄剑的确是宝剑。吴国和它的近邻越国是春秋战国时代宝剑的家乡，《周礼·考工记》中都明确地记载了吴、越善于铸造宝剑。这一点，已经被大量考古出土的镌刻有吴、越最高统治者"自作"铭文的铜剑文物所证明。

从形制来看，故宫博物院收藏的这把剑，线条简洁，风格应该是中国战国时期典型的铸剑形制，在剑格上还清晰地铸有错金鸟虫书铭文，正面四字为"越王者旨"。鸟虫书是一种金文的美术体，也就是一种艺术字。金文就是商周时期刻在青铜器上的铭文的字体。也就是说，这把看似普通的剑，就是一把越王剑，是战国时期越国的一把青铜剑。

战国越王者旨於赐剑,通长64厘米,宽4.7厘米,重1千克,故宫博物院藏

吴越铸剑早在春秋时期就已经非常有名了,《周礼·考工记》中记载有"吴粤（越）之剑,迁乎其地,而弗能为良,地气然也",意思是说,吴越之地具备铸造好剑的天时地利,别的地方就造不出来这样的好剑。也正是由于吴越铸剑闻名遐迩,到了战国时期,吴越的青铜铸剑更是成为有口皆碑的宝器,也成为当时各国君主生前佩带和死后随葬所用的宝剑。

中国在近年的考古发掘中就曾出土过吴王、越王的许多青铜名剑,如湖北江陵的越王勾践剑,湖北秭归出土的越王州勾剑,还有吴王光剑、吴王夫差剑等,这些铸造于2000多年前的吴越名剑,如今风采依旧,向世人展示着古代吴越铸剑的辉煌。

古代越国的范围大约位于今天的浙江省,经过很多代越王的励精图治,到了春秋后期,越国逐渐强盛,成为当时一个强大的诸侯国。那么,故宫博物院的这把越王剑,究竟是战国时期哪个越王使用过的剑呢?

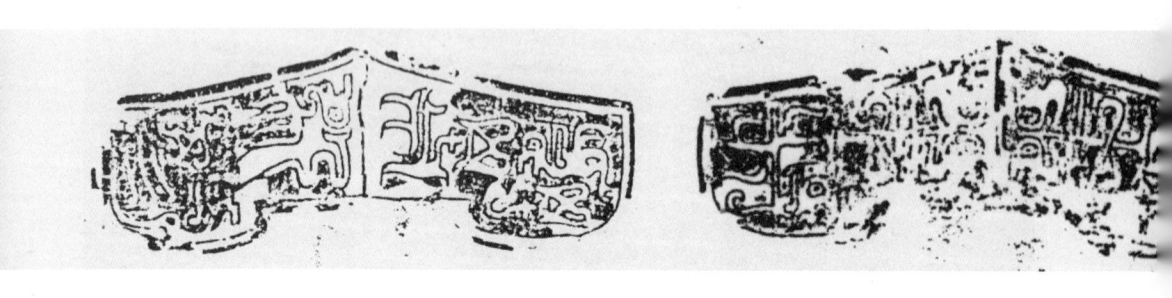

我们看除了剑的正面,剑格另一面上清晰地铸有"越王於赐"四个字,这四个字就是剑主人的名字。那么,"於赐"是哪位越王呢?

"者旨"是越王的姓氏,"於赐"则为越王的名。而在古代越国汉语中,往往会将一些单音节词缓读成双音节,而"者旨於赐"就是"鼫与"的缓读。因此可以确定,剑铭文中的"者旨於赐"指的就是《史记》中记载的越王鼫与,这个越王鼫与就是中国历史上曾经卧薪尝胆的越王勾践的儿子。

越王勾践剑出土以后,曾以其千年不锈、锋利无比震惊中国。故宫博物院收藏的越王勾践的儿子者旨於赐的佩剑,也是一柄堪称国宝的绝世名剑,它的价值和意义远在众多已出土的吴越名剑之上。

除了铸造工艺精湛，在所有出土的吴越青铜古剑中，这把者旨於赐剑的剑身、剑首、剑柄无一缺损，是完整的一件，历经2000多年保存如此完好，这也是一个奇迹！

剑格两面分别铸有双钩鸟虫篆铭文共八字："越王者旨，越王於赐"。铭文间都镶嵌有绿松石，把宝剑装点得多了几分雅致，剑首饰有五道同心圆，整把宝剑铸造工艺高超，精美绝伦。

除此之外，这把者旨於赐剑，究竟还有着怎样的珍贵之处呢？

在中国人的心目中，剑为兵器之尊，君子佩剑在中国古代一度非常盛行。剑早已不仅仅局限于兵器，更多的是象征着君王的威仪气度。自古以来佩剑、舞剑，是士人文化生活的一部分。

《史记》中记载的越王勾践之子鼫与，继位后在位仅仅6年就去世了，而在这短短的6年里，为鼫与铸剑的工匠曾为他精铸了一批兵器，之前考古发掘中，也曾出土几件铸有"者旨於赐"铭文的青铜剑。

说到鼫与，就不能不提到他的父亲越王勾践。越王勾践兵败吴国后卧薪尝胆，以坚韧信念最终反败为胜，成为一代枭雄。而1965年，湖北荆州出土的越王勾践剑更是震惊考古界，越王勾践剑剑身满饰黑色菱形暗格花纹，剑格正反两面还分别用蓝色琉璃和绿松石镶嵌成美丽的兽面纹和卷云纹，最为珍贵的是，越王勾践剑出土时，历经2000多年，仍然光亮如新，锋利无比，足以显现当时越国铸剑工艺的高超。

这把者旨於赐剑与越王勾践剑，可以并列为越剑之双绝，是国家的重宝。

越王勾践和鼫与两人的佩剑，铸剑工艺难分高下。越王勾践剑和者旨於赐剑，无论从铸造工艺，还是剑身装饰，都显示出2000多年前越国先进的金属工艺以及兵器制造技术。者旨於赐剑也从一个侧面反映了战国时期越国军事实力的强盛，也正是凭借先进的兵器，越国才能够在诸侯争霸中占据一方。

者旨於赐剑传奇的身世和它蕴含着的珍贵历史价值，使这件青铜剑国宝充满了传奇色彩，也更加令人惊叹。

战国铸客盉，通高 21.9 厘米，口径 5.7 厘米，腹径 18.9 厘米，重 3.52 千克，故宫博物院藏

十九 铸客盉

楚秦争霸的历史见证：铸客盉

1933年，安徽寿县连降暴雨，终于酿成了罕见的洪灾，然而洪水也带来了意外的发现。洪水退去后，寿县朱家集的李三孤堆农田大面积塌陷，塌陷之处隐隐露出部分神秘的器物。出于好奇，很快有人不顾危险，下到坑里去查看，发现这里竟然埋藏着一座拥有丰富文物的古代墓葬！

很快，发现古墓一事传得沸沸扬扬，当地的豪绅听说后，感到有利可图，便以救灾的名义组织人员赶往李三孤堆，对古墓进行了疯狂的盗掘。据记载，他们共盗掘了4000多件铜器和石器。不久，这些出土的文物就流散到了京、津、沪的文物市场上，有一些还辗转被卖到了国外，铸客盉则幸运地被故宫博物院收藏。

铸客盉通体造型简约精致，端庄大方。盉的肩部有一条弧形提梁，整个提梁是一条龙的造型，龙体中空，盉的腹部也饰有变形的龙纹。腹部一侧有一个短而曲折的龙头流。仔细看，在铸客盉的器口、器盖上各刻有7个字铭文，在灯光的映衬下散发着神秘的光彩。盉的提梁、腹部和龙头流都饰有龙纹，充分显现出了这件器物的王家气派。

盉上的14字铭文十分珍稀，那么，它记载了什么呢？

铸客盉盖外侧和器口旁刻有"铸客为集醻为之"的铭文，而出土的青铜器多以铭文的前两个字命名，因此，这件盉便被命名为"铸客盉"。

铸客盉是中国战国时楚幽王熊悍所铸造的青铜礼器，熊悍是第

铭文拓片

42代楚王。"铸客"指在楚国手工业作坊工作的外国工匠，之所以叫"客"，是因为在战国时期，工匠的流动很频繁，他们到各个国家去找工作。楚国作为春秋五霸之一和战国七雄之一，国土在东南长江淮河流域一带。楚的开山始祖是周文王的老师鬻熊，楚国历代40多位君王及子孙都以他的名字熊为姓。相传，熊是楚人的崇拜对象，楚人认为熊与虎一样，是百兽之王，国君的名字带"熊"字，寓意楚国能够称王称霸，成为群雄之首。

那么，名叫熊悍的楚幽王又是一位怎样的君王呢？其实，楚幽王继位时还是一个小孩，真正执掌楚国大权的是他的母亲李环和舅舅李园。当时，秦国日益强盛而楚国日见衰弱。于是，他们就给楚幽王起名为悍，以此期望楚国强大起来，与秦国一决高下。

当时，位于西方的秦国虽然强大，但要想夺取东方，仍为地处中南部的魏楚两国所阻碍，因此秦企图东伐魏，南驱楚，以横扫东西，夺取天下。

楚幽王三年（公元前235年），秦王嬴政打算联合魏国一起攻伐楚国。楚幽王的亲信得知后，便巧妙用计，拖延秦国出兵。而楚军却出其不意，乘机突然进攻秦军，结果大败秦军，取得了胜利，缴获了秦军大量兵器。楚幽王熊悍为了炫耀战功，鼓舞士气，命人把缴获来的秦军兵器全部熔化，铸造礼器。楚幽王的用心非常明显，就是要显示楚国不但要打败秦国，而且还要称王称霸，更凸显了幽王的雄心和楚人不屈的性格。

铸客盉向人们生动地展示了战国晚期群雄争霸、波澜壮阔的历史画卷。

为什么安徽寿县的一个小村庄会出土这么多战国时期的青铜器呢？这就要从楚国的历史说起。楚，原为黎苗的后裔，初建都于丹阳（今湖北秭归西北），以后扩展到中国东南长江淮河全部领域，是春秋五霸之一和战国七雄之一。公元前241年，熊悍的父亲楚考烈王为躲避秦国，将都城从陈（今河南淮阳）又迁至寿春（今安徽寿县）。也就是说，安徽寿县在战国末期曾是楚国的国都，而被盗挖的古墓就是楚幽王熊悍的陵墓，青铜瑰宝熊悍鼎也在其中。

据有关资料记载，铸客盉以及楚王熊悍鼎等十件青铜器是在1933年被天津宝楚斋的主人李氏买走的。楚王熊悍鼎被李氏买下后，又颠沛流离几易其主。新中国成立后，国家为了保护铸客盉和楚王熊悍鼎等一批国宝，最终将它们统一回收，交由故宫博物院、中国国家博物馆和天津博物馆等收藏。天津博物馆收藏的楚王熊悍鼎，器盖和器身上共刻有66字铭文，记载了楚幽王熊悍打败强大的秦军、缴获秦兵兵器、铸造铜鼎的历史。

作为2000多年前战国晚期楚幽王传世遗物中的唯一一件青铜盉，铸客盉有很高的历史和艺术价值，但是更为奇特的是，铸客盉竟然不仅仅使用了青铜作为原料。从三足锈迹斑斑的残损部分判断，它的原料显然不是青铜，专家仔细观察后发现，铸客盉的三足竟然是人工冶铁制品。我们知道，考古界把漫长的人类历史划分为石器时代、青铜时代和铁器时代，铁器的出现象征着生产和社会的进步。以往的考古研究认为，中国的人工冶铁技术出现在公元前5世纪左右的春秋晚期和战国早期。这件铸客盉同样也证实了这一点。

从工艺上来说，铸客盉也达到了战国时期最高的技术水平。铸客盉采用了陶范法、铜铁合铸和分铸铸接工艺制作而成，器身、兽足用陶范法分铸，并且选用不同金属，两部分最后再铸接成整器。小小的一件器物可谓工艺繁杂，也象征着一代君王的威严和尊贵。

二十 统一六国与称量天下：秦始皇诏铜权

"曹冲称象"的故事可以说是家喻户晓，说的是曹操的小儿子曹冲用一艘船来称量大象的重量。提起称量物体的重量，大部分人都会想到秤砣，这一节要向读者介绍的这件国宝，就是2200多年前的秦代秤砣，它叫权，因出自秦代，故名秦权。

秦权的全名是"秦始皇诏铜权"，外形上呈半圆形，通高5.3厘米，底部直径4.7厘米。它的上面有一个小柄有孔，侧面圆弧曲线平滑优美，侧壁上有十四条竖棱，中间刻有铭文，全文是："廿六年，皇帝尽并兼天下诸侯，黔首大安，立号为皇帝，乃诏丞相状、绾法度量，则不壹歉疑者，皆明壹之。"

这段铭文的意思是：秦始皇二十六年（公元前221年），天下统一，百姓安宁，订立了皇帝称号，始皇帝下诏书让丞相隗状、王绾把不一致的度量衡制度都统一起来。

战国时代，齐、楚、燕、韩、赵、魏、秦各国的度量衡都不一样，直到秦始皇统一六国之后，实行"书同文，车同轨"的制度，才改变了战国以来度量衡不相同的混乱局面。这件秦权就是秦代在重量上制定标准的留存实物之一。我们都知道现在有个词语叫"权衡"，由此可知与权相对应的是衡，权与衡就是我们现在所说的秤与杆。遗憾的是，由于当时的衡多为木或者竹制，2000多年过去多已腐烂，秦代的衡至今还没有被发现，因此我们无法找到与这个权相对应的衡，也无法考证当年权与衡称量物体时的真实情况。

在秦代，我国已经掌握了用杠杆原理来称量物体重量的技术，

秦始皇诏铜权，通高 5.3 厘米，底部直径 4.7 厘米，重 0.26 千克，故宫博物院藏

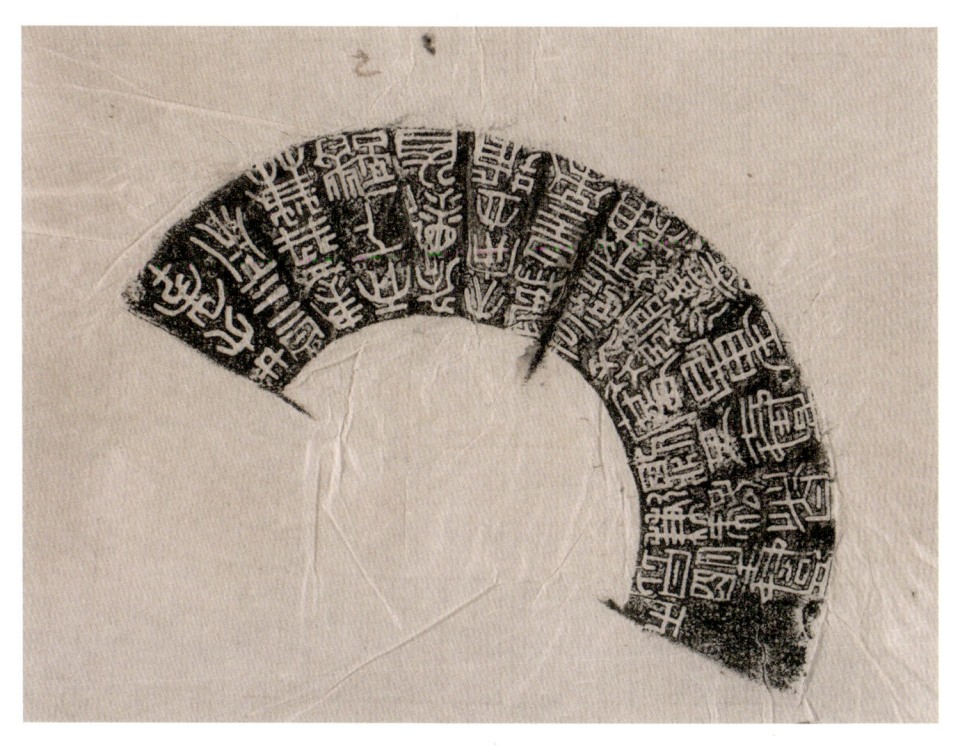

铜权诏文

这在当时是较为先进的。这件秦权记录了秦始皇用法律统一度量衡制并向全国推广的事实，也从另一个角度见证了秦代较为严厉的法律制度。

在湖北，考古人员从战国时楚国出土的墓葬中发现了很多楚国的权，它的外形与秦权非常相像，只是重量不一致。由于之前六国都已经有了自己的度量衡标准并已沿用多年，再加上后来秦国统一六国之后所采用的高压政策，可以肯定的是，当时秦代推行唯一度量衡是要面临很大的阻力的。想必也会有很多的人因为这个小小的铜权，受到非常严厉的惩罚。

尽管秦权在推行中受到一定的阻挠，但是秦权对后世的影响还是非常巨大的。秦代法律对权的质量误差范围有明确与精细的要求，有史料记载，秦以后的度量衡在精确度上较战国时有了很大的提高。同时，秦权的确立也对我国古代中医药学的发展起到了促进作用。各地中药的用药剂量在大体上有了相同的标准，较之前因为各国度量衡标准的不同所导致用药剂量的不统一，有了较大的进步。

在中国的成语库里，与"权"相关的成语非常多。如大权在握、权倾朝野、权衡利弊等。古人为何如此看重"权"这个重量的度量衡工具？

权，在中国古代有着极高的地位与作用。纵观中国封建社会的发展历史，自从出现了私有制，便有了权衡理论以及雏形实物，它是最原始的物物交换工具，又与后来的赋税制度相关联。在农业社会，财富积累大体上表现为粮食储备。因此，权这个重量的度量衡工具在中国的古代汉语中就衍生出权力、权势的意思。

正因为权这个重量的度量衡工具在中国封建社会中所具有的特殊意义，很多历史名人的名字都与权有关。比如东汉末年的孙坚为他的儿子起名为孙权，从名字中，我们可以看出古人的一些思想与理念。

"权"这个字，代表了权力、权势。而古人常用"权衡"这个词，也就是将秤砣与秤连在一起使用，来比喻管理国家大事。天地之间有杆秤，那秤砣是老百姓。权衡是使用杠杆原理来称量物体，简单地说是左右平衡。在封建社会的官场上，"权衡"一词有诸多含义，它代表着平衡各种势力，代表着对国家大事运筹帷幄，还代表着做官要平衡诸多矛盾的艺术与学问。

目前出土的秦权共53件，其中铜权33件，铁权15件，石权5件。经过鉴定，相同原料的权的质量相差很小，说明秦代制造权的技术已经非常精细与高超。权本身就是为测量提供准确依据的，它自身的准确非常重要，没有准确的测量就不可能实现社会化的标准。那么权自身的重量又要如何确定，在使用过程中又如何保证它的重量不发生变化呢？这要归功于秦代对青铜器炼制的重视与工匠的高超技艺。在战国时期，秦国作战用的每一件兵器都要刻上制作工匠的姓名，如果发生质量事故，都要追查相关人的责任。统一六国之后，因为秦权是国家统一制造并且是国家权力的象征，因此在它的上面仅刻有秦始皇诏书，并没有刻制作工匠的名字。

在近代科学发展之前，世界各国的重量单位多是以植物的种子作为标准的，巴比伦、阿拉伯、英格兰以小麦为标准，希伯来以大豆为标准。秦代度量衡权之所以多为铜制，是因为铜不为燥湿寒暑变其节，不为风霜暴露改其形。同时，秦代对权在使用过程中的重量变化也有较为严格的审查制度。秦代法律规定，各地使用的权每年要鉴定一次，国家颁布标准衡器，严加检验来保证重量的精确，在领取或借用时，当面校准，不准有丝毫差池。"仲秋之月，……一度量，平权衡。"

中国古代的权，在秦代之后各朝各代都有所变化，但大致都沿袭了秦权的制作工艺以及管理方法。在民间，权除用作衡器外，还用作吉祥物、压镇、明器等。相传民间搬家时，先搬过去一个权。造屋上梁时，将它悬挂梁上，寓"称心如意"之意；压帐子四角也用它，使之熨帖、平整。而它更多还是用作明器，很多王侯贵族将其葬在墓内，耀为权力象征，用来表示死者活着时的身份地位。

秦代在中国历史上虽然很短暂，但是就像秦权一样，秦代的诸多制度以及思想流传了下来。这枚秦权见证了秦始皇统一中国的壮举，也让我们能够在今天感受到古人的智慧。

二十一

大晟钟

乐声中的北宋兴衰浮沉：

编钟是中国古代的一种打击乐器，用青铜铸成，是由大小不同的扁圆钟按照音调高低的次序排列起来，悬挂在一个巨大的钟架上，敲打时能发出不同的乐音，可以演奏出美妙的乐曲。

1978年，中国湖北省随州曾出土过一套65件，总重量5吨的编钟，震惊考古界，这就是著名的曾侯乙编钟。虽然体积硕大，但整套曾侯乙编钟音色优美，音域宽广，可以演奏古今各种乐曲。

除了用于演奏乐曲，编钟在中国古代也是贵族等级和权力的象征。不同等级身份的贵族，编钟的数量级别各不相同，然而，随着东周时期礼乐制度的破坏，编钟这一象征贵族身份的专有乐器也逐渐淡出了历史舞台。

虽然春秋以后的历朝历代，有关铸造编钟的记载依然存在，但是这些后世的编钟已经不再是礼乐制度的化身。而故宫博物院中收藏的大晟钟，经考证，却是宋朝时期铸造的一件编钟。宋朝早已过了青铜时代，为什么还要铸造青铜编钟呢？

北宋崇宁三年（1104年），应天府发生了一件怪事，当时正在大兴土木的应天府，突然间挖出了六件铜钟，六件铜钟形制古朴，大小不一。这其实就是一组编钟,然而,宋朝时早已没有了青铜礼器，所以百姓们都不认识，对于突然出土的六件编钟，应天府的百姓都觉得非常蹊跷，以为出土的器物是神器，于是，神明降临的消息不胫而走。

消息很快传到了宋徽宗耳中，当时的北宋内忧外患，刚出土的

北宋大晟钟，通高 27.5 厘米，铣距 18.2 厘米，故宫博物院藏

青铜器是不是暗示会有什么不好的事情呢？宋徽宗知道消息后整日坐立不安。

虽然关于古钟的流言四起，可在宋朝毕竟还是有不少有学识的人，经过考证，应天府挖出的六件古钟是春秋后期的宋公戌钟，是春秋时期宋国的一套编钟。而当时的应天府在今天的河南省商丘，是宋太祖赵匡胤起家的地方。相传赵匡胤年少时在商丘曾求神问卜，被告知自己将来会成为天子。这一预言最终竟然得到了证实，赵匡胤建立宋朝，商丘升为应天府，也就成为宋朝的陪都。

应天府出土春秋编钟的消息得到证实后，宋徽宗大为高兴，钟在中国古代有着安定吉祥的寓意，太祖起家之地发现编钟，在宋徽宗看来是祥瑞的征兆。据史料记载，宋徽宗说这是"于受命之邦出为太平之符者"，是双重的大吉大利，宋朝必将国运昌盛。

宋徽宗立即下旨召集各地工匠，挑选全国最好的铜料，仿照应天府出土的编钟式样，精心铸造12套编钟。

崇宁四年（1105年）八月，12套编钟铸造成功，总共336件。这12套编钟排列放置在一起，气势恢宏。宋徽宗看着这些造型古朴的铜钟，非常满意，336件钟的钟身上都铸刻有"大晟"铭文，这就是中国历史上著名的"大晟钟"。晟，是光明、旺盛、兴盛的意思，大晟就是大光明和大旺盛的意思，寓意大宋王朝要光明旺盛。据史料记载，大晟编钟铸成以后"质极纯，声韵清悦"，只在皇帝祭天时演奏，所奏的乐曲被宋徽宗命名为"大晟乐"，他对自己铸造大晟钟的举措非常得意，还把"大晟乐"称为"宋乐之始"。

宋徽宗还颁布诏令："赐新乐名大晟，置府建官。"在京城建立起一座富丽堂皇的建筑，就是著名的大晟府，大晟府专门管理宫廷祭祀等礼仪时用的音乐，并编撰收集整理当时的旧乐，研制新乐。用今天的话来说，大晟府就相当于北宋时期的中央音乐总署。大晟府的设立和大晟钟的铸造，可以说是宋代音乐发展史上的一个里程碑。

宋朝时期铸造的大晟钟，虽然早已不是商周时期象征礼乐制度的编钟，却是宋徽宗期盼大宋王朝光明旺盛的象征，这一组气势宏伟的宫廷编钟，足以令世人震撼。可是，故宫博物院中收藏的大晟钟，却显得孤零零的，其他几百件大晟钟如今身在何处？它们在铸成之后又经历了怎样的命运呢？

北宋时期，宋徽宗下令铸造的大晟钟共12套，总计336件，这在中国古代铸造编钟的历史中堪称规模宏大。宋徽宗是中国历史上著名的书画皇帝,对于琴棋书画各有涉猎,称得上多才多艺,他自创的瘦金体在传世的书法中颇有影响力。虽然当时的北宋内忧外患,但宋徽宗依然时常沉溺于宫廷乐舞中。

据记载,北宋政和三年(1113年)四月,大晟新乐试演,大晟府殿堂之上摆放有大晟钟12架,辅助乐器有编磬9架,钟与特磬各12架,所有编钟和编磬上,都刻有"大晟"字样。12架总共336件大晟钟排列在殿堂中,盛况空前。

宋徽宗还为此专门御制了《大晟乐记》,在御制的《大晟乐记》中描述说,大晟钟试演时,余音飞扬到天界,这时大晟府上方突然飞来10只仙鹤,仙鹤在空中盘绕翱翔,和着悠扬的钟乐声鸣叫着。此后,只要大晟钟鸣奏时,就会有仙鹤飞来。

收藏在中国辽宁省博物馆的宋徽宗珍贵御笔画作《瑞鹤图》,描绘的就是这样一幅祥瑞场景:宫殿上方彩云缭绕,18只神态各异的丹顶鹤翱翔盘旋在上空,还有2只站立在殿脊的鸱吻之上,空中仿佛回荡着悦耳动听的钟声和仙鹤齐鸣的声音。虽然无法确切证实《瑞鹤图》所描绘的是否就是大晟钟演奏的盛况,但从铸造大晟钟的举措和绘制《瑞鹤图》的心境,可以看出宋徽宗对大宋江山稳固、宫廷祥瑞的期盼。

然而,事与愿违,大晟新乐演奏后仅仅过了12年,金兵南下,北宋的江山社稷危在旦夕。面对内忧外患的北宋,宋徽宗不得不下令废掉大晟府,大晟钟的演奏也从此停止。

宋钦宗靖康二年(1127年),金兵占领北宋东京,北宋灭亡,东京城遭到毁灭性的破坏和掠夺,300多件大晟钟也随同北宋宫廷的其他珍宝一起,都被金兵掠走。

伴随着大晟钟恢宏的乐声,北宋的国运却从辉煌跌落到低谷,北宋虽然已经灭亡,可大晟钟坎坷的命运才真正开始。

金兵将掠得的300多件大晟钟带回上京之后,便存放在乐器库中,很少有人问津。几年后,随着金朝的强盛,到了金熙宗在位的时候,金朝的宫廷乐舞也渐渐繁盛起来。

金熙宗下令把从北宋运来的乐器取出,用于宫廷演奏。然而,当他看到数量庞大的大晟钟后,勃然大怒。原来,金熙宗的父亲金太宗名叫完颜晟,大晟钟上刻着的"大晟"铭文，恰恰犯了太宗之讳。金熙宗一怒之下便命令把大晟钟上的铭文刮去大晟原款，改刻"大和"。然而，300多件钟，改刻铭文难度也不小。对于收存在库中的钟，就暂时先用黄纸将"大晟"铭文封住。

自从大晟钟离开了北宋王朝的庇护，就逐渐散失无法保全，也不能再现当年12架钟齐鸣奏乐的盛况。在金朝掠夺北宋东京时，大晟钟就从最初的336件，失散掉几十件，之后又经几百年间战争的破坏，朝代的更迭，当年的336件大晟钟，最终只剩下了25件，而这25件中，又有许多辗转漂泊，不幸流失到了海外。

这件收藏在故宫博物院的大晟钟，铸造精湛，钟身纹饰庄重，钟顶的双龙造型别致精巧，它就是当年宋徽宗下令铸造的336件大晟编钟中的一件，也是清代宫廷收藏青铜器中的一件。

虽然336件大晟钟如今仅剩下25件，但仅存的这些大晟钟，见证了北宋王朝由盛而衰的历史，也见证了北宋当年盛况空前的华美乐章。

到这一节为止，青铜器部分就结束了，从商周到秦，再到北宋，青铜器逐渐走进历史深处，不再在人们的日常生活中扮演重要的角色，但也正是这些青铜器，使我们还能够聆听到历史的回响。

徐琳

故宫博物院研究馆员。中国文物学会玉器专业委员会会长、故宫研究院玉文化研究所所长、中国社会科学院研究生院硕士生导师。长期从事玉器研究，专注于对故宫博物院传世玉器进行"库房考古"式的研究鉴定工作。

第三章

玉器

一

君子比德：中国古代玉器文化漫谈

中华民族是一个爱玉的民族，玉文化的历史源远流长。目前发现的中国最早的真玉器，距今已有七八千年的历史。此后，玉这种美丽的石头被赋予越来越多的宗教礼仪、文化，甚至神秘的色彩，一直到今天，都还深受人们的喜爱。

可能很多朋友会好奇地问，玉是什么？其实，玉是一种矿物。中国古代狭义的玉的概念，从地质学角度讲是一种矿物，这种矿物的定义是"以透闪石为主的透闪石和阳起石的集合体"。从物理性质看，玉是一种半透明状态的矿物，因其中含有一定的结构水，加上表面有油脂光泽，所以看起来十分温润。大部分玉的硬度在摩氏6度至6.9度之间，不软不硬，处于摩氏硬度中的最佳点；另外玉的颜色有很多种，有白玉、青玉、黄玉、碧玉、墨玉等多种颜色，很多人把一种非常白且温润如羊脂肪的玉称为羊脂白玉，只是真正称得上羊脂白玉的很少见。

那么，我们的祖先是怎么发现玉的呢？在很遥远的旧石器时代到新石器时代早中期，人们开始用一些美丽的石头装饰自己，这些漂亮的石头有玛瑙、燧石、水晶等各种质地。逐渐地，在这些美丽的石头中，人们慢慢发现有一种石头不仅美丽而且还有一种温润的光泽，这就是含有透闪石矿物的玉。这种透闪石玉因为有着温润的外表、油润的质地，以及越戴越美的特性，逐渐被人们从其他石头里分离了出来，这就是一个玉石分化的过程。玉石分化经历了很长一段时期，到距今七八千年前，在北方内蒙古、东北地区，发现了最早的一批真玉器。此后，发展到距今4000年至3500年左右的新石器时代晚期，在中国东北部的红山文化、江浙太湖流域的良渚文化、安徽巢湖地区的凌家滩文化、西北甘肃青海地区的齐家文化、陕西的石峁文化、长江中游的肖家屋脊文化等地区，都发现过数量众多的玉器，而这些玉器，都是随葬在氏族部落的首领及高等级贵族墓中。此时的玉很多是被部落里的巫师用来献给神的祭祀礼器，或者在祭祀时穿戴在大巫师身上用来通神的法器，具有"以玉事神"的巫玉功能。

  考古人员在安阳殷墟的妇好墓中，一下子发现了755件商代玉器，这也是目前发现玉器最多的一个商代墓葬，而墓主人妇好，是商王武丁的妻子，也是一位巾帼不让须眉的女将军，她一生南征北战，墓葬中出土的玉器反映了商代王室用玉的豪华奢侈。商代王室用玉很多，传说最后一代商王——大名鼎鼎的商纣王，在武王伐纣、兵临城下之时，身穿着用玉做成的宝玉衣，登上鹿台自焚而死。等到武王伐商以后，收缴的商王玉器据说"亿有百万"，当然这是代表虚数的一种说法，但是从考古发掘以及流传下来的商代玉器看，商代制作的玉器数量确实十分庞大。

  西周时期，诸侯王贵族都流行佩戴成组的玉佩，我们把它称为组玉佩，这些成组的玉佩数量很多，也很华贵，有些很长，可以从颈部一直佩戴到膝部。王侯贵族佩着长长的一串组佩，走起路来，玉佩之间相互碰撞，叮当作响，声音悦耳动听。同时，佩戴这样长长的组玉佩也让贵族走路的步伐放缓，就像踱步一样，从而符合君子讲究礼仪的要求。

  春秋时期，儒家思想的代表人物，大教育家孔子对中国人以往用玉进行了全面的理论总结。《礼记》一书中，记载了孔子的学生子贡问孔子玉和石区别的对话，并借孔子之口对中国古人眼中的玉进行了总结，这就是儒家的"玉德"观。孔子将玉的各种物理性质，比如玉质温润、韧性高、颜色美、硬度不软不硬等特点和儒家对君子的要求联系在一起，引申出"仁、知、义、礼、乐、忠、信"等11种可以和君子行为相符合的特性。可以说，自然界中没有其他矿物岩石像玉有这么多符合儒家君子德行的特质了。以玉的物理性质来象征人的德行，是中国人在众多美丽的石头中最终选择玉，把玉作为自己几千年来崇拜或寄托思想情感的对象的一个重要原因，也是儒家发现玉、锁定玉，并以其表达"君子之德"的原因。它也暗合了中国人固有的"天人合一"观念，所以要求"君子无故玉不去身"，就是说君子要佩玉，玉不离身，玉反过来也提醒人要做君子。《诗经·秦风》中就讲到"言念君子，温其如玉"。

东汉时期，许慎在《说文解字》一书中，对玉又进一步概括，即"玉，石之美有五德"，这五德就是"仁、义、智、勇、洁"，集中概括了玉的色泽、纹理、质地、硬度、韧性五个特性。对于玉的这个定义，大家一定不能断章取义，理解时一定要完整，不是美的石头就是玉，而是必须有五德的美石才是玉，后面这句话一定不能丢掉。

汉以后儒家思想成为历代大一统帝国的治国之本，统治者也进一步将玉德观巩固为用玉的正统思想，在全社会推广普及。汉代用玉之发达，佩玉之盛行，是和这种儒家以玉之德比君子之德的观念分不开的。借玉比君子之行，同时也成为规范君子行为的一个方式，王公贵族以君子自比，其外在的显示是佩玉，内在的精神因素就是玉的象征意义——君子之德。

西汉武帝时期，派张骞通西域，又派卫青、霍去病打击匈奴，此后，在西域设置西域都护府，优质玉料新疆和田玉开始大量进入中原。和田玉的玉质优，玉性好比各种地方玉更为符合儒家玉德观。从此以后，出现了一批既美又有德的经典之玉，如西安汉元帝渭陵出土的一批圆雕玉鹰、玉辟邪、玉羽人奔马等，都是用上好的和田带皮白玉子料雕琢而成的。以后历朝历代，和田玉都牢牢地占据着中国玉器制作行业的主导地位，和儒家玉德观一样成为中华玉文化发展中的重要元素。

隋唐以后，玉器制作和使用状况发生了很大的变化。一方面，历史背景不同，统治思想有所变化，使玉器在社会生活中的地位有所改变，礼制用玉数量大为减少；另一方面，城市经济的兴起，市民阶层的扩大，玉器逐渐向世俗化、商品化转变，大量实用性、装饰性的玉器开始出现，除了以往的王侯用玉以外，民间用玉逐渐兴起，玉器产品开始出现在市场上，较为富裕的百姓也能拥有。这一时期，宫廷玉雕和民间玉雕都有了长足的发展。

从现存这一时期的玉器来看，随着厚葬观念的逐渐淡化，隋唐以后各个时代的考古出土玉器较之以前大幅减少，大量玉器以传世品的形态流传后世，这其中以明青玉器的数量为最多。

　　清代玉雕艺术，是对以往各朝各代玉雕艺术的一大总结。此时，治玉的各项工具均已发明，各种技术均已完善，清代玉工有条件全面继承以往各时代玉器的多种雕琢技术和丰富经验，在此基础上，无论时作玉还是仿古玉，均有所创新。尤其到了乾隆时期，爱玉如痴的乾隆皇帝积极推动玉器艺术的发展，无论在玉器的设计上还是雕琢工艺上，均调动一切最优质的资源，推动中国古代玉器艺术达到顶峰。

　　清代宫廷内务府造办处管理着宫廷用玉，它从全国找来最优秀的工匠进入造办处制作玉器，同时还分派活计给各地作坊。乾隆时期为宫廷制作玉器的还有苏州、扬州等地，苏州织造和两淮盐政对造办处玉作来说尤为重要，现藏故宫博物院的一批精美的玉雕艺术品，如著名的大禹治水图玉山、云龙纹玉瓮、桐荫仕女图玉山、会昌九老图玉山等都是在这两个地方制做的。这些为皇家服务的地方玉作，很大程度上也带动了当地民间玉作业的发展，尤其在苏州、扬州地区，形成了两大民间治玉中心。

　　苏州在明清两代都是南方的治玉中心，苏州的玉作大多集中在苏州阊门内的专诸巷，那里作坊林立，高手云集，琢玉的水沙声昼夜不停。姚宗仁、都志通等宫廷造办处著名的工匠都出自专诸巷的玉工世家。

　　扬州是清代另一重要的治玉中心。扬州玉作以大取胜，玉山子是其特色玉雕，故而清宫造办处常令其制作玉山，著名的大禹治水图玉山、丹台春晓玉山都是由扬州玉作制作。民间小玉作坊也以山子、佩饰件见长。直至今日，这两个城市的现代玉雕业依然红火繁荣。

　　总之，中国古代玉器的发展，经历了先秦时期的神秘主义、战汉时期辉煌的古典主义、魏晋南北朝时期的衰落，走向隋唐以后，玉器开始生活化、世俗化，直至清代乾隆时期达到了古代玉器艺术的顶峰，走过了一个悠久、辉煌、独具特色的发展历程。

二 红山文化玉龙:天下第一龙

中国人一直都自称龙的传人,为什么这么说呢?中国龙的源头又在哪里呢?

故宫博物院收藏了一件红山文化玉龙,它整体像一个大写的英文字母 C,所以我们又称它 C 形龙。C 形龙是一块比较大的玉器。

玉龙用一整块黄绿色的玉雕琢而成,身体呈圆柱形,弯曲成优美的虹形曲线。玉龙头部有简单的雕刻,长长的眼睛像梭子,眼睛边缘用单阴刻线勾出轮廓,眼睛凸出表面。龙的吻部长而且前凸,鼻子向上翘,嘴及下颚就用几道简练的阴线纹刻画,纹路是往下凹进去的。脑后长长的龙发,特别飘逸,神气生动,边缘像钝刀刃一样。龙身光素,没有四肢和爪子,头上没角,身上无鳞,整个身躯像蛇身似的,遒劲有力。

玉龙的中部有一个小孔,小孔是从两面对钻的,就是从两边相对着往中间打孔,最后在中间会合。因为远古时期没有金属工具打孔,而是用尖锐的石头和着水和沙子一点点将玉器磨出一个穿孔。如果用绳子穿过小孔,那么玉龙正好处于水平悬置的状态。

这件玉龙原来是我国著名的建筑历史学家傅熹年先生的父亲傅忠谟先生的藏品。傅忠谟先生 1905 年出生于天津,1974 年于北京去世。他一生博学多才,尤其喜爱中国古代的玉器,他一生收藏中国古玉上千件,也是著名的古玉研究专家和收藏家,曾经编著《古玉精英》一书流传后世,书中就收录了他所收藏的几百件玉器,对每件玉器都有精辟的解读。1992 年,故宫博物院收购了傅忠谟先生

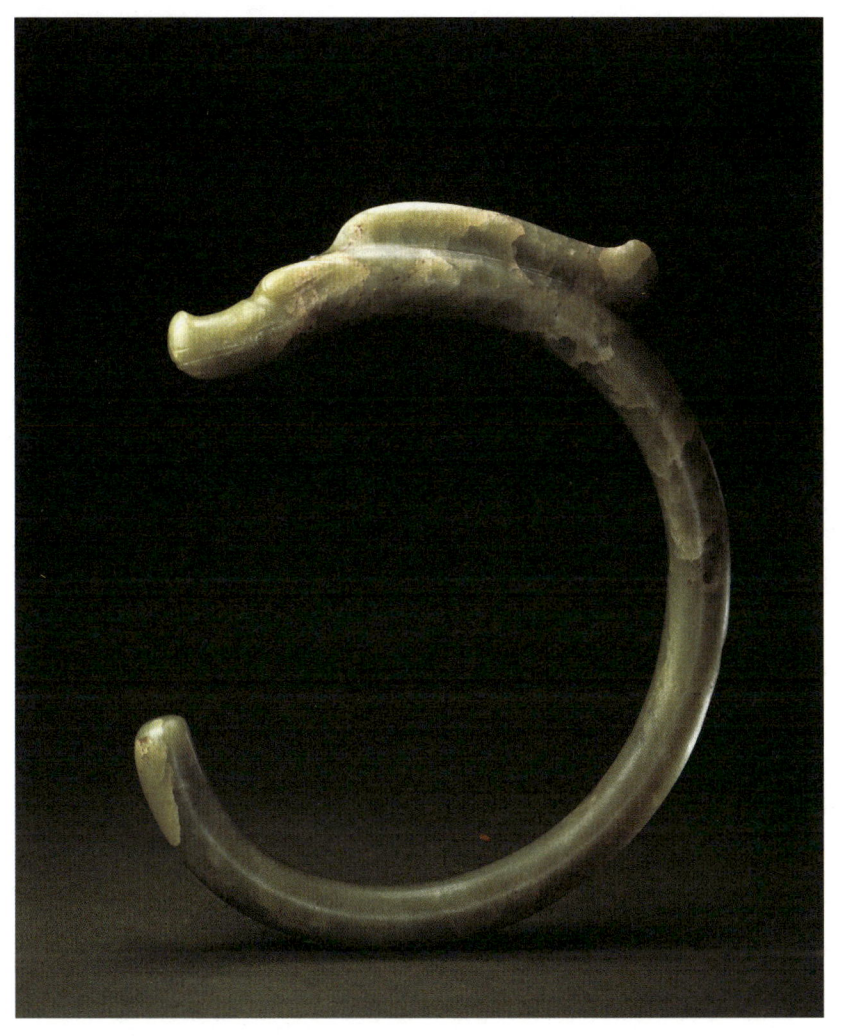

红山文化玉龙，高 25.5 厘米，最宽 21.8 厘米，曲长 60 厘米，直径 2.2 至 2.5 厘米，故宫博物院藏

收藏的 396 件玉器，其中就包括这件玉龙，这件玉龙也是目前所见最大的一件 C 形玉龙。

除故宫博物院所藏的 C 形玉龙以外，还有两件大家公认的 C 形玉龙，它们虽然是征集品，但都有相对应的出土地点。最著名的一件就是 1971 年在内蒙古赤峰市翁牛特旗赛沁塔拉村（原来称为三星他拉村）发现的一件大玉龙，大玉龙是墨绿色的玉料，造型和故宫的玉龙相似，稍微窄一些，现在收藏在中国国家博物馆，常常出现在杂志的封面上，华夏银行的标志就是以大玉龙为原型的。另外一件C形玉龙也出自翁牛特旗，玉料与故宫博物院所藏的C形玉龙相同，都是黄绿色的透闪石玉，造型也与故宫博物院所藏的玉龙类似，只是体型较小，现在收藏于翁牛特旗博物馆。

C形玉龙是目前发现的玉器中龙的最早形态，也是最早符合人们头脑中龙的形象的玉器。但是对这件玉龙的造型到底从何而来，却有多种说法：有的学者认为玉龙祖形的最初来源与猪首有关，可能是受野猪头部的启发做成；也有的学者认为C形玉龙的祖形来源于马首，因为龙的长鬣极像草原上的奔马；还有人认为可能是熊、猪、马等多种动物的集合体，是创造出来的动物形象。但是无论如何，大家都不约而同地将它定名为龙，所以这是一件最早的被公认的玉质龙。

故宫博物院所藏的C形玉龙因为是传世文物，并非考古发掘的出土文物，没有明确的地层关系证明年代，所以还要参考翁牛特旗和辽宁牛河梁遗址出土的玉器。从目前考古出土的玉器来看，这件C形玉龙和辽宁牛河梁遗址出土的红山文化玉器有很多相似之处，如黄绿色的玉料，简洁大方的造型，阴刻及浮雕的玉雕工艺，如果联系到翁牛特旗的两件C形玉龙，我们可以认定这件玉雕C形龙是红山文化的玉器。

那么，红山文化到底是什么样的文化呢？熟悉考古和中国历史的读者可能知道，在王朝出现之前，考古学上人类历史分期中的第一个时代是石器时代，石器时代从出现开始到青铜器出现为止，大约从距今二三百万年到距今4000年左右，人类使用的工具主要是石器。石器时代又分为旧石器时代和新石器时代，两者的主要区别是：旧石器时代使用的是打制石器，新石器时代使用的是磨制石器。旧石器时代历经的时间很长，大约到距今一万年前结束。此后进入新石器时代。在中国，从北到南，从东到西发现了很多新石器时代文化遗址，为了区别不同的文化类型，考古学家往往用这个文化的最早发现地为文化遗址命名。而红山文化就是因为首次发现于内蒙古赤峰红山而得名的，它以西拉木伦河、老哈河流域为中心，主要分布于内蒙古东南部、辽宁西部、河北北部及吉林北部，是北方燕山南北、长城地带的一个重要的考古文化区，红山文化距今大约5000—6500年，红山文化玉器主要出现于红山文化晚期，距今约为5000—5500年。

20世纪70年代中期以来，随着东北地区考古发展的深入，红山文化及其出土的玉器才逐渐得以确定。而辽宁牛河梁地区的考古发掘，更凸显了红山文化玉器的重要性。据初步统计,到目前为止,公认的已发现的红山文化玉器不过几百件,与其他诸多拥有玉器的史前文化相比,数量并不算多。但是,发掘的红山文化高等级墓葬,有一个重要的特点——"唯玉为葬",就是墓葬中只随葬玉器,而没有随葬其他新石器时代常见的陶器,最多的一个墓葬随葬了20件玉器。这一特点显示了玉器在红山时期的崇高地位。红山文化玉器不仅是简单的随葬品,而且是玉礼器,是墓主人生前的佩戴品,也是祭祀上天或各种神灵时用来通神的法器。

另外,红山文化玉器的一个明显特征,就是动物形玉器较为发达,出现了玉龙、玉凤、玉鸮、玉龟、玉蚕等一系列动物形玉雕,大多雕琢古朴,略具象形,说明了我们的红山先民对动物的崇拜,有学者认为这是物精崇拜。而C形龙就是这种物精崇拜的典型代表,结合现实中的动物创造出想象中的神灵,简约、神秘,是史前红山人的神灵崇拜物,用来庇佑红山先民,也成为中华龙文化的源头代表。

三 远古时期的知识分子：红山文化玉巫人

红山文化玉巫人，高 14.6 厘米，宽 6 厘米，厚 4.7 厘米，故宫博物院藏

红山文化玉器中不仅有中华龙文化的源头代表——玉龙，还有和远古巫文化有关的玉人。这一节我们通过三件红山文化的玉巫人，梳理它们之间的关系，了解中国古代的巫文化。

在了解这三件玉人之前，先要说明两个概念：出土文物和传世文物。文物来源一般分为两种，一种是出土的，就是考古发掘出来的，叫作出土文物；一种是古时候流传下来的，叫作传世文物。出土文物的好处就是我们很容易知道它的年代和出土的地方，但是传世文物则不一定，所以有的时候需要跟出土文物比对，才能知道它的年

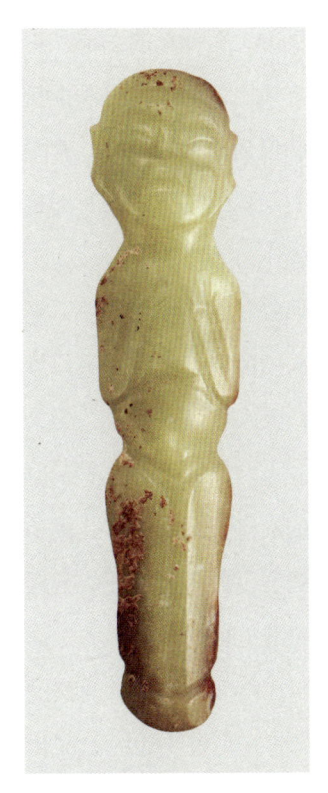

玉立人像（牛河梁遗址 N16M4：4）[1]

1. 图片来源于古方主编《中国出土玉器全集 2》，科学出版社，2005 年，第 109 页。

代和各种信息。

第一件玉人就和考古发掘有关，属于出土文物。在红山文化的考古发掘重地——辽宁的牛河梁遗址，有许多红山时期的高等级贵族墓葬，这里也发现了非常重要的祭坛和女神庙，形成了坛、庙、冢一体的大型文化遗址，可以说牛河梁这个地方是红山先民生活的一个中心地区。这个地区的遗址 1983 年就开始发掘了，但是 2002 年的一次发掘格外引人注意。牛河梁考古工作站在第十六地点发现一座大型墓葬，在墓主人骨骼的左边骨盆外侧出土了一件小玉人，玉人高 18.5 厘米，黄绿色的玉质十分油润，裸体，身材短小清瘦，五官清晰，双目微闭，眉头紧锁，嘴半张，双手抚于胸前，五指分开。这一玉人形象，似神灵附体的大巫，所以常被学者们解读为巫人，墓主人也被推测为红山文化晚期一位具有通神法术的大巫。

正是这件玉人的出土让笔者心中一动，想到了第二件玉人——故宫博物院收藏的一件玉人。这件玉人因为没有考古发掘品做参考，是一件传世文物，我们无法知道它是哪里出土的，大致属于什么年代，所以一直以来对它的属性众说纷纭，它也长期被打入冷宫不受重视。牛河梁出土的玉人，是红山文化考古发现的第一个全身形象的玉人像，证明红山时期完全可能雕琢出完整玉人像。受这件事的启发，笔者进库房再次拿出故宫博物院所藏的那件玉人，细细审看：它高 14.6 厘米，宽 6 厘米，厚 4.7 厘米，跟人的手掌差不多长，拿在手上正好，也是黄绿色的玉料，身上有大面积的铁褐色斑。玉人也是裸体的，不过是坐姿，人像尖下颚，鸭蛋形的头部，杏仁形眼，细腰长腿，上肢弯曲扶于腿上，身体的比例与人体比例相似，可以推断为人。玉人头上戴着一个动物首形的冠，冠上有两个圆凸似为动物的眼睛，有两个竖直的长角，双耳镂空。头顶动物两角之间有非常浅的网格纹。玉人颈背部有大的对穿孔，可以悬挂佩戴。

这件玉坐人像原来一直被认为是兽面人身的造型，但经过这次细细研读，笔者才发现这其实是一个裸体的人，只是这个人戴着动物头做的冠，所戴的冠似傩舞时戴的动物面具，夸张而令人敬畏。至于是什么动物，大家可以去想象，因为有角，最大的可能是鹿。

另外，这件玉人的雕工也非常原始，身上有片切割的痕迹，颈部的打孔也是外大里小，是原始的钻孔技术，这些细部都带有明显的史前玉器工艺特征。玉人所用的玉料以及慢慢推磨去料的工艺也是红山文化玉器的常见特征。

笔者翻查了这件玉人的来源，发现它是在1983年初，由几位内蒙古的牧民卖给故宫博物院的。这些信息综合起来，可以确定它就是一件重要的红山文化玉人。

由此笔者又联想到第三件玉人，它被收藏在英国剑桥大学菲兹威廉姆博物馆（Fitzwilliam Museum）。这个博物馆1961年曾入藏一件玉雕的坐人像，是中国早年流散出去的，人像高12.2厘米，玉质也为黄绿色，与故宫博物院所藏玉坐人及牛河梁出土的玉人玉质类似，连铁褐色的沁斑也一致。它的坐姿造型与故宫博物院所藏玉坐人像相似，玉人脸型为尖下颚，五官较为清晰，弯眉，长眼，三角形鼻，类似于牛河梁玉人的面部，但没有紧蹙眉头。人像也是裸体的，只是头上戴有兽首，正面看像是帽子，背后看则更像披着整张兽皮，兽皮披至腰际间。那么他头上戴的是什么动物的头饰呢？我们从人像的头顶往下看，就可以看清这是一只高举前肢的熊，所以说这个人是披了一张熊皮，熊皮上带有熊头。

熊在红山社会中占有十分重要的地位。红山文化二号和四号地点积石冢墓地中都曾出土过熊的下颚骨，说明崇拜熊的习俗由来已久。熊崇拜也是东北渔猎民族所特有的习俗。红山文化以熊为主要崇拜对象，与出土玉器的地域特征十分吻合。

为什么会有三件玉人出现在红山文化的玉器中呢？它们有什么内涵？如果

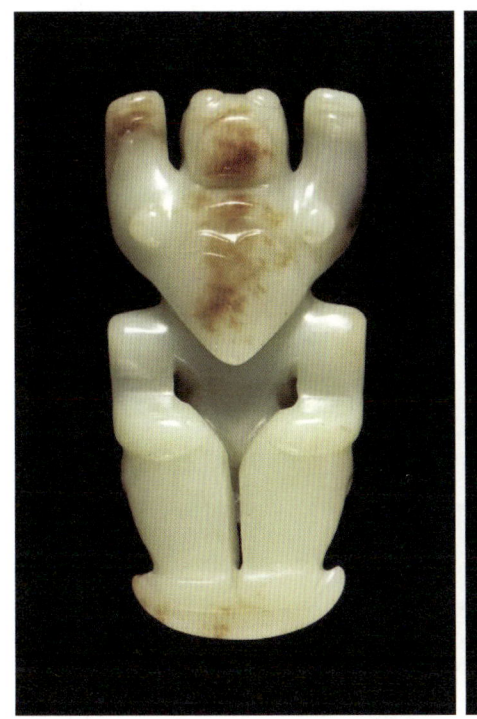

红山文化玉巫人，现藏于剑桥大学菲兹威廉姆博物馆

将牛河梁出土的玉人与故宫博物院和剑桥大学菲兹威廉姆博物馆收藏的两件传世玉人像来比较的话，不难发现它们其实表现的是同一类人。

这三件人像均为裸体，所用的玉料相同，可能埋藏条件也基本相同，所以表面颜色也相同，唯一不同的是一站二坐，一个裸体，一个仅戴兽首做冠，一个身披兽首兽皮。

学者们已普遍认为牛河梁出土的玉人代表的是远古的巫人，玉人的主人是主持各种祭祀活动的专职祭司，是巫，也有人称之为"红山萨满"。而巫或萨满在行巫术的过程中，则会经历：第一步静坐；第二步神灵附体，也就是进入昏迷状态；第三步作法，也就是进入游动昏迷状态，成为神灵代言人；最后一步平静，也就是逐渐恢复正常状态。如果认定牛河梁出土的那件玉人是巫进入了神灵附体的昏迷状态或已进入行法状态的话，那么另外两个坐人似乎是巫在行巫术过程中的其他状态，可以说是一种较为平静的状态。同样赤裸着身子，但已戴上或披上了兽冠或兽皮，在这一时刻，兽冠和兽皮似乎是他们身穿的一个道具，就像举行大傩时要戴的"傩面"一样。傩是一种原始祭礼，秦汉的时候，人们要穿上特定的衣服，击鼓驱鬼，驱除瘟疫，直到今天，我们还可以在南方的一些地方看到傩戏，这就是古代祭礼的遗存。

我们还要注意一个细节，剑桥大学菲兹威廉姆博物馆那件玉坐人赤脚踩在半圈状物上，这半个圈状物很难解释是何种东西，但在这里出现应该不是随意而为，应当有特定的意义。笔者认为这是升天借助的一种法物，就像牛郎借用老牛之角挑着一双儿女飞上天空追赶织女的方式一样，这一半圈状的法物可以解释为动物之角，可能是神鹿之角。这件玉坐人可以解释为巫踩着鹿角，披着熊首冠衣，在进入神灵附体前入定的状态。而故宫博物院所藏的那件玉坐人，虽没有踩鹿角，但戴着鹿首冠，似乎可以借鹿之奔跑飞跃之力进入升天状态，这可能也是一种神灵附体前的入定状态。牛河梁出土玉人可能是巫在神灵附体后，作法之时去掉了道具，专心与神对话，行法时的姿态。

那么，真相逐渐清楚，这三件玉人表现的是同一类人，即红山时代巫的形象，是巫在作法时不同状态下的表现。两件玉坐人是作法入定时的状态，而站立的玉人则是神灵附体后的作法状态。它们都代表了特定场合下的巫的形象。

一提到"巫"，大家可能认为就是迷信的代表。其实，在人类文明的初创时期，巫是人类中先知先觉，并且天赋异禀的人，也是部落族群中最聪明和最有能力的人，可以说他们是当时最高级的知识分子，天文、地理、医术等无所不晓，这样的人往往是部落中的首领，掌管着祭祀天神、生产渔猎等氏族生活权力。巫在祭祀之时，如果需要与神沟通，就会通过玉来实现，所谓"以玉事神"，所以在红山文化墓葬中出现玉巫人就不足为奇了。这些玉巫人恰恰证明，墓主人极有可能是当时氏族部落的领袖人物，也就是巫。

四 新石器时代的超新星爆发：凌家滩八角星纹玉板

1987年在安徽省马鞍山市含山县的凌家滩遗址4号墓，出土了一件玉板。这件玉板和正常的手机屏幕差不多大，平均厚度在2毫米至4毫米之间，非常薄。这个墓葬的年代距今大约5300—5600年，属于新石器时代凌家滩文化。玉板因在地下埋藏了5000多年，整体已经变为鸡骨白色，表面泛牙黄色。从文物图可以看出玉板不平，正面有刻画图像，并微微弧凸，反面内凹，光素无纹。玉板四周有22个小钻孔，分布不太规则。正面的刻画图像由两个圆圈分三个部分，最里面是一个较小的圆圈，圆圈内刻着一个八角星；外面一个大圆圈，小圆圈和大圆圈之间有八个尖柱状的图案，分别指向八方，成放射状。大圆圈外有四个尖柱状图案，分别指向四个角。

这块玉板出土在墓葬的中部，出土时夹在一副玉质龟的背甲、腹甲之间，位于人的腰部，玉板的四周和玉龟甲上都有穿孔，可能当时悬挂于墓主人身上。这个墓的等级很高，墓主人很有可能是当时部落中地位相当高的大巫师或者首领，他不仅具有通神占卜的能力，而且有很高的权力。

玉板最神秘之处就是上面刻画的图案，到底代表什么意思？有的学者认为是太阳纹，有的学者认为是天地之神的象征，有的学者认为是远古的洛书和原始的八卦，有的学者认为是古代历法的反映，有的学者认为表示的是"八方"和"数理关系"的概念，还有学者认为它是史前的日晷图像，众说纷纭。

这些观点虽然千差万别，但大都认为这个图像具有一定天文学

新石器时代凌家滩八角星纹玉板,长 11.4 厘米,高 8.3 厘米,最厚 1 厘米,
故宫博物院藏

上的意义。只是这些说法也有漏洞。比如比较流行的日晷说,看似有道理,但我们知道,日晷的工作原理是通过"指针"在刻度上的影子的位置来读出时间,所有日晷中心必有一个孔,可穿过一根针或棒,而这块玉板中央并没有任何孔,旁边也没有任何等分的刻度。且这块玉板并非平面,而是有一定弧度,无法平置放指针,更谈不上测量时间。

玉板图案中间的八角星纹并不是孤例,在同一区域的 29 号墓中,还出土了一件玉质的鹰熊形佩,它的腹部正反两面也刻画有八角星纹。

19 号墓出土的一件陶纺轮上也有相同的八角星纹。无独有偶,大约距今 4000 年到 6000 年的其他文化遗址中,也发现有与凌家滩八角星图案相似的八角星纹,范围相当广阔,包括了长江、淮河、黄河、辽河流域的大半个中国,北到

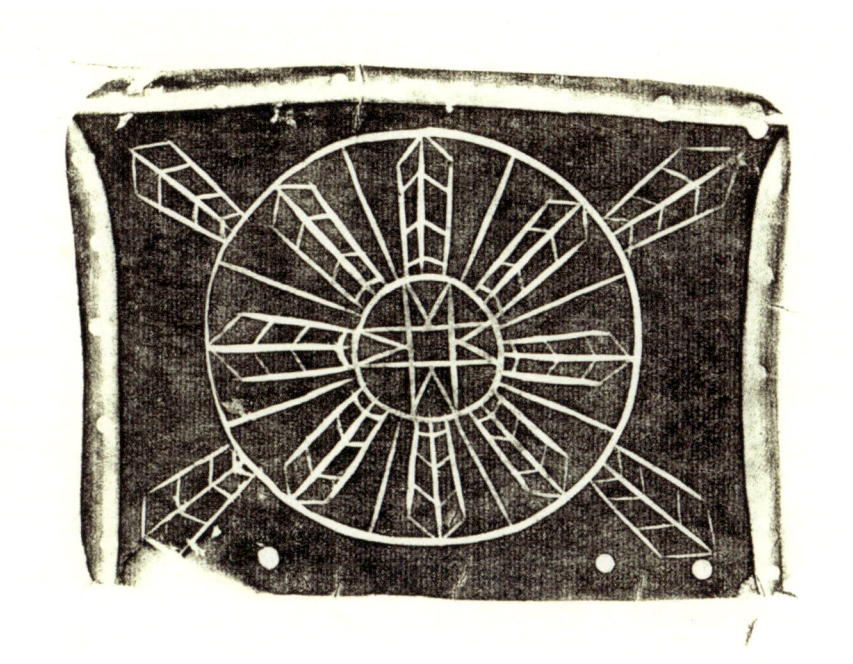

玉板正面拓片

内蒙古敖汉旗南台地遗址，东到山东大汶口文化，西南到湖南洞庭湖地区的汤加岗文化、大溪文化，东南到苏州、上海一带的崧泽文化、良渚文化、马桥文化遗址，西到青海、甘肃一带的齐家文化、龙山文化遗址。这些遗址中发现的一些陶器或彩陶器上，都刻画了类似的八角星纹。

从天文学的角度来看，玉板中间的八角星纹类似某种很亮的星体，曾有一些学者认为它是太阳，但是目前发现一些新石器时代陶器上的太阳纹，都被画为一个圆加多条向外的直线条，类似于现在儿童画太阳的画法，完全没有必要特意将之画为八角星纹。

在和天文学家一起研究时，有一个大胆的假设很有意思，即这个图像很可能描绘的是一颗超新星，从而将其用八角星图案的形式记录了下来。

超新星是什么呢？超新星是恒星演化过程中的一个阶段。我们知道，所有恒星都是靠氢元素的聚变反应维持发光发热的，比太阳重 1.4 倍以上的恒星，在生命末期时，会产生剧烈的大爆炸，光度可以突然增大到原来的 1000 万倍以上，从而形成超新星。1987 年曾有一颗超新星爆发，被哈勃空间望远镜拍摄下来，光芒特别炫目耀眼。 如果一颗超新星爆发的亮度几乎接近从地球上看太阳的亮

第三章　玉　器　| 217

度，那绝对是人类在地球上看到的一件大事，被记录下来的可能性就非常大。在没有文字的远古时期，用图画形式记录下来的可能性也最大。

在中国古代文献中，被用文字记录下来的超新星至少有9颗，称为客星。比较早的一次是东汉中平二年，即公元185年12月7日在半人马座出现的一颗超新星。史书记载这颗超新星从地球上看起来大得像半张席子，亮度惊人。

中国文献记载的超新星爆发，间隔时间并不是很长。据中国科学院院士席泽宗先生研究分析，大约每隔150年，银河系内就会有一次超新星爆发。以此时间推算，从公元前的新石器时代一直到公元185年，大约一万年的时间，银河系极有可能会有多次超新星爆发的现象，被地球人看到的超新星应该也不止一次，只是因为没有文字记载，现在的人无法确切地知道它们罢了。但是我们完全可以通过一些图像资料来找到超新星的蛛丝马迹。这件凌家滩出土的玉板上以八角星纹为主体的图案可能就是一个重要的例证。

凌家滩文化玉鹰熊形佩上的八角星纹

所以，前面提到的各大文化遗址中出土的各种八角星图案，很可能就是先民对超新星的描绘，凌家滩遗址出土的玉板上的复杂图案，因为有一层层向外放射的图案，更接近于人类肉眼能看到的超新星爆发的场景。

因为一次超新星的爆发，可以在多个地区被同时看到，而且超新星爆发持续的时间也长，被人们记录的可能性很大。对这种不同于太阳的奇异星象，史前人类不约而同或者相互传承地以八角星图案的方式将它们记录下来，应该是很有可能的。而凌家滩文化玉板上的八角星图案，是这些八角星图案中最复杂的一个，光芒层层放射，应该是记录了当时看到的超新星爆发的一个详尽过程。可能在5000多年前看到的那颗超新星，是北半球尤其是安徽巢湖地区的人们印象最深刻的一次，所以他们才制作了这样一件复杂的刻图玉板。

还有一个人们耳熟能详的"后羿射日"的传说，大约发生在4000年前，据说"十日并出，羿射去九"。

羿是尧时的人，即禹夏之前的人，十日并出的现象也许不是空穴来风，很有可能是对某种奇异天象的夸张描述，即有一颗距离地球很近的超新星爆发，它爆发时的肉眼观测亮度可能达到甚至超过太阳的亮度，让人类感到天上多出了一个"作怪"的太阳。这对当时的人类造成了很大的视觉冲击，而"十"这个数字在古代是表示多数的虚数，并非实际的表达数量。超新星爆发从被人类看到至消失，最长能持续几年时间。这样，超新星消失的自然现象，在当时的人们看来就和英雄"后羿"有关了：他射掉了在天上"作怪"的那些多余的太阳，才使人们的生活渐渐步入了正轨。所以，后羿射日的传说很有可能也是对史前超新星爆发现象的描述。

综上，故宫所藏这件凌家滩文化玉板上刻画的含有八角星纹的图案很可能是对史前超新星爆发现象的描述。而史前中华大地上多个文化遗址中一些器物上所刻画的八角星纹图案，也可能是对超新星爆发的记录。同时，神话传说中后羿射日的故事很有可能也是一次对超新星爆发的记录。它们之间互相印证，说明在史前可能发生过不止一次超新星的爆发，这些超新星的爆发，被人们用八角星纹图案，或者传说的形式记录了下来。

如果这些观点成立的话，那么，这块玉板上所记录的八角星将是目前所见较早的关于超新星的记载。

五　奥运奖牌的灵感来源：玉璧

在中国古代玉器中，玉璧可谓唯一一种历朝历代均有且经常使用的玉器，并且从史前一直流传到清代，甚至中国 2008 年在北京举办奥运会时设计的金镶玉奖牌的灵感都来自古代的玉璧。

自古玉璧的造型几乎没有大的变化，就是一个圆形的扁平体中间有一个大大的孔。早在新石器时代的许多文化中，就出现了玉璧，其中最具代表性的就是环太湖流域良渚文化发现的玉璧。故宫博物院收藏的良渚文化玉璧，造型就是一个大大的圆，中间是一个圆孔，不过远古的时候因为人们工艺上还比较落后，要做一个圆形只能用切方为圆的方法，就是先把玉料切割成方形，再一点点倒角去料，变成圆形，所以那时的大玉璧外周还不是特别圆。故宫这件良渚文化玉璧外周还能看出一点直边，就是切方为圆留下的。玉璧本来是青玉质，入土以后，经过将近 5000 年的变化，已经变成了鸡骨白色，就像鸡骨头的颜色，不过这件玉璧估计在清代早期或者更早的时候就出土了，乾隆皇帝看到时，它已经被人们把玩过，颜色变成了红褐色。中国的玉确实有很神奇的地方，入土时间越久，受沁就越多，但是一旦出土，经过人们的盘玩，外观就会有非常明显的变化，有些玉质也能被盘玩出来，而且越盘越油润，这也是自古人们都说玉很亲人需要把玩的原因。

这件良渚文化玉璧因为有着古朴的外形、厚重的沁色而使乾隆皇帝激动不已，还亲自为它写了一首七言诗，命人刻在了玉璧之上，旁边还刻着"乾隆御玩"的椭圆闲章。诗的题目是《咏汉玉素璧》，

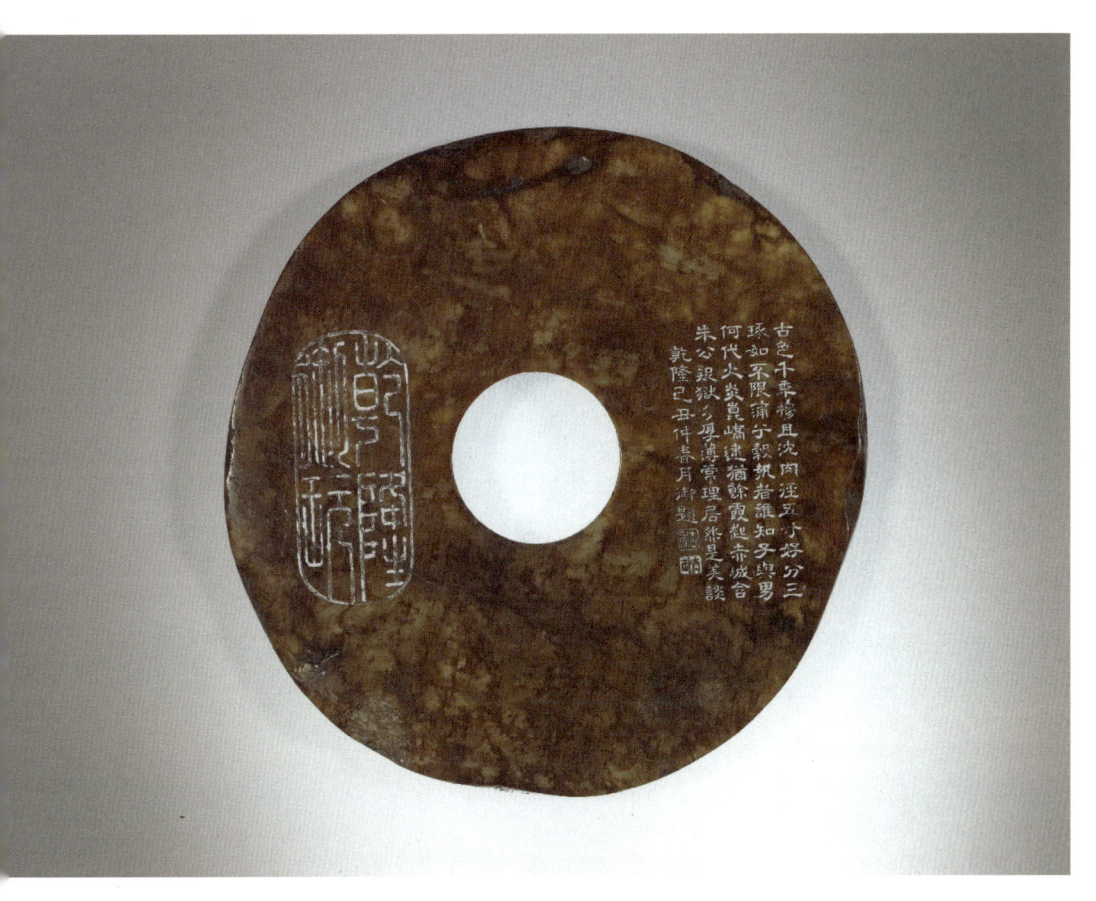

良渚文化玉璧，外径 15.3 厘米，内径 4.3 厘米，厚 1.1 厘米，故宫博物院藏

可见乾隆皇帝将这件玉璧错认为汉代的玉器了。这也情有可原，毕竟那个年代没有什么考古发掘，更不知道有新石器时代，乾隆时期对于远古的东西能想到汉代已经算很远了。

那么，古人为什么要造出玉璧这样的器物呢？它到底做什么用？《周礼·春官·大宗伯》有这样一条记载："以玉作六器，以礼天地四方。以苍璧礼天，以黄琮礼地，以青圭礼东方，以赤璋礼南方，以白琥礼西方，以玄璜礼北方。"意思就是用玉制作璧、琮、圭、璋、琥、璜 6 种不同形状的玉器，用来祭祀天地和东南西北四方。其中，苍璧是祭祀天的，黄琮是祭祀地的，青圭祭祀东方，赤璋祭祀南方，白琥祭祀西方，玄璜祭祀北方。《周礼》中的六器可以说是古人附会天地万物而从玉器中找到的象征：因为天形圆而色苍，故用苍璧以祀天；地形方

第三章　玉　器　|　221

而色黄，故用黄琮以祀地；青圭，锐，圭是锐角的，象征春天万物初生，所以礼东方；半圭曰璋，象征夏天万物半枯，所以礼南方；白琥，猛，象征秋之肃杀，所以礼西方；半璧曰璜，象征冬令闭藏，地上无物，唯天半见，所以礼北方。

《周礼》是儒家经典，十三经之一，世传为周公旦所著。上述《周礼·春官·大宗伯》记载的六器，是商周时期重要的祭祀用玉。在古代，玉器是持有者身份地位的象征，用玉器作为礼器来祭祀天地四方的神，所以这六种玉器也是最高规格的"祭器"。

商周以后，琮、璋、琥、璜这四种玉器的祭祀礼仪功能逐渐衰落。唯独留下玉璧和玉圭还一直在使用。不过，玉璧和玉圭除了祭祀作用以外，越来越带有瑞器的功能。比如到了汉代，玉璧虽然还是礼仪用玉的主角，但它作为祭祀礼器的作用在下降，作为日常瑞器的功能在逐渐增强。

瑞玉的意思就是说玉变成了一种日常需要的礼仪用器，比如在觐见、朝会时需要手持玉璧或玉圭做礼，玉璧成为符信的凭证。战国、汉代时流行的谷纹璧和蒲纹璧，成为王侯日常常用的礼仪用璧。中国古人认为天地是最重要的，天圆地方是当时的认识，所以他们用玉璧这样的圆形器物来象征天，用外方内圆的黄琮来象征地。

《周礼·春官·大宗伯》一节记载："子执谷璧，男执蒲璧。"古代王侯的爵位是分等级的，一般分公、侯、伯、子、男。所谓谷璧是指器身满饰谷纹的玉璧。谷纹形似谷粒，饱满凸出，立体感较强。蒲璧，顾名思义，就是雕琢蒲纹的玉璧，蒲纹是模仿古人铺的席子纹饰而来，故宫博物院就收藏有谷纹玉璧和蒲纹玉璧。谷璧与蒲璧是战国、汉代常见的玉璧，谷璧的出现早于蒲璧，谷璧纹饰的起源可能由春秋战国时期的小蟠虺纹而来，以后慢慢演变为单个的小谷粒。但因谷物和蒲席与人们日常生活密切相关，所以就简称为谷璧与蒲璧。两者成为重要的礼仪用璧，代表着持有者的身份地位，不同等级的贵族所执的玉璧颜色、工艺、大小也有所不同，玉璧成为重要的"瑞器"。

《后汉书·礼仪志》记载，每年岁首，即正月时，是大朝贺的时间。按礼仪要求，在钟鸣开始受贺的时间，公、侯都要持璧进礼。《后汉书·朱晖传》记载了这样一个故事：东汉章帝建初七年（82年），正月朔旦，东平王刘苍进朝入贺时，按照惯例，少府应该给每个王发放玉璧入贺，当时少府卿阴就贵骄、傲慢，

谷纹玉璧，故宫博物院藏　　　　　　　　蒲纹玉璧，故宫博物院藏

不给刘苍玉璧，刘苍坐在朝堂，"漏且尽，而求璧不可得"，时间都要到了，还没拿到礼仪用的玉璧。后来还是刘苍的部属朱晖用计骗取了玉璧，才使刘苍可以执璧入朝。

由此可见，玉璧在汉代日常礼仪中是符信的象征，进朝入贺均要手持玉璧。朝贺之时，公、侯皆持璧作为符信凭证。

另外，玉璧也是奉祀、纳聘的礼仪用玉。比如汉宣帝在未央宫就将"玉宝璧"当作神明供奉祭祀。皇家在纳聘皇后，诸侯在嫁女儿时，玉璧也是重要的聘礼。甚至皇帝招聘特殊人才时也用玉璧作为重要的礼品。玉璧在汉代上层社会是日常非常重要的瑞玉。

文献中作为瑞玉的玉璧主要指谷璧和蒲璧，但是在考古出土实物中，汉代的礼仪用玉璧不仅有谷璧和蒲璧，还有素面玉璧，以及在谷纹和蒲纹之外添加夔龙或凤鸟等纹饰图案的双区玉璧和三区玉璧，还有许多雕镂各种纹饰或者"长乐""益寿""宜子孙"等各种吉祥用语的玉璧。

玉璧作为礼品使用不仅限于国内，也远播国外。日本宫崎县的西都原考古博物馆就藏有一件三区的青玉夔龙纹璧，玉璧直径33.3厘米，厚0.6厘米。里圈和外圈均是双身夔龙纹，中间为蒲纹。这件玉璧相传在文政元年（1818年）出土

第三章　玉器　| 223

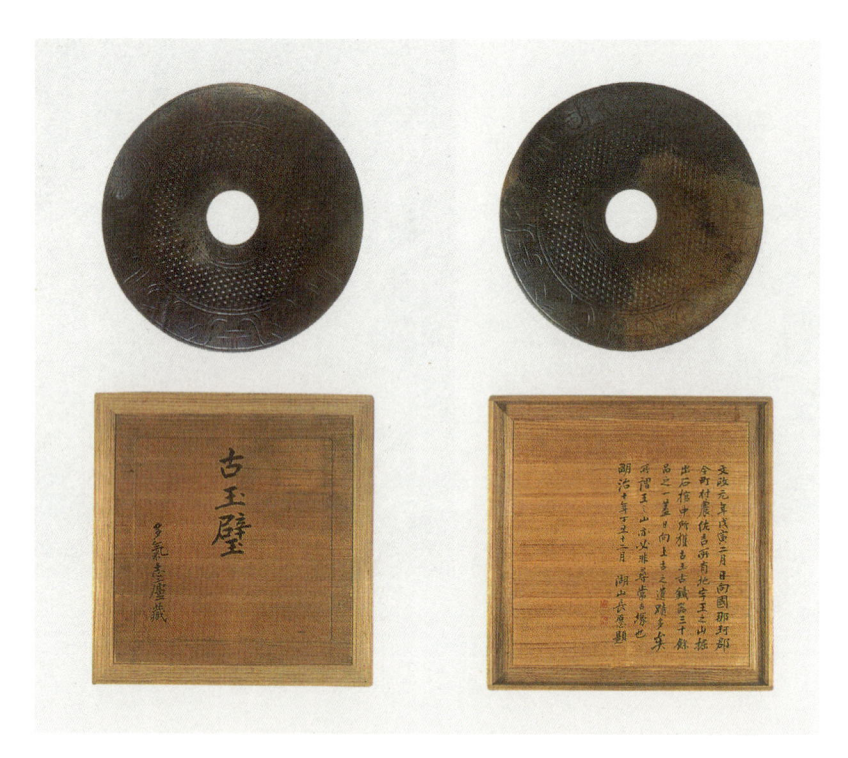

青玉夔龙纹璧及木函题记

于宫崎县串间市，当时出土的地点在"日向国那珂郡今町村"农民佐吉所有的一个山顶上的石棺内，这座山后来因出土这个规格很高的石棺墓葬被当地人称为"王之山"，据报道该墓共出土玉器与铁器30余件。日向国那珂郡今町村就是现在的宫崎县串间市。玉璧因出土年代较早，早期由三重县松阪市松浦武四郎收藏，现在由东京都前田家族的公益法人前田育德会收藏。这件玉璧的器形、纹饰、玉质、工艺风格均属于中国战国晚期至西汉早中期，玉璧的尺寸与西汉南越王墓以及山东战国鲁故城出土的三区玉璧相似，应该是中国的玉璧传入了日本国土。只是传入的方式有待探讨。日本京都大学学者冈村秀典先生认为这块玉璧是朝鲜传过来的，因为战国汉代时期，当时的朝鲜和中国关系很好，地位也很高，而当时的日本还没有特别大的国家出现，所以不会受到中国皇帝的直接赐予。但也有学者认为串间市在日本中古时期曾是日本与中国的贸易船出入的港口，中国和日本早有来往。这块玉璧有可能是中国古代的皇帝直接赐给当时日本南九州的王的玉器。

后一种说法也不是没有根据。例如《汉书·地理志》中就记载："乐浪海中有倭人，分为百余国，以岁时来献见云。"《后汉书·倭传》也记载："建武中元二年（57年），倭奴国奉贡朝贺，使人自称大夫，倭国之极南界也。光武赐以印绶。"1784年，在日本北九州博多湾口的志贺岛上，农民在挖沟时发现了一枚赤金方印，金印印文印刻为"汉倭奴国王"五字。经专家考证，当时日本列岛上还没有形成统一的国家，有100多个小国，这个金印即光武帝建武中元二年，其中一个小国——奴国的使者来汉朝拜时，光武帝赐给使者的金印。说明中日自古以来就有往来，中国皇帝赐当时的倭国物品极有可能。

出土于日向国的玉璧，尺寸较大，在中国国内都算是规格很高的玉璧，极有可能是当时中国皇帝直接赐给日本某一国国王的物品。总之，不管以何种方式进入日本，这件玉璧都是一件礼仪用玉，具有典型的瑞玉身份。

玉璧除了日常礼仪外，有一部分也在丧葬中做丧葬礼仪用玉。比如汉代的丧葬礼仪中，皇帝会特赐王侯重臣玉璧，用来作为赠赠之物，就是葬礼时送的礼物，以示助葬。广州西汉南越王墓中也发现将玉璧与玉璜成组使用作为丧葬礼仪用玉的情况。另外，玉璧在丧葬用玉中还有殓尸用玉的功能，在南越王墓、山东的巨野红土山汉墓和河北的满城汉墓等一些诸侯王墓葬中，尸身周围会出土排列有序的玉璧作为裹尸玉璧。这也成为西汉诸侯王墓葬中较为流行的一种葬制。这里玉璧又有借玉是吸收山川精华的灵物来保存尸体不朽的作用。

汉代以后，玉璧也是各王朝祭祀礼仪大典中最重要的礼仪用玉，一直延续到清代。同时，一些雕刻较好的玉璧也是常见的装饰和佩戴用玉，清代乾隆皇帝时宫廷中也会制作许多模仿东汉时期出现的"宜子孙"璧，成为日常的佩饰玉。

六 玉韘

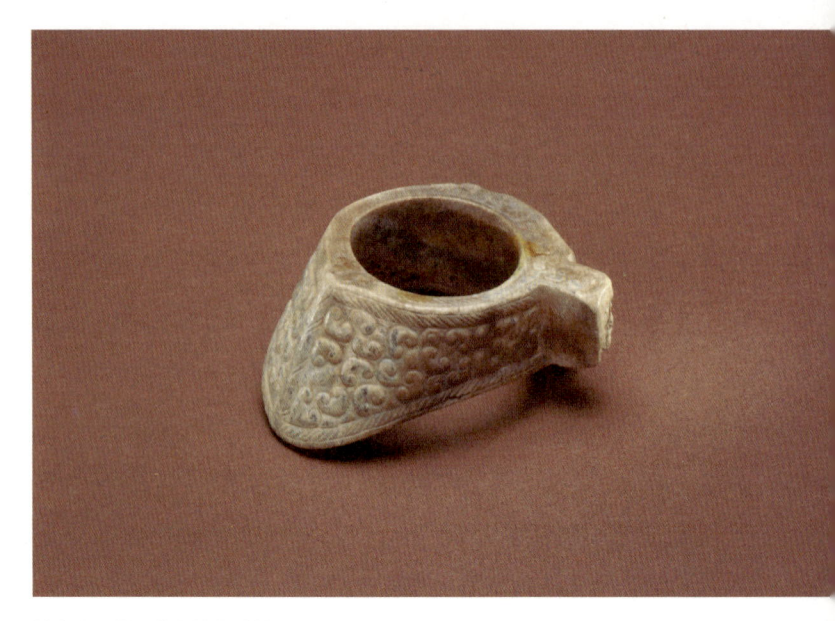

中国古代射礼文化的传承：玉韘

夔龙纹玉韘，故宫博物院藏

在故宫博物院的玉器收藏中，有一类玉器和古代人拉弓射箭有着密切的关系，并且不同时期还有着造型上的变化，有实用器也有装饰器，它们就是玉韘。韘读作 shè，它是古代射箭时套在右手拇指上用以勾弦的用具。

《说文解字》中对韘的定义是："韘，射决也，所以拘弦，以象骨，韦系，着右巨指。"意思就是，韘是射箭时用来勾弦的器物，韘一般用皮革或者骨头制作，套在右手大拇指上。韘的作用，应该是用软皮子裹住拇指，以免弓弦勒伤手指。但是柔软的皮子又会使弓弦黏着不爽利，所以就用骨头或玉质，容易控制弓弦。

用玉来做的韘等级非常高，一定是王或者侯一级的人物才能使用的。目前考古出土品中发现最早的玉韘在商代晚期，例如安阳殷墟妇好墓出土的玉韘。该玉韘中空，斜筒状，可套入拇指，正面雕饰兽面纹，背面有用于勾弦的凹槽，并有两孔用于绑缚，为实用器，应该是墓主人生前使用的玉器。这位墓主人就是大名鼎鼎的妇好，她是商王武丁的夫人，也是中国历史上记载的第一位杰出女将军。出土的大量甲骨卜辞表明，在武丁对周边方国、部族的一系列战争中，妇好多次代商王出征，她曾经统领万余人攻打羌，俘获大批羌人。由于战功无数，她经常受命主持祭天、祭祖、祭神等各类祭祀活动。商代是一个"国之大事，在祀与戎"的朝代，就是说国家的大事，主要就是祭祀和战争。战争在当时人们的生活中是相当频繁的。冷兵器时代，弓箭是战争中最重要的武器之一。所以，玉韘也就成为高等级贵族的常用之物。故宫博物院也收藏有一些商代的玉韘，造型和妇好墓出土的相似。

西周直至春秋战国时期，玉韘造型有所变化，但实用的性质以及使用方式没有改变。例如故宫博物院收藏的春秋时期的夔龙纹玉韘，器身护指部拉长。故宫博物院收藏的战国时期的白玉韘，器形变得更扁，一侧伸出勾弦的扳耳，但佩戴时需要穿绳绑缚在手指上的穿孔仍在，并将穿孔处简化，似鸡心上的小尖。这一特征成为汉代韘形佩的重要标志。

战国白玉韘，故宫博物院藏

玉韘发展到汉代，造型有了非常大的变化，实用功能已经荡然无存，完全演变成了一种装饰用的佩玉，即韘形佩。此时的圆箍形完全变成了扁薄形，韘周围出尖和象征韦皮的部分加宽加长，镂雕或浮雕各种纹饰，但是商周玉韘的中心圆孔以及圆孔上部原来的似鸡心尖的基本特征都还在，所以这时的韘形佩又称为心形玉佩或鸡心佩。

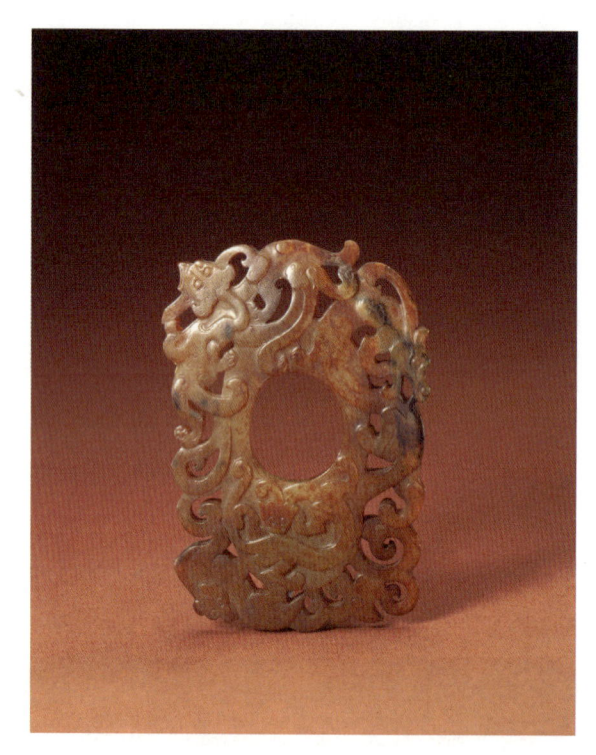

汉代白玉镂雕螭龙纹韘形佩，故宫博物院藏

  两汉的玉韘形佩大部分都是各种透雕的韘形佩，主要特征是在玉韘鸡心的周围装饰各种纹饰，有螭龙纹、凤纹、云纹等，或在鸡心顶部附雕各种纹饰，或在鸡心两侧附饰。故宫博物院收藏的螭龙纹玉韘形佩呈扁平状，整体镂雕，中间一个大圆孔，圆孔四周实心部分的上部有一个小尖，圆孔和这个类似鸡心尖的造型是这件韘形佩的实际主体，四周纹饰都是围绕它们展开的，一侧镂雕回首的龙纹，一侧镂雕螭纹，圆孔下部的实体上还浮雕了一个小螭龙。这些都是典型的汉代纹饰。在考古出土的玉韘形佩中也有精彩立体之作，我们目前看到的最复杂的韘形佩是徐州的北洞山楚王墓出土的一件三螭纹的玉韘形佩，那件韘形佩的鸡心中间圆孔也被匍匐在佩上的螭身填满，整体有圆雕的立体感。

  西汉时期的韘形佩鸡心尖一般都在玉佩的上部，不过到了东汉时期，韘形佩更接近玉佩，它的主体圆孔和鸡心尖部分由竖置改为横置，鸡心尖已不明显。例如河北定县东汉时期中山王刘畅墓出土的一件韘形佩，整体已经拉长呈扇状，中孔变小，心形拉长，变为纯粹的装饰用玉。

汉代不流行玉韘而是流行韘形佩，和当时贵族的日常穿戴有关。东周至秦汉时期，王侯贵族中的男性日常多佩剑，男性在成人的冠礼上也有佩剑的仪式，汉代更是"天子及百官皆佩剑"。佩剑如此盛行，当然不可能把弓常挂在身上，弓也不是高等级贵族的随身标配，所以玉韘的实用性就大大减弱。

另外，这个时期，战争中单人搭弓射箭已被弓弩所代替。弩是由弓发展而来的，但比弓的威力更大，射程也更远，弩机的发明是冷兵器时代的一大进步。大家如果去博物馆参观，常常能发现大大小小的弩机。弩在战国时期就已经达到了很高的水平，弩是不需要人手去拉弓的，用扳机就行。所以，汉以后，韘的实用性就更弱了，已经跟不上多种武器存在的战场。

但整个先秦和汉代，尚武的习俗思潮并没有改变。《诗经·卫风·芄兰》："童子佩韘。"注释说："韘，玦也。能射御则佩韘。"因为韘有射决的意思，并引申为"决""决断"，所以就代表佩韘的人具有一定的决断能力。用佩戴物来比喻君子的能力、品行，也是当时社会非常流行的一种现象。

当然，汉代韘形佩的流行也是中国古代射礼文化的反映，射礼作为华夏民族一种重要的礼仪文化早已形成，男子成人之时都要行射礼。早期佩戴韘的也是男性。不过因为汉代韘形佩不再有实用功能，装饰意味浓厚，后来在男性、女性墓中均有出土。

汉代的韘虽然是装饰品，但内涵丰富，它的象征意义使得这种玉佩不同一般，常常作为单体佩饰，表明佩戴者有决断的能力。汉代还有一种玉佩饰叫作玉觿，也有特别的文化内涵。

《说文解字》里对觿的解释是："觿，佩角，锐端可以解结。"说明觿是用来解绳的，主要特征就是一端呈尖角。觿在新石器时代就已出现，最早古人用兽角或兽牙制作，佩戴在身上用来解结。玉觿是兽角或兽牙的仿制品，在汉代放在成组玉佩中使用，或者单独佩戴。

故宫博物院收藏的汉代龙形玉觿，上部镂雕张口龙纹，下部为觿的尖角，成弧形弯曲。

那么佩戴玉觿有什么寓意呢？《毛诗传笺》讲："觿，所以解结，成人之佩也。"《说苑·修文篇》曰："能治烦决乱者佩觿。"所以，觿在古人眼里有治烦决乱之意。佩戴玉觿，代表佩戴者有治烦决乱的能力。

汉代龙形玉觿，故宫博物院藏

　　玉韘有射御决断的意义，玉觿有治烦决乱的意义，那么，这两类玉器组合起来不就代表佩戴者希望自己具有决断和治烦决乱的能力吗？汉代真有这样的玉觿与玉韘形佩合为一体的玉器。

　　故宫博物院收藏的附觿透雕的玉夔纹韘形佩，韘形是主体，主体拉长变成狭长形，鸡心孔变小，在玉佩的一侧，雕刻出尖的部分就是玉觿。觿尾有明显长尖，整体修长。两者合体非常优美，并没有违和之感。这类觿韘合体的玉佩主要从西汉中期以后开始流行。

　　汉代玉韘形佩的另一个特点就是被作为艺术品来制作，从器形到纹饰均以此为出发点，韘形佩极少有对称雕刻，纹饰布局十分自由随意，有较强的艺术动感美，从中可以看出汉代玉器的创造力和艺术感染力。

　　目前所见汉代的韘形佩大多为单体佩戴或简单和环组合佩戴，并没有复杂的组佩方式。所以，单独佩戴此类玉器更显示了它们寓意的重要性。

　　魏晋六朝以后韘形佩逐渐衰落，纹饰雕琢趋于平面线刻，单调呆板，没有汉代的生动有趣。隋唐以后到清代，韘形佩都是仿古之作，宋代沈括的《梦溪笔谈》

玉夔纹韘形佩，长 12.3 厘米，宽 3.6 厘米，故宫博物院藏

中讲到："所谓'佩韘'者，疑古人为韘之制，亦当与芄兰之叶相似，但今不复见耳。"从中可知，宋人对韘已经十分不清楚了。当时的韘形佩被看作古器，常被称为蟠螭佩。

不过到了清代，玉韘迎来了重生，造型又有了新的变化，成为上下笔直的圆筒形，又称为扳指、班指。它与商代的玉韘一样有实用功能，戴在大拇指上。满族人是马背上的民族，拉弓射箭对靠骑射夺天下的满族人来说意义尤为重大，满族的八旗子弟在弱冠前，都是要照例在本旗的弓房练弓的，所以拉弓时佩戴韘来保护手指又成了一种必要，人人都有。随着清朝政权的巩固，征战减少，八旗子弟也忽视了骑射的本领，但是佩戴扳指的传统却保留了下来，并成为一种时尚的装饰品，质地也多样，有象牙、玉、水晶、玛瑙、翡翠、瓷等。另外扳指还有表彰功勋的作用，如果有战功或功绩，皇帝会用玉韘来赏赐。

乾隆御题碧玉韘，故宫博物院藏

　　清代的玉扳指虽然也是韘，但是纹样大不一样，尤其是乾隆时期的玉扳指。宫廷里收藏的玉扳指，常见有乾隆皇帝的诗文刻在上面，其中咏玉韘的诗也很多，如《咏绿玉韘》《其相韘》《古玉韘》《题苹鹿玉韘》《题喻政玉韘》等。乾隆皇帝自己也常戴各种玉韘，有白玉、碧玉、黄玉等材质。

　　扳指一直到晚清民国时还非常流行，不过都已是装饰品了，从保存到现在的大量扳指也可以想见清代扳指的流行。

七 玉器发黑之谜：古玉中的水银沁

在故宫博物院收藏的玉器中，有各种各样的沁色，如白色、铁锈红色、褐色、黑色等。首先，什么是沁色？简单地说，就是玉被埋藏在地下之后，玉器被周围环境中各种矿物元素侵入，并随着时间的推移越来越明显，出土以后肉眼能看到玉色发生了变化，这种变化就是沁色。沁色也是玉器的次生变化，并不是制作之前或埋藏之前就有的，而是受后来环境影响产生的。这一节主要介绍玉器出现黑色沁的故事。

故宫博物院玉器中带有黑色的很多，经过仔细观察和检测，黑色的产生有三种原因：第一种是玉料中自带的黑色，如墨玉的玉料就是玉矿在形成过程中夹杂有石墨或者磁铁矿，肉眼看就是黑色。这样的黑色不是沁色，而是玉料本身的黑色（见墨玉铊尾）。第二种是火烧玉，故宫的许多宫殿曾经遭受过火灾，而这些宫殿中常常会摆放很多玉器，这些被火烧过的玉器大多数会发黑或发白，或两者兼而有之。例如一件乾隆皇帝非常喜欢的汉武帝茂陵出土的玉天马就被烧得不成样子，身上就有被火烧黑的颜色（见经火玉辟邪）。第三种就是这一节要重点介绍的一种黑色的沁色——水银沁。这种水银沁在故宫博物院传世玉器中也有存在，但是最直接且吸引人的故事是南阳桐柏月河一号墓出土的春秋玉器。

2014年，笔者随着中国社会科学院的一个课题小组到南阳市文物考古研究所，重点检测了一批春秋晚期的玉器。这座墓位于河南省南阳市桐柏县月河镇左庄村北的一片丘陵斜坡地带，所以被称作

第三章 玉器 | 233

墨玉铊尾，故宫博物院藏

经火玉辟邪，故宫博物院藏

南阳桐柏月河一号墓，墓的主室主要放置玉石器，共出土玉石器400余件，另外还有少量青铜器。

　　这座墓没有被盗掘。经过对墓葬形制及出土青铜器的考察，发掘者认为墓葬时代为春秋晚期前段，墓主人为养国国君"受"之墓。这座墓出土的玉器种类特别丰富，比如有用作仪仗的玉戈、玉矛、玉刀。我们知道，戈、矛都是古代的兵器，玉戈、玉矛、玉刀都没法当兵器用，主要用作仪仗器，还有很多用作玉佩饰。

　　在观察这批玉器时，笔者发现了一个特别奇特的现象：多数玉器全部或者部分发黑，即使本来就是白玉质的玉器，透光看，局部或者整体似乎都笼罩了一层黑色的云雾（见月河一号墓出土的部分玉器）。笔者刚开始以为是经过了火烧，但逐一检视下来，发现玉器都没有被火烧过的痕迹。整座墓葬十分完整，没有被盗，更没有被焚，所以，这种黑色的出现排除了火烧后遗留痕迹的可能。而从玉器外观看，也可以排除是玉皮色和墨玉的可能。

月河一号墓出土的部分玉器

　　为什么这些玉都会发黑呢？笔者灵光一闪，想到了古书中常常提到的"水银沁"。比如清晚期刘大同在《古玉辨》一书中就说："有受水银沁者，其色黑，名曰纯漆黑（此非地中水银所沁，乃古代殓尸之大坑水银沁入）。"意思就是说，被水银沁入的玉器，它的颜色就是黑的，这不是原来地底下的水银导致的，而是古代尸坑里的水银导致的。

　　于是笔者立刻让考察小组的成员转移检测方向，利用带来的能谱仪检测玉中发黑的部分是否含有汞。果然在所有玉器发黑的地方测出的化学元素汞的含量都远远高于没有发黑的地方。而其他元素，如镁、硅、锰、铁、铜、钾、钙等的含量在玉器黑色部分和白色部分均没有太大的变化，说明这些元素并没有额外侵入。

　　由测试结果分析可知，玉器黑色部分的形成与汞元素的侵入有直接关系。由此，古代水银沁的说法还是得到了现代科技检测的支持。那么，这种汞元素是从哪里来的呢？

　　考古人员在这座墓中发现了一种常见的汞的化合物——硫化汞（HgS），也就是我们熟知的朱砂。墓葬内棺的顶板和底板均铺有朱砂，底板上朱砂大概厚2厘米，许多玉器就放在朱砂上，所以有些玉器上及器物纹饰内还保留有朱砂，只是朱砂明显浮在器物表面。

　　朱砂是自然界的天然物质，为大红色，把它磨成粉可作为红色颜料，朱砂不仅是古人炼丹的必用之物，也是提炼水银的重要原料。那么是不是朱砂导致玉器发黑的呢？

于是，笔者又开始查找资料，发现有朱砂的墓葬很多，许多墓葬中也都随葬玉器，有些玉器出土时表面及纹饰线条内还残留有朱砂，出土时色泽赤红，颜色鲜艳，但朱砂四周不见发黑现象。典型例子如山西晋侯墓地出土的玉器，玉器上多有一层朱砂，但朱砂都浮在玉器表面，并没有侵入玉器肌理，玉色也并没有发黑的现象。月河一号墓内也有玉器上残留有朱砂，但带有朱砂痕的玉周围并没有变黑迹象。可见朱砂并不能侵入玉器肌理，这可能和朱砂分子颗粒较大有关。

因此，可以排除玉器上的这种黑色沁是朱砂导致的，那么汞是怎么侵入玉内的呢？含汞的黑色沁还有两种可能导致：一种是单质汞，一种是黑色的硫化汞。

单质汞就是金属汞，也就是水银。古人就认为古玉上的黑色沁为水银沁入所致，大坑水银的意思，可能就是往墓中灌注水银。

文献中确实有古人往墓葬中灌注水银的记载。例如，《史记·秦始皇本纪》中讲到，秦始皇陵内，"以水银为百川江河大海，机相灌输，上具天文，下具地理"。

现在秦始皇陵中有水银已被科学检测证实。1981年和1982年，中国地质科学院地球物理地球化学勘查研究所的两位先生用现代的科学手段，对秦始皇陵地宫进行了含汞量测试。结果在秦始皇陵封土中心，发现一个面积约12 000平方米范围的强汞异常区，在异常区内，含汞量是旁边正常土样的7倍。这说明秦始皇陵封土内的强汞异常含量不是原来固有的，而是封土堆积后，由陵墓地宫中人工埋藏的汞挥发而渗透在其中的，从而证实了文献记载。

也许有人会问，古人为什么要向墓中灌注水银？原因很简单，古人认为水银能防止尸体腐朽，水银是重要的防腐剂。这种观念直到宋辽时期还依然流行，考古学者曾在辽代的一些契丹大墓中发现用水银来保存尸体的例子。据说当地有一种风俗：人死后，要从嘴里灌入水银，用以防腐。再看南阳桐柏月河一号墓的出土情况，也有一个有趣的现象，就是在南附葬坑与北附葬坑内的青铜器和玉器并没有发黑，发黑的玉器都出自内棺尸身周围。由此估计水银仅灌注于内棺尸身周围或者是灌注于墓主人体内，所以，靠近墓主或墓主佩戴以及可能接触水银的玉器才会变黑。

如果水银从棺内而来，要想得到水银必须对朱砂进行加热，而月河一号墓并无焚烧的迹象，加热朱砂生成水银的可能性不大，唯有下葬时灌注水银最有可能。由此推测，这位养国国君下葬时很可能有人向内棺内或墓主人体内灌注过水银。

北京大学化学与分子工程学院的王子宽博士曾告诉笔者,单质汞如果沁入玉中,在微米级的玉中孔隙内存在,肉眼看到的就是黑色,而不是正常情况下液态汞的银白色。

除了水银沁直接沁入玉里面变成黑色的可能性以外,还有一种可能是汞和土壤里的硫反应,生成黑色的硫化汞。这种黑色的硫化汞只要在常温下就能起化学反应,而不需要加热,所以如果下葬的时候灌入了汞,而墓葬里恰恰有硫,两者反应就可以生成黑色的硫化汞。

那么墓里面的硫从何而来呢?硫在墓中可能有两个来源,一是尸体腐烂,产生硫化氢,硫化氢很容易和汞反应;二是土壤中含硫,例如土壤中有硫黄矿,化学实验中,水银和硫黄反应,常常会在试管壁上附着一层黑色的硫化汞膜。据说桐柏县围山城一带有大量的金银等金属矿床,可能也含有大量的硫。

假如墓中灌入了汞,恰好尸体腐烂也释放了硫,或者还有土壤里的硫,则在常温下就可以生成黑色的硫化汞。这跟月河一号墓的玉器现状有些相似,许多玉器上确实像是蒙了一层黑色的雾,所以也有可能是水银和硫反应后生成的黑色硫化汞附着在玉器上,随着岁月的流逝,逐渐沁入。

总而言之,为什么这批春秋玉器会是黑色的呢?一种可能是入殓时尸体被灌入了水银,水银侵入玉器之后不是银白色,而是黑色。还有一种可能就是尸体腐烂释放了硫,或者土壤里本身含有硫,硫跟水银反应产生了硫化汞,硫化汞就是黑色的。

这种玉器大多数发黑的现象在目前发现的墓葬中并不多见,商、西周及汉代诸侯王墓葬中也没有再看到一座墓中有这类受沁为黑色的玉器大量出现。但春秋战国时期确实有不少墓葬有部分玉器发黑的现象。我们推测这种在墓葬中或尸体内或尸身周围灌注水银的丧葬形式可能最流行于春秋战国到秦这一段时间,使用者应该是王或高等级贵族。春秋以前或秦以后虽然也有这样的丧葬思想,但可能是个别现象,未必是社会主流。

这就是古玉水银沁的故事,希望能引起大家对古代玉器次生变化来源的兴趣,这些变化并没有那么神秘,都可以通过科学来解释。

八 南越遗珍：西汉南越王墓出土玉器

玉镂雕螭龙合璧，直径11.1厘米，厚0.4厘米，故宫博物院藏

  在故宫博物院的玉器库房中，藏有1500多件汉代玉器，这些汉代玉器很多都是传世精品。大家一定很好奇，这些清宫旧藏的玉器，既没有考古出土的年代地层关系证明，又没有相关材料说明它们是汉代的，我们是如何知道这些玉器的年代呢？

  其实，对中国古代玉器的鉴定，尤其是汉代以前高古玉器的鉴定，一定要遵循一个原则，就是以考古出土玉器为标准器。考古出土的玉器有明确的年代地层关系，最起码有墓葬或者遗址的年代，所以墓中出土器物的时代下限是没有任何异议的，这也给了文物工作者一个断代的下限信息。另外，再加上对玉料、工艺、造型、纹饰的综合判断，就可以知道一件玉器的大致时代。例如故宫博物院所藏的这件玉镂雕螭龙合璧，在广州西汉南越王墓中就曾出土了一件相似造型纹饰的玉器。所以，依据南越王墓的考古发现，我们就可以断定故宫的这件玉器是西汉早期之物。而这座西汉时期非常重要的南越王墓，也成为玉器研究中不可忽视的重要墓葬。

  1983年6月，一支工程队在广州城外的象岗山进行基建施工，这座象岗山在广州越秀山的西边，是一座并不高大的小山坡，形状就像一只卧倒的大象，一直是古城附近的风景胜地，现在这里将要被挖掘机削平，规划建公寓大楼。整个工程进展得比较顺利，其间曾经挖出了几座古墓，从汉代、晋代一直到明代都有，可见这里确实被古人视为风水宝地。广州的文物工作人员对此非常重视，每次都派工作组前来勘察，但是这些墓地的规模都很小，并且基本都在早年被盗墓贼光顾过，现在只剩下空空的墓室。随着挖掘工程的深入，考古人员认为已经不可能在如此深的土层中发现墓葬，于是工程进入了正常施工阶段。但是，奇迹发生了。一天中午，挖掘机进行完一轮粗挖后，工人们开始移走土石方，平整作业面，突然发现沙石和土层不见了，取而代之的是一块块硕大无比、形状规则的石板，石板间的缝隙十分狭小，工人们没有考虑太多，开始顺着其中一条石板缝隙向两边撬动。慢慢地，随着缝隙渐渐加大，一个幽深的无底黑洞露了出来。这时，负责工地现场的基建领导看到人头攒动，就上前察看。凭借着前几次工地挖出古墓的经历，以及他从文物工作人员身上学的一些考古常识，这位领导感到事情非同小可，于是迅速上报了广东省政府办公厅，同时又联系了广东省文物局的值班人员。他的这一举动，完整地保护了一个古代天大的秘密。

文物工作者接到电话，火速赶来，凭借一只手电，看见洞内巨大的空间，石壁造型粗犷，还见到一角摆放着一尊巨大的铜鼎。通过陶器及墓葬形制，考古工作者初步断定这绝不是普通的晋代或明代古墓，而是汉代的贵族墓葬。要知道，整个广州地区还从未发现过汉代的墓葬，如此巨大的墓室更是前所未有。难道是从古至今众说纷纭的南越王墓现身了？

我们先来了解一下南越国的历史。南越国是西汉时期割据在岭南的一个封建政权，开国国君赵佗是中原地区河北人，不是岭南人，那么他怎么从河北到了广州呢？因为他原来是秦朝的将领，秦始皇统一六国之后，开始着手进军岭南百越之地。始皇帝二十八年（公元前219年），秦始皇派屠睢为主将、赵佗为副将率领50万大军平定岭南。平定岭南之后，赵佗就留在岭南当官。秦末大乱时，赵佗起兵，割据岭南，建立了南越国。汉高祖十一年（公元前196年）夏，刘邦派遣大夫陆贾出使南越，劝赵佗归汉。在陆贾的劝说下，赵佗接受了汉高祖赐给的南越王印绶，臣服汉朝，南越国成为汉朝的一个藩属国。高祖封赵佗为南越王，管辖南海郡、桂林郡、象郡，也就是现在的广东、广西大部分地方。到了吕后临朝时，发布了禁止和南越交界的地区向南越出售铁器和其他物品的命令，引起了赵佗的不满，他就自称"南越武帝"，不受中央的管控。可以说，西汉初期时，南越王只是向中央称臣纳贡，并不受汉王朝的实际控制。一直到汉武帝建元四年（公元前137年），南越王赵佗去世，享年百岁有余，葬在番禺，也就是现在的广州。赵佗死后，其后代续任了4代南越王，至公元前111年，南越国被汉武帝所灭。赵佗从秦朝的时候作为秦始皇攻打南越的50万大军的副帅，一直到汉武帝年间去世，一共统治了岭南80余年。赵佗在世的最后几十年里，一直在周密地安排死后之事，为了防止死后坟墓被盗，他曾派重臣在城外广阔的山岭之中开凿了几十座疑冢，也就是假墓。相传，赵佗的孙子赵胡即位后，做的第一件事情便是为他举办一场隐秘而声势浩大的国葬。首先派人驻守番禺四围山岭，然后由完全相同的4支送葬队伍高举幡旗，护送着一模一样的四方灵柩从番禺城四门出发，到达不同的安葬地点。这种空前绝后的送葬方式果然迷惑了众人之眼，再加上赵佗生前的几十处疑冢，以后再没人知道他到底葬在何处，也不知道那些丰厚的陪葬珍宝藏在何方。因此留下了一个传奇的墓葬埋藏之谜。

那么这座墓到底是谁的呢？

1983年8月至10月初，经文化部和中国社会科学院报请国务院批准，考古工作者正式对该墓进行了发掘。考古发现，这是一座以竖穴与凿山相结合的方式开凿的墓葬，竖穴就是竖着的洞穴，意思就是从地面垂直往下，竖着开一个长方体，跟我们一般见到的横着的长方体不一样。墓主位置在主室正中稍偏西处，葬具为一棺一椁，墓的规模很宏大。

规模这么大的一座墓到底是谁的呢？好在墓中发现了几枚玺印，从而揭开了墓主人之谜。根据这几枚玺印，我们可以知道墓主人是第二代南越王赵眜，这位赵眜就是史书记载的南越国第二代王赵胡，是赵佗的孙子，约死于汉武帝元朔末、元狩初年，在公元前120年左右入葬。出土的印玺反映了当时的南越国是不受中央管辖、自行称帝的独立政权，所以死后葬制也是按帝制行事。

这座大墓最为难得的就是保存完整，是汉代为数不多未被盗掘的墓葬之一。墓中一共出土文物1000多件套，共10 000余件。其中玉器240余件，器类达10余种。多数玉器造型独特，琢刻技艺精湛，而且这座墓保存完好，从来没有被盗掘过，因此这批玉器是研究当时玉器使用制度、时代风格的珍贵实物资料。

我们简单介绍一些最具特色的玉器。

第一类是组玉佩。组玉佩就是将许多件玉器穿成一串的玉佩，南越王墓主人和陪葬的殉人身上佩戴有多套组玉佩，一共复原了 11 组，数量之多是目前所见汉墓中最多的。那这种组玉佩是怎么佩戴的呢？西周时期，组玉佩主要从头颈部开始悬挂；战国时期，组玉佩多是从胸前开始悬挂。到了汉代，组玉佩开始转移至腰间悬挂；南越王墓墓主人身佩的大型组玉佩中的组件多达 32 件，可以想象比较长，可能是挂在胸前。为他殉葬的殉人，都佩有组玉佩，而且都是腰间佩挂。这些玉佩无论从数量还是精美程度上均依次降低，反映了明显的等级差别，也说明南越国的服饰装饰是以组玉佩为主的。

在这些组玉佩中，墓主身上组玉佩中的出廓玉璧最为精致。什么叫出廓玉璧呢？出廓，指的是凸出来的轮廓，一般我们见到的玉璧都是圆的，汉代流行一种在外边缘轮廓上多出来镂空装饰的玉璧，看上去更华丽，叫作出廓玉璧。其中一件龙凤纹玉佩，内圆孔中透雕挺胸曲身的游龙，龙杏眼出梢，斧形下颚，绞丝尾，四爪前后搭于璧缘呈奔腾状，造型优美流畅，动感十足。外出廓双凤，均呈 S 形扭曲。龙身矫健有力，凤鸟优美动人。

第二类是一些非常精美的单品玉器。比如出土的透雕龙凤纹重环玉佩，这件重环玉佩外径 10.6 厘米，内径 5.2 厘米，大概有吃饭的碗口那么大，厚 0.5 厘米。

南越王墓透雕龙凤纹重环玉佩

青白玉质，分两环，一条游龙在内环，但是它的前爪与后腿伸到了外环，还有一只凤站在龙前爪上，回眸跟龙对视，龙身体扭曲成S形，充分显示了肌肉的遒劲有力，这种充满动感的张力是汉以后龙身上所看不到的。整个纹饰细部以水滴纹、双S纹装饰，构图极具艺术性。以镂雕、线刻等不同技法向世人展现了一件完美的艺术作品。

另外还有玉舞人，这是一种比较特殊的题材，圆雕的玉舞人一直出土较少，而且多在战国到汉朝这段时期，后来就很少有这样形制的玉器了。但南越王墓就一下子出土了6件玉舞人，其中一个舞人头上右侧绾螺髻，身穿右衽长袖连衫裙，扭腰弯膝成蹲姿，一臂上扬，一臂下甩，张着嘴似乎在唱歌，姿态优美，为西汉舞人的杰出之作。另一件翘首折腰，雕工细腻，很有动感。

还有玉杯，南越王墓出土的铜承盘高足深腹玉杯，是汉代玉杯中最为精彩的一个。玉杯的杯身和杯足是分开雕的，纹饰分三区，有变形云纹和凸起的勾连涡纹，足身饰四朵覆莲瓣及数道弦纹。杯身下部有一玉杯托，做成了六朵大小相间的莲瓣的样子。高足杯放在铜承盘上，承盘上有三条金龙衔着杯托，承盘下有三个兽面形状的足。更关键的是，这件玉杯并不是普通的杯子，而可能和食玉有关，就是以玉杯承接仙露和着玉屑饮用，这种行为在当时是一种求仙得道的方式。承露杯盘后来逐渐成为一种求仙的象征，后世许多皇帝都有仿制，目前故宫博物院的乾隆花园中还保存有清乾隆时期的承露台，上面原来就放着铜承露盘。北海公园中也有清代铜仙人承露盘，这些都是仿效汉代求仙的方式而设置的。

第三类是南越王墓出土的丧葬用玉。我们都知道汉朝有很著名的金缕玉衣，这座墓的墓主人身上就穿着丝缕玉衣，经修复由头套、衣身、袖筒、手套、裤筒、鞋等部分组合而成，全长1.73米，共用玉片2291片。墓主人缠裹尸身用了29块玉璧，分里外三层，璧两面多数残留有丝带痕迹，说明入葬时这些玉璧是分组用丝带联系起来，绑在身体上的。玉衣右手握两件玉觿，雕工精致，可能本是墓主生前所佩戴的玉器，死后随葬放入手中。玉衣的胸腹部发现许多小珠饰，可能是覆盖在玉衣上的珠襦，珠襦是覆盖在玉衣上成串的珠帘。玉衣头罩下有一丝囊的珍珠枕，墓主人口中有百余粒珍珠充当"饭含"，但是没有使用玉窍塞。玉琀、玉握、玉枕等是中原文化中较为流行的丧葬用玉。我们知道满城汉墓就曾经出过一套玉窍塞，就是一套用来堵住人的鼻子、耳朵、嘴巴等的玉器，用来保存人的

南越王墓铜承盘高足玉杯

精气，南越王墓没有用，反映了当地丧葬风俗和中原的不同，南越王墓丧葬用玉没有完全受中原汉王朝的丧葬用玉影响。

  这一节只是列举了南越王墓出土的部分玉器，其实墓中出土的文物还有很多，集中反映了2000多年前南越国的政治、经济的发展状况。南越王墓于1996年被列为全国重点文物保护单位，也在原址上建立了博物馆。大家如果去广州旅游，一定不要错过。另外，二代南越王的墓葬之谜解开了，但是一代南越王赵佗的墓还是没有找到，这又成了考古工作者的新谜题。

九 驱疫避害话辟邪：汉代玉辟邪的故事

人们常说，戴玉能够辟邪，现在还有很多家长爱给孩子买小貔貅，认为它是"辟邪"。其实貔貅只是后来人们认为的辟邪，真正的辟邪源于汉代。

在陕西咸阳市渭城区周陵镇新庄村，考古工作者发现了一处建筑遗址，是汉元帝渭陵附近的附属礼制建筑——"长寿宫"遗址。在这个遗址中，竟然陆续发现了玉羽人奔马、两件玉辟邪、玉熊、玉俑头、玉鹰6件精美绝伦的玉器。同地层中还出土有"长生无极""长乐未央"的瓦当和云纹瓦片。玉熊与玉辟邪被放在一件铜鼎里面，同地层还出土有鎏金铜编钟。经考证，这6件玉器可能原来都属于汉元帝刘奭，是他生前使用的陈设器，这些玉器原来可能放置在元帝孝元庙内。西汉末期，王莽毁坏孝元庙时，这批玉器就被掩埋在建筑废墟当中了。

这6件玉器，选用了上等的和田玉白玉子料，玉质十分精美，在诸侯王墓葬中是较为少见的，显示了帝王用玉的最高等级。两件辟邪玉质洁白温润，都是用和田上等带皮子料雕琢而成，不一样高，一件昂首挺胸，高5.4厘米（见昂首状玉辟邪图），可以看到这只辟邪张嘴露出牙齿，下颚的胡须一直垂到胸前，身披羽翼，以浅刻阴线表现腿部及翅膀上毛的纹路，整体看上去很有肌肉感。另一件玉辟邪匍匐在地上，高2.5厘米（见匍匐状玉辟邪图），这只辟邪身体微微扭曲，伏在地上往前爬，动感十足，头上有一个角，角后端分两叉左右弯曲。这两件玉器可能原来是皇宫中的陈设器。

昂首状玉辟邪，高 5.4 厘米，长 7 厘米，重 136 克，咸阳博物馆藏

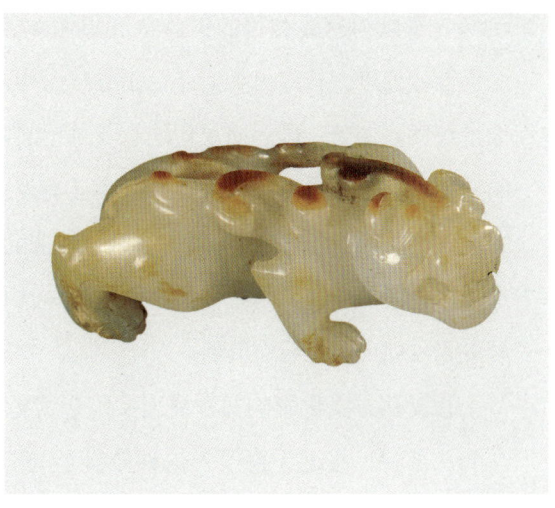

匍匐状玉辟邪，高 2.5 厘米，长 5.8 厘米，重 49.3 克，咸阳博物馆藏

  这两件玉器有一个共同特点就是兽身上都有羽翼，但是它们为什么被称为辟邪呢？这还要从中国古代的有翼神兽，也就是长着翅膀的神兽说起。

  有翼神兽是中国本土产生还是受西方影响出现，这个问题在学术界一直有争议，外来说和本土说的观点都有。其实有翼神兽在中国起源很早，出土地点很多。在考古出土品中，商周的青铜器上就有有翼兽和羽人的图案。虽然西亚、中亚和欧亚草原艺术中也流行这一主题，但春秋中期或至少春秋晚期，中国的单纯有翼神兽的形象与西方大致同步并有互动关系。

  中国古代奇书《山海经》中，关于有翼神兽的记载颇多。如《海内北经》："穷奇，状如虎，有翼。"意思就是说，穷奇这种怪兽长得像老虎，有一对翅膀。在《山海经》中，不但人、兽都长有翅膀，而且还有鸟首兽身、兽首鸟身、虎首鸟身、鸟首龙身等奇异的神兽。

  这种对各种能飞的动物的向往，是人类共同的情感特征。中国商代以前的艺术中就有大量的龙凤主题，龙和凤都是能腾云驾雾的神物。给兽插上翅膀似乎也不是什么难事，这个过程可能受到外来文化的某种启发和影响，但中国人有迅速将外来艺术本土化的能力，所以中国的有翼神兽和西方的有翼神兽从开始出现就有所区别。

第三章　玉　器　| 245

先秦以前有翼神兽的整体特征更像龙或虎，战国有翼神兽的头部与龙或虎的头部相似度尤其高。如河北平山县战国中山国墓葬出土的错银铜双翼神兽，就像是虎插着翅膀一样。而汉代的有翼神兽有两种类型，一种是继承了先秦有翼兽的造型，在西汉早期一些地区墓葬中还有发现，一般就是陶俑兽，如西安龙首原92号西汉早期墓出土的陶翼兽。西汉中期以后出现了另一种有翼神兽，它的头部造型更像狮子，就是我们所说的辟邪。这种辟邪造型一直影响到魏晋六朝，发展成为六朝大型的石雕辟邪。

接受西方文化影响并发展出中国自身特色的有翼神兽，最典型的就是辟邪，它的头部特征接近于狮子，这种像狮子的辟邪造型倒可以说最初是受西亚文化的影响。所以说，辟邪是汉中期以后出现的艺术造型，和先秦有翼神兽并不十分相同。

对于玉辟邪的时代，目前所见，文献记载都在武帝以后，这和武帝通西域后，狮子等动物才传入中国有关。

根据《汉书》和《后汉书》的记载可以知道，汉代中期以后的有翼神兽主要是参考西域进贡的狮子创作的，当时是按头上有没有角，有多少角来对这些兽命名的，有一个角的叫天禄，有两个角的叫辟邪，没有角的叫符拔。

天禄和辟邪在文献及考古实物中都得到了证明。《后汉书·灵帝纪》中讲到，在邓州南阳县北有一块宗资碑，旁边有两个石兽，石兽臂膊上一个镌刻"天禄"，一个镌刻"辟邪"。这两件石兽原在南阳市东关外宗资墓前，后被移入玄妙观，1959年又被运到卧龙岗武侯祠北侧院内，上面刻辟邪二字的是两角神兽，另一个刻天禄的兽是一角。

1984年在山东淄博市的一个厂区内，发掘了一座东汉大型墓葬。墓葬已被盗，破坏严重，但发掘者从墓葬形制及残留器物中推测墓主为东汉前期齐炀王刘石。这座墓中出土了一件铜牌饰，正面铸造了一只蜷伏状的动物，独角、双竖耳、张口，肩有鬃毛，顶端铸有"天禄"二字。这和文献记载天禄独角的特征吻合，从一个侧面也证明汉代玉辟邪中有独角者应该就是天禄。

在目前所见汉代的玉辟邪作品中，咸阳渭陵出土的两件玉辟邪确实有一件为独角的，应该是文献中的天禄，而两角者才应该称为辟邪。

不过，这些似狮子的有翼兽不管是一角、两角，还是没有角，并无一定要分别命名的必要，它们的共同特征就是带有羽翼，头长得像狮子，都是神兽，所以可以笼统地称之为辟邪。

西汉的辟邪造型大多是匍匐状；到了东汉，玉辟邪更为中国化，而且许多玉辟邪一改西汉的伏首前行的姿态，出现昂首挺胸、朝天吼状，甚至有些呈蹲坐之态；到了魏晋时期，玉辟邪渐渐被巨型石辟邪替代。

玉辟邪插座，通高 18.5 厘米，宽 6.7 厘米，长 18 厘米，宝鸡青铜器博物院藏

东汉玉辟邪的典型例证是陕西宝鸡北郊吕仁墓中出土的玉辟邪插座，以及扬州邗江老虎墩出土的玉辟邪丹药瓶等。宝鸡玉辟邪插座，高 18.5 厘米，青玉质，辟邪昂首向天，身披飞翼，头部及身背部均有插座造型，辟邪肌肉充满张力，浑身以阴刻线刻画细部，有圆圈纹、流云纹、羽翼纹等，这些是东汉纹饰的典型特征。东汉以后，辟邪逐渐从西汉匍匐前行的姿态向蹲坐静立的姿态转变。

扬州邗江老虎墩东汉墓中出土了一件玉辟邪丹药瓶，白玉质，圆雕一个坐姿

玉辟邪丹药瓶，通高7.7厘米，壶高6.8厘米，宽6厘米，厚4.5厘米，扬州博物馆藏

玉丹药瓶，故宫博物院藏

的辟邪，张口露齿，双眼圆睁，小圆耳，双角后伸弯曲，身披飞翼，右手托灵芝，左手垂地。瓶口位于头顶，上面有环纽银盖。这件玉瓶最早被命名为飞熊水滴，笔者一直对此怀疑，专门去扬州看了这件玉器，发现这个动物造型并不是熊，熊是尖嘴，这个动物却是阔嘴大鼻，它的面部特征、蹲姿与徐州土山汉墓出土的琥珀辟邪、玉辟邪很像，而和北洞山汉墓出土的玉熊头部特征相距甚远，应是东汉流行的辟邪形象，而不是熊的造型。

跟这件瓶子类似的传世品中有故宫博物院收藏的一件玉丹药瓶，这件玉瓶原来是皇家收藏，只是瓶盖已经遗失，瓶身高浮雕三只形态各异的辟邪，一大两小，也是蹲坐的姿态，身上装饰有小圆圈纹，从器形纹饰看，应该是东汉时期的。

汉代出现的这些玉辟邪到底有什么寓意呢？其实，这些玉器的出现直接反映了汉人的辟邪厌胜观念，厌胜就是用法术来祈祷或者诅咒所厌恶的人或者鬼怪。那么，这种观念因何而来？在当时汉人眼里主要又是辟的什么邪呢？

汉人辟邪厌胜最主要的目标是驱"疫"，日常生活中借助佩玉，避免疾病灾祸的侵害是其重要目标；其次是各种鬼怪。汉人认为，人死后各种厉鬼是妨害灵魂升仙的最大障碍，汉代的傩仪十分普及，傩事的目的即逐疫驱鬼。因此，在入葬时举行大傩仪式，必须以戈击四隅，殴魍魉，就是用戈来击打东西南北四个方向，进行打鬼。打鬼是手段，目的是为升仙扫清道路。所以辟邪的最终目的是升仙。东汉中后期的玉辟邪没有了西汉辟邪的矫健身姿，表现出的是一种安静祥瑞、神仙长生之气，所以求长生、放丹药的玉瓶被雕成辟邪形象，也是当时追求神仙长生社会风气的反映。

总之，人们用玉来表达辟邪厌胜、驱疫逐鬼的愿望，用玉来压制邪祟等一切人们认为危害身体健康和妨碍死后灵魂升天的东西，从而使形魄不朽，灵魂升天进入神仙世界，两汉玉辟邪的出现就直接反映了这种思想的存在。

某种信仰或思想观念能够在一群人或大多数人中流行，除了它的思想教义外，必定还由于这种信仰能够与人们的生活愿望相契合。即使是现代社会，人们的思想中也还有各种各样的信仰，许多人会认为佩玉能辟邪或对身体有某种好处，人们也常常会给新生的孩子、病人、老人佩戴辟邪之物。这些行为总是代表了一种思维观念，一种祈愿。之所以流行，也是因为和人们的日常生活有一定关系。

十 大唐与异域文化的交融：胡人玉带板

中国历史上有这样一个朝代，在它鼎盛的时候，疆域辽阔，经济和文化高度繁荣，民族融合，丝绸之路重新开通，中外文化交流广泛而频繁，曾出现"万邦来朝，绝域入贡"的盛况，充满异域色彩的外来文化在都市中随处可见。这个朝代就是大唐王朝。大唐王朝是中国历史上最为包容的一个时代，当政者充满了自信，任何外来文化在这个帝国都可以和本土文化很好地融合，既做到了"拿来主义"，也能将其中国化，为己所用。这种文化交流和结合在中国古代玉器上最完美的体现就是唐代的胡人玉带板。

也许有读者会问，什么是玉带板呢？玉带板其实是古人腰间皮带上的装饰物。它的一面一般会雕刻纹饰，另一面则是平的，上面打有四对像是大象鼻孔或牛鼻孔一样的对穿孔，所以又叫象鼻孔或牛鼻孔，这些孔里可以穿铜丝或者铁丝，将玉带板固定在皮带上。

古人的皮带就是皮革带，又叫革带，像现在的皮带一样是系在腰间的。但中国古代人系腰带不是系在裤子上，而是系在外衣上。古人家居常穿的衣服叫"深衣"，也就是长袍，是不贴身的。这种袍服如果不系腰带，就会散开、拖沓，所以腰带是古人非常重要的一件日常用品。

在中国古代，用玉来装饰的腰带又叫玉带。玉带的发展演变大致分为两条线：一条线是官方的玉带制度，就是装有玉带板的革带，用在上朝、大典等各种正式场合；还有一条线是用在日常生活的便服上的腰带，这种腰带一般不用较硬的皮革做，而是用柔软的丝绦，丝绦的两端装上玉带钩和环扣，使用时只要用带钩钩住环扣就可以了，所以又叫绦带。这种绦带非常方便，因此文人士大夫在日常宴居在家，非正式场合的时候多系这种腰带。

而官方的玉带要在革带上缝缀玉带板，带板又叫带銙。銙就是腰带上的扣板。汉代时开始出现两端装有玉带扣的革带，但是还没有在革带上装饰玉带板。到了南北朝的北周时期，我们在考古出土品里发现了一条目前看来最早的装有玉带板的蹀躞带，是在陕西咸阳若干云的墓里发现的。这条玉带的带板有方形，有圆形，只有一块是镂雕了花纹的。玉带板上有鎏金的铜钉。其中八块玉带板下面还系挂了八块椭圆形的圆环，圆环上可以挂东西。这种带有圆环可以挂东西的玉带就叫蹀躞带。蹀躞，指的就是佩带上的饰物。后来在江苏扬州邗江区西湖镇司徒村曹庄发现了隋炀帝杨广的墓葬，墓里出土了一副和若干云墓相似的玉带，不过玉带的等级更高，毕竟隋炀帝是皇帝。这条玉带有13个带有环的方形带銙，并且用金子做玉带板的背托，用金子当钉将玉带板和金背托还有革带连缀起来。整条玉带是用上等的新疆和田白玉制作的，玉质细腻温润，十分精致。

唐代在官服腰带上开始形成正式的玉带制度，并且一直沿用到明，只不过不同时期制度内容不尽相同。唐代也还使用和北周隋代相类似的蹀躞带，例如1991年在陕西省长安县南里王村发掘的一座唐代贞观年间的墓葬，墓主人是大唐上柱国左卫府中郎将平陵县公窦皦。根据墓志记载，窦皦一生屡建奇功，被多次封官加爵。所以他的墓里出土了一副在白玉带銙中镶嵌有金板以及各种彩色玻璃做成的宝珠的玉带具。这条玉带十分华丽，有白玉，有黄金，还有各色的西域进口的彩色玻璃，这些彩色玻璃其实是仿各种红宝石、蓝宝石以及祖母绿的，十分华贵美丽。所以，这副玉带又称为"玉梁金筐宝钿真珠装蹀躞带"。玉带用的工艺十分先进，彩色玻璃仿天然宝石工艺也十分完美，是迄今为止考古发掘出土唐代最为豪华最为珍贵的玉带具。

不过唐代大多数的官方玉带是带銙带，而不再是蹀躞带，就是玉带板下面不再带有环的玉带。这些玉带是在正式场合使用的，是重要的礼仪用玉。带銙的数量，是用来区分唐代各级官员乃至皇帝的重要标志。因为按制度规定，只有三品以上的官员才有资格使用玉带具，皇帝的玉带可以装13块带銙；另外，为国家建立过特殊功勋的官员经皇帝特别恩赐也可使用十三銙的玉带具。比如西安何家村唐代窖藏发现了10副玉带具，其中除一副九环䚢䪅带可能是北周留下的传世品之外，其余9副均符合十三銙的天子规格。西安市西郊丈八沟唐代窖藏出土了3副白玉雕纹玉带，题材为胡人伎乐、献宝、饮酒等。它是唐代三品以上官员可以使用的标准带具。

唐代的玉带板有雕刻花纹的，也有没有雕刻花纹纯素面的，不过最能代表唐代，也最吸引我们的是唐代的胡人玉带板。唐代玉带板最常见的题材有胡人献宝、饮酒、奏乐、跳舞等。这些胡人形象很有特色，因为是高鼻深目，穿的衣服也跟中原人不一样。这种胡人形象在唐代特别流行，反映了唐王朝与各国的密切往来和文化交流。

下面我们以故宫博物院藏的几块带板为例，为大家展现唐代胡人带板的风采。

第一块叫作玉饮酒胡人纹带板，它长4.5厘米，宽4.1厘米，近似一个正方形。用白玉做成，8毫米厚，四边呈现出坡状。这个玉带板上刻的是一个胡人坐在毯子上，他的脖子上挂着饰品，可以看到他左手按在膝盖上，右手举起酒杯，他身上还有一条长长的飘带，显得很灵动，这条飘带或许可以说明这个胡人是在跳舞，舞蹈动作是饮酒。这个带板是一组玉带饰中的一件，背面没有花纹，四角各有一对穿孔。

唐朝时，西域的葡萄酒和制酒技术传到了中土，我们都知道一句诗，"葡萄美酒夜光杯，欲饮琵琶马上催"，这里的葡萄酒，指的就是西域的葡萄酒。当时很多胡人来长安开店卖酒，店里往往还会有一位特别会唱歌跳舞的胡姬，就像李

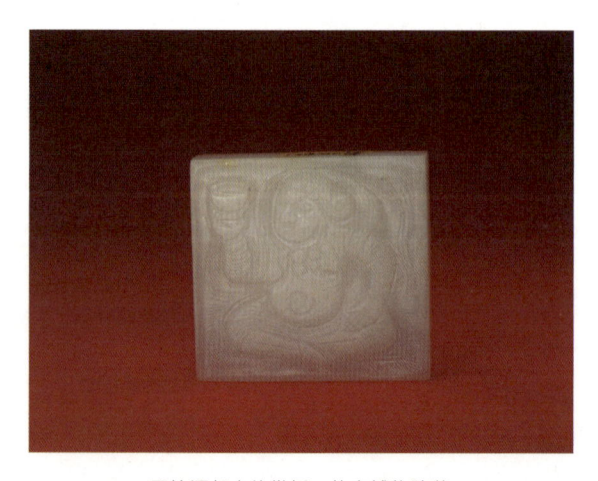

玉饮酒胡人纹带板，故宫博物院藏

白诗里写的那样:"五陵年少金市东,银鞍白马度春风。落花踏尽游何处,笑入胡姬酒肆中。"

第二块是胡人伎乐图带板,大家可能在很多电视剧电影里面看到过,唐朝的音乐是非常发达的,而且带有非常浓厚的异域风情。唐代官方制定的"十部乐"当中,就有"龟兹、疏勒、康国、安国、高昌"等西域音乐,可见当时胡人的音乐非常流行。这个风潮反映到玉带板中,就出现了大量的胡人伎乐图。当时有很多西域的乐器,也流传到了中原,比如琵琶、箜篌、羯鼓,这些名字一听就知道是外来的。

胡人伎乐图带板,故宫博物院藏

第三块是胡人献宝白玉带板。一个高鼻深目的胡人,半蹲在画面中,双手举着一个托盘,盘中是要进献的宝物。前面我们已经提到,唐朝时有大量胡人到中国来,他们身份各异,有使节有留学生,有商人有僧人,有乐工艺伎,还有游客,其中商人最多,他们活跃在长安、洛阳、扬州、广州这些大都市里。唐传奇中就有很多以胡人为题材的故事,比如我们熟知的《昆仑奴》,还有关于胡商的故事,以及很多胡人识宝的故事。

唐传奇中的《水珠》讲的就是胡人识宝的故事。这个故事说,唐朝的时候皇帝曾经赏赐给大安国寺一颗珍珠,这颗珍珠价值亿万。但是僧人们以很高的价格出售的时候,大家都笑话他们说:"不就是一颗珍珠嘛,哪值这么多钱?"于

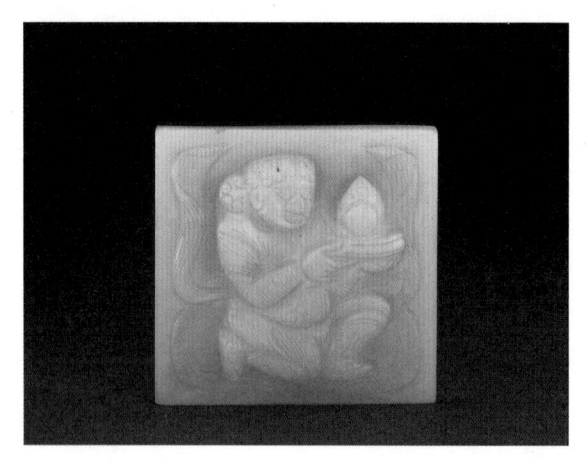

胡人献宝白玉带板，故宫博物院藏

是就没人买。这个时候有个胡商在市场看到了这颗珍珠，出高价把它买了下来，还觉得自己占了大便宜。僧人觉得奇怪，就问胡商，胡商告诉他说："我是大食国（阿拉伯帝国）人，贞观年间的时候两国交好，我们国家就进献了一颗宝珠给大唐，后来我们国王舍不得，常常想起这颗珠子，说有谁能得到这颗珠子，就让他做宰相。"那这颗珠子到底为什么这么宝贝呢？原来这颗珠子叫水珠，在沙漠中行军走路没有水时，只要把水珠埋到地下，便会有水流出，够上千人喝。

这就是一个典型的胡人识宝的故事。这类故事能让我们感受到唐代长安的繁华，以及胡人云集的热闹与王朝的那种自信和爽朗。这些故事和场景都被编入了胡人的歌舞当中，也被刻在了玉带板之上。

唐代是一个非常开放、包容的王朝，唐代的李姓皇室就不是纯正的汉人，而是带有鲜卑的血统。当时的唐朝，经济发达，文化繁荣，所以吸引了全世界各地的人来朝拜、经商、学习。首都长安更是当时的国际大都会，会集了全世界各地的商人，有特别多的胡人。所以这种风气体现在玉器艺术上也不足为奇了。

到了宋、明时期，虽然玉带还在使用，但是有胡人形象的玉带板越来越少。从唐朝到明朝，玉带板的使用前后延续了1000多年，这种镶缀在高级官员腰带上的身份标志，可以说是中国古代封建社会的一个缩影。而唐代的胡人玉带板，尤其展现了大唐的开放与包容风范。

十一 宋代玉图画

玉器的文人化和世俗化：

经过了五代十国的乱世之后，宋统一了汉族政权，出现了较长时间的安定局面，并先后与辽、西夏、金、蒙古（元）南北对峙。相比唐代玉器的东西方融合的帝国风范，宋代的玉器又回到了汉民族的世界，含蓄内敛，贴近生活，有着文人雅士般的清新淡雅、如画如诗的感觉。这一时期的玉器，远离了先秦汉代抽象、神秘、夸张的特点，继续着隋唐以后玉器写实化、世俗化的发展趋势，立体感增强，清新活泼，更有浓郁的生活气息，以生活用器、装饰品、赏玩器为主流。宋朝城市经济的发展，也促使玉器作为特殊商品进入流通市场。

宋代虽然国土面积没有唐代大，但是汉民族的文化发展则达到了一个高峰。宋朝的创建者赵匡胤本身是后周的高级军事长官，夺取政权的方式是通过不流血的"黄袍加身"而来，所以在很大程度上减轻了朝代更迭带来的社会动荡。他当上皇帝后，并没有对前朝的贵族"赶尽杀绝"，而是采用"杯酒释兵权"的方式稳固了统治政权，相对和平的立国方式对社会生产力的恢复十分有利。宋太祖、宋太宗建国开始就推行"崇文抑武"的国策，对宋代文化与文明的兴盛起到了关键性的保护作用，促使宋代的各个文化艺术门类都取得了令人赞叹的成就。

宋代虽然在军事上比较弱，但文化高度繁荣。这一时期活字印刷开始出现，宋代的瓷器也达到了非常高的审美水平。在艺术领域中，有人把唐朝的王维作为文人画的创始人，我们都知道他的特点是"诗中有画，画中有诗"，不过第一个提出"文人画"概念的，可能是北宋的苏轼。苏轼认为文人和画工的画，最大的差别是"意气"两个字，意气也就是神韵。意思就是说文人士大夫的画，是"取其意气所到"，而画工只是把形画出来了，没有内在的精神。

文人画的出现也使宋代的绘画艺术达到了一个高峰。宋徽宗既是皇帝，又是艺术家，他非常热爱绘画、书法。流行的写实花卉、禽鸟与山水绘画，在徽宗时代得到了长足发展。徽宗赵佶本人在治国理政上缺乏雄才大略，成了一代亡国之君，但在艺术造诣上却堪称多才多艺，他独创了瘦金体书法，创作了一批绘画作品，同时他还热心于古物收藏，促进了宋代的仿古风潮以及金石学的兴盛。当时的文人埋头研究古代的青铜器及石刻碑帖，逐渐形成了一种对古代器物的研究风潮，慢慢形成了一种学问就叫金石学。金石学其实就是我们现在器物学的前身，当时社会上掀起了一股研究文物的浪潮，这股浪潮也促使宋代仿古器产生，在玉器制作中也出现了仿古玉器。

由于皇帝的倡导，北宋的文化事业全面向前进步，宫廷里专门成立了皇家画院，促进了绘画艺术的全面成熟，文人画开始兴起。绘画的繁荣影响并引导着宫廷的玉匠们，他们除了延续以前的雕刻传统制作玉器以外，开始向画家们学习，用绘画艺术来拓展创作的视野，模仿画家们创作实践，采用一种深层立体透雕的技法，将松石、人物、花卉、禽鸟、龟鹤等集合于一体，创作出前所未有的反映生活场景或者人们向往生活的玉雕。和以前朝代的平面玉雕不同，这是一种全新的立体玉雕，多层镂雕，而且常常带有一定情节。这类玉器在清代痴迷于玉的乾隆皇帝眼里，被称为"玉图画"。

这里稍微解释一下玉器的雕琢技法，古代的玉器并不是直接拿刀在玉石上刻的，因为玉的硬度很高，摩氏硬度达到6～6.5度，而铁的摩氏硬度一般只有4～5，其实是刻不动玉的。古人很聪明，将铁做成一个个圆盘形的工具或者尖角的小钻具，就像大大小小的钉子一样，这就叫砣具。砣具有大有小，大的像圆盘，小的像钉子，在一种特制的桌子形状的凳子上将砣具安好，加上水和解玉砂就可以将玉划动。解玉砂其实就是硬度比较高的石英砂，摩氏硬度达到7度，能够划动玉，砣具带动解玉砂就能对硬的玉石进行雕刻。古代雕刻的方法有圆雕、阴刻、高浮雕、浅浮雕、镂雕、减地等各种技法。宋代的玉图画采用的就是各种透雕技法。

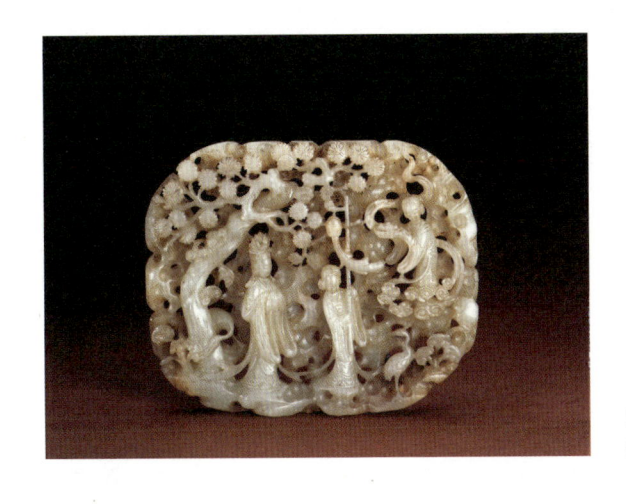

白玉镂空松下仕女图，
故宫博物院藏

当时人将这种雕琢称为"透碾"，就是灵活运用各种实心钻和空心钻工具以及砣具，充分结合圆雕、浮雕、减地等多种技法，表现层次，使玉雕作品渐渐摆脱了扁平片状造型，具有一定的厚度，图案也有较大的深度，同时以深阴线表现花茎叶脉，以细阴线刻画细部，向多层次的立体玉雕发展。

故宫博物院收藏的宋代玉图画的代表作品——《松下仕女图》，长9.6厘米，宽7.8厘米，厚1.5厘米。我们可以看到，玉图画并不是平面的，而是多层镂雕，显得非常玲珑剔透。画面上的主题是三个人物，三个人物情态各不相同，面部表情也十分生动。左边戴冠的女子非常端庄，身着宽袖长裙，显得很有威严；中间站立的明显是个侍女，她比左边戴冠的女子略低半头，显得非常恭谨；最右边的人托举着一个果盘，三个人物形象都非常鲜明。背景里面左边一棵松树，两棵灵芝，还有右边一只仙鹤，像一幅人间仙境的画面。整幅画层次丰富，玉的打磨也非常精细。运用透雕技艺，以镂孔去底的方式将人物与树石形状刻画出来，明显将玉雕分了层次。而且构图繁密，针状松叶和枝干占据了大半个空间，人物和后面的枝叶相互穿插交错，一下子就有了景深，就像人在风景之中一样。

故宫博物院收藏的白玉婴戏图、青玉人物山子等也都使用了类似的雕刻技法。从它们身上可以发现，这种玉图画玉器不仅具有绘画的平远、深远、高远等多层次全景式构图，而且比例适当，形象生动，碾琢娴熟，尤其将以形传神、形神具备的风格发挥得淋漓尽致。所以明代鉴赏家高濂在《遵生八笺》论古玉器篇中评论宋玉道："碾法如刻，细入丝发，无隙败矩，工致极矣，尽矣。宋工制玉，发古之巧，形后之拙，无奈宋人焉。"

宋代产生的这种带有山水画性质或园林亭院生活场景式的玉雕，使玉雕由单纯平面阴线刻和少量的减地浅浮雕的雕刻技法向多层的立体镂雕技法过渡，在手工工艺史上有着不容忽视的重要地位。乾隆皇帝叫它"玉图画"，说明他已经发现了宋代玉雕的新类型，并认为它是受到了当时绘画艺术的影响，有着浓厚的绘画效果，就像是用玉雕刻成的立体绘画。

宋代的玉工把有史以来的单层透雕，发展成了多层镂雕，这种镂空的、立体的或起凸的、隐起的人物、禽鸟、花卉、山林等题材的玉饰件，因为琢制精妙，形象逼真，构图完整，情节动人，达到了形神兼备的境界，成了皇室贵族最喜爱之物，被作为嵌饰或陈设品，对辽金乃至于之后的元代以及明清玉雕都有很大的影响。元代就开始出现了四面的立体雕刻，如元代达官贵人常常在帽子上装饰使用的玉帽顶，就是完全的四面立体雕刻，比宋代的多层立体透雕又进一步。到了清代，就出现了大型的山子雕，更是将自然界的真山真水采用大型玉雕的方式搬到了室内，后面我们会讲到乾隆时期的大禹治水图玉山。

所以，宋代的玉图画其实是开后代大型立体玉雕之先河。这一切，都和宋代宽松的人文环境分不开。

除了玉图画外，我们看宋代玉器，和以往不一样的是，这个时期的文房用品、香囊、帐坠、扇坠乃至各种实用器物大量增加，具有民俗与吉祥纹饰造型的娃娃、摩睺罗以及有谐音的吉祥物开始出现，成为新的玉器品种。其中莲孩玉是较为多见的宋代玉佩，它与宋代生活习俗有关，逢七夕或其他节日，儿童都要择取莲花荷叶执玩，效仿摩睺罗。摩睺罗又叫磨喝乐，是宋代最流行的泥娃娃，它是梵文的音译，据说原型是佛祖释迦牟尼的儿子，传到中国以后被汉化，变成可爱的小孩形象。七夕的时候，大家会用这种娃娃来乞巧和祈求多子多福。这来源于唐代化生求子的习俗，但到了明代就衍化为具有莲生贵子或佛教莲花贵子寓意的吉祥玉。玉器常常会作为一种商品进入世俗的生活，玉器的消费者已经不都是王公贵族，还包括有一定文化修养的文人雅士。而且宋代社会商品经济繁荣，也刺激了民间玉器市场的繁荣。当时的汴梁、杭州、扬州，都出现了专门经营玉器的店铺。这也使得宋代玉器的题材更加接地气，常常反映普通市民阶层的喜好。

总的来说，宋代是玉器史上承前启后的一个重要时期，也是玉器文人化、世俗化的重要时期，它非常好地平衡了艺术和生活，正如宋代这个多姿多彩的社会。

十二 游牧民族的"四时捺钵"：我与春水玉钩环的缘分

在我的玉器研究生涯中，最难忘的是年轻时和一件春水玉的缘分，这份玉缘，也促使我最终决定选择玉器研究作为终身的专业方向。每每想起，这件事都激励着自己，直至今日，依然坚持着。

读者也许会问，什么是春水玉，为什么叫春水玉。说起这个名字，我们得先了解一下北方少数民族的生活习惯。春水的题材最早滥觞于以狩猎为生的契丹族的"春捺钵"。《辽史》记载，契丹族"随水草就畋渔，岁以为常。四时各有行在之所，谓之'捺钵'"。"捺钵"原本是帐篷的意思，这里引申指皇帝四时游猎暂时游幸的场所。他们的"春捺钵"从每年正月上旬开始，皇帝与文武大臣到长春州东北三十五里的鸭子河泺，这个地方在现在的吉林。在天鹅来之前捕鱼，天鹅来之后捕天鹅。侍卫们都带着鹰和刺鹅锥，等天鹅来了，皇帝亲自放海东青鹘去抓天鹅，天鹅掉下来之后，旁边的侍卫就一拥而上，举锥刺鹅，取鹅脑来喂饲海东青鹘。皇帝会用第一个击落的头鹅来祭祀宗庙，这就是春捺钵。至于海东青鹘，文献记载是一种身体较小而又敏捷勇敢的鹰隼，最主要的特征就是"小而健"。女真族灭辽后，建国号金，同样继承了契丹的这个风俗，只是在名称上有了变化，叫作"春水"。金朝皇帝春水时，腰上系的束带就叫吐鹘。"吐鹘，玉为上，金次之，犀象骨角又次之……其刻琢多如春水秋山之饰。"这说明玉带上的纹饰就是鹘捉天鹅，这是春水题材纹饰用于玉器最早的记载，传世的许多这类题材的玉器最早也为金代的。1234年，金被崛起于漠北的蒙古族所灭，蒙古族同样也是以游牧狩猎为生，元朝统治者并没有废除春水活动，那么在玉器上就仍有表现，所以我们把表现春水活动的玉器称为"春水玉"。

紫檀嵌金八卦纹镶玉雕鹘捕天鹅纹三镶如意，故宫博物院藏

白玉透雕春水玉嵌件，故宫博物院藏

在故宫博物院，就有多件这样的春水玉，它们或者单独摆放，或者被嵌在如意头上当如意瓦子使用。其实，这些都不是春水玉原本正确的使用方法，要想了解这些，必须提到一套出土玉器中的标准器。

20多年前，笔者第一次接触无锡元代钱裕墓出土的一批玉器。那座墓葬是1960年4月在江苏无锡雪浪乡尧歌里一个修水库的工地上发现的，是一座夫妻合葬墓。墓葬的结构为石顶砖室，中间用砖墙隔为并列的双穴，四壁涂有一层三合土，墓底铺有松香。墓中出土的文物相当丰富，还出土了墓志，上面写着"大元故处士钱公圹志"。由此我们可以知道，墓主人姓钱名裕，字宽父，无锡人，是五代十国吴越王钱镠的后裔。生于南宋淳祐七年（1247年），卒于元延祐七年（1320年），一生跨越了南宋和元，活了74岁。

钱裕墓是一座有确切纪年的墓葬，但是因为施工的时候博物馆并不知道，发现墓葬之后公安局才通知博物馆的专业人员过去。当博物馆的专业人员到达现场时，墓葬已经被破坏，许多器物的出土位置被扰乱，因为南方的墓葬多积水，许多器物被公安同志从水中捞出放在旁边，所以这些玉器都没有了相应的出土位置和组合关系。关心考古的朋友可能知道，出土位置对研究古代人们的生活非常重要，没有被盗被扰乱的墓葬基本能根据器物的摆放位置推测出原来的功用是什么、古人的生活状态等情况。而这座钱裕墓虽然没有被盗，但是被扰乱了，所以出土时器物的摆放情况完全不明了。

因当时条件有限，研究力量也不够，那座墓葬一共出土了19件玉器，拿回博物馆以后就一直静静地躺在库房中，其间它们虽迎接过几批专家学者，但事隔30多年，都没引起太多的注意。

而笔者与墓中出土两件玉器的缘分就定格在第一次看到它们的时候。一件是春水玉，一件是白玉带钩。

春水玉钩环，无锡博物院藏

钱裕墓出土的这件春水玉，握在手上刚刚好，白玉质，器身有一些黄色的土沁，上面的图案非常生动，画的是鹘攫天鹅。一只天鹅正张口嘶鸣，展翅准备潜入荷叶丛中隐藏，荷叶上面有一只海东青鹘，尖嘴、细细的身子和尾羽，它正回头伺机攫捕。这块玉镂空透雕了四层纹饰，以水面、荷花、芦苇为背景，雕刻的就是海东青鹘抓天鹅的场面。碾工整体看来较为粗犷有力。另一件白玉带钩，也是白玉质，器身遍布土沁及灰斑。带钩头部扁而宽，上面刻着莲花、莲蓬，琵琶形腹上起凸镂雕荷花水草纹，背部有一个桥形纽，长方形孔。

当笔者第一次拿起这两件玉器时，很偶然也是很不经意间就将白玉带钩和春水玉勾连套合在了一起。眼前所见竟使人一阵狂喜，它们竟然正好吻合：春水玉左侧椭圆环托部分那个不起眼的往下凹的空当，正好可以让带钩钩首穿过，带钩上的荷叶、莲蓬、水草纹与春水玉上的荷叶、莲蓬、水草纹极为相似，而且它们都是一样的白玉质，土黄色的沁斑，立体镂雕加阴刻线的雕工，粗犷有力，加上纹饰的统一，简直就是天作之合，应该是同一块玉料，出于同一玉工之手，并且被当作同一件东西来雕琢的。

这一发现使笔者意识到，原来这块环托高浮雕、镂雕的美丽玉器，在元代是与带钩配套使用的腰带上的带饰，而不仅仅是账册上写的或者人们通常认为的佩饰。后来，笔者在中国古代玉器与传统文化学术研讨会上将这一发现公布了出来，得到了与会同行专家的一致认同，这不仅恢复了历史原貌，也使这对钩环成为目前所见全国唯一一套出土标准器，成为鉴定同类玉器的重要参考。

自此以后，笔者对类似于这件春水玉样的玉器就留心起来，发现在许多博物馆、文物商店及其出版的图录中，都有这种环托高浮雕、镂雕的玉图画类玉器，它们被认为是嵌件，是嵌在如意头上的如意吉子，又叫如意瓦子。从雕工纹饰上看多为宋、元时期的作品，值得注意的是，它们都有一个特征，就是托环的一侧中间有明显斜磨下凹，留出空隙用来穿系的痕迹，而且它们和钱裕墓这件春水玉一样，图案都是横着的，这就说明它们不是竖着穿孔挂在身上的，而是横着穿孔佩带。笔者从钱裕墓那件春水玉和带钩配套使用法中得到启示，类似于这种环托高浮雕、镂雕玉图画的饰件，有明显的穿系痕迹的，应该都是一种腰带上的饰物，是一种带饰。

中国古代玉带的发展演变大致分为两条线：一是官方的玉带制度，即装有玉带銙的革带，带銙就是装在革带上的玉片；另一种是装有这种钩环的绦带，像细绳一样系在腰上，主要用于日常生活中的便服，既美观又方便，因此文人士大夫经常佩带。这两条线发展到唐宋以后更为清楚。官服玉带和便服玉带的带饰一般是不会混用的，宋元以后，带钩和环这种带饰基本用于丝绦带上。所以笔者将带钩称为绦钩，类似春水玉这种玉环称为绦环也顺理成章。

宋元时期的玉雕艺术由于受到绘画艺术的深刻影响，出现了一种立体的全景式玉雕，这种玉雕或镂空、或起凸、隐起，题材有人物、禽鸟、花卉、山林，情节生动，构图完美，我们称其为玉图画。这套与笔者结缘的春水玉带钩环，也是这一时期带有鲜明民族特色的玉图画类玉器。

当然，传世的玉图画类雕件中也有那种环托上没有明显空隙供带钩穿入的，宋元明清时都有，它们的用途可能不一样，可能纯粹作为佩饰或嵌饰，这类器物另当别论。而那些与带钩相配使用的玉图画类玉件，比如这一节提到的这件春水玉钩环，流传到明清，人们已经忘记了它们原来的用途，而把它们当成普通的玉图画类玉件，被作为镶嵌件嵌在插屏上或如意头上，成为一件纯粹的装饰品，其作为带饰的实用功能已渐渐被人们遗忘。

介绍完这件春水玉钩环的功用，我们再来了解为什么这样一件带有明显北方色彩的东西，会出现在江南地区呢？

首先我们还是回到这件春水玉钩环上的图案，一般表现春水活动，最常见的场景就是海东青鹘啄天鹅头颅，但是作者一反常见的表现手法，雕刻出海东青鹘飞在荷叶上，回首寻觅的瞬间，增添了一种剑拔弩张的紧张气氛，所以它在形制上比传世的金代春水玉更富有立体感，制作技巧也更娴熟。

同时作者也采用了艺术虚构的手法，在现实中春水活动一般在正月、二月举行，但是这里却雕了荷花、芦苇等明显属于夏秋季节的景色，这虽然违反了自然规律，但更好地烘托了环境，增加了美感，使整个玉雕富有浪漫主义的色彩，反映了一种"源于生活，高于生活"的艺术创造力。玉器的雕琢者应当是有一定生活感受的北方玉工。从现有考古发掘资料来看，这种春水玉在江南地区也是首次发现，可见此种题材的玉器在元代并未在江南广泛流传，南宋政府也不会正式使用这种玉器。

那么，这种具有鲜明民族特色的春水玉，怎么会在江南豪绅钱裕墓中呢？笔者在钱裕的墓志上，发现有这么一段记载：钱裕本人一生跨南宋到元两代，他在1276年元军打到江南时已30岁，钱裕作为乡绅的首领是率领乡人归顺于元的。而元军大元帅派来见钱裕的王公想授钱裕官职，被钱裕推辞，说自己只是为了保乡人土地免受侵扰，坚持不受官职。王公敬佩钱裕的行为，和他结为金石之交。

从此看出，钱裕在招抚地方上对元政府是有功的，同时又帮助流离家园的人复业，安抚地方，得到了王公的敬重。钱裕既无意仕途，当时的江南也不大可能流行春水式样的玉饰，同时也不大可能在市场上买到。这一对带钩环与墓中出土的其他玉器相比，从纹饰、雕工上看，都像是来自北方的东西，尤其是背后深浅的钻痕和砣痕，与南方玉器在风格上完全不一样，所以这块玉很可能是蒙古人送给钱裕的礼物，是蒙古人俘获的原金代工匠所雕，其真正的制作时代应在金代晚期到元初。

十三 元明易代与服饰流变：从帽顶到炉顶

在故宫博物院的玉器收藏中，有相当多的一类玉器，形似馒头，底部有穿孔，上为镂雕、透雕的各种立体圆雕图画，有山石、人物、花鸟等，它们都团为一体，不出玉纽之样。例如故宫博物院所藏的白玉龙穿牡丹纹玉帽顶，长 6.8 厘米，宽 5.8 厘米，高 7.2 厘米。玉质温润，雕琢一龙穿行于枝梗牡丹之中，全器采用多层镂雕技法，花叶穿枝过梗，有很强的立体感。

清宫旧藏很多这类器物，一些博物馆以及文物商店也不少，有些是缀在铜炉、玉炉等香炉炉盖上的，有些炉已丢失，只留一炉盖，上面连着这种纽。器形有大有小，雕琢十分精致。

所以人们一向习惯将此物称为炉顶。不过，那些带有炉顶的炉本身，多是明清时期的炉。另外，故宫博物院收藏有同类型的玉纽数百个，也没有安放在炉盖上。

明代人高濂的《遵生八笺·燕闲清赏笺》中对玉器的描述有这样一段话："自唐宋以下，所制不一。如管笛、凤钗……石炉顶、帽顶……梳背、玉冠、簪珥、绦环、刀把、猿马牛羊犬猫花朵种种玩物，碾法如刻，细入丝发，无隙败矩，工致极矣，尽矣。"

这里提到了炉顶，又提到了帽顶，帽顶和炉顶到底是一类东西，还是两种器物？它们又是什么时候出现的？

对于这类器物，历来争论的焦点在于两点，一是它们的制作年代，二是它们的用途。先说时代，有人认为它们是汉代炉顶，因为清宫遗存的许多炉纽上带有入藏时的黄纸登记条，条上所记器物名

白玉龙穿牡丹纹玉帽顶，故宫博物院藏

称为"汉玉炉顶"。有人认为它们是唐代炉顶，有人认为它们是宋代炉顶，还有人认为它们是元代的。另外，还有一些古玩收藏家只把它们划分为明代与清代两个时代，认为古朴而生动者为明代的，工整而华丽者为清代的。

现在，学术界已经没有人认为这类器物是汉唐时的玉器了，因为它们与汉唐炉的形制完全不同，考古也没有出土任何一例，清宫里的黄签只说明清代人们对它们认识错误。另外，它们和宋代纽形器也不相同，将这类器物说成宋代炉顶也不妥当。

从现有已发表的考古出土资料看，此类器物最早出现在元代，已在元代墓中出土多件，大多为镂雕作品。如北京西城区元大都遗址出土的荷叶鹭鸶纹玉纽，高3.5厘米，宽3.7厘米；上海青浦区元代任氏墓群出土的镂雕荷叶鹭鸶纹玉纽；四川成都利民巷元代窖藏中出土的三件莲鹭纹玉纽。它们都是形似馒头，下有穿孔，上多为镂雕、透雕的各种立体圆雕图画，有山石、人物、花鸟等，均团成纽状。这些都是元代玉纽的标准器。所以，传世品中大量类似的作品基本可以认定为元代。

这类玉纽的题材十分广泛，故宫博物院所藏的就有龙纹、龙穿牡丹纹、荷叶鹭鸶纹、海东青鹘捉天鹅图、山林群鹿图、螭龙穿花图等。既有北方游牧民族的生活写照，也有江南水乡的生活气息，说明其分布范围十分广泛。

那么在元代，这种器物到底有何用途呢？对于这个问题，包括其制作年代，明代就有人开始争论并将其记载下来。明代人沈德符在他的《万历野获编》中对这场争论有如下记载："近又珍玉帽顶，其大有至三寸，高有至四寸者，价比三十年前加十倍，以其可作鼎彝盖上嵌饰也。问之，皆曰：'此宋制。'又有云：'宋人尚未办此，必唐物也。'竟不晓此乃故元时物。元时除朝会后，王公贵人俱载大帽，视其顶之花样为等威，尝见有九龙而一龙正面者，则元主所自御也。当时俱西域国手所作，至贵者值数千金。本朝还我华装，此物斥不用，无奈为估客所昂，一时竟珍之，且不知典故，动云：'宋物。'其耳食者从而和之，亦可哂矣。"

沈德符是明代晚期万历时人，在文中，他否定了炉顶唐宋说后，明确提出了元代帽顶说，并且认为帽顶也是区分等级的一个标志。明代去元不远，他这么说也顺理成章，应该说有一定的可信度。

如果我们考证元代的服饰，元末明初时人叶子奇在所著的《草木子》中记载："（元代）官民皆带帽，其檐或圆，或前圆后方，或楼子。"又说"帽子系腰，元服也"。就是说，元代官员百姓都戴帽。元初时政府曾有过要汉人剃发的命令，所以元官民戴帽的很多。另一位元末明初人陶宗仪在他撰写的《辍耕录》中记载："（成宗）大德间，本土巨商中卖红剌一块于官，重一两三钱，估直中统钞一十四万锭，用嵌帽顶上。"还记载了一个故事："河南王卜怜吉歹为本省丞相时……一日行郊，天气且暄，王易凉帽，左右捧笠侍，风吹堕石上，击碎御赐玉顶。"可见元人有在帽子上饰珠宝玉器的习惯，而且明确提出元代除用各种宝石做帽顶外，还有用玉做的玉顶。另外，我们在考古墓葬中，还没有发现元代墓葬中炉与玉纽相伴出的现象。上海嘉定法华塔元代地宫中出土的一件铜熏炉，为元代铜炉，盖上也无专门嵌纽做炉顶，而是盖顶整个镂空，顶盘一龙，与盖为一体。这种情况在元代铜炉上常见，说明元人并没有把此类器物嵌在炉顶上。另外，这些玉纽的纹饰与那些炉的风格完全不同，因为宋、元的铜炉，多是仿古样式，纹饰也以兽面、云纹为多，而这些玉纽的总体风格是仿生型，多雕刻山石、树木、花鸟、春水、秋山乃至蟠伏的龙身式样，与炉体本身的仿古型艺术相比，一个生动活泼，一个凝重沉稳，属于两个不同的艺术体系。由此，也能证明这类玉器就是元人戴在头上的大帽顶上缝缀的帽顶。

值得注意的是，这些镂雕、透雕玉纽的纹饰题材与元代服饰中用于腰带上的绦环题材十分相似，我们在前文中讲过春水玉和绦环的故事，知道它们都是用在腰间的，也多为莲鹭、螭龙穿花、春水等题材，一个人穿戴也可配套。所以帽顶和绦环同为元代服饰中的重要组成部分。

那么，这些帽顶怎么又被称为炉顶了呢？原来，明以后，汉民族夺回政权，服饰也随之改弦更张，人们头顶多用束发之冠而不再用帽。帽上缝缀玉顶的习惯，只是在有限的场合还在使用。例如明人画《朱瞻基行乐图》中，宣德皇帝头戴的便帽上就缀有珠玉帽顶。另外，湖北明代梁庄王墓中也出土金嵌镂雕白玉帽顶。说明直至明中期，玉帽顶还在皇室贵族中使用。不过已不是冠服用玉。到了明晚期，以此类玉器做帽顶的习惯已经变化，更多的是将它嵌在炉盖上做炉顶使用。所以沈德符讲元代帽顶衰落的原因是汉人恢复了华装，不过他也指出明晚期世人已多不识元代帽顶，将其置于炉顶作为玉炉顶使用的事实。

另外，明代也仿此样式制作炉顶，致使许多元代帽顶与炉顶相混杂，难以区分，如江西明益宣王墓出土的白玉镂空鸳鸯戏莲炉顶。到了清代，大量宫廷中收藏的元代玉帽顶都被置于铜炉、玉炉等香炉的木质炉盖上，人们已习惯将此物称为炉顶。

帽顶的流传过程与元代的玉绦环十分相似，那类玉器在元代分明是与带钩相配使用的带饰，但到了明代，人们已不知它们的用途，而成为佩饰或如意头上的嵌饰了。

玉帽顶是元代存世玉器中数量最多的一类。通过这一节的介绍，大家再去博物馆时，看到这类玉器，应该知道它们其实是元代的东西，是用来缀在大帽上的帽顶，到了明代以后人们才将其嵌在炉盖上作为炉顶使用。

十四 真假难辨的玉器：名噪一时的『子刚』款

子刚款白玉卮，通高 10.5 厘米，口径 6.8 厘米，底径 6.5 厘米，首都博物馆藏

在研究中国古代玉器的过程中，当面对一件件精美绝伦的玉器时，我们常常会被一个问题困扰：究竟是谁将那一块块冥顽不灵的顽石变成了一件件会"说话"的美玉？是谁赋予了它们生命？中国有一句古话"玉不琢，不成器"，这一件件精美玉器的琢玉人是谁？在其背后又有怎样的故事呢？

但是，翻开历史文献，却极少看到治玉人的名字。在中国玉器发展史上最早留下姓名的两位玉工还是传说中的人物，一位叫孙寿，一位叫烈裔。《册府元龟》中记载，秦始皇兼并天下称帝的时候，丞相李斯用蓝田玉，让玉工孙寿雕刻。而另一位玉工则被晋代的王嘉记载在《拾遗记》中：传说，始皇元年，骞霄国进献刻玉善画的工匠，名裔，他用玉雕刻百兽的形状，毛发就像真的。他曾经刻过两只白玉老虎，形象生动，老虎身上的毛都十分逼真。这位名叫裔的玉工，又被人称为烈裔。

孙寿和烈裔并不见于正史文献，而且记载的都是传说，距离现在也十分久远，所以对其真实性很难考证。

目前看到最早的真实可靠的治玉工匠，是隋代的两名玉工。正

第三章 玉器 | 269

史《隋书·何稠传》中记载，隋文帝时期有一个官员名叫何稠，他的父亲何通"善斫玉"，也就是善于治玉。这也是最早记载于正史的玉工。后来唐代颜师古撰写的《大业拾遗记》中，记载隋炀帝临幸江都（今扬州），看中殿脚女吴绛仙，但当时她已经嫁给玉工万群为妻，万群可能是当时江南的玉工。

宋代的治玉工匠，又叫"刮摩之工"。文献中留下姓名的人只有赵荣、林泉、崔宁、陈振民、董进等。比如宋真宗年间，封禅要用玉牒册，皇帝派人去问玉工，玉工中有一个名叫赵荣的人，说宋太宗年间他曾经跟玉工一起雕琢美玉，做牒册，一年多才完成，牒册就放置在崇政殿库房，于是皇帝就拿来直接使用。元代陆友仁在《研北杂志》中讲曾经见到宋代的白玉荷叶杯，制作精妙，上面刻着"臣林泉造"。可见赵荣、林泉都是宫廷玉作的名师，而崔宁、陈振民和董进从文献记载看，应该为民间玉工。

前面提到的玉匠，史料中仅有只言片语，着墨不多。真正在中国玉雕史上大名鼎鼎却又神秘莫测的人物就是这一节故事的主角——陆子刚。而这位陆子刚，文献记载虽多，却是谜一样的存在。

第一个是生卒年代之谜。没有任何文献记载他的具体生卒时间。只说是江苏太仓人，常居于苏州。明代著名文人王世贞在他的《觚不觚录》中提到陆子刚是与他同时代的人。王世贞生于嘉靖五年（1526年），卒于万历十八年（1590年），在传世玉器中也确有带"嘉靖"年款的子刚款玉器，说明陆子刚在嘉靖之时已经成名，是明代晚期的人。

第二个是名字之谜。关于陆子刚的名字，在明代当时的文献和清代文献中就有"陆子刚"与"陆子冈"两种写法。《觚不觚录》《识小录》《香祖笔记》《太仓州志》《万寿盛典初集》《珊瑚网》《式古堂书画汇考》《御定渊鉴类函》《物理小识》等皆言陆子刚，而《遵生八笺·燕闲清赏笺》《长物志》《格致镜原》《陶庵梦忆》《妮古录》等写为陆子冈。所以陆子刚、陆子冈到底为一人还是两人，至今还是个谜。

再看器物上的名字，在故宫博物院的藏品中，带有"陆子刚（冈/岗）款"的玉器有50件左右，而台北故宫博物院有20余件"陆子刚（冈/岗）款"的玉器。其中"冈""岗""刚"三种写法都有。还有的写得非常奇怪，写成了"网"字。所以，陆子刚这个人的名字在玉器实物上也成了谜。

正是因为名字之谜，才有了第三个谜——器物之谜，两岸故宫传世的玉器中有70余件子刚款玉器，加上其他博物馆及流失海外的子刚款玉器，大概有百余件。这些海内外及公私收藏中到底哪件才真正是陆子刚制作的玉器，也是个千古之谜。笔者和台北故宫博物院的玉器研究专家也曾一起讨论这些子刚款玉器，最后都不能确定到底哪件才真正是陆子刚制作的。为什么呢？如果大家观看实物，会发现这些子刚款玉器最大的一个特点就是没有共同点，将那些清代仿制的子刚款玉器剔除后，会发现明显为明代玉器风格的子刚款玉器没有一件造型及纹饰风格是完全一致的。陆子刚如此高的名气，作品理应是精美绝伦的，但笔者见到的这些子刚款玉器，风格迥异，以器皿为多，真正像文献中所说的那样良工苦心、精工细作的并不多。有些作品，刻工粗率，实在很难把它跟名气极大的陆子刚联系起来。而且各种款式都有，有些一件器物上能刻琢多个子刚款，精工与粗率者皆有。所以到底哪件是陆子刚制作的，很难断定。

王世贞将陆子刚排在吴中各种工艺名匠之首，说明王世贞十分欣赏陆子刚的玉器。明代人张岱在他的《陶庵梦忆》中讲到"吴中绝技"时，已经把陆子刚的治玉推到了上下百年无敌手的程度，料想那些粗率的子刚款玉器应该不会真的是陆子刚制作的。但是，就算是在精工的子刚款玉器中，也很难下结论到底哪件是陆子刚本人的作品，只有一件较为例外。

最有可能是陆子刚制作的玉器是清代黑舍里氏墓出土的子刚款玉卮。20世纪60年代，在北京师范大学扩充校园的施工中，发现了一座墓葬，墓葬的墓志铭显示，墓主是一个7岁的小女孩，生于康熙六年（1667年），卒于康熙十三年（1674年）。康熙十四年（1675年）葬于德胜门外。别看只是个7岁的小女孩，来头可不小。常看清代宫廷剧的读者可能对索额图这个名字并不陌生，索额图就是这个早夭女孩的父亲。而索额图的父亲，就是大名鼎鼎的索尼。康熙皇帝幼年登基，四位托孤重臣当中，最出名的是鳌拜和索尼。逐渐长大的康熙，最终就是联合索尼的势力，剿灭了鳌拜。而皇帝联合重臣的最主要手段之一，就是联姻。康熙选皇后时，最终选择了索尼长子的女儿为皇后。索额图是索尼的第三子，论辈分，康熙皇帝还要叫索额图为三叔。索额图是康熙皇帝最为得力的股肱之臣。清朝与沙俄签订《尼布楚条约》时，索额图就是首席代表。而这个7岁的女孩，自小聪慧，深受祖父母和父母的喜爱，得病而亡后，全家悲痛，将大量精品器物随葬到墓中，其中就包括许多明代的瓷器和一件子刚款玉器。

这件玉器是一件带盖的白玉卮。也许有读者会问，什么是卮？卮是周秦汉晋之际广泛使用的饮食器，最主要的特点就是器身为圆筒形，直壁，深腹，有环形鋬耳或半环耳，有些有盖，有些没盖。秦汉时期的卮大多是漆卮，较大。玉卮一般较小，是一种饮酒器。《史记·项羽本纪》记载，项伯见沛公刘邦时，沛公奉卮酒为寿。汉代出土的玉卮较多，足多为三足，有盖或无盖，高一般在10厘米上下，口径一般在8厘米左右，容量一般比铜卮或漆卮小。在明代中晚期复古风潮的影响下，仿古玉盛行。这件玉卮可能就是陆子刚制作的仿古玉卮。这件玉卮是白玉质，十分温润细腻，带盖，盖上有三只兽，器身浮雕夔凤纹和夔龙纹。在圆形的鋬耳上，可见用阳文篆书的"子刚"款。这件玉卮从墓主人背景以及墓中出土的明代瓷器看，很可能就是真正的陆子刚制作的玉器。

为什么明代时就已有子刚款玉器之谜呢？这还是由于陆子刚的名气。从各类文献看，当时在苏州地区，陆子刚治玉是排在第一位的，甚至有传说讲陆子刚曾经到皇宫内服务，给皇帝做过玉，只是这个传说无据可考。但是到明代中晚期，民间玉雕业逐渐繁荣昌盛起来，在南方的苏州，逐渐形成了一个治玉中心，这和江南地区资本主义萌芽，经济发达有关。北京虽然是北方的治玉中心，但正如明代宋应星在《天工开物》中所说的"良工虽集京师，工巧则推苏郡"。这些知名的手工艺工匠在当时的社会地位确实较高，他们中的很多人和文人缙绅交往，作品也成为文人、富豪所追捧的对象，产品价格往往高出普通者数倍。因为陆子刚的名气最大，估计子刚治玉已然成为当时社会的名牌产品，被当成了一种品牌的象征，成为高档玉器的代名词，加上产量较小，所以当时已有了仿冒品，就像现在的假冒伪劣产品一样。这可能就是我们现在看到的子刚款玉器风格不一的主要原因。

子刚款玉器的谜题越多，魅力越大，对后世的影响也越大。直至今天，玉雕行业还常常做子刚款的玉牌子，子刚款的风靡也让我们永远记住了这位玉雕史上的名人。

十五 圣君与贤臣的关系隐喻：从渎山大玉海到云龙大玉瓮

在北京北海公园团城内承光殿前的玉瓮亭内，陈列着一件硕大的玉雕作品——渎山大玉海。

这件玉雕，高 70 厘米，有半人高，口径最小处 135 厘米，最大处 182 厘米，最大周长 493 厘米，空腔深 55 厘米，重约 3500 千克，是中国古代现存最早的一件大型玉雕作品，它还有一段非常传奇的经历。

《元史》中曾记载，元世祖忽必烈至元二年（1265 年）十二月，"渎山大玉海成，敕置广寒殿"。意思就是说这件渎山大玉海制作好之后，皇帝下令把它放在广寒殿。广寒殿就在北海公园的琼华岛上，这里是大玉海最早被放置的地方。这件大玉海在 1265 年琢成，距离元正式立国（1271 年）还有 6 年，所以应该是当时蒙古汗的造作局制作的，工匠可能原为金代玉匠，工时不会少于 5 年。

大玉海为什么有"渎山"之名，有两种说法。一种是根据《日下尊闻录》记载："琼岛，元之渎山，即明之琼岛也。"元代的渎山就是琼华岛，琼华岛是远古河道残留下的水泊中的山，渎的意思就是水泊河流，所以琼华岛原来叫作"渎山"，大玉瓮被放置在琼华岛上，所以称为"渎山大玉海"。另一种说法认为"渎山"指的是现在河南南阳的独山，此山产的玉称为独山玉，所以用独山玉制作的大玉海称为渎山大玉海。前一种说法目前还不确定是否真实，但后一种说法已经得到了证实。经科技检测，这件大玉海的玉料确实是河南的独山玉。

渎山大玉海，现陈列于北京北海公园玉瓮亭

  这件大玉海器身雕琢着各种神奇的海兽，出没在波涛间。这么大的一件玉器，是用来做什么的呢？这是元世祖忽必烈大宴群臣时盛酒的大瓮。后来，一名来自欧洲的天主教修道士鄂多立克（Friar Odoric）在 14 世纪初造访元大都时，亲眼看见过这件大玉瓮，并在他的游记中记录了下来，从此它也成为西方人眼中中国的珍宝，并传说它价值四座大城。

  这么大的一件玉雕，到明末竟然不知所终。乾隆十年（1745 年）时，乾隆皇帝偶然在元末明初人陶宗仪所著的《辍耕录》中看到了关于渎山大玉海的记载，随即兴趣倍增，派人寻访，后来在紫禁城西华门外的真武庙中找到了它，但当时庙中的道人并不知道它是何年之物，有何用途，就把它当作菜瓮使用，腌起了咸菜。乾隆皇帝遂以千金相赐，将大玉海购回，安置在了团城之上，并为它专门修建了玉瓮亭。这件事成为乾隆皇帝初期玉雕史上的一件大事，皇帝专门下令 40 多位词臣各写诗一首刻在亭柱上，自己也亲笔写了一首《玉瓮歌》刻在渎山大玉海的内膛壁以示纪念。只是令人奇怪的是，乾隆皇帝并没有重视渎山大玉海的原配石座，仍将它遗落在了真武庙内，而给渎山大玉海重新雕刻了一个大石座安放，同时派人雕凿了一个石瓮安置于渎山大玉海的原配石座之上，所以，真武庙后来又被称为"石钵庵"。20世纪60年代，真武庙因为破损荒废改为民居，原来的渎山大玉海石座和后刻的石瓮于20世纪70年代被移到宣武门外始建于唐代的悯忠寺内，也就是今天的法源寺。其实原配石座的装饰风格和渎山大玉海十分相似，无论是雕刻的细腻程度还是造型艺术都堪称元代艺术的高峰，现在如果大家去法源寺，还可以看到这件举世无双的元代石雕艺术作品。

大型玉雕作品玉料重、大，不方便用吊秤吊，更不可能用手拿，也无法将其放在水凳上来雕琢，所以制作大型玉雕并不容易。我们现在也不知道这件中国古代现存的第一件大型玉雕是怎么制作出来的，估计明代时这一技术已经失传，所以从渎山大玉海以后，整个明代直到乾隆前期，一直再没有大型玉雕出现，其工艺难度也可想而知。但渎山大玉海的成功琢制倒是为以后清代宫廷制作大型玉雕提供了技术上的可能性，到乾隆时期，真正做出了能和渎山大玉海相媲美的玉雕作品。

乾隆十年（1745年）至乾隆十二年（1747年），皇帝刚得到大玉海时，只是命令玉匠将自己所作的《玉瓮歌》刻琢在玉海的内膛里，随着对玉海制作工艺的熟悉，乾隆皇帝也萌生了对其进行修复和将纹饰细致化的念头。乾隆十三年（1748年）、乾隆十四年（1749年），皇帝多次下旨将玉瓮上的水兽、异兽身上的鬃尾鳞甲"俱着磨细"，往细致里收拾，但是水纹和云头还保留下来，不必收拾。

这种修复和琢磨反复多次，加上刻字、配座的工作，一直到乾隆十八年（1753年）大玉海才最终完成。刻字的工匠主要是朱彩和李世金，同时李世金还参与了大量的修复工作。估计是在这一过程中，乾隆皇帝命工匠揣摩出了大型玉雕的制作方法，并且开始尝试雕琢自己时代的玉瓮作品。

乾隆十八年六月，造办处做成了一件小玉瓮呈给乾隆皇帝看，乾隆皇帝认为做得甚好，还命令将大玉海上龙鳞海兽照小玉瓮龙鳞一样刻琢。

小玉瓮的龙鳞刻琢得比元代玉瓮好，这让乾隆皇帝十分欢喜，不惜又派工匠将大玉海照小玉瓮龙鳞修改。而八年间对元代大玉海的修改琢磨让乾隆皇帝有信心制作自己的大玉瓮，于是才有了乾隆二十八年（1763年）清代第一件大型玉瓮雕琢的开始。

乾隆三十四年（1769年）是乾隆皇帝玉瓮制作大丰收的一年。这一年，清

乾隆青玉九云龙玉瓮，故宫博物院藏

代第一件大型玉雕——九云龙纹大玉瓮，经过6年时间终于完工。玉瓮高60厘米，连座通高134.5厘米，关键是用真正的和田玉制作而成。乾隆皇帝认为这件玉瓮无论从大小还是玉料乃至工艺上都不比元代的大玉瓮差，甚至更好，所以做成后将它一直安置在乾清宫的东暖阁。

此后，乾隆皇帝对制作大玉瓮的热情一发不可收，目前故宫博物院收藏的大型玉瓮将近10件。在故宫博物院的珍宝馆乐寿堂，就摆放着一件乾隆四十二年（1777年）开始制作，花了4年在扬州雕成的大云龙纹玉瓮。玉瓮高70厘米，宽128厘米，口内圆径313厘米，原重五千余斤。玉瓮的外壁高浮雕九龙戏珠纹，出没于云水之间，气势威武磅礴。玉瓮的内腔雕琢有乾隆的御制文《玉瓮记》，文中再次提到了渎山大玉海以及乾隆做出了超越元代大玉海的功绩，得意之情溢于言表。

乾隆喜欢做玉瓮，即位以后，大概制作了大大小小 40 件玉瓮。现在看来，这些玉瓮大多数都完成于乾隆二十五年（1760 年）收复新疆以后。为什么呢？因为此时和田玉料得以源源不断地进贡到皇宫，充足的玉料是制作玉瓮的有力保障。玉瓮个体较大，外部又是高浮雕纹饰，内膛去料并不太多，整体感觉厚重敦实，因此比一般的玉器重出许多。摆放在宫殿、园林之中，显得非常有皇家气派。

看到乾隆年间制作的这些大大小小的玉瓮，我们可能会发现一个特点，就是这些玉瓮基本都是云龙纹玉瓮，所以又称云龙瓮。这些云龙瓮根据大小不同有两龙、三龙、五龙、六龙、九龙不等，上面都有宝珠、祥云，在底部还雕琢有海水纹。大瓮一般雕琢九龙，小瓮则雕二龙、三龙、五龙、六龙不等。可能有读者会问，为何乾隆皇帝不用元代渎山大玉海上浮雕的海龙、海马、海鹿等海兽，而独对云龙纹如此感兴趣呢？这一问题的答案，我们从乾隆皇帝的多首题咏云龙瓮的诗句中可以找到。

乾隆三十九年（1774 年），乾隆皇帝写了一首《咏和田玉云龙瓮六韵》的诗，诗中说"云容垂碧落，龙德出深潭"，提到了龙与云的关系问题。乾隆五十四年（1789 年），在另一首《咏和田玉云龙瓮》的诗文及诗注中，乾隆皇帝明确表明了他喜爱云龙纹饰的原因。

原来，乾隆皇帝非常赞赏唐代韩愈《杂说》一文中关于"龙说"的典故：龙吐出的气形成云，云本来不比龙灵异。但是龙乘着这股云气，可以在茫茫的太空中四处遨游。而对云来说，是龙的能力使它有灵异。至于龙的灵异，虽然不是云的能力使然，但是龙失去它所凭借的云，就不能显示出它的灵异。韩愈以龙喻圣君，以云喻贤臣，说明了圣君与贤臣之间的关系，即圣君要依靠贤臣建功立业，贤臣又要仰仗圣君的识拔才能荷重行远，如此才能相得益彰。

乾隆皇帝在题咏云龙瓮时，常常和大臣们一起品评鉴赏玉瓮，用"龙"与"云"相互依存的关系，形象地说明圣君与贤臣相互依存、缺一不可的关系，而这就是乾隆皇帝如此偏爱制作云龙瓮的真正原因。

受元代渎山大玉海启发开始制作大玉瓮，但在玉料、工艺、纹饰及数量上又青出于蓝，这就是清代玉瓮的主要特征。在乾隆皇帝看来，云龙瓮已经不是一件实用品，而是一种带有君臣关系深意的陈设品。所以，我们不要仅仅将这种大云龙瓮看成一种重要的宫殿陈设品，而是要深入了解古代帝王之心。

十六 乾隆皇帝的"纪念碑"：大禹治水图玉山

提起大禹，想必读者都不陌生，他是中国远古时期夏后氏的首领。相传，尧舜时代，洪水泛滥，危害百姓，民不聊生。于是尧选了鲧前去治水，但鲧治水多年无功而返，洪水依旧肆虐。舜起用鲧的儿子禹来治理水患，禹吸取父亲鲧的教训，采用疏导而非围堵的方式，最终成功地治理了洪水。传说他为了治水，三过家门而不入，受到了百姓的拥戴。后来舜将王位禅让给禹，禹成为与尧舜齐名之人。传说禹建立了夏朝，都阳城（今河南登封东南）。《史记·夏本纪》《竹书纪年·夏后氏》等文献中都有记载。传说大禹铸造了九鼎来定九州，并会诸侯于涂山，前来进献会盟的诸侯有很多，可见禹是一位深受各方诸侯及百姓爱戴的古代圣贤之君。

在中国古代的皇帝中，有一位帝王十分喜欢尧舜禹的时代，认为自己要"上接尧舜之心传"。他同时也十分仰慕大禹，希望成为像大禹那样有文德的圣人，并且"乐取于人以为善"，这位皇帝就是清代的乾隆皇帝。

乾隆皇帝自幼十分聪慧，他 11 岁时第一次见到自己的祖父康熙皇帝，就受到了康熙帝的喜爱。康熙皇帝从此把他带在身边，养在宫里，接受系统的文化教育。乾隆晚年自诩有"十全武功"，认为自己也是尽君职、得长寿的"十全老人"，达到了《尚书》中讲的人生的五种幸福，即长寿、富有、康宁、具有美德、老有善终。乾隆四十九年（1784 年）春时，他的玄孙降生，五代同堂；乾隆五十三年（1788 年），他做了方"五福五代堂古稀天子宝"宝玺纪念。

大禹治水图玉山，高224厘米，宽96厘米，座高60厘米，重约5000千克，故宫博物院藏

乾隆皇帝自认为一生有"十全武功"在身，晚年已经大功告成，可以将皇位传给子孙，而自己登基时也曾发过誓言在位时间不超过祖父康熙皇帝，所以，乾隆皇帝在位60年后，就将皇位传给了儿子，即嘉庆皇帝。

正是因为仰慕大禹的情怀，促使他在晚年时做出了一件纪念碑式的大型玉雕作品——大禹治水图玉山。

这件玉山高2米多，宽将近1米，与之相配的错金铜座高0.6米，也就是说这件玉山连座高将近3米。整个玉山用新疆密勒塔山的青玉雕琢而成，因为玉石材质更适合做崇山峻岭，所以设计时并没有直接表现大禹和人们战胜洪水的场面，而是表现大禹治水过程中万众一心、不畏艰难、开山凿壁、疏导水道的情景。只见崇山峻岭中，民众们忙着劳动，搬运山石，神龙和天神也来助阵，全面立体地再现了大禹带领人民为战胜洪水而开凿山石的宏大场面。所以这座玉山在造办处档案中也称为"大禹开山图"。除了画面以外，玉山正面还雕有乾隆皇帝的"五福五代堂古稀天子宝"方印，背面上方有"古稀天子"圆印，这些是乾隆皇帝70岁以后常用的印。玉山正面左边雕有"天恩八旬"圆印，背面有"八徵耄念之宝"方印，这是乾隆皇帝80岁以后所用的印章。

那么，这么大的一座玉雕是怎么雕琢出来的呢？得用多大的玉料才能雕出来呢？

原来，在乾隆四十五年（1780年）时，从新疆贡进宫廷一块大玉。大玉约合10 700斤，相当于5350千克。这块玉料是乾隆皇帝见到的非常大的一块玉料。玉料采自新疆的密勒塔山，就是现在新疆叶城的密尔岱山，这么大的玉料从山上开采下来已经十分不易，运输也是一个大难题。当时用轴长11～12米的特大型专车，用上千名工人推和100多匹马拉运。逢山凿路，遇水架桥，冬天还要泼水铺成冰道，大约经历了3年的时间，才从新疆运到了北京。

玉料运到北京后，乾隆皇帝十分兴奋。乾隆四十六年（1781年），他命令如意馆的画工以清宫旧藏的一件宋人画的《大禹治水图》为粉本，设计了正面、背面、左右四张画样。依着画样先做了蜡形，因为怕蜡样熔化，后来又改作木样，根据木样模型，玉工先初步出坯剖料，后来通过运河水路运往扬州，由善做玉山的扬州玉工琢制。前后在扬州历时6年左右，至乾隆五十二年（1787年）六月，玉山雕琢完毕，八月十六日运回了北京。运回北京前，乾隆皇帝就已经命令大臣选择安放大玉山子的地方，最后选定在乐寿堂北厅位置。至此，这座雄伟的玉山就再也没有移动过地方。

乾隆五十三年（1788年）正月，皇帝（时年78岁）命造办处的刻字工匠朱永泰将自己撰写的《题密勒塔山玉大禹治水图》诗文加注释共1300余字刻在玉山的背面。从玉料开采、运输到最后刻字完工，这件玉山的制作前前后后共用了十余年的时间。

整座大玉山的制作过程，造办处档案中有不少记载，比如：玉料何时运来，怎样设计，何时运到扬州，何时运回，运回后如何选地方安放，如何配备合适的座子；甚至命朱永泰刻字时，因玉山巨高，刻字工匠不方便，造办处还请旨做了一个通高四尺、宽三尺的脚踏，供朱永泰站上刻字。但是唯独没有记载这座大玉山在扬州的具体雕琢过程。现代人使用现代的工具是十分容易雕琢这样的玉山的，但是在清代，如此大的玉料是不易用吊秤吊的，更不可能用手拿，所以不可能将其放在水凳上来雕琢，清代也没有先进的工具，那么它究竟是如何雕琢的呢？笔者曾经专门到扬州寻找资料，但一无所获；也和许多现代的玉雕大家一起探讨过玉雕的工艺，每个人的推测都不一样，所以至今也没有定论。这是一个未解之谜。

不过近观玉雕，可见玉山上有大大小小的钻痕，有大孔径管钻，也有较小的实心钻，尤其是在孔洞、松叶、山石等褶皱的地方。所以，从治玉技法上推测，手持灵活的钻杆式工具可能是雕琢这种大型玉雕的主要手法。

这件玉雕不可能是一人完成雕琢的，需要几个玉工同时四面开雕，有组织、有秩序地按工种进行，是多人团结协作的结果。

那么乾隆皇帝为什么要做这么大的一件玉雕呢？这一点从大玉山背后的御题诗文可以明确地看出乾隆皇帝派人制作这件大玉雕的多重深意。

首先，这篇御制诗文的题目叫《题密勒塔山玉大禹治水图》，诗文一开始就考证河源的问题，认为黄河的源头在新疆西部昆仑山，也就是葱岭和田一带。当然我们现在知道黄河的源头在青海，但是在乾隆时期，黄河的源头在新疆是一个由来已久的看法。而乾隆皇帝晚年自认为有十全武功，这十全武功之首就是平定新疆，打败回部和准部，将新疆收归中央管辖，盛产美玉的和田和叶尔羌地区就成为中央直接管辖的地区，而此时从这些地区采玉就是取自家玉，这是以前的帝王没有做到的。所以从乾隆二十五年（1760年）开始，新疆和田、叶尔羌地区每年春秋两次向中央贡玉多达4000斤［嘉庆十七年（1812年）后，大幅减少；道光元年（1821年）后，暂停进贡］，形成正式的贡玉制度。所以开头对河源的考证也是乾隆皇帝对自己丰功伟绩的变相炫耀。

其次，乾隆皇帝十分仰慕大禹，他认为自己现在的功绩可比大禹，可以功成身退，但要表明不是贪图享乐才退位归政。这座玉山就像是乾隆皇帝给自己塑造的一座纪念碑。

最后，乾隆皇帝认为纸的寿命不过千年，而玉石本身是山川菁华，能够流传千古。"画图岁久或湮灭，重器千秋难败毁。"所以常常把著名的书画作品刻琢在玉器上，另外书画作品毕竟是平面的，而玉山的雕琢则可以立体地再现书画的意境，四面观摩。这也是乾隆皇帝十分重视玉器的一个重要原因。许多著名的书画作品都曾被乾隆皇帝搬到玉器上雕琢，直接用玉来再现书画。这种再现，也像把自然界的真山真水通过玉雕的形式搬到了书斋及居室中，成为皇帝常见之景。

这座乾隆年间制作的《大禹治水图》玉山，带着如此多的谜题，如此多的深意。玉山之大，耗时之长，可以说是空前绝后。直至今日，它也是中国最大的玉雕作品，可谓玉器之王，堪称稀世之宝。

十七 乾隆皇帝与『乾隆工』玉器：爱玉如痴的乾隆皇帝

纵观中国历史上的帝王，少有对玉痴迷的，即便是登鹿台自燔于火而死的商纣王，《史记》中记载他死时珠玉蒙衣，就是周身裹满了宝玉登上鹿台自焚而死。商纣王也只是貌似爱玉，其实不过是想借玉达到升仙不死，与玉石共长久的目的而已。乾隆皇帝才是真正对玉有着深入骨髓的热爱，和玉有着千丝万缕的联系，甚至被许多学者封了一个"玉痴"的称号，而且至今还对后世有着深远影响。

清高宗弘历，年号乾隆，雍正皇帝的第四子，他25岁登基（1735年），在位60年，此后又当了4年的太上皇，活了将近89岁，也是中国历史上最长寿的皇帝，在世界史中也可以名列前茅。

说起乾隆皇帝的文治武功，熟读历史的读者可能都知道，连乾隆皇帝自己也扬扬自得，他晚年自封为"十全老人"，自诩有"十全武功"。但是，许多人也许不知道，故宫博物院玉器库中收藏的约3万件玉器中有2万余件为清宫旧藏，这些旧藏的古玉器以及宫廷用玉，大都是在乾隆时期收集整理或制作出来的，许多玉上面刻有乾隆皇帝的御题诗文。

说到作诗写文，也不得不对乾隆皇帝赞叹一句。据统计，乾隆皇帝一生撰写的诗文有4万余篇，是历史上最高产的诗人，如果从他1711年出生算起，到1799年去世，他差不多平均一天写一首诗。而这其中，专门为玉器题写的诗文就有848篇，还不包括很多题目中不含玉但是直接被刻在玉器上的诗文，如果将这些也算上，估计超过2000篇。这些诗文并不是普通的题咏，很多是带有考证性质的。

比如对古代玉器的鉴定考证。他常常把自己的品评意见以及考证经过写成诗文，然后命大臣誊写，再命玉工刻在古玉之上。虽然我们现在根据考古出土的资料看他的断代也并不准确，但是从诗文及考证经过看，乾隆皇帝并不是瞎评瞎写的，他会翻文献、问专家、参考别人的意见，所以他的认识也代表了当时对早期玉器的最高认识水平。

在故宫博物院的玉器库房中，这样的古玉比比皆是。乾隆皇帝收藏的古玉中，有一件新石器时代西北齐家文化的大玉璧，本来光素无纹，因为形色古朴，当时的人都将它断作汉代玉璧，但是乾隆皇帝对这件大玉璧的时代却产生了怀疑，在诗中说到"玉之古率称汉耳，斯突周姬疑复妣，蒲谷辨等匪所云，惟存素质合太始"。就是说世人都认为这是汉代的东西，我却觉得它疑似西周的玉器，但是没有蒲纹和谷纹，可能还更早。说明乾隆皇帝在思考，也将这一疑问写在了诗里。同时命人将自己写的诗以楷、行、隶、草、篆五种字体刻满了大璧，后面再刻上年款以及"几暇怡情""得佳趣"二印，从这两方印文中，可以读出乾

玉璧，齐家文化，直径31.6厘米，孔径6.5厘米，厚1.1厘米，故宫博物院藏

隆皇帝在考证玉璧时的怡然心情。今天看来，乾隆算得上国家级鉴定委员会的专家，虽然鉴定的时代还是有错误，但是今非昔比，那个时代并没有现代意义的考古，古人不会知道现在有新石器时代的分期，但能想到太始已是很不容易的一件事。我们现在研究古代玉器，常常还要回顾一下他老人家的观点，所以拍卖会上带有乾隆御制诗的古代玉器身价百万甚至千万也就不足为奇了。

乾隆皇帝对玉器的倾情投入，使得他对玉器有着更为深刻的理解。对当时宫廷用玉的制作不再仅仅局限于雍正皇帝时提出的"内廷恭造之式"，而是兼收并蓄，吸收古代文化传统及外来文化，制作了大量的时作玉和仿古玉。同时他也鼓励玉雕的创新，发挥地方玉雕的特长，将宫廷玉雕推向了无与伦比的高峰，影响至今，还被人们津津乐道。我们常常称这一时期的宫廷玉雕为"乾隆工"。

这里要说明两个概念，"内廷恭造之式"和"乾隆工"。"内廷恭造之式"和雍正皇帝有关。雍正皇帝是一位自身有着非常高雅成熟审美品位的皇帝，他虽不似乾隆皇帝般爱玉如痴，但是对玉器造型、纹样有着严格要求。他在位期间，亲自创制"内廷恭造之式"。清宫内务府造办处档案中记载，雍正皇帝对宫外制作的器物造型纹饰并不满意，认为有外造之气，所以创制"内廷恭造之式"。这一审美标准在瓷器上表现得十分突出，雍正时期的瓷器精致文雅，和乾隆朝风格截然不同，这一点已成共识。其实对玉器的制作，雍正皇帝的要求也基本相似。我们现在看到带有雍正款的玉器以素净、文雅为多，器形均十分优美、秀气，这就是雍正皇帝要求的"内廷恭造之式"。

雍正时期的玉器样式直接影响了乾隆朝玉器的制作，乾隆时期发往各地分支机构制作的玉器，基本要依这样的内廷样式，甚至碗、盘、碟之类大宴桌上的餐具也是由内务府造办处做好木样发出去照做。

虽然"乾隆工"的说法已经很久了，但是对"乾隆工"玉器的界定至今没有明确，民间的收藏人士常常将稍好些的清代玉器都笼统称为"乾隆工"。但是严格来讲，这一说法却并不正确，需要认真进行界定和定义。从个人多年研究宫廷玉器的经历出发，笔者认为"乾隆工"玉器就是清代乾隆时期专门为宫廷制作的，且从选料、审料、设计到制作都符合皇家宫廷用玉的标准，能代表较高水平的宫廷玉雕工艺特征的一批玉器。

在此要强调两点，一是乾隆时期制作，二是为宫廷使用制作。整个清代，除了嘉庆早期，即乾隆做太上皇的时期以及嘉庆当政初年，因所制玉器还完全是乾隆朝的风格特征，可以称为"乾隆工"玉器外，其他时期所制作的玉器并不能称为"乾隆工"玉器。另外，只有为宫廷使用制作的玉器才能称之为"乾隆工"，民间制作的玉器，即使工艺不错，但并非为宫廷制作的，也不能称为"乾隆工"，只可以说达到了"乾隆工"的水平。所以，民间常常将清代中晚期只要是工艺还算可以的玉器都称为"乾隆工"是一种观念上的谬误。

那么，"乾隆工"玉器的特点是什么？以下我们就从玉料方面详细说明一下。

其实在清代前期，即顺治到乾隆前期，宫廷里的玉料并不充足。彼时，西北准噶尔部多次叛乱，生产美玉的和田、叶尔羌地区被准噶尔占领，从新疆到内地的玉路不通，宫廷用玉或者改制前朝旧玉，或者靠进贡与走私玉料，制作的数量并不太多。

因为宫廷玉料来源不多，雍正皇帝甚至会让大臣寻些好料送来，所以这一时期留下的带有年款的玉器实物比较少，多是些小件，如小盒、小盅、小玉杯、碗等。这种现象一直持续到乾隆朝前期。因此，相比乾隆中后期，这一阶段新做玉器并不多，做工在继承明代治玉技术的基础上逐步向精致化转变。

由于玉料来源的限制，此时大量改制前朝玉器，有些还加刻本朝年款。如乾隆十五年（1750年）二月二十二日：太监胡世杰交来明代遗留的白玉带板三块，皇帝传旨让玉工姚宗仁将白玉带板三块照做白玉斧佩。做好后，姚宗仁还遵旨在白玉斧佩上刻"洪字七号""荒字八号""日字九号"款，其中两块刻有"洪字七号""荒字八号"款的白玉斧佩，被合装于一个紫檀木嵌银丝匣内，现藏于故宫博物院。

乾隆二十二年（1757年），清军分西、北两路进剿，彻底击溃盘踞在新疆南疆的准噶尔头领阿睦尔撒纳。乾隆二十四年（1759年），清军又打败回部首领霍集占，完成了对西北的统一。后来清廷派遣将军、参赞大臣、领队大臣驻军西北，巩固了西北边疆的统治。此后盛产玉石的新疆和田、叶尔羌地区归入中国版图，玉路畅通。乾隆二十六年（1761年），清政府官方正式开始管理和田玉石的开采权，命令每岁春秋两次采玉进贡。从此新疆叶尔羌、和田的玉料得以定期源源不断地运往京城进贡朝廷。正如乾隆在诗中写的"于阗采玉春复秋，用供正赋输皇州"，贡玉成为一种制度，按年例分春秋两季按时纳入清宫。按规

"洪字七号""荒字八号"款白玉斧佩，故宫博物院藏

    定每年贡玉 4000 斤，但实际进入宫廷的远远不止这些，常常有特贡玉料。最盛时清宫曾一年收进 3 万斤玉料。

    这些玉料进宫后，先分等级，一般分五等，好些的一二等料会先挑选出一部分，立即画样呈览制作，剩下次玉交广储司银库收储，留待以后使用，大多由启祥宫或如意馆暂存。从乾隆二十六年到乾隆去世，进贡宫廷的玉料越来越多，后来库房放不下了，皇帝还会命令太监将不好的玉料拿到崇文门外变卖。后来的嘉庆皇帝对珠宝玉器并不热衷。嘉庆十七年（1812 年），下令减少一半玉贡。道光元年（1821 年），皇帝以造办处收储玉石足够使用为由，暂停玉贡。以后国力衰弱，但是一直到清代晚期，还在使用乾隆时期留下的玉料。可以想见，乾隆时期可以说将全国最好的玉料、相当多的玉料都集中到宫廷之中，大批玉料进入宫廷，为乾隆朝玉器的繁盛局面提供了坚实的原料基础。

十八 乾隆皇帝与"乾隆工"玉器：造办处的玉器生产线

上一节我们提到乾隆时期形成贡玉制度，将全国最好的玉料都收集到宫廷之中。有了充足的玉料，自然要有最好的工匠来制作。

清代的宫廷玉作是清宫内务府造办处下属的一个作坊，影视剧中也常常提到内务府和造办处。内务府是清代管理皇家大小事务的总机构，皇家的衣、食、住、行等各种事务，都归内务府管辖和承办。最早，内务府在紫禁城皇宫内廷养心殿置造办活计处，简称造办处。康熙三十年（1691年）十月，除裱房等留在养心殿内外，其余的活计都迁到了慈宁宫茶饭房；康熙三十二年（1693年）开始设立作坊；康熙四十七年（1708年）所有活计全部迁出了养心殿。以后又将部分作坊设在慈宁宫南、白虎殿北的一带青瓦建筑里，负责制造各种物品。这个地方就在现在故宫博物院慈宁宫区南面的冰窖后。而养心殿造办处成为一个沿用的名称，其实就是指清宫内务府造办处。根据《内务府造办处各作成做活计清档》记载，雍正元年（1723年）造办处的各作坊中就有"玉作"之称，并非雍正年间新设，应该是从康熙朝延续而来。

在圆明园和紫禁城中都有个叫"如意馆"的地方。这两个如意馆内也都曾设有玉作，归属造办处管理。圆明园中的如意馆在"洞天深处"景区，"如意馆"匾额为雍正御书，现在已成为一片平地。而紫禁城内的"如意馆"在北五所内，目前不对外开放。如意馆最早是清宫的画院所在，西洋画师郎世宁、王致诚，以及众多中国画师均先后供职于此。乾隆初期，就已经有"好手玉匠"进内碾琢。

第三章　玉　器　｜　287

启祥宫也设有玉作，乾隆四年（1739年）的造办处活计档里开始有启祥宫制作玉器的记载。所以，造办处内玉作、如意馆玉作、启祥宫玉作都为皇家生产玉器，只是分工有所区别。这些玉作都实施严密而有效的管理制度。造办处下设馆、处、作、厂等作坊，分工明确，并设催长、副催长、委署司匠、库守、苏拉等100多名，承应各项差务，所属各种匠役约200名。

北京在元明时期就是玉器制造的集中地，有着自己的工匠，称为"北匠"，相对地，那些来自苏州等南方民间玉作的工匠则称为"南匠"。清宫造办处的玉匠主要由北匠、南匠组成，北匠中有满族八旗的家内匠，也有回子匠。宫廷玉作一般保持四五人的规模，但有时会因为特殊需要外雇工匠，人员猛增。如乾隆十一年（1746年）二月二十八日，因"玉匠短少，活计甚多"，通过太监胡世杰转奏，准许"外雇几个匠役成做"。

玉匠中著名的玉工多是南匠，如都志通、姚宗仁、邹景德、朱彩、朱时云、朱永泰等，他们大多是苏州织造选送的，工艺水平很高。有擅长刻字的玉匠朱时云、朱永泰等；有擅长鉴定，能指点"学手玉匠"的姚宗仁等。一般玉匠中能画样、选料者做领衔，来自苏州的南匠姚宗仁、邹景德等就是这样的领班。

乾隆皇帝对领班工匠相当看重，常常会就一些重要的器物找领班工匠讨论。有一个很有意思的故事：乾隆皇帝有一次看到了一件白玉双婴耳杯，这件玉杯高4.4厘米，口径6.4厘米，足径3厘米，最宽10厘米，并不是特别大。杯子的两侧以两个小童子为耳，童子身穿米字纹的小花袄，面带微笑，双手攀于玉杯口沿，脚下踩于祥云之上。玉杯造型颇具古风，小童子的模样模仿了宋代童子。玉杯的表面有染色做旧，因为工艺精湛，做旧也十分到位，让人莫辨真假，乾隆皇帝一下子不敢断定真伪和时代，甚至以为是汉代之物。于是他叫来了造办处的苏州籍玉工姚宗仁加以询问，姚宗仁一看此杯，就笑了，说：此乃我祖父所做的伪古之器。乾隆皇帝十分好奇玉杯的做旧方法，姚宗仁告诉皇帝，这是用了一种姚家秘传的"琥珀烫"技法，具体方法为：在玉质不好的地方（如果玉质坚硬，就用细金刚钻在器表打成细密的小麻点）涂上琥珀，用微火烧烤，夜以继日，一年多时间才能将琥珀的颜色煨进玉杯的玉质里。这种琥珀烤色工艺在康熙时十分流行，至乾隆时知道其法的人已经很少。姚宗仁的祖父是康熙年间的苏州玉工，所以此杯也制成于康熙时期。乾隆听后啧啧称奇，认为此杯制作精到，于是写下《玉杯记》

一文，将与姚宗仁的对话记录在案，制成册页，并命人给玉杯配了一个檀香木座，放于锦匣之中，并将册页、玉杯等一起放入黑漆描金漆盒内，传之后世，目前还完整地保存在故宫博物院。

姚宗仁是乾隆皇帝非常欣赏的一位苏州玉工，他的治玉技能以及识古鉴玉的才能被乾隆皇帝赏识，其在造办处玉匠中拿的工银也最多。不过，乾隆皇帝对苏州工匠一向偏爱重视，常常叫苏州织造送好手工匠入宫服役。从档案看，征调苏州玉工的原因，主要是苏州玉工技术"精练"，而北京刻手非常"草率"，正如乾隆皇帝诗中所说："相质制器施琢剖，专诸巷益出妙手。"苏州专诸巷是江南治玉

白玉双婴耳杯，杯高4.4厘米，口径6.4厘米，足径3厘米，故宫博物院藏

业聚集的地方，苏州玉工雕琢风格典雅纤细，较之北京玉工所做的玉器更为精致，他们常常被召至北京为满蒙贵族雕琢玩具，并传授技术，所以全国最好的玉工——苏州玉匠成为宫中治玉主力也在情理之中。

各地选送上来的工匠，本就是地方上技术最好的工匠，他们到了宫廷以后，眼界大开，不仅本作坊工匠之间可以切磋技艺，而且还能吸取宫廷造办处其他作坊的优势，和其他作坊工匠切磋技艺，取长补短。另外还有如意馆画家的指点，甚至有机会看到皇家的收藏品，可以说，到宫廷后的这些工匠无论是技艺还是设计水平都会有很大的提高。眼界和层次提升了，又有皇家规范的严格要求，此时的宫廷玉匠与原来的地方工匠已不可同日而语，其工艺水平自然为全国之冠。

最好的工匠自然造就了乾隆玉器的高品质，这一时期玉器制作的精致细腻程度超过了以往任何时期。高浮雕、浅浮雕、镂雕、减地、压地、磨、刻、钻等多种技法兼施，灵活多变。阴线、阳线、隐起、镂空、烧色、碾磨等传统工艺并用，有所损益。各种线条使用刀法圆熟，藏锋不露，不见刀痕棱角，尤其玉器地子处理得十分平整，与明代明显不同。钻孔时也常常追求孔型的规整及孔壁的光滑。

这段时期碾磨抛光技术要求严格，光滑圆润，一丝不苟。一件玉器不仅器形表面的花纹图案需要碾磨抛光，而且膛里、底足、盖内也要求琢磨光滑。玉匠对每个角度、每个转折或每根线条都尽可能仔细琢磨。抛光以亚光为主，尽显玉质之美。乾隆时期的玉器，尤其重视镂空处的抛光，不管是玲珑剔透的山石，还是花梗枝叶的穿插掩映，其镂空内大多光滑舒适，即使背面及底部不易看见之处和深凹之处也会做些必要的粗光功夫，力求完美。所以这一时期，从小件到大件，无论是造型，还是雕琢、抛光，其细腻精湛，一丝不苟的作风到了无以复加的程度。

为了适应碾制过程的复杂和精细工艺，宫廷玉器制作分工也较细。造办处有选料、画样、锯钻（包括掏膛，大小钻）、做坯（做轮廓）、做细（镌刻细节花纹）、光玉、刻款、烧古等工种。一件玉器需要这些工种的工匠分工合作才能完成。

画样即对玉料进行设计。针对每一件玉料因材施艺，画样设计是最为重要的。宫廷中如南匠都志通、姚宗仁都因具有较好的设计水平而处于领班地位。画样完成后，和玉材一起交其他部门开始制作。锯钻工属于粗工。做细、刻款、烧古因难度较大，工种亦很重要。重要玉器的做坯、做细、磨光等关键环节都要呈览，做完之后也一定要呈览，评定等级，做得好的会受到褒奖，一般的皇帝就说"知

白玉镂雕香囊，故宫博物院藏

道了"，看不中的轻则斥责，重则处罚、停俸、减扣工银或者责令赔补等。但是，我们在档案中没有发现乾隆皇帝将工匠处死的记载。可见，乾隆皇帝对手艺工匠还是心存良善的。

造办处除自己制作玉器供宫廷使用外，还分派活计给各地作坊。据档案记载，乾隆时期为宫廷制作玉器的各地分支机构，尚有苏州、扬州、杭州、江宁（今南京）、淮关、长芦（今天津）、九江、凤阳八处地方，统称为京外"八处"。其中苏州织造对造办处玉作来说尤为重要，不仅为内廷提供从选料、画样、碾玉、刻字到烧古的全套玉匠，同时还为九江、凤阳提供玉工，还在苏州为内廷加工玉器，成为造办处玉器加工之外最重要的分支机构。

另外一个京外重要的玉器生产基地就是两淮盐政所在地扬州。扬州因擅长雕琢玉山子，而且财力强大，经常无偿或者低价为造办处加工玉器以报效皇帝。因为治玉耗工料银报价较低，所以也成为宫廷之外，尤其是大型玉雕的雕琢地。放置于故宫博物院乐寿堂的大禹治水图玉山、会昌九老图玉山、关山行旅图玉山等大型玉雕山子就是在扬州制作再运回北京的。

第三章　玉　器 | 291

十九 乾隆皇帝与"乾隆工"玉器：文人书画皆可入玉雕

乾隆宫廷玉器制作有两个显著的特征：最好的料、最好的工。其实，一件好的玉器能让人百看不厌，最重要的就在于优秀的审料设计。

清代宫廷出现了许多山水人物故事题材的玉器，山水人物图案或出现在各种玉山摆件上，或表现在各类玉牌、玉插屏上，笔筒之类的文房用具上亦较多见。这些玉器的图稿设计往往出自当时的文人画家，体现文人向往的山水景色，很多宫廷画师常常参与其中。紫禁城的如意馆不仅仅是玉雕工匠的工作场所，宫廷画家也在其中工作。在清画院、如意馆工作的画家大多是文人画家，多出自四王吴恽的派系，擅作山水花卉、人物故事。而如意馆中的玉雕工匠长期和画家们相处，耳濡目染，深受他们的影响。

雕琢这类充满文人画意的玉器，要求工匠能够把握描写的对象，将砣具变成自己手中之笔，利用圆雕、浮雕、镂雕、减地、浅刻等各种不同的雕琢方法表现画家的用笔，体现人物的姿态、表情，山水的皴法，追求神韵与笔墨情趣。玉工通过自身对玉料的了解，巧妙利用或避开玉石中的绺裂，体现出山石的褶皱起伏，同时吸取绘画在构图上采用的平远、高远、深远"三远法"，注意层次远近，也采用焦点透视法，碾琢深邃，使得整个玉雕就如同一幅立体的山水画。清宫旧藏的几件大型玉雕山子，就是绘画与玉雕艺术的绝佳结合。

另外，乾隆皇帝一直有"纸寿千年，而玉石是山川菁英，能够

乾隆御题碧玉云瀑飞椴图笔筒，故宫博物院藏

传之永远"的思想，所以他命令大量的宫廷画家参与玉雕的设计，金廷标、余省、姚文翰等宫廷画师都曾参与玉器的设计、画稿。玉工再将著名的书画作品用玉雕的形式展现出来，其中玉雕山子的制作更是立体再现书画作品的重要形式。如大禹治水图玉山就是根据清宫旧藏宋代《大禹治水图》为蓝本而做；会昌九老图玉山则以唐代会昌五年（845年）白居易、郑据、刘真等九位文人士大夫在洛阳香山聚会宴游的场面为题材，雕琢他们在山中品茶、下棋、抚琴、观鹤等文人雅士所行之事，使观者如同身临其境，从而忘掉现实世界，暂时处身于幽静的山林。这种反映山林野逸情趣的画面也是清代玉雕中常见的主题。放在乐寿堂的另一件著名玉雕山子关山行旅图玉山则是由当时著名的宫廷画师金廷标设计画稿。金廷标本来是江南的著名画家，乾隆皇帝下江南时，他毛遂自荐，乾隆看了他的画作后十分满意，将其带回宫中。金廷标曾绘有《关山行旅图》，这件大玉山就是金廷标以自己的画作为样稿设计的。大玉山雕琢好以后，乾隆皇帝兴致勃勃地题写了一首诗《和田玉关山行旅图》，其中一句"画只一面此八面，围观悦目尤神超"充分表达了乾隆皇帝偏爱制作玉山的原因：绘画作品是平面的，但是以玉雕形式

关山行旅图玉山，故宫博物院藏

表达，则立体再现了自然的山水，将自然的山水景色搬到宫中，八面围观得来的精神上的愉悦是平面绘画不可比拟的。

故宫博物院的珍宝馆里，有一件著名的桐荫仕女图玉摆件，长 25 厘米，宽 10.8 厘米，高 15.5 厘米。原材料本为一块上好和田玉仔料，而且带有桂花黄色皮，玉质洁白细腻，可以说达到了羊脂玉的级别。这样一块大玉料先从中间掏出了一个玉碗。因玉材极佳，设计者依据一件清宫最早的油画作品《桐荫仕女图》得来灵感，设计了这个玉雕的图案，由苏州玉工制作而成。这件油画作品可能是康熙时期中国人画得最早的油画作品，是画在一个屏风上的。玉工巧妙地利用了碗料的圆孔，做成一圆形月亮门，另做屏门两扇，一掩一开，一仕女倚身门后，捧罐而立；另一女手持灵芝立于门柱之侧。在一束光线的照射下，二人隔门相望，似正交谈。门前两侧利用玉皮之色雕成桐树、假山和高大的芭蕉树，门柱瓦檐，石台、石座，隐于桐荫之下。整个玉雕造型新颖，匠心独运，将一个挖碗的剩料废

桐荫仕女图玉摆件，长 25 厘米，宽 10.8 厘米，高 15.5 厘米，故宫博物院藏

物利用，成就了这件化腐朽为神奇的玉雕摆件。难怪乾隆皇帝看后啧啧称赞，一再题诗，赞其"既无弃物，且仍完璞玉"，"女郎相顾问，匠氏运心灵"。

就是在绘画艺术的熏陶及文人画家的积极参与下，宫廷玉雕在审料设计上充分吸收了当时最优秀的文人画艺术的优势，可以说这种史无前例的优秀玉雕设计使得乾隆时期的宫廷玉雕作品不落俗套，充满了艺术及文人情趣，这也是乾隆时期的玉器艺术达到中国历代玉雕艺术高峰的主要原因。

在乾隆玉器上，还有一个值得注意的鲜明特点，就是琢字技术的发达与书法艺术的体现。

由于玉料的坚硬和文字的规范，使得在玉器上刻字一直是治玉工艺中较难的一个工种，普通刻字也就罢了，要想刻出带有书法笔意的字则难上加难。

清以前，虽然历代都出土过一些刻有文字的玉器，但总体数量并不多。相比流畅的纹饰线条来说，文字的刻画琢磨大多显得不甚规整，除少量的玉牒、玉册、玉印等刻琢文字外，民间治玉很少有带文字的，说明在玉器上刻字颇有难度。

明清时期，在官窑瓷器的影响下，开始在玉器上琢刻皇帝的年款，只是明代带年款的玉器极为少见。清代，这一风气兴盛，雍正、乾隆、嘉庆、道光、同治、光绪、宣统都有发现在玉器上刻年款。"雍正年制""大清乾隆年制""大清乾隆仿古""乾隆御用""乾隆年制""乾隆御咏""嘉庆年制"等纪年款均有出现，书体有楷书、隶书、篆书等。不过，乾隆时期，玉器上刻年款最为兴盛。

乾隆时期，不仅仅是在玉器上刻琢年款，因为皇帝喜欢作诗，在玉器上琢制诗文的风气也十分兴盛，尤其以乾隆御制诗文为多。这些诗文，少则几十字，多则上千字，甚至达2000字以上，每篇诗文后面也多刻琢皇帝闲章，如桐荫仕女图玉摆件就署"乾隆癸巳新秋御题"，并有"乾""隆"印各一。

皇家的喜爱，必然引起民间的广泛仿效。王府玉作，苏州、扬州的玉作中也多有在玉器上刻琢诗文的，如玉山、玉牌、玉插屏、玉镇纸等玉器，有些也会刻琢某位皇帝的御制诗文。

当时苏州玉行中专门有在玉器上刻字的行业，涌现出不少专长刻字的师傅。宫内造办处也专门养着刻字匠，内务府造办处经常要求苏州玉作选送刻字师傅进宫服务。如乾隆十三年（1748年）苏州琢玉匠顾觐光、金振寰就是因善于在玉器上刻字而被选入宫，为启祥宫玉作。刻字匠一般比琢玉工匠拿的薪水要高，每月给钱粮银三两，每年春秋两季领衣服银十五两。姚肇基、朱永泰、朱鸣岐、顾往西、朱时云、庄秀桂等都是乾隆中后期的刻字工匠。青玉九云龙玉瓮及《大禹治水图》玉山上近3500字的文字就是朱永泰镌刻。

在玉器上刻字主要有两种方法，一种是运用转动式的砣具刻画，一种是手工刻画。砣刻即利用台式砣机（水凳）进行，刻字速度较快，一般阴刻字所刻字口较深，笔画利落，没有较多毛道。阳刻文字也为砣刻，如减地浮雕般琢字。手工刻画需要玉工运用锋利的工具，主要是金刚钻一类的工具徒手在玉器上刻画，所刻字口较浅，笔画中有较多毛道、复笔，掌握不好极易划出笔道，优点是容易刻出书法笔意。此法刻字速度较慢，如果不是水平高的工匠难以胜任，而且乾隆皇帝常常要求玉工刻字"往深里刻"，所以刻字的速度相当慢。

乾隆皇帝对在玉器上刻字十分痴迷，所以宫中的刻字匠往往不够，除了固定的高手刻字匠服役宫中外，也会时常征调外匠。例如乾隆四十四年（1779年），太庙新制一批玉宝、玉册16份，临时从苏州调京玉工两批共16人，用一年时间刻汉字4000余字，满字8000余字，平均每人每天约刻2个字。

玉工所刻的字虽然大多数是乾隆皇帝的御制诗文，但诗文的撰写者往往是懋勤殿翰林以及朝中书法水平很高的大臣，甚或是乾隆皇帝本人。玉工大多起的是照字勾勒、上玉刻琢的作用，类似于碑帖艺术中的摹勒刻石，这就使得我们目前看到的乾隆朝玉器上的文字，也多是一篇篇精美的书法作品。除乾隆皇帝的御笔外，在玉器上留下名字的朝臣还有福隆安、刘秉恬、梁国治、于敏中、董诰、弘昈、永璇等，后面常随"敬书"二字。刻字玉匠高手也往往被准许在玉器上留名，待遇明显高于普通玉工。如著名的青玉九云龙玉瓮，全篇有2400余字刻于内底，文后落款"臣于敏中奉，小臣朱永泰恭镌"。

正是有了这些著名书法家的参与，加上技艺高超的刻字工匠，才有了乾隆玉器上精美的书法字体。

至此，我们总结"乾隆工"玉器的特点：最优质的玉料、最高超的工匠、最文人的设计、最好的书法等。这些最优质的资源被玉痴皇帝乾隆充分利用到玉器雕琢中，创造了辉煌的"乾隆工"玉器，使中国古代玉雕艺术进入了集大成期和巅峰期。乾隆以后，再也没出过爱玉如痴的皇帝，自然也不再有玉器的辉煌。

二十 翠华玉意两逢迎：清代宫廷中的翡翠

提起翡翠，人们脑海中浮现的可能是商场里那些翠色欲滴的玉石，也一直习惯地将它们称为"玉"。不过，翡翠和玉其实是完全不同的两种矿物。

虽然翡翠和玉都是美丽的石头，但是在矿物学概念中，翡翠主要由硬玉或由硬玉及其他钠质、钠钙质辉石（绿辉石、钠铬辉石）经过地质过程形成，是具有工艺价值的矿物集合体。其主要成分为钠铝硅酸盐，常含有少量的铬、镍等杂质。翡翠的硬度为摩氏 6.5～7 度，相对密度在 $3.25g/cm^3$～$3.40g/cm^3$ 之间。而我们前面提到的玉，比如最好的和田玉则是以透闪石为主的透闪石与阳起石的集合体，可以简称为透闪石玉，它的摩氏硬度在 6～6.5 度之间，相对密度在 $2.9g/cm^3$～$3.1g/cm^3$ 之间。

正是因为翡翠的硬度比和田玉高，1863 年，法国地质学家达穆尔（Damour）首次将 17 世纪以来从中国流入欧洲的玉器（有说是原收藏于圆明园的玉器）进行系统检测分析研究，发现和田玉是由纤维状角闪石形成的"角闪石玉"，而翡翠则是碱性绿辉石形成的"辉石玉"，将其分别命名为"nephrite"和"jadeite"，从而将翡翠与和田玉区分开。后来日本学者根据 nephrite 与 jadeite 在摩氏硬度上的细微差别，将其翻译成"软玉"和"硬玉"。1908 年中国学者章鸿钊赴日留学，学习地质，归国后，在其 1918 年出版的著作《石雅》一书中，将日本人翻译的"软玉"和"硬玉"的名称介绍到中国。所以，"软玉""硬玉"并非中国古已有之的名词，而是由日语转借而来的外来用语。其实目前看来,所谓"软玉"并不软,"硬玉"也并非特别硬,这两个定名均不科学,只是长期以来一直被中国地质学界采纳。

中国玉文化源远流长,至今已有9000多年的历史,但是中国古老玉文化的主角一直是以和田玉为代表的闪石玉,而非翡翠,那么翡翠怎么就成了"玉"?部分高品质的翡翠甚至在商品价格体系中超越了中国传统玉文化中的玉,这又是为什么呢?

为解决这一疑惑,我们可以简单梳理一下翡翠在中国的发展史。

翡翠一词本来为鸟名,《说文》记载:"翡,赤羽雀也,出郁林,从羽非声。翠,青羽雀也,出郁林,从羽卒声。"因其羽毛中的红、绿二色极为艳丽,人们常将其用于装饰,尤其是青绿色的翠鸟,那种装饰称为点翠。一直到清代,翠鸟的羽毛依然被大量使用,我们看的很多清宫剧中往往有相当多的点翠饰品。

但翡翠这个词用到类似颜色的石头上,用来形容石头,目前在清以前的考古发现中还没有见到,仅仅在很少一些文献中有所记载。例如汉代班固的《两京赋》、张衡的《西京赋》都提到过"翡翠火齐";宋代欧阳修在《归田录》中记录"家有一玉罂",被宋真宗朝老内臣识为翡翠,并说禁中宝物中有"翡翠盏一只";还有《后汉书》记载的东汉永元九年(97年),云南永昌徼外蛮及掸国王雍"调遣重译奉国珍宝"。但是这些记载都无法确证所讲的翡翠就是现在意义上缅甸所产的翡翠,也无法确定东汉时期在今缅甸东北孟拱、孟密一代的掸国所进贡的珍宝中有翡翠。

世界上出产翡翠的有缅甸、日本、俄罗斯、美国加利福尼亚州、中美洲的危地马拉等地,但到目前为止,缅甸仍是世界上最优质翡翠的出产国。缅甸出产翡翠的地方主要在缅甸北部的雾露河流域、亲墩江支流、克钦邦西部与实皆省交界线一带。而缅甸历史上的老矿区,如帕敢区的孟拱、孟密等地在明清时期曾是"滇省藩篱"。所以,明清时期这些地方出产的翡翠大多由以腾冲为首的云南人开发,或成为加工成品,或作为原料输送进入中原地区。因为产矿区和云南非常近,我们有理由相信明代《徐霞客游记》中记载的潘生送给徐霞客的两块"翠生石"可能为翡翠。由此也能证明翡翠在明代已经真正进入中国。唯一可惜的是,目前在正式考古发掘品中,只见清代墓葬出土的翡翠,未见明代墓葬出土的翡翠。

目前我们能看到的大量翡翠制品,最早就出现在清代。笔者曾梳理了故宫博物院所藏的翡翠器物，也查阅了大量文献档案，翡翠在清代宫廷中的地位也经历了一个非常有意思的变化。

据《雍正四年各作成做活计清档》记载，雍正四年（1726年）十月：

郎中海望持出绿苗石数珠一盘，随翡翠石佛头塔、背云、计念、坠角，奉旨此数珠颜色好，不必做数珠，有用处用。

此处的翡翠石应为缅甸翡翠。此后翡翠石还曾经被作为原料收贮，如雍正七年（1729年），太监张玉柱、王常贵交来翡翠石大小8块，传旨着交造办处收贮。

不过雍正一朝，翡翠也常常被称为云产石。只是这个云产石并不特指翡翠，而是包括翡翠、玛瑙等在内的各色美丽彩石，因从云南进贡而来，被当地人称为云产石。从雍正七年（1729年）至雍正十二年（1734年），几乎每年均有进贡、收贮，且基本为各色数珠，数量也较多。如雍正十二年十月二十日，云南总督尹继善进贡的器物中有云产石数珠40盘之多。

不过，查阅这一时期的文献，可以发现一个很有意思的现象，不管是翡翠石还是云产石，都还停留在"石"的层面。

到了乾隆朝，这种现象忽然有所改变，翡翠开始上升到"玉"的级别。在清代的宫廷档案中翡翠石开始被直呼翡翠，另外还有了永昌玉、云南玉、云玉、滇玉、翠玉等不同叫法。

永昌即现在的云南保山，距离腾冲及缅甸的密支那非常近，是清代翡翠的集散地及制作加工地。永昌玉、云南玉、云玉、滇玉均指翡翠，在档案中，云南进贡而来的翡翠多用这些称呼，估计有进贡土特产的含义。如乾隆十八年（1753年）正月初九日，首领程斌交"永昌玉朝珠一盘"。乾隆十九年（1754年）四月十五日，赏准噶尔来使物件中有云南玉如意二柄。乾隆四十一年（1776年）十二月二十一日，云贵总督图思德进贡的物件中，奉旨驳出的有：

滇玉太平有象花罇（樽）、滇玉双耳瓶、滇玉灵芝花插、滇玉荷叶洗、滇玉松柏灵芝笔筒、滇玉水盛、霞洗、笔架、镜嵌、滇玉扁盒……本日交内务府大臣今简交伊差人领去。

翡翠、翠玉的称呼则常常出现在清宫廷造办处及广东、天津、江苏等其他省份进贡的物品单中。如乾隆四十五年（1780年）四月二十九日：

江苏巡抚吴坛所进……翡翠花觚一件……着西宁差人送往京城，交于内务府大臣英廉。钦此。

乾隆五十九年（1794年）贡档中：

三月二十四日，柳墅行宫，淮关监督盛住进贡翡翠四喜瓶一件；

三月二十七日，福建巡抚浦霖差贡翡翠烟壶九件；

六月初三日，两淮盐政董椿差家人孙喜进贡翡翠碗一对；

七月二十日，两广总督长麟差把总陈本义进贡玉翡翠洗一件。

那么，这时的翡翠到底长什么样子呢？我们可以从宫廷留下的实物中来寻找。

前文已经提及，明代的翡翠实物至今还无法确定。其实，雍正朝的翡翠因为没有刻款，我们也无法从具体的实物中甄别出来。目前看到最早且能明确朝代的翡翠，在乾隆时期。如这件故宫博物院所藏双龙耳龙纹翡翠杯盘，白底，冰种，带有绿翠色及红翡色，杯身阴刻双龙纹，盘内浮雕双龙纹，杯及盘底部阴刻篆书"乾隆年制"款。另外一件白地黄翡的翡翠仿古兽面纹海棠式花觚，花觚底部边缘也带有"乾隆年制"篆书款。带有年款的翡翠器并不多，这也是我们看到的自带年

双龙耳龙纹翡翠杯盘及"乾隆年制"款识，故宫博物院藏

翡翠仿古兽面纹海棠式花觚,故宫博物院藏

款中最早的两件翡翠器物。

　　乾隆皇帝爱玉如痴，但对翡翠却并不上心。这从他题咏的诗文中可以看出，其一生题咏玉器的诗文达 800 余首，但没有一首是专为翡翠器而作的。我们能找到的十分少见的刻有诗文的翡翠器，是故宫博物院收藏的一件翡翠鱼式盒，有一首《咏痕都斯坦玉鱼》诗刻于鱼腹之内。细读诗文，才发现是乾隆皇帝认错了，他把一件仿痕都斯坦的翡翠器，误认为了痕都斯坦玉器。不过观看这件鱼式盒所用的翡翠，发现情有可原。原来，这件翡翠器质地较为细腻，但几乎为白地翡翠，带些许绿色，乍看与和田白玉非常相似，再加上嵌红宝石与碧玉的做工，无怪乎乾隆皇帝将其误认为痕都斯坦玉器。其实，这是一件仿痕都斯坦玉器的翡翠器，估计是从宫外进贡，才会被乾隆皇帝误认。

　　嘉庆时期，刻有年款的翡翠渐多，主要集中于器皿件中，如各式的翡翠碗，碗底常刻有"嘉庆年制"隶书款，材质也多以白色翡翠为主，有些带有飘花绿色，有些干脆连绿色也不带。

翡翠鱼式盒，长 24.8 厘米，宽 7.6 厘米，厚 2.9 厘米，故宫博物院藏

看了这些实物，可以发现，乾隆到嘉庆、道光时期，虽然翡翠的数量在逐年增加，但乾隆时期并未完全将翡翠纳入中国传统玉文化的体系，宫廷是以审视和田白玉的标准来挑选翡翠，白地带绿的翡翠类似和田玉。所以微透明、白地子、有温润感的翡翠材质较多，并不过分讲究种、水，但也会利用翡翠不同的色彩进行巧雕，这是借鉴了玉器中巧用皮色的技巧。同时造型沿用的也是玉器形制，作品主要有陈设器、实用器皿等。

虽然清中期宫廷中并没有将翡翠看作特别珍贵的玉石，但是在民间，翡翠的价格却逐渐攀升。纪昀在《阅微草堂笔记》中对这一现象有详尽的记录：

云南翡翠玉，当时不以玉视之，不过如蓝田乾黄，强名以玉耳，今则以为珍玩，价远出真玉上矣……盖相距五六十年，物价不同已如此，况隔越数百年乎？

《阅微草堂笔记》成书于乾隆五十七年（1792年）前后，其记录的应该是乾隆初年到乾隆晚期翡翠价格的变化，这一变化应该是从民间开始的，并非由宫廷主导。但是到乾隆晚期，翡翠价格的飙升甚至高出真玉价格的情况已经让纪晓岚惊讶不已，他预测以后翡翠的价格会继续上升。

正因为民间翡翠价格抬升，地方进贡到宫廷的翡翠也越来越多。人们对翡翠的审美逐渐发生改变。到了清晚期，一些高翠、玻璃种的翡翠材料越来越多地被开发利用，翡翠逐渐走向宝石化、首饰化的发展路线，首饰、佩饰类作品大量增加。后妃们也越来越喜爱这些翠艳欲滴的饰物，扁方、簪、坠、戒、镯、佩、手串、扳指等饰物越来越多地用上等翡翠制作。尤其到了同治、光绪时期，因慈禧太后对翡翠的偏爱，宫廷常常向各海关、织造等衙门索取翡翠贡品，慈禧死后也随葬了大量翡翠。清宫旧藏的一幅慈禧肖像画上，其手上戴的就是翡翠镯和翡翠戒指。

有人说，翡翠的流行是被两个女人推动的，一位是慈禧，一位是宋美龄。确实，这两位女性当权者的喜爱，使翡翠成功地成为玉器家族中的成员，并开始借助几千年中华玉文化的深厚积淀突飞猛进，不仅进入了玉的文化领域，也在价格上异军突起，迅速超越了和田玉，在短短的百余年间达到了高峰。

到这一节为止，笔者已经带着大家走过了漫长的中国玉文化历史，玉器部分到此结束。如果有机会到故宫博物院参观，欢迎大家去品评和欣赏我们收藏的玉器。

翠佩，故宫博物院藏

马顺平

北京大学历史学博士,故宫博物院书画部研究馆员,长期从事古代书画的保管、陈列及研究,主编《庙堂仪范:故宫博物院藏历代人物画特展》(第一期),著有《走进故宫看文物1:绘画馆》《走进故宫看文物2:书法馆》,在《历史研究》等专业期刊发表学术论文30余篇。

第四章 书法

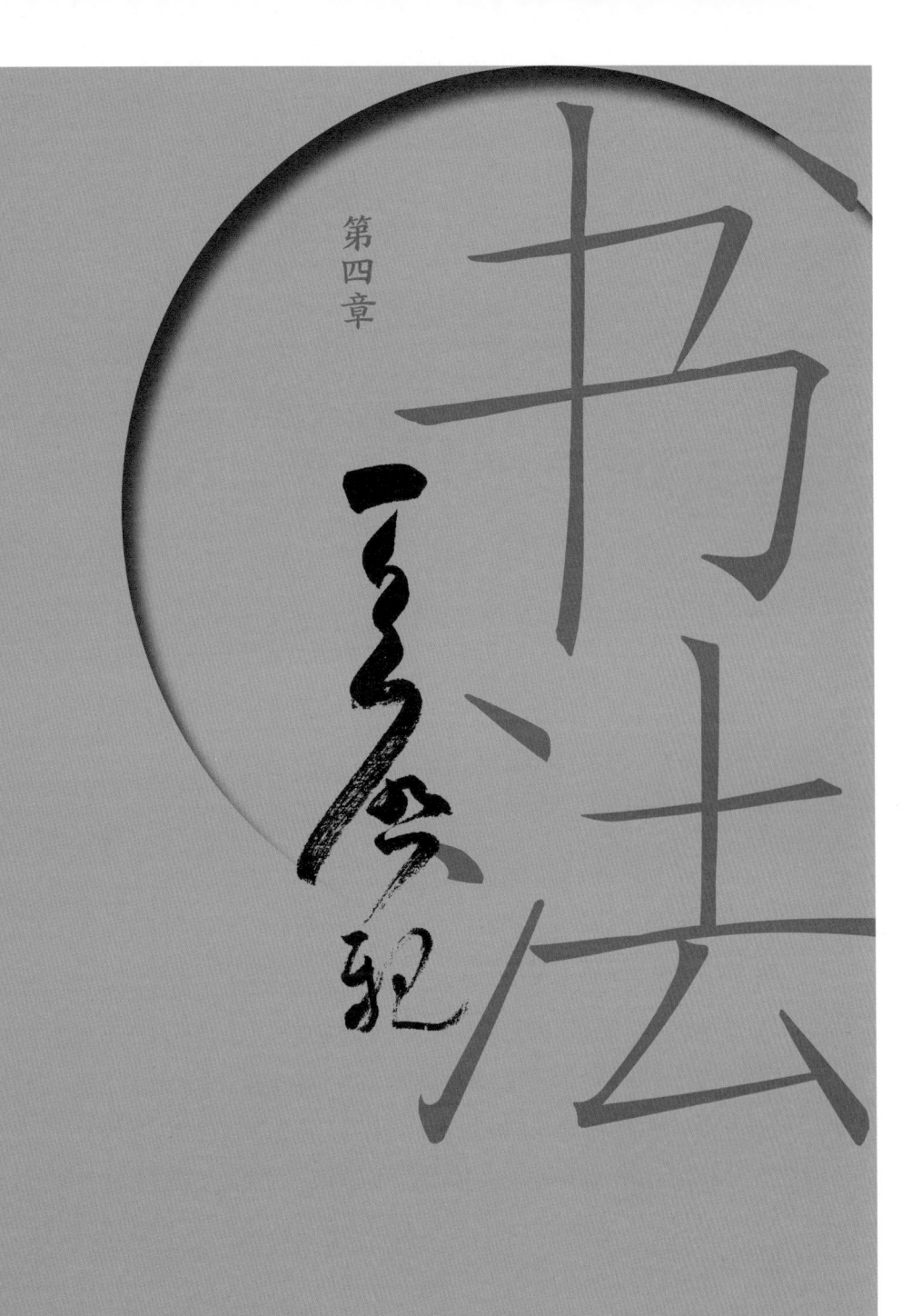

一

万象之美：中国古代书法史概说

众所周知，故宫博物院是中国古代艺术宝库，藏有 180 余万件（套）珍贵文物。其中仅历代名家墨宝，就有几万件。在接下来的一章里，笔者将选出十件有代表性的作品，逐一为大家介绍这些书法家的故事，分析这些书法作品的艺术特点。在个案分析之前，我们有必要对中国书法史有一个起码的了解，因为这门传统艺术已经有两千余年的历史积淀，有自己的艺术语言和发展线索。

中国书法，是特指毛笔书写汉字的艺术。书法源于文字，却不同于文字。文字起源很早，至晚可追溯到距今 3000 多年前的商代甲骨文。秦汉时代，毛笔、纸绢逐步普及，人们终于不用拿着刀在竹简上刻字了，能写字、善于写字的人越来越多。渐渐地，文字实用性之外的形式之美，被这样一批爱好写字并具有相同审美观的人所发掘，并为大众所接受——书法就因此出现，书家由此成名。

如果从秦代李斯、赵高等有名姓的书法家算起，中国书法已经传承两千余年，积淀深厚，博大精深，由此形成了一套独特的术语。为了能够欣赏具体的作品，有必要对此加以了解。

一、笔法。因为毛笔富有弹性，能够写出各种粗细不一、力量不同的线条，就必然形成用笔的方法。如起笔／收笔、中锋／侧锋、露锋／藏锋、提按／转折等几组相对应的概念。这里面，最重要的是中锋用笔，就是说要尽量使毛笔的尖锋居于线条的最中间，纸张要与笔锋垂直，这样写出来的字，才会饱满美观。

二、结体。所谓"结体"或"结字"，就是毛笔字的框架结构，即笔画如何结合才能美观。魏晋时期，楷书、行书能够代替隶书成为社会流行的书体，一个重要原因就是新书体倡导者王羲之写的字极为讲究字形结构，比传统的隶书漂亮美观。

三、章法。章法是字与字、行与行的整体关系和空间安排。字与字之间，尤其是草书、行书，很讲究章法，笔画之间要带引、呼应；行与行之间，也要注意疏密、均衡。五代的杨凝式、北宋的黄庭坚，都是善于利用章法的大书法家。

四、墨法。用墨的方法一般有浓墨／淡墨、湿墨／干墨、涨墨／枯墨等。著名的"飞白书"就运用了一种墨法技巧，也就是枯墨用笔后，笔画中丝丝露白，从而产生一种飞动的美感。晚明大书法家董其昌就很善于使用淡墨，这与他主张平淡天真的审美意趣是相通的。

除了这些常用的术语概念外，中国书法在漫长的传承发展过程中，由于各个时代审美观的差异，还产生了篆、隶、楷、草、行等不同的字体。书体的变迁盛衰，就是不同时代中国书法审美的反映。

一、篆书。广义的篆书包括商代甲骨文、周代金文、战国篆书、秦代小篆，书法史上的篆书一般特指秦代小篆。小篆是秦代的官方文字，笔画粗细匀称，藏头护尾，不露锋芒，线条圆润，汉代以后就不再通行，只有书法家才会进行书写。篆书的亮点是一头一尾，在秦代和清代最为兴盛，代表性的书家有秦代李斯、唐代李阳冰、清代邓石如等。

二、隶书。隶书打破了篆书的弯曲圆转的形体结构，变纵势为横势，形体宽扁，左右舒展，笔画讲求波磔，具有浓郁的装饰趣味。隶书流行于汉代，汉碑隶书的艺术成就也最高，但书家大多没有留下名字。魏晋以后，隶书被楷书取代。清代碑学书法兴起，隶书才又一次达到了艺术的高峰，著名的书家有邓石如、何绍基、赵之谦等。

三、楷书。楷书又称正书、真书，形体方正，是魏晋以来官方和民间通行的书体。今天小学生开始学写字，写的就是楷书。电脑用字，也多以楷书为基础。早期著名书家，曹魏有钟繇；东晋有王羲之、王献之父子；唐代是楷书艺术登峰造极的时代，产生了一批人们耳熟能详的大书家，如欧阳询、褚遂良、颜真卿、柳公权等。唐人之后，元代赵孟𫖯堪称大家，他的楷书圆转秀劲，被称为"赵体"。

四、草书。草书又分为章草、今草和狂草。章草是带有隶书波磔的草书，字与字之间独立不相连，著名书家有汉代张芝、西晋陆机等。今草又名小草，就是我们今天通常所说的草书，今草是在章草基础上，充分吸收了楷书的体势笔意发展而成。今草上下字之间往往牵连带引，笔意连绵不断，比起章草，就显得流便而更富有韵律感。经过东晋二王父子的提倡，今草一直流行至今。狂草又名大草，比今草更为狂放，著名书家有唐代张旭、怀素及北宋黄庭坚等。

五、行书。行书是介于楷书、草书之间的一种书体，它兼有二者之长，书写活泼自然，好像行云流水一般，故称"行书"。它是魏晋以后日常应用最为广泛的书体，深受历代书家喜爱。善于行书的，最为知名的当数王羲之、王献之父子，王羲之的《兰亭序》被誉为"天下第一行书"。二王之后，"宋四家"中的苏轼、黄庭坚、米芾，元代赵孟𫖯，明代董其昌，都是擅长行书的大书法家。

中国书法艺术成熟较早，东晋时期，五种书体都已经出现。"书圣"王羲之开创的魏晋新书体，结构优美，流便潇洒，大大区别于此前带有浓厚隶书气息的楷书和章草，很快就流行起来。东晋二王之后，由书体变迁推动书法艺术发展的时代就结束了。书法家要成名，除了继承传统，更重要的是创新。

在书法的下一个高峰唐代，文化繁荣、国力强盛，歌颂功德的碑刻需要端庄讲究法度的楷书，善写楷书的欧阳询、颜真卿等书家推陈出新，一变二王的妍丽为端庄，将楷书艺术推向了巅峰！此后"宋四家"中的苏轼、黄庭坚、米芾在北宋求新求变的时代氛围影响下，强调书法的个性和表现力。所以前人曾总结过："晋人尚韵，唐人尚法，宋人尚意。"

宋代以后，称得上承前启后的大书法家，就只有元代赵孟𫖯和晚明董其昌了。

赵孟頫高举复古大旗，重新将书法审美回归到晋人的唯美传统，扭转了南宋以来的衰颓气象。董其昌反对吴门书家的一味因袭，他的书法秀润典雅，影响深远。

最后，简单谈一下笔者从故宫博物院浩如烟海的书法作品中选出十件的标准，可以概括为：名家名作，兼顾时代。历代公认的大书法家，像王羲之、杨凝式、苏轼、黄庭坚、米芾、赵孟頫、董其昌，他们的代表性作品都在其中。同时又兼顾时代，除了这七位大牌的书法大师的作品外，还选择了东晋陆机《平复帖》，这是现存最早的名人书法，有独特的历史价值；又选择了唐代杜牧行书长卷《张好好诗》，这是传世的唐代诗人墨迹；清代距今不远，虽说没有承前启后的书法大师，但篆书、隶书的艺术创新却超越前代直接秦汉，故选取了被誉为"有清一人"的邓石如。这样，历代大书家和具有时代意义的书作基本上都被囊括在内，可以说就是一部书法史。

二 "天下第一法帖"：陆机和《平复帖》的故事

故宫博物院是中国古代艺术的宝库，其中书法作品就有 7 万多件。在浩如烟海的书法作品中，有一件很特殊，它是 1700 多年前西晋时代江南天才文学家陆机所写的一封书信《平复帖》。它是现存最早最可靠的中国古代书法，千百年来被人们誉为"天下第一法帖"。可是相当长一段时间却没人看得懂它上面写的是什么。

这是为什么呢？

为什么叫《平复帖》？古代书信本无名称，都是后人根据信中关键词来定名，这封信第一行说朋友彦先害了病，"恐难平复"，所以就以此为名了。有的读者或许还会问，这封信没头没尾，既没说是写给谁，也没有作者的署名，怎么能够断定是陆机写的呢？这是个很好的问题。读者可以看信前右上角月白色小绢条上，有六个金色的瘦硬楷书"晋陆机平复帖"，下面还盖了有两条飞龙的圆形印章。瘦金体和双龙印玺，已经表明了鉴定者的身份——大名鼎鼎的宋徽宗赵佶。宋徽宗，一个亡国之君，却是历史上顶级的艺术家和鉴定家；他给《平复帖》写的这个身份标签，得到了后世的一致认可。

晋陆机《平复帖》，纸本草书，纵23.7厘米，横20.6厘米，
故宫博物院藏

释文

　　彦先羸瘵，恐难平复。往属初病，虑不止此，此已为庆。承使唯男，幸为复
失前忧耳！吴子杨往初来主，吾不能尽。临西复来，威仪详跱，举动成观，自躯
体之美也。思识□量之迈前，势所恒有，宜□称之。夏伯荣寇乱之际，闻问不悉。
（据启功《〈平复帖〉说并释文》）

　　弄清楚《平复帖》的来历，再来了解陆机这个人。陆机（261—303），字士衡，
出身三国东吴世家。三国时东吴有四大姓"顾、陆、朱、张"，陆家排第二。他
的祖父陆逊、父亲陆抗，都是文武兼备的东吴统帅。陆机出生的时候，吴国国力
已经开始走下坡路了。太康元年（280年），西晋大军伐吴，陆机两个哥哥在前
线阵亡。晋军沿长江顺流而下，直达吴国首都建康（今南京），东吴国主举旗投
降。唐代诗人刘禹锡《西塞山怀古》中的"金陵王气黯然收，……一片降幡出石
头"，说的就是这段历史。这一年，陆机20岁。史书记载，他当时也是带兵的将
领。国破家亡，他选择脱去军服，闭门在家，和弟弟陆云一起读书作文，写出了

第四章　书法　｜　313

不少传诵至今的诗、赋。很快，天才青年文学家陆氏兄弟的名声传遍了全国。陆机的文章中，有对故国兴亡的哀叹，有对父祖功业的怀念，更多的，是他渴望施展才华的抱负。

《平复帖》就是在这样的时代里书写的：

彦先得了肺结核，怕是很难康复。初病时，还担心要更重，现在这样，也还算能接受。好在身边有人照应，可以让人不再担忧！

吴子杨早先来家里做客，我对他印象不深。西行前又来，仪表举动，稳重得体，真是风度翩翩啊！人的见识增长，也是常有之事，的确应该赞美他。

夏伯荣寇乱相隔，一时间没了消息。

彦先名叫贺循，字彦先。陆机对彦先的病情十分挂心，好像当作自己的事，关切之情，溢于言表。吴子杨见识增长了，陆机又由衷地为他高兴，大加赞美。他又告知友人，夏伯荣遭遇寇乱，失去音信，大伙都多打探打探。信中的陆机，为朋友担忧，为朋友高兴，是一个真实可爱的青年，他人缘一定很好。后来，陆机去洛阳做了官，果然大力举荐东吴才俊，彦先就是在他的帮助下得到重用的。《平复帖》的作者大名鼎鼎，内容又生动，但从诞生直到20世纪上半叶，却出现了一个非常尴尬的局面：没有几个人能说明白这封信的内容。为什么？答案简单极了：不认识字。不认识字有两个原因。

第一，陆机的信写在麻纸上，贴近观察，会看到纸张上很粗的纤维束。这种粗糙的纸年代久了，字的笔画就会磨灭。现在看到的《平复帖》共9行，86个字，已经有5个字残损得很严重，几乎看不清楚。恰巧陆机写信的那天，又拿了一只用过多次的秃笔，笔锋已经开叉。看来，他这封书信，是很随意写的。

第二，也是最要命的，陆机信中的草书正处在一个书法大变革的前夜。它和东晋以来人们常见的行草书用笔、结字差别很大。

读者肯定都知道书圣王羲之，对比一下，会发现陆机的草书和王羲之的草书大为不同。陆机的草书，字与字之间笔势分离，毛笔和纸张垂直顺笔写下去，显得笔道很圆，没有顿挫的变化。从书法的角度来说，这种草书还缺乏运笔技巧，算不上成熟。相反，王羲之的草书弱化了横向笔画，加强了纵向笔画，在收笔的

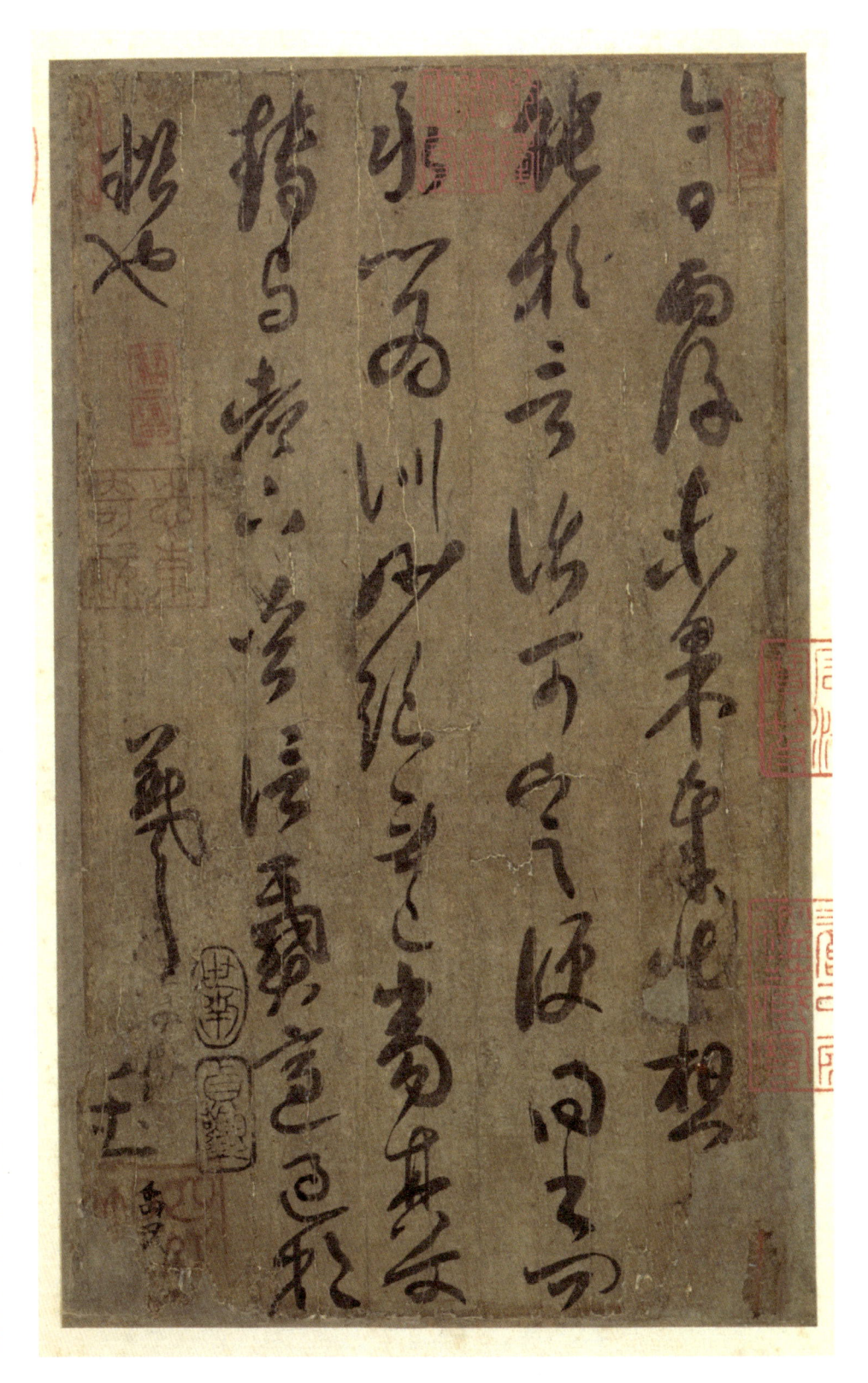

晋王羲之《雨后帖》（宋摹本），纸本，行草，纵 25.7 厘米，横 14.9 厘米，故宫博物院藏

时候有了顿挫，增加了点画变化，字体结构上就显得紧凑，字形也漂亮多了。当时人们就将王羲之的行草书法称为"新体"，"新体"很快就完全取代了早先的行草书写法，一直沿用至今。东晋王羲之以前可靠的名人书法，《平复帖》是孤本，没有第二家能做对比。

有了上述这些困难，宋代以来的鉴赏家，对《平复帖》含糊其词，根本认不明白，甚至还有人怀疑它是假造的。从宋元到近代，最多只能认出这86个字中的十余字。成功解决这个千年难题的，是当代著名学者、书法家启功先生。他根据出土魏晋时代文书残本，又得以亲自上手观摩研究，反复辨认，终于在1940年发表了《平复帖》的全部释文。这一年，启功29岁，和陆机书写《平复帖》的年龄差不多，可以说是千年知音了。

实际上，陆机和王羲之的时代相差并不算远，只有40多年。但这几十年，恰恰是一个书法艺术的大变革时代。如果没有《平复帖》的存世，我们根本不知道西晋时代士人是如何写字的。它如同漫漫长夜里的一束亮光，照亮了1700年前青年天才文学家生命中的真实一刻，这是多么活生生的历史场景！千年之后，人们赞扬它是"天下第一法帖"，就是说它有血有肉，这种生命的力量是碑刻和拓片所无法呈现的。如果说王羲之所开启的中国书法之路最终汇成了一条滚滚大河，那么，《平复帖》恰恰就是供给它水源的上游干流之一。悠悠千年，现在连王羲之的亲笔墨迹也一件无存了。《平复帖》因为它的作者和时代历历可考，就成了中国书法史上独一无二的活化石。

如今，历经沧桑的《平复帖》在故宫博物院恒温恒湿的地下库房得到了很好的保护。说起它和故宫博物院的渊源，还要感谢收藏家张伯驹先生。《平复帖》乾隆时贡入内府，曾陈列在皇太后的居所寿康宫，太后去世后作为老人的"遗念"赐给孙子成亲王永瑆，离开了紫禁城。1937年，张伯驹在经济并不宽裕的时候，花了四万银圆买进《平复帖》，就是怕这件中华瑰宝流落国外。19年后（1956年），他又化私为公，将以《平复帖》为首的数件珍贵书画捐赠给故宫博物院，留下了千古美名。

《平复帖》享受故宫博物院最高级别的文物待遇，每5年才能打开一次，每次展览时间严格限定为两个月。上次的公开亮相，还是2011年秋天故宫博物院举办的"兰亭特展"。要与它再来个千年邂逅，恐怕还要看读者们的机缘了。

三 "下真迹一等"：冯承素摹书圣王羲之《兰亭序》

去过山东曲阜孔庙的读者，可能都知道那里有一棵据说是伟大的教育家孔子亲手种植的桧树，已经有2000多岁，历朝历代都把它当作国宝保护起来。当你面对它，似乎能够感染圣贤的气息，遥远但真实，你会不禁为中华文化的源远流长而激动。在中国书法艺术宝库中，书圣王羲之（303—361）的《兰亭序》就充满了这样的神奇色彩。它的真本虽然不在人间，但唐代宫廷制作的冯承素摹本过去都被称为"下真迹一等"，意思就是仅仅次于《兰亭序》真迹。一件书法复制品，竟然有如此高的艺术地位，确实罕见，这究竟是怎么一回事呢？

这首先是由书圣王羲之和他的巅峰之作《兰亭序》在中国书法史上独一无二的地位决定的。

王羲之出身山东名门，祖上世代为官，"旧时王谢堂前燕"中的"王"指的就是他们家族。王羲之幼年正赶上西晋王朝崩溃的前夜，中原大乱，他的父亲追随晋元帝司马睿南渡长江，重建了东晋汉族政权。王羲之按照当时上层家族子弟的惯例，先后担任过一些清闲的官职，比如他被后人称作"右军"，就是因为做过"右军将军"，其实并不带兵。当时东晋王朝虽然在南方站稳了脚跟，但敌对的北方少数民族政权军事势力日益强大，危机并未消除。王羲之对统治阶层不思进取、得过且过的心态很是不满，后来就辞官回家了。

如果没有书法上的贡献，王羲之不过就是东晋一个普通的贵族子弟。

在上一节谈到陆机《平复帖》的时候，我们就提过，王羲之在

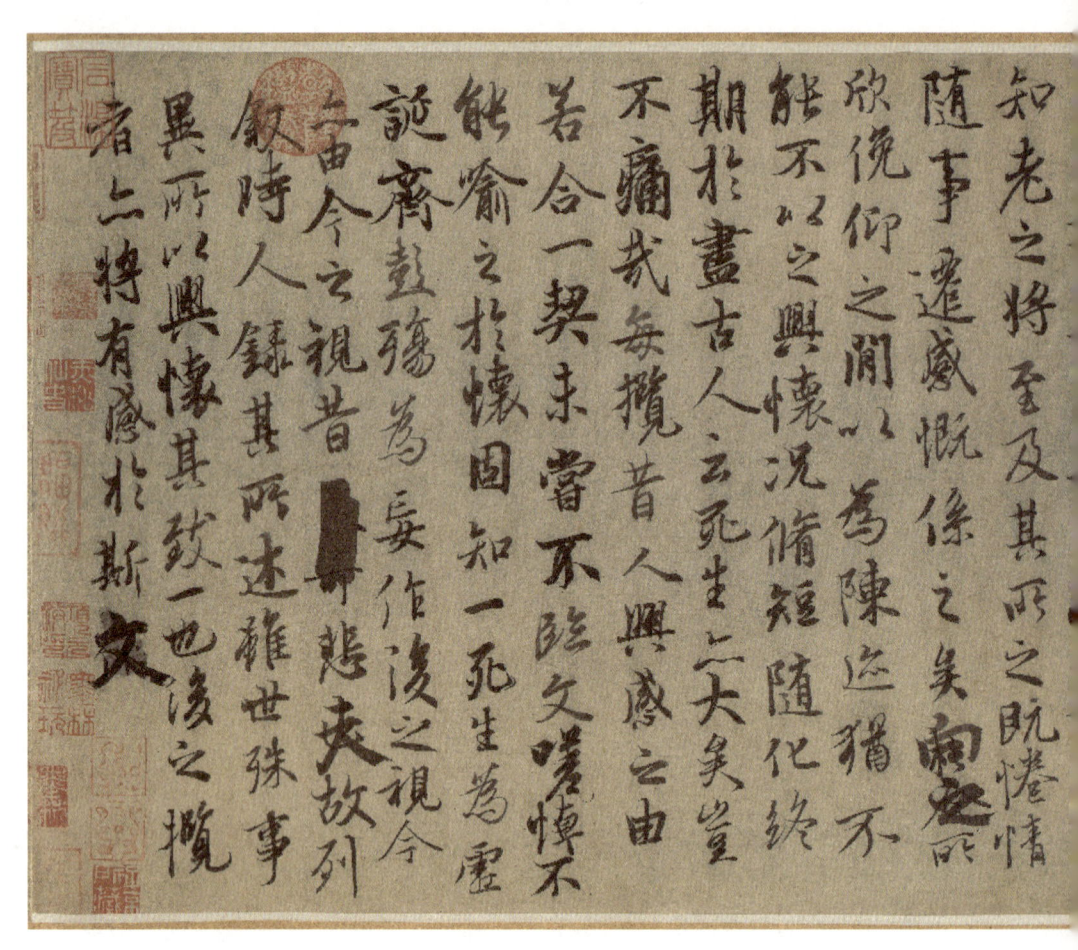

晋王羲之《兰亭序》（唐冯承素摹本），纸本，行书，纵 24.5 厘米，横 69.9 厘米，故宫博物院藏

书法史上空前绝后的地位主要归功于他在文字结构和用笔上的创造性。在他之前，顶有名的书法家是钟繇、张芝，代表着从东汉晚期到西晋 100 多年的书法审美标准。从今天流传下来的碑帖拓本看，无论张芝的草书，还是钟繇的楷书，都还带有较为浓厚的隶书气息，笔画之间张力不够，结构上也缺乏美感。王羲之的行草书，既典雅又灵动，被誉为"飘若浮云，矫若惊龙"，开创了流传至今的书法审美。而最具代表性的王羲之书法，就是《兰亭序》。

《兰亭序》说来有趣，它竟是书圣春游酒后即兴创作的草稿。

永和九年（353 年）三月初三，王羲之和他的朋友、子弟 41 人在山阴兰亭相聚，山阴就是今天的浙江绍兴。他们沿着溪流，三两而坐，高谈阔论。天气温暖晴朗，酒兴恰到好处，大家纷纷拿出纸笔，写下了自己的感想。王羲之写的就是著名的《兰亭序》。全文 28 行 324 个字，可谓短小，却因文辞典雅、情感真挚，成为不朽的文学名篇。

《兰亭序》是书圣酒后乘兴所作,矫健多姿,字字变化无穷,如"之"字出现20余次,每次都写得各有姿态。据说王羲之后来又写过多次,但总是达不到酒后初次所写的效果。

《兰亭序》无上地位的奠定,还有赖于他的超级粉丝唐太宗的推动。据记载,唐太宗极度痴迷王羲之书法,做了皇帝后,天下王书全都收归御府,唯独缺了最重要的《兰亭序》。他听说《兰亭序》真迹藏在嘉祥寺僧人辩才手中,可是辩才这个人倔强极了,软硬不吃,就是不交出来。太宗无奈之下,派监察御史萧翼乔装成商人,前往嘉祥寺,取得辩才信任,乘机将《兰亭序》偷了出来。"萧翼赚兰亭"的故事脍炙人口,又为《兰亭序》增添了几分神奇色彩。

令人痛惜的是,唐太宗临终留下遗言,要将《兰亭序》陪葬。他的儿子高宗为了表达孝心，竟然照办。就这样，《兰亭序》走完了尘世约300年的旅程，在地下永久和它的超级粉丝为伴了。

书圣的旷世神作就这样湮没了吗？后人怎么能甘心呢！事实上，从唐太宗的时候开始，历代就一直不停地制作《兰亭序》复制品。这些复制品，五花八门，鱼龙混杂。有对照着墨迹的勾摹本，有书法家的临写本，更多的是石刻拓本。就这样，《兰亭序》化身万千，从王侯宫廷府第散入寻常百姓家。然而，这数不清的复制品中，有一件最为珍贵，与众不同，它就是今藏于故宫博物院，被誉为"下真迹一等"的冯承素摹本。

冯摹本的来历，还要从唐太宗说起。

因为《兰亭序》真迹只有一件，太宗就专门制作了一些复制品，赐给皇太子、诸王和少数大臣。专门为《兰亭序》制作复制品的人，官方名称叫"御前供奉搨书人"。"搨书"制作工艺很复杂：必须在晴天靠近窗户日光充足的地方，用极薄的白纸覆盖在真迹之上，先将字形的轮廓逐一细细勾出。再对照真迹的墨色浓淡，小心填墨。填墨完成后，还要将真迹中有些字因为毛笔开叉或笔毫不齐而带出的细微痕迹，逐一描写出来。

制作一件摹本要费多少功夫，并不清楚。但唐太宗贞观20余年来，也不过做成寥寥数本，流传至今的仅冯承素摹本一件。冯承素就是"御前供奉搨（拓）书人"中的一位。因为摹本上还有唐太宗之孙中宗李显的"神龙"小印，所以也被称作"神龙本兰亭"。到了宋代，唐朝宫廷里的这种勾摹绝技就失传了。

冯承素摹本《兰亭序》完全符合我们从文献中获得的对唐代宫廷勾摹绝技的印象。

先说纸。冯摹本写在两张大小相同、拼接在一起的白麻纸上，纸质光滑精细。单张白麻纸纵24.5厘米，横35厘米，符合魏晋时期纸张的尺度。前纸写了13行，行间较为宽松。后纸写了15行，行间显得有些紧，但写完后还留有余地。为什么要写成前松后紧，而不是每张纸各写14行？只有一个原因——王羲之真迹草稿就是这个样子。

再看字。冯摹本中不少字与其他摹本及拓本对比，有许多特别之处。如第二行的"兰"字下端繁体的"門"整个右边，起笔收笔和如何转换，笔丝牵连的地方，都交代得清清楚楚。再如第四行的"崇"字，上面的"山"字头中间一横，起笔写得很细，收笔很重。不仔细看，会以为是一个横点。还有第八行的"和"字，右边的"口"多写了一横，这是将王羲之草稿的笔误完全照搬。可是，在拓本和其他摹本里面，"兰"字下端的笔丝牵连都看不出来，"崇"字上面"山"字头的一横都是写成一点；"和"字右半"口"多出的一横笔误，要么有意加粗，非常丑陋，要么删除或改成一点。像这样的例子，差不多有20处。很难想象，要是没有冯摹本，《兰亭序》的真面目还有谁能够知晓！

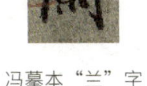

冯摹本"兰"字　　冯摹本"崇"字　　冯摹本"和"字

更珍贵的是，除了这些细节几乎毫发无遗地复制了《兰亭序》真迹的面貌外，冯摹本从整体上看神气生动、运笔流畅，毫无一般摹本的局促和迟疑之处，这在古代法书真迹的摹本中极为少见。因为这个缘故，明代收藏家季因是见到冯摹本，为其高超的艺术性所倾倒，大呼书圣真迹重现人间。当代著名学者郭沫若也否定它是勾摹本，认为是王羲之后裔僧智永的临写本。冯摹本的魅力真是令人倾倒！看来，"御前供奉拓书人"不仅勾摹技术精湛，而且是一流的书法家，他们的作品本身也有极高的艺术价值。这是它能够成为仅次于兰亭真迹一等的书法瑰宝的内在原因。

冯摹本《兰亭序》曾先后收藏于南宋和明代内府，清乾隆年间入宫，从此一直保留在紫禁城内。故宫博物院老一辈书画鉴定专家经过反复观察对照，把它勾摹真迹的过程一一复原出来。书圣已往，书圣的气息犹存！

唐代杜牧《张好好诗》卷，纸本，行书，纵 28.2 厘米，横 162 厘米，故宫博物院藏

四 唐代诗人的书法名篇：杜牧《张好好诗》

中国是诗的国度，唐诗又是诗的顶峰。清初编修的《全唐诗》，收录了约 2000 位诗人的 4 万多首诗。想象 1000 多年前，如满天繁星般的唐代诗人挥笔创作的场景，真令人陶醉。然而，这数以千计的诗人墨迹流传至今的，却并不多，这一节要介绍的就是大诗人杜牧的手稿真迹《张好好诗》。

笔墨飞舞的诗人墨迹，让我们能够面对面地感受唐代灿烂文化的气息。俗语说"纸寿千年"，唐代书法传世的，本身已寥寥无几。何况杜牧不但是著名的文学家、大诗人，还是一位名声不小的书法家。

杜牧（803—853），字牧之，京兆府（今陕西西安）人，唐代大诗人，号称"小杜"，以别早于他的杜甫。京兆杜氏是有名的高门大族，杜牧的祖父杜佑，还有堂兄杜悰，都曾做过宰相，杜佑还是有名的史学家。唐人说："城南韦杜，去天尺五。"杜牧在一首诗里也描写了自己的家庭与众不同："旧第开朱门，长安城中央。第中无一物，万卷书满堂。"宰相世家和诗书万卷造就了放荡不羁的才子杜牧。

《张好好诗》讲述了歌女张好好的故事，这个故事和杜牧青年时期的亲身经历交织在一起。

唐文宗大和二年（828 年），26 岁的杜牧考中了进士。这一年参加考试的有 1000 多人，仅录取 33 人，杜牧是第五名。少年得志的杜牧并不满足于做九品京官，不到半年，他就追随非常欣赏他的世交江西观察使沈传师去了洪州（今南昌）。来到南昌的第二年，杜牧认识了13岁的歌女张好好。

按照唐朝的制度,观察使的驻扎地都有乐籍女子。当官僚们举办宴会时,她们要来唱歌跳舞,以助酒兴。有一次沈传师带了杜牧等一帮人参加滕王阁宴会,恰好轮到歌女张好好演出,好好仪容端秀,歌声如同天籁,大受长官赞赏。于是长官在哪里宴会,必定命好好随行演唱,她很快就和杜牧等人熟悉起来。不久沈传师弟弟述师,纳了好好为妾。

杜牧在洪州、宣州追随沈传师做随从文书官4年多,又去扬州做官,从此失去了好好的音讯。大和九年(835年),杜牧重回中央,被任命为监察御史分管洛阳事务。一天,在洛阳东城,杜牧竟意外与张好好相遇,互相谈起离别后的情景。原来好好不幸被沈述师抛弃,流落洛阳,当街卖酒。此时沈长官已经病故,当年和他们一起饮酒作乐的朋友也都四散,两人一直谈到天晚日斜。杜牧同情好好的遭遇,好好也感叹岁月易逝——当年的杜郎竟然胡须都白了。

同情张好好的同时,杜牧想到自己怀才不遇、壮志难酬,一时万千滋味,涌上心头,遂提笔书下了这首《张好好诗》,将他与好好初见到再遇的故事娓娓道来。

张好好是一个歌女,身份低贱,杜牧却以朋友相待,为她写诗,可见杜牧并不被礼教所束缚,很有"我手写我口"的气概。同时,杜牧身处的中晚唐时代,士大夫与身份卑微的女子来往,也是常有的事。除了张好好,杜牧还写过民女杜秋娘,和白居易《琵琶行》写商人妻一样,都传诵至今。

《张好好诗》五言长卷写在四张拼接在一起的麻纸上,麻纸做工颇为精良。卷前有宋徽宗赵佶金笔书写的题签"唐杜牧张好好诗",下面钤有双龙圆形印玺,是很标准的北宋内府装裱形式,显示出这件作品很早就被皇家珍藏。

诗卷是用唐朝流行的有心毛笔写成,这种笔很硬,吃墨难以饱满,写出的字到了笔画末端笔头散开,就会形成黑白相杂的现象,称为"飞白"。飞白是墨迹特有的现象,多见于晋唐人书法,它的好处是能够看清楚每一笔的轻重转换,是拓本和双钩填墨本所难以呈现的。《张好好诗》中不少字都有飞白,说明它是确证无疑的墨迹本。而且杜牧用的毛笔除了硬之外,笔锋还有些秃,或许是随手拿起一支用过的老笔,所以在每个字起始转换的地方多是圆笔,字与字之间并不关联,笔法相当古朴。但全卷整体来看,却是一气呵成。

宋徽宗时官修的《宣和书谱》说杜牧的行草书"气格雄健"。杜牧是唐朝著名的诗人书法家之一，晚明大鉴定家董其昌看过《张好好诗》后，认为杜牧是中晚唐仅次于颜真卿、柳公权的名家，"深得六朝人风韵"，说他的字没有一点俗气。

细细观察原作的种种面貌，和前人的这些评价对比，并不完全符合。将杜牧与颜真卿、柳公权并列，并不公平。唐代是书法史上公认的黄金时代，名家辈出，各种书体都得到了充分发展，尤其是楷书，为后世所不及。颜真卿、柳公权，都是开山立宗的书法大师，他们的书法法度谨严，有章可循，加之刻入碑版，化身万千，进入寻常百姓家，影响后世极大。杜牧的书法，既不同于王羲之《兰亭序》的遒劲流美，也不似颜、柳的根基稳重，"少功用，有天才"，是典型的才子书。在唐人法度谨严的书林中，焕发着别样色彩。

我们今天所能看到的唐人书法，绝大多数都是碑刻拓本。墨迹刻入石头，又从石头上拓下来，哪里还有笔墨的艺术感呢？只要我们对比一下墨迹原件和后世的拓本，就能体会。建立在拓片上的书法史，并不是说不真实，而是一种很无奈退而求其次的办法。公认的唐人书法真迹，不算千篇一律的书手写经和出土文书，不过十余件而已。《张好好诗》的存在，让我们跳过拓本制造出的模糊地带，和中晚唐才子士大夫来一次直面相对，这是一场多么动人心魄的艺术之旅！

杜牧《张好好诗》，有改动，有小字注解，还是诗稿的形态。过去的鉴赏家看重信札尺牍，因为这类东西往往信笔书来，真情流露，最能见文字后面的人是何等性情。草稿书也有同样效果。在日本展出轰动一时的颜真卿《祭侄文稿》就是如此，不过他的草的程度又要远甚于《张好好诗》。才子风流，心气高傲，见于诗的内容，更显现于飞舞的笔墨。"字如其人"，不见得就是唯心的命题。

《张好好诗》的流传路径，和《平复帖》有几分相似，都是宋徽宗收藏，乾隆收藏，嗣又流出宫闱，新中国成立后又皆由大收藏家张伯驹捐献，重回紫禁城。张氏盛年亦是风流才子，所谓"民国四公子"之一，其于《张好好诗》卷末，题《扬州慢》词一首，感叹杜牧生平，结句说：

想落魄江湖，三生薄幸，一段风流。我亦五陵年少，如今是、梦醒青楼。奈腰缠输尽，空思骑鹤扬州。

才子一去不复返，幸有笔墨存人间！

五　杨凝式《神仙起居法》：超逸绝尘"杨风子"

自中晚唐大书家颜真卿、柳公权之后，一直到北宋米芾、苏轼、黄庭坚这一批书法天才出现，其间约隔了 200 年的时间。这段时间，政治经济上是沿着一个 U 字形的轨迹沉浮。晚唐及其后的五代是历史上著名的黑暗时期，中央统治有名无实，短暂的政权一个接一个，人民陷于涂炭。到了北宋统一中国，才逐步恢复了生机。书法史上的状况也是如此，有名的书家不多，流传下来的作品更少。

令人惊讶的是，书法史上的这段平淡岁月，却诞生了一位曾与颜真卿齐名的大书家。他就是号称"风子"的杨凝式。

杨凝式（873—954），字景度，华阴（今属陕西）人。他出身官宦之家，唐末就考中进士，走上仕途，直到五代的最后一朝后周去世，前后在六个朝代任职 50 余年。史书上说他身材矮小，其貌不扬，还患有严重的精神疾病，时常发作，故得了一个"杨风（疯）子"的绰号。有人说他的疯是一种乱世生存的手段，也有道理。但这些缺陷既不重要，也不能掩饰他的才华，尤其是书学上的伟大。

杨凝式醉酒后喜欢在墙壁上挥毫，他晚年居住在洛阳，据说洛阳城中寺庙道观的墙壁都被他写满了。北宋中前期，这些墙壁上的墨迹还有不少，喜欢书法的人纷纷前去观摩。可以想见，随着岁月流逝，土墙上的字逐渐剥落，到了 12 世纪初，曾经遍布洛阳的杨氏墨迹，就消失殆尽了。北宋士大夫，如欧阳修、王安石、苏轼、黄庭坚，都曾学杨凝式书法，可见当时必然还有不少墨迹存世。

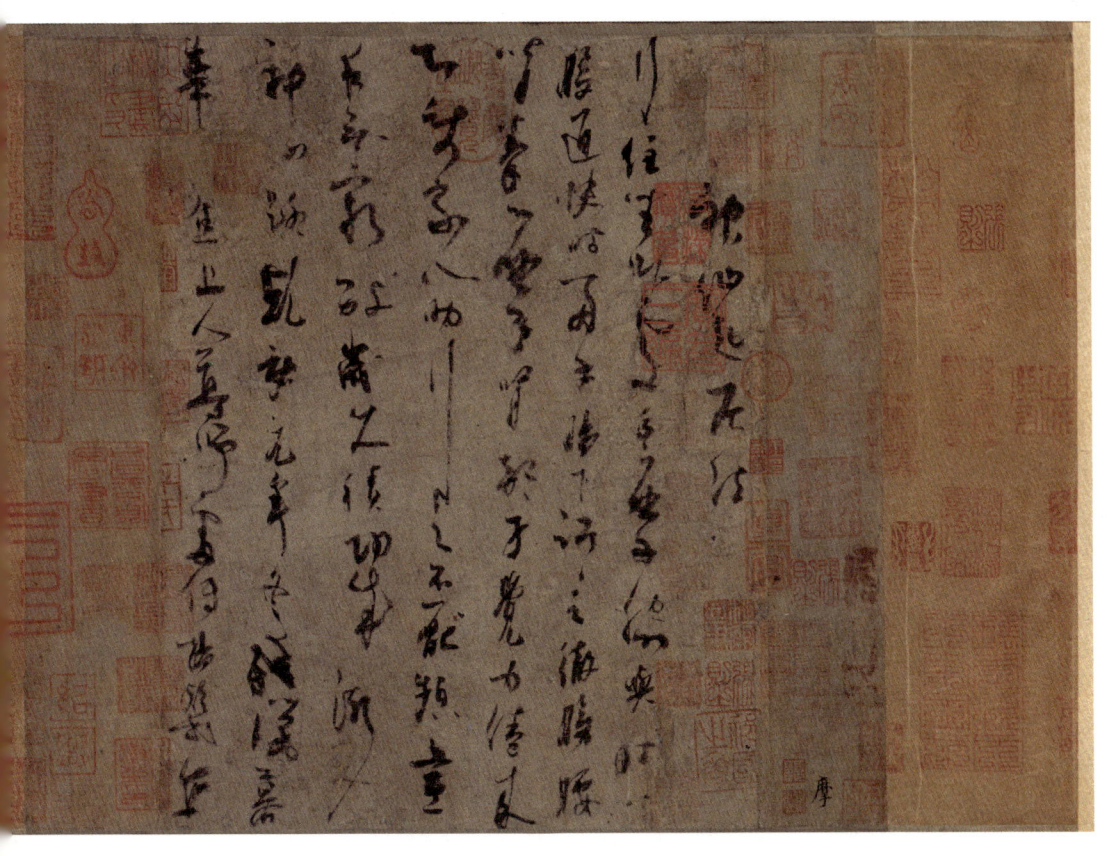

五代杨凝式《神仙起居法》，纸本，纵 27 厘米，横 21.2 厘米，故宫博物院藏

释文

神仙起居法。行住坐卧处，手摩胁与肚。心腹通快时，两手肠下踞。踞之彻膀腰，背拳摩肾部。才觉力倦来，即使家人助。行之不厌频，昼夜无穷数。岁久积功成，渐入神仙路。乾祐元年冬残腊暮，华阳焦上人尊师处传。杨凝式。

今天杨凝式书法真迹存世的，不过两三件，碑帖拓本中也难觅踪迹。所以很难理解北宋人为什么那么推崇杨凝式，将他与王羲之、王献之、颜真卿、柳公权并列。毕竟二王颜柳，碑帖拓本遍天下，是代代中国士人写字都要临摹学习的对象。黄庭坚总结说，写大字难在间架结构保持紧密，写小字难在萧散不拘，杨凝式的楷书草书无论大小字，都能兼有二美。天资功力兼备，这是极高的评价了。

幸运的是，故宫博物院藏有杨凝式真迹草书《神仙起居法》《夏热帖》。后者不少字磨灭残损，难以分辨，唯有小草书《神仙起居法》较为完整清晰，可谓存世杨凝式书法第一真迹,为我们验证宋人的说法提供了可资依靠的标本。

《神仙起居法》书于后汉乾祐元年(948年)冬腊月,草书8行,是76岁高龄的杨凝式记录的道家养生修行秘诀,传授人是他称为"尊师"的华阳焦上人。

动荡不安的时代,暮年杨凝式还在孜孜不倦地和道教尊师切磋养生法门,并不畏严寒,呵手研墨,将秘诀记录下来。可以想见其人的生活情趣,并且书写时心情愉悦,因为整幅字笔墨飞动,毫无疲倦之态。

《神仙起居法》共85个字,除第一行"心"、第七行"仙"和第八行"阳"三个字残损外,其余都清晰可辨。每个字的起末连接,交代得很清楚,草书的写法与二王行草相比,要更加放纵,尤其字与字之间的转承处变化很多,显示了高度的笔墨技巧。第五行的"行之","行"字的右半作一竖笔,直流而下,又突然收起左转带出"之"字上部的一点,真是化危为安,潇洒至极。再看第六行末尾的"渐入","渐"字末笔笔锋径自折而向左下掠过,成"入"字一撇,再提笔回锋加上一横。"入"字本来的写法,应是撇短捺长,这里反其道而行之。又"渐"与"入"两个字用笔一粗一细,更显出对比之美。最有意思的是第七行的"残"字,为了和上面的"冬"字气势连贯起来,竟顺笔先写出右半部分,再带出左半的"歹"。这完全违背了先左后右的中国传统笔法,可以称为墨戏了。

杨凝式在《神仙起居法》中随心所欲地运用笔墨,甚至不惜改变一些固定的书写传统,这在其他人,恐怕已经被视为"野狐禅"了。然而,杨凝式却有一种神奇的能量,他的字如果单个看,有的似乎显得突兀,但若置身于整幅手卷,每个字又都首尾呼应,气息流畅,充满生命力。不得不说,杨凝式充满变化的笔墨技巧,以及他对文字在纸张空间上的分布安排和一些有意的墨色浓淡变化,都建立在深厚的书学功力之上。字体的间架结构疏而不乱,飞舞的行草,却能看出楷书的底子。在笔墨的表现上,自然生动,还是晋人崇尚气韵的路子。

所以,杨凝式的书法,既吸收了传统书学的精髓,又能有所突破,为后来草书的发展开拓出新的路径。宋人将他与颜真卿并列,尊为一代宗师,就是承认二人在面对书法史上继承与发展这个难题时都取得了巨大成就。通过对《神仙起居法》的分析,我们承认宋朝人所讲有道理。元朝大书法家赵孟頫说杨凝式的草书"沉着而又潇洒",也是这个意思。

《神仙起居法》书写的纸张加上两边的裱纸,论尺寸还不及一平尺——

1108.89 平方厘米，却盖了七十余方印章。按照规矩，只有藏家本人才能在书画本幅的纸绢上盖印，所以这累累印章，就是《神仙起居法》一千年来的收藏史。最早是宋高宗赵构的内府诸印，中间比较著名的收藏者，有南宋权臣贾似道、元代艺术家赵孟𫖯、明代大藏家项元汴，最后是清代嘉庆、宣统两位皇帝的印玺。

传世书画钤盖印章的数量和方位，也很有意思。宋高宗因为最先装裱，他盖起印章来比较有余地，也很讲究。他的五方印章的方位，"内府书印"右上，"希世藏"右下，"内殿秘书之印"左上，"绍兴"小印左中，"绍兴"大印左下，大致均匀地分布在《神仙起居法》文字的两边。这些印章既和墨迹保持一定空间，又相互呼应，可谓二美兼具。

随着时间的推移，作品的主人不断变换，他们都要在珍贵的艺术品上留下自己的痕迹，纸张上的空间自然逐渐变得稀缺起来。到了晚明收藏家项元汴，索性把有空缺的地方，都盖上自己的印章。他共在《神仙起居法》上，打了将近 30 方印章。墨迹第七行和八行之间的空白处，赫然有他的"墨林山人"之印，因为他是商人出身，也就不管什么审美了。

项元汴的雅兴得到了充分挥发，却给后来的藏家带来麻烦，他们的印章无地可容！怎么办？答案是，往字上盖。清朝嘉庆皇帝的几方收藏大印，就愣是盖在文字之上，其审美和无所顾忌比起商人项元汴，又等而下之了。

咫尺之间，见书见人。

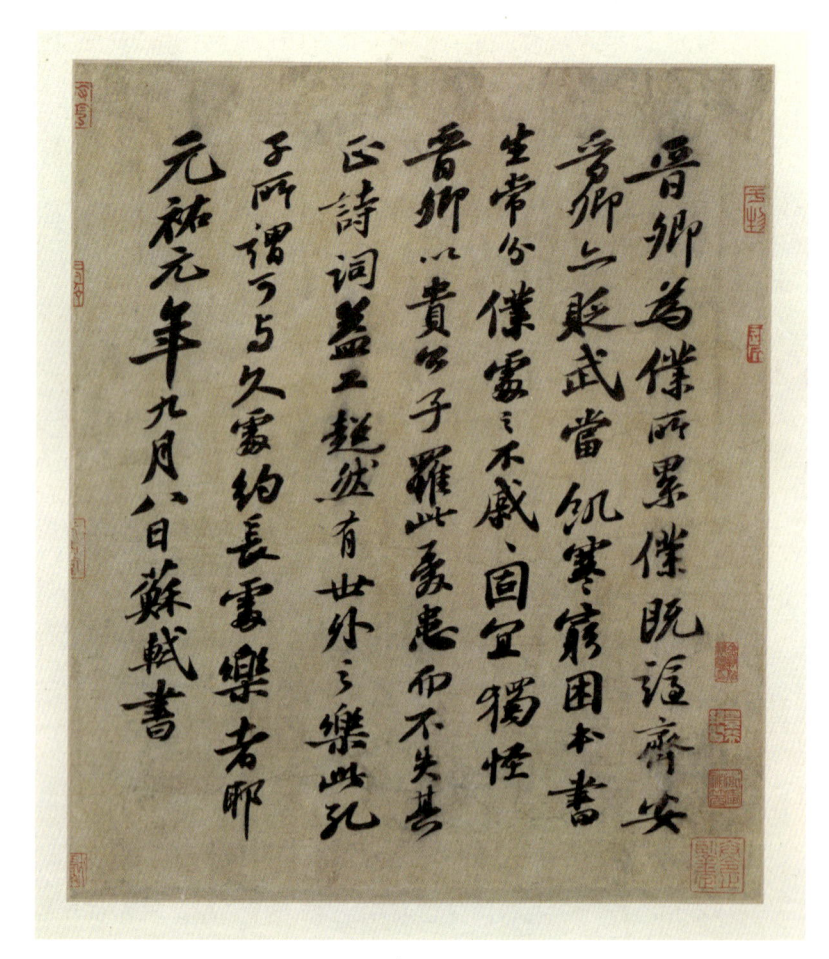

六 天马行空：苏轼行书《题王晋卿诗后》

苏轼行书《题王晋卿诗后》，纸本，纵 29.9 厘米，横 25.7 厘米，故宫博物院藏

在艺术史上，总有一些天才，他们的作品如天马行空，不循常规。读者朋友们都知道文学史上最为耀眼的天才诗人——"斗酒诗百篇"的李白，在他之后论文学天赋，恐怕没有人能超过苏轼。苏轼（1036—1101）的诗词文章，千古传诵，但说起他同时还是一位划时代的大书法家，恐怕就不是人尽皆知。

苏轼在书法上的最厉害之处，是他的无师自通。

自从东晋王羲之创造了楷书和草书新的书写规范后，历代书家，无不沿着他的足迹，上下求索。唐代书法昌盛，名家辈出，尤其楷书取得了空前的成就，欧阳询、颜真卿、柳公权等人的书法典范，广为流传。到了苏轼生活的北宋时代，一个人要写好字，不得不面临着学习前人范本的过程,"退笔成冢"——写坏的笔堆成山,"池水尽墨"——洗笔的池塘水都黑了,临摹的过程真是漫漫长路!

而天纵之才苏东坡,根本就不理这一套,他的名言"我书意造本无法,点画信手烦推求"说得再明白不过了,写字就是自己凭感觉来,不讲究笔法传承那些规矩。最能说明他在书法创作实践上特立独行的,是他的执笔方式。

以前凡是初学写字,老师第一件事就是示范执笔,要求双勾悬腕。所谓双勾,就是大拇指和食指、中指相对握住笔管,无名指和小指在下起固定作用。这样执笔的好处,是使毛笔和所要书写的纸绢垂直,运起笔来笔锋能够灵动,且随时都在点画的中间,写出来的字出墨均匀,就会显得圆满美观。

苏轼写字和今天我们写钢笔字的握笔方法一样,是单勾。这么握毛笔,手臂提不起,指头转动也很困难,笔锋和纸张不容易保持垂直,写出的字又肥又扁,是书家的大忌。黄庭坚调侃他的字是"石压虾蟆",苏轼却满不在乎。最令人惊叹的是,这样一个完全不按传统出牌的人,他的书法却被后人尊为宋代第一,这难道仅仅是苏轼人格高尚、文名满天下的缘故吗?

下面我们就以行书《题王晋卿诗后》为例,来说说苏轼其人和他的书法。

行书《题王晋卿诗后》,是故宫博物院收藏的苏轼书法里面比较有代表性的一件作品。晋卿就是驸马王诜,著名收藏家、画家,苏轼至交。《水浒传》开头,高俅到东京经人介绍投奔"小苏学士","小苏学士"又把他打发到驸马"小王都太尉"处,从而平步青云。小说里面的"小苏学士""小王都太尉",正是苏轼和王诜,可见他们的友谊在当时是人尽皆知。这件书法写于宋哲宗元祐元年(1086年),苏轼时年51岁。7年前,因为反对王安石新法,苏轼被贬为黄州团练副使,受他牵连,好友驸马都尉王诜也被安置均州(今湖北丹江口市西北)。新皇登基,他们两人都得到了平反,时隔7年后又在京师朝堂相见,不胜感慨,作诗纪念。苏轼在王诜的诗歌后写下了这段题跋:

晋卿为仆所累,仆既谪齐安,晋卿亦贬武当。饥寒穷困,本书生常分,仆处之不戚戚,固宜。独怪晋卿以贵公子,罹此忧患,而不失其正。诗词益工,超然有世外之乐。此孔子所谓可与久处约、长处乐者耶!元祐元年九月八日,苏轼书。

贬官后的困苦日子里,仍然保持着乐观的平常心,这对于以书生自居的苏轼,固然算不了什么。但贵公子出身的王诜,经历7年挫折,不改初心,所作诗词更加典雅,这就是孔子所说的君子了——困难和快乐对他来说都能淡然处之。更难得的是,王诜因苏轼牵连受罪,却对好友惺惺相惜、毫无抱怨,苏轼的人格魅力由此可见一斑。

苏轼的字究竟好在哪里呢?

《题王晋卿诗后》中的字,姿态横斜,点画丰腴。如末行"元祐元年"四个字,斜侧特别厉害;第四行"晋卿"两字,笔画相连处几乎成了一块墨团。按照东晋二王开辟的书学理念,写字笔法和结构缺一不可,追求的是既美观又气韵生动。唐人对王羲之的评价是"尽善尽美",书学审美还是崇尚文字的结构形态之美。以这个标准看,苏轼单勾执笔所产生的病笔所在皆是。但苏轼却自有他的法子来破解。在笔法上,他索性侧锋挥洒,出笔迅疾而娴熟,就显得潇洒不凡。字形结构上,他也有创新,一个字里的短笔画尽量写得紧密,长笔画却向外伸展,显得腿脚很长。

经过这样一番处理,苏轼的字笔画浑厚,字形阔大,加之神采飞扬,就有了独特的美感。他在写给弟弟苏辙的诗中说:"吾虽不善书,晓书莫如我。苟能通其意,常谓不学可。"说到底,苏轼坚决反对书法存在一个客观的审美标准,所谓法度只是第二位的,一切都是个"意"字,写字就是内心感情的抒发。黄庭坚最能懂苏轼,认为坡翁书法乃是将"学问文章之气,郁郁芊芊,发于笔墨之间"。造化弄人,苏轼用天纵才情化解了深厚的书学传统所带来的临摹之苦,大有禅宗强调顿悟、人人皆可为佛的意思,并成功创造了独一无二的书法之路。

苏轼反对亦步亦趋地临习书法,也不以书法家自居,身后却被尊为宋代书家第一,这和唐宋时期书法思想的转变关系很大。唐人尊崇二王,唐楷点画端稳、法度森然,是唐代的代表书体。大书家如颜真卿,楷书、行书兼善,但时人并不太注重他的行书。经过晚唐五代的混乱时代,旧传统被一扫而光。北宋立国,崇尚文教,与士大夫共治天下,范仲淹喊出了"先天下之忧而忧"的口号,士人的自我意识空前高涨,反映在书法思想上,是代表个性和内心的行书大行其道,苏轼就是在这样一个时代背景中应运而生。

苏轼的儿子苏过透露过一个秘密,说他父亲少年时喜欢二王,晚年又学颜真卿。虽然苏轼自己一概否认,"自出新意,不践古人",不循古人不等于轻视古人,苏轼的书学之路,看来也多少下过一点苦功,天才总有天才的办法!

七 神完气足：黄庭坚草书《诸上座帖》

宋朝是中国历史上极有意思的时代。一方面武力不振，长期被北方少数民族政权所压制。另一方面文化却高度繁荣，史学家陈寅恪曾说过"华夏民族之文化，历数千年之演进，造极于赵宋之世"，给予宋代文化极高的评价。

宋代文化发达的一个重要特点，是士大夫阶层的普遍觉醒，他们在政治上都比较有责任感，愿意做事，不畏强权，在治学上又充满创造性。北宋政治家、文学家王安石变法时，打出的口号是"天变不足畏，祖宗不足法"。虽然他的政治主张遭到不少反对，但整个社会创新求变的思潮已经深入人心了。在书法艺术上，苏轼和黄庭坚是这一思潮的代表人物。他们二人都因政治原因受到迫害打压，晚年颠沛流离，但书法作品却突破了传统的樊篱，将文人写意的笔端发挥到了极致，最具表现性和创作力。因此，宋朝人给本朝书法家排名，将前两位座次给了二人，号称"苏黄"。

黄庭坚号山谷道人，比苏轼小9岁，洪州分宁（今江西修水）人，他自中年结识苏轼后，即一生追随，以弟子自居。在书学的道路上，他们观点相通，但成就的途径并不相同。东坡以天纵之资，不袭古人，一往直前，独创单勾握笔法，其书扁阔而韵胜。黄庭坚楷书行草书兼能，尤以雄浑飞舞、点画劲峭的大草书闻名于世。他的草书直到50岁以后才形成独特的个人风格，其间还有一段曲折的经历。黄庭坚最初写草书，受时代风气影响，不师古人，随意下笔，有的字回头自己也认不出来。于是又开始学同时代的草书家周越，字写得刚

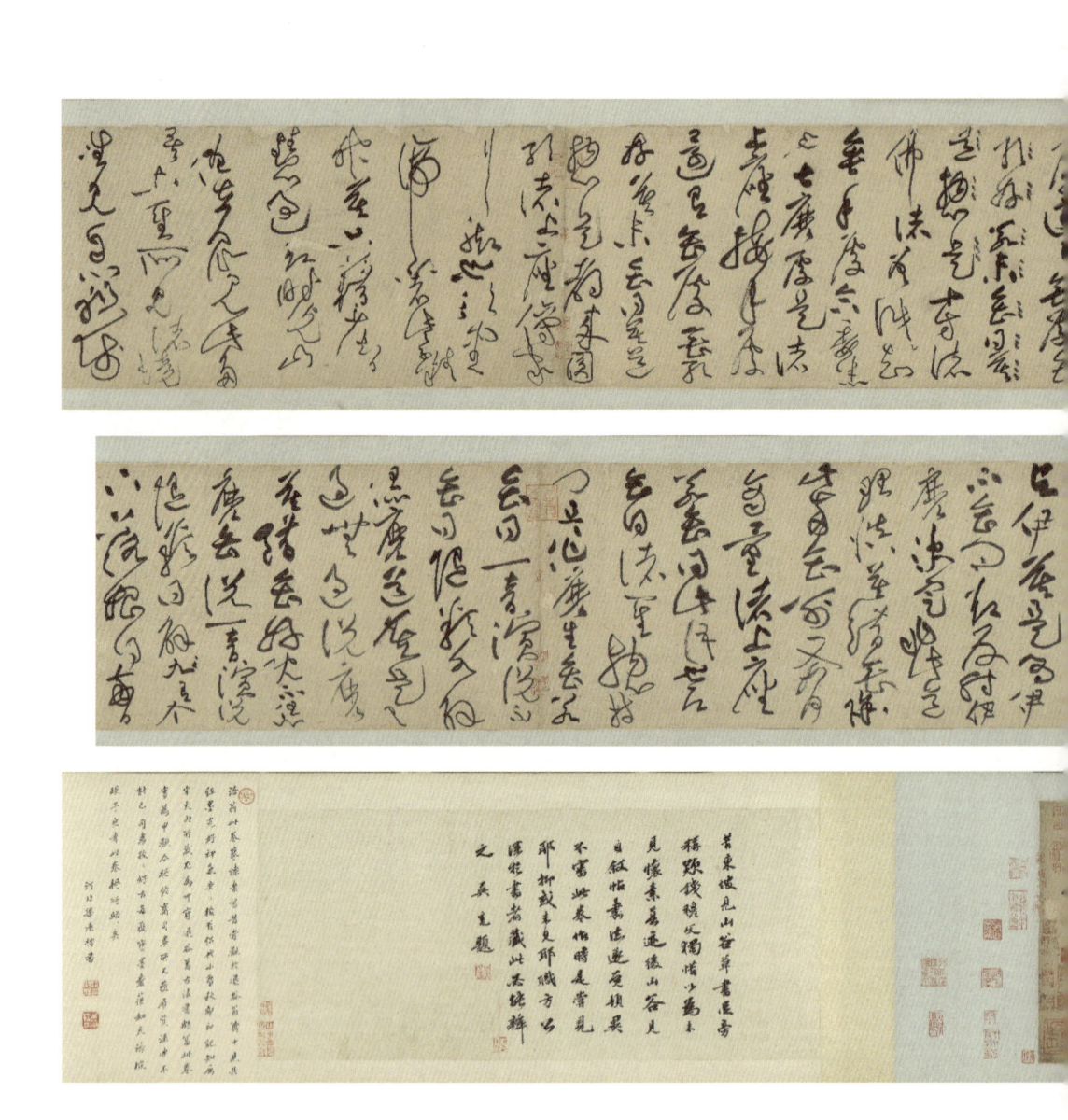

黄庭坚《诸上座帖》，草书，92 行，纵 33 厘米，横 729.5 厘米，
故宫博物院藏

第四章　书　法

劲流畅，但个人的表现力不够，连苏轼也评价他缺乏韵味。再后来的数年间，黄庭坚有机会接触到唐代怀素、张旭等草书大家的真迹，反复揣摩。贬官流放于四川后，蜀中山水奇险变幻，也深深影响了他对书法用笔的理解。50岁以后，黄庭坚的草书才洗尽铅华，独出机杼，被公认为当时第一。

故宫博物院藏长篇大草书《诸上座帖》，是黄庭坚草书成熟后的巅峰之作。这件7米多长的书法巨卷，写满整整10张纸，是黄庭坚55岁左右时写给友人李任道的，内容节录了五代金陵僧人清凉文益的禅宗语录。

在欣赏这件伟大的书法作品前，先谈谈《诸上座帖》的内容和书写背景，因为黄庭坚精通佛理，他为友人抄写这个僧人语录并非随意而为。

"诸上座"是什么意思呢？"上座"本来是佛教对资深有德僧人的尊称。唐代禅宗语录很流行，在语录中要对听讲人有一个总的称谓，不管他们是不是佛教中人，皆以"诸上座"称之。这个名称就通俗化了，类似于今天常说的"诸位"。因为黄庭坚节录的这段长篇语录，开头就是"诸上座"这三个字，所以就以此命名。

在长卷末尾，黄庭坚写了段行书题跋，说了一通自己当时的书写感想：

此是大丈夫出生死事，不可草草便会。拍盲小鬼子往往见便下口，如瞎驴吃草样。故草此一篇，遗吾友李任道。明窗净几，它日亲见古人，乃是相见时节。山谷老人书。

李任道是黄庭坚贬官蜀中时结识的好友，其人亦精通佛理。禅宗对于士人，其最重要的解悟是看破生死，实现自我的内心超越。《诸上座帖》里面反复说的是不要执着于一事一物，"唯见自心"，要从自己内心出发去寻求古圣贤的境界。此时，黄庭坚已经被贬蜀中好几年，生活困顿却不悲观，更结识了一批像李任道这样的同道中人，吟咏于山水之间，其内心体悟正与禅宗的勘破生死有相同之处，故抄录高僧语录以赠友人。

黄庭坚总结自己晚年草书笔法的形成，源自往来长江舟中时，观察舟子划桨摇橹的姿势。艺术家从自然中汲取灵感，并不是什么神秘的事。在宋人心里，写字就是表达自己的内心，并无什么一定的丑恶标准。我们看黄庭坚的草书以至行书，最大的特点是解散了二王奠定并为唐人所遵循的字体结构——特别注重比例，追求形式上的尽善尽美。在艺术表现上，是精神力量的一往无前，充分表达个性，完全放弃了晋人不偏不激的中和之道。

黄庭坚和苏轼的笔法都是解散传统字形的固定结构，东坡是扁横取韵，山谷是开张取势。具体来说，黄字撇捺都特别长，笔力挺劲，字形舒展，呈放射状。这与舟子运桨长起长落，的确颇有相通之处。和唐代怀素的草书《自叙帖》相比，同样是一往无前的沉着痛快，《诸上座帖》中黄庭坚有意减少了连笔，字与字之间交代得很清楚，这样就和唐人连环飞舞的狂草区分开来，毫不放纵，显示出浑厚书者学养和纯熟草书笔法之间的完美融合。

同时，黄庭坚很注重书法的空间艺术感，对文字的疏密浓淡都有合于美学的安排，这或许是因为他从五代杨凝式的作品中受到了启发。虚笔实笔变幻无穷，曲线直线交相辉映，烟云满纸，给读者带来强烈的视觉冲击。

大草书《诸上座帖》7米余长卷，信手书来，难免有写错的或写颠倒的地方；还有一些字词需要重复出现，依次书写就显得累赘，这些问题古人都有一套通行的符号语言来处理。下面，我们对这套符号略加说明。

第9行至11行，"理"和"事"字各自重复一次，第二次出现时以两点代替。

第18行至20行，抄错了16个字，在每个字的右边都点了三点，表示删去。

第21行，"知识"写颠倒成"识知"，在两个字的右侧中间加了一个小小的"乙"字，表示二字需要倒过来读。

第37行，"风动幡动"四个字要重复出现，第二次用四个点代替。

明白了这些通行符号的意思，就距离理解古代书法家更近了一步。

黄庭坚的行草书神完气足，就像他所生活的北宋时代，令人着迷，引人思考。

八 天马脱衔，追风逐电：米芾行草书《盛制帖》

大书法家米芾（1051—1107）比苏轼小15岁,比黄庭坚小6岁，他们是北宋中晚期的同代人。"苏、黄、米"的时代，的确是一个文化灿烂的时期，两宋三百年最有影响力的三大书家，接踵而出。三人中年龄最小的米芾是一个极富个性的人，他的个性、书学道路和"苏黄"大有不同，值得一说。

米芾家祖籍太原（今属山西），后来迁徙到襄阳（今属湖北）。祖上几代都是武官出身，到了他父亲这一辈，才开始读书接触学问。米芾天资颖秀，6岁就能背诵大量诗篇，七八岁开始学写字。因为家境很好，他大概不用太去操心前途，没有往科举的路上走，他的青少年时期就是在读书写字中度过。襄阳这个地方并不是文化中心，米芾的读书习字，缺乏可以切磋的对象，全凭自己领悟，这养成了他刻苦自励而又偏强自大的个性。生活中的米芾也与众不同，他有洁癖，从不与人共用餐具衣服；又喜欢穿复古的服饰，引来人围观，而自己不为所动。

21岁时，因为母亲曾做过太后的侍从，米芾蒙恩出任洽光尉。从襄阳走出的米芾，就像一片璞玉来到尘世。几十年的官场生涯，并没有能够消磨他的性情，反倒使他愈加我行我素，"米颠"的名声传开了，这也无形中保护了他。米芾回忆说，一天不写字，就觉得浑身不自在。从幼年开始写字，到四五十岁，写过的麻纸，要超过十万张。写字就是生命，乐趣就在其中。做官每到一处，他都要搜集法书奇石，与古为徒。逐渐地，他的收藏也丰富起来，成为书法

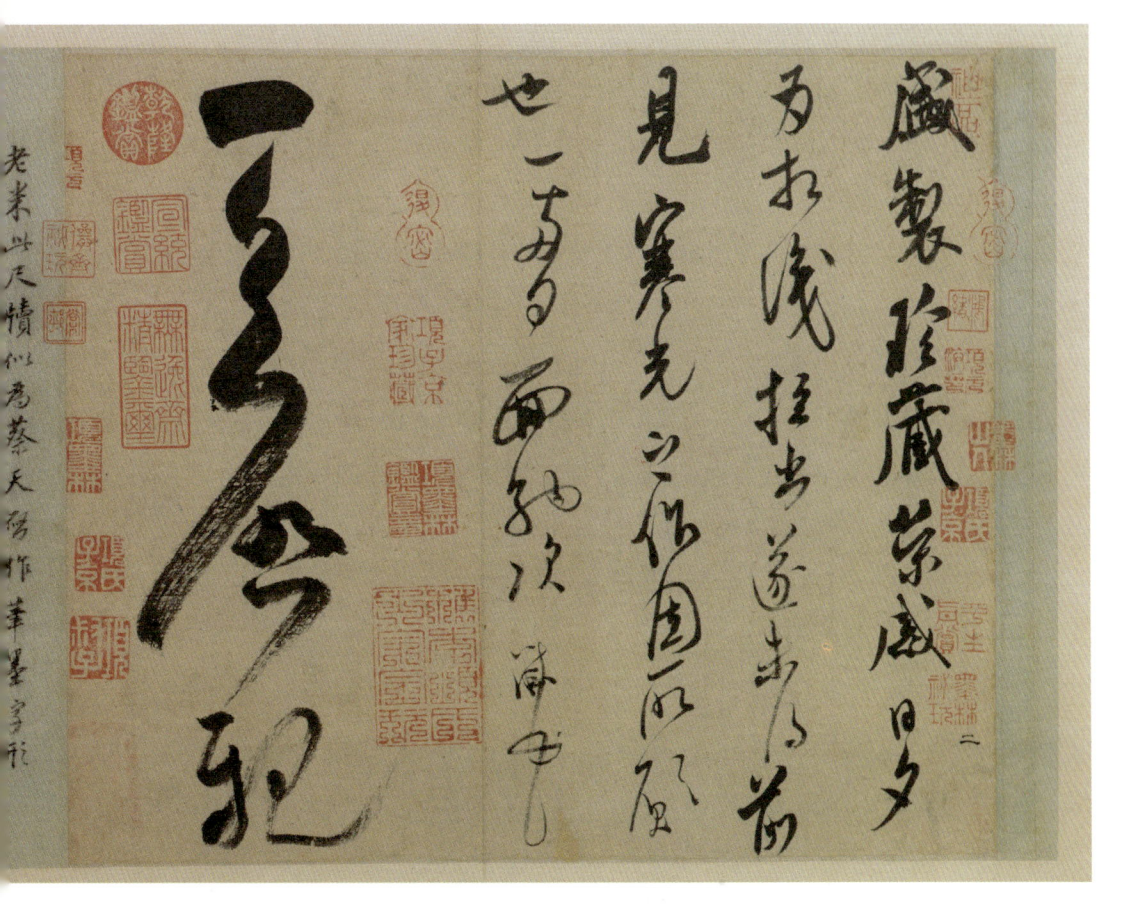

米芾《盛制帖》，纸本，纵 27.4 厘米，横 32.4 厘米，故宫博物院藏

家兼鉴藏家。

　　米芾从幼年到中年，习书遍学颜真卿、柳公权、褚遂良、欧阳询等唐代名家，但他总觉得唐人过于拘束。30 岁左右，他在黄州结识了苏轼，或许是受到坡翁的指点，从此他转而学晋人。晋人中，米芾又最为钟爱王献之。经过几十年日复一日的临摹体会，米芾的书法功力深厚极了，各家书体信手书来，写谁像谁，尤其是他临摹的二王书法，几乎可以乱真。今天故宫博物院藏清宫"三希堂"之一的王献之《中秋帖》，台北故宫博物院藏王羲之《大道帖》，都是公认的米芾临本。

　　米芾年轻时很不满意别人说他的书法是"集古字"，因为北宋的时代风气是趋新求变，苏黄写意的书法正大行其道。可是随着岁月流逝，米芾会通晋唐的努力产生了奇效，形成了自己的风格，终于自成一家，最具代表性的是他的行书。米书的特点，首先是笔法变化无穷和字体结构正侧随心所欲，却又都在法度之内，这是源自他武器库中十八般兵器样样俱全，且能化古为新。其次是笔势雄强奔逸，朱熹形容为"天马脱衔，追风逐电"。苏轼对后起之秀米芾极为赞赏，说他的字如"风樯阵马"，就是像迎风而起的船帆，像冲锋陷阵的战马，甚至"当与钟王并行"，能够与钟繇、王羲之平起平坐，进入仅次于"书圣"的序列。

从现存作品看，米芾40岁左右，书法已经成熟，跳出古人窠臼，形成了自己的面貌。故宫博物院藏米芾书法真迹20余件，有《苕溪诗》这样的长卷，但更多的是信札诗帖，创作年代集中在40岁前后。写给朋友蔡肇的行草书《盛制帖》，就是一件很能反映米芾书风的作品。

这封短札仅三十八字：

盛制珍藏，荣感。日夕为相识拉出，遂未得前见。《寒光》之作，固所愿也。一两日面纳次。黻顿首。天启亲。

"盛制"就是指大作，大作我珍藏了，很感谢；"日夕为相识拉出"，就是说早晚都有些相熟的朋友把我叫出去；"遂未得前见"，所以没有时间见到蔡肇；"《寒光》之作"就是米芾作的一首诗；"固所愿也。一两日面纳次"，就是说我作的这个寒光诗，我这两天尽快，当您的面把它呈交上去。下面是黻顿首，这是古代写信的一个规矩，就像我们今天的致敬语，其中"黻"字和后来我们看到的米芾的"芾"字写法是不一样的，因为米芾在四十一二岁的时候，改了写法，笔画多的"黻"是他年轻时候用的，他四十一二岁以后就改用笔画少的草字头的"芾"了。

蔡肇字天启，他是苏轼的学生，擅长诗歌，和米芾有来往唱和。米芾去世后，墓志铭就是蔡肇所写。米芾信中感谢了天启赠送诗作，并表示自己所作的《寒光》诗会尽快当面呈交给天启。因为是朋友往来，短札写得随心所欲，毫无造作，书写者的内心感情变化随着文字而显现。

第一行8个字，行书的成分多一些，能看出基本面是二王的笔法，但字体结构收得较紧，筋骨雄毅，有唐代柳公权的风格在内。随着心情的逐渐松弛，后三行写得更加随意，草书的成分渐多，运笔字形，大有晋人平淡天真、不偏不激的神韵，几乎可以厕身于二王法帖之中。第四行行末米芾已经署款，这封信应当就这样结束。

然而，米芾倔强的天性和宋人普遍偏重创造力的审美趋向，或许还有一点幽默感，突然迸发出来，三个拳头大小的草书"天启亲"，重墨飞白，出现在信纸的左方。这三个字的写法，书法上叫作"一笔书"，晋代王献之经常使用。米芾喜欢小王，很可能就是从他那里得到的灵感。本来平和的乐调，在即将结束时，突然提高了八度，奏响最终的乐章，这才是米芾本尊出现。南宋朱熹评论米老书如"天马脱衔，追风逐电"，实在是再贴切不过。

《盛制帖》迭经名家收藏，前有明代大藏家项元汴钤印多枚，后有清代最具鉴赏水平的梁清标、安岐的藏印。进入清宫，有乾隆和宣统的鉴藏印。帖后还有晚明书画大家董其昌的题跋一则。真是流传有序的瑰宝。

有人以"衣冠唐制度，人物晋风流"来形容米芾的风度，恐怕还是停留在表象。米芾非世家子弟，不是科举出身，一生官场沉沦，在当时还算不上一流的士人。论文学，更难以与苏黄等人抗衡，所以时人对他多以书法家或怪才目之。从书法的角度出发，米芾的功力之深厚的确冠绝当代，他对此也极为自负，曾公开指出苏轼、黄庭坚等人书法的缺点。他的性格始终是好胜的、自我的，一些举动是有意而为之，和魏晋风流实质上是格格不入的。

所以，米芾晚年所追求的平淡天真的晋人书法与他的天性和时代感，始终存在着一种内在矛盾或张力。反倒是临古功力不如他的苏轼、黄庭坚，没有背上这个历史的包袱，以创造性的笔墨表现力开创了属于他们的时代。黄庭坚在称赞米芾笔力如"快剑斫阵，强弩射千里"的同时，也看出了米书火气太大的命门，"似仲由未见孔子时风气"，就像子路还没有见到孔子，境界格局终究是差一些气候。

《盛制帖》给我们出了这样一道难题，究竟用什么标准来评价一个书法家的成就？若以魏晋二王追求尽善尽美、平淡天真的书法为准，米芾的表现力似乎太过；若以宋代崇尚个性抒发自我的书风来看，米芾又显得过于传统。故而宋朝人的书法家座次，米芾只是第三把交椅。晚明书画家、鉴赏家董其昌，题跋《盛制帖》时说："笔墨、字形之妙，尽见于此。"彼时晋唐书风成为主流，董其昌坚决反对"苏、黄、米"的排名，认为米芾书法应为宋朝第一。

天马既已脱衔，又何必在乎身后尘土呢！

九 尽善尽美：赵孟𫖯楷书《昆山淮云院记》

东晋时，王羲之、王献之等人倡导了一种新书体，这种新的书写范式以楷书、行草书为主，强调字形结构舒展美观和运笔的流畅典雅，逐渐取代了早先流行的隶书和带有隶意的楷书。经其后梁武帝、唐太宗等统治者的大力弘扬，晋人平淡唯美的书学思想得到了广泛的传播和认可，王羲之被尊奉为"书圣"，唐太宗赞赏他的书法"尽善尽美"。

直到北宋时期，以苏轼、黄庭坚为代表的创新书法家，大力提倡书法的个性表现，他们对字形的改造和用笔完全抛弃了二王的旧传统，扁肥的苏字和笔画放射的黄字，成为社会时尚。与苏黄并称的米芾，尽管推崇晋人书法，但他的追求并不是临古，而是形成自我面貌。这种追求个性表现的审美趋向一直延续到整个南宋，但后来者既缺乏苏轼、黄庭坚的学养天分，临古功力也赶不上米芾。

整个南宋到元朝初期100多年里，"苏、黄、米"流风所及，仿效者众多，书法家写的字愈加放纵奇怪，个性创造力走向了极端。一种抛弃宋人弊端，将书法重新带回魏晋传统的时代呼声逐步酝酿壮大起来，而其无与伦比的领导者，正是赵孟𫖯。

赵孟𫖯（1254—1322），字子昂，出生于南宋末年的湖州（今属浙江）。他本是宋朝宗室，12岁时父亲病逝，后来朝廷赐给一个外地的官职，但这时南宋王朝已经日薄西山毫无前途，他看清时势并未前去赴任，而是潜心在家读书。南宋灭亡后，元朝在江南征选人才，赵孟𫖯获得推荐，从此走上仕途，一直做到从一品的大官。

赵孟頫楷书《昆山淮云院记》册第一开引首，每开纵 25.1 厘米，横 15 厘米，共 22 开，故宫博物院藏

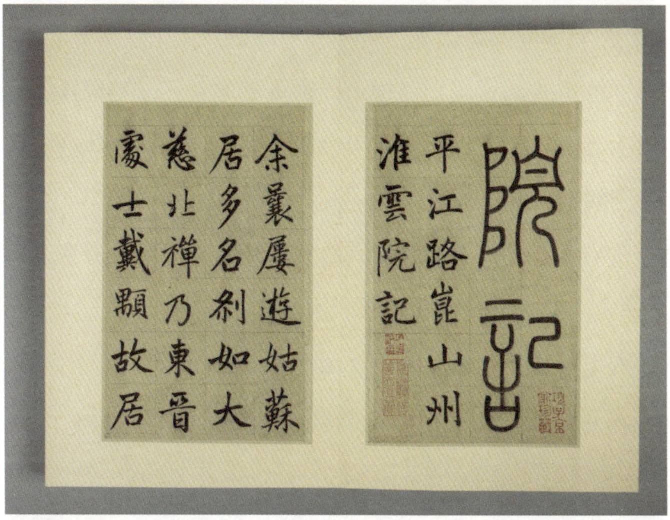

《昆山淮云院记》第二开

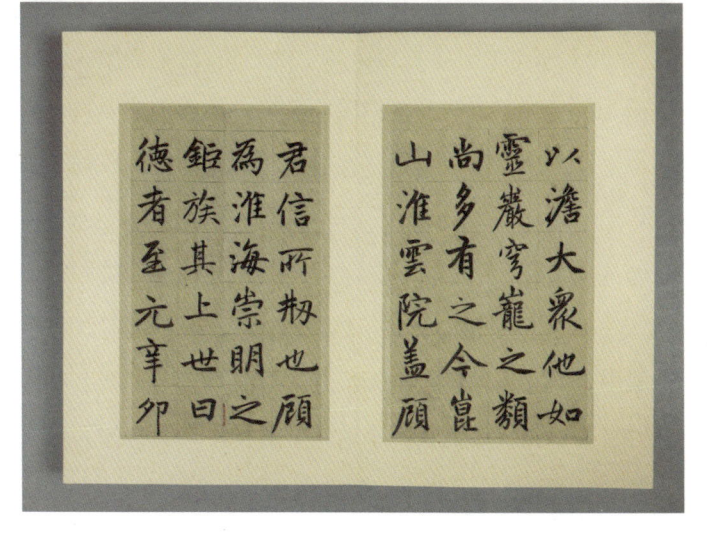

《昆山淮云院记》第三开

他更为重要的身份是艺术天才，书画兼善，尤以书法知名。明朝初年官修《元史》，评价他的书法"冠绝古今"，连书圣王羲之也要退避三舍。

赵孟頫在书法上天赋惊人，5岁时他写的字就可以卖钱，20多岁书名传遍江南。后来南北统一，他在北方长期做官，40岁左右已经是公认的当代书法第一人。赵孟頫挽救书学衰歇的旗号，是"复古"，他坚决反对当时社会上流行的丑字、俗字、怪字，主张"作书贵有古意"，要反复学习体会晋唐书法传统，重新回到唯美的二王轨道上。

所以，我们看赵孟頫的字，不论是楷书，还是行草书，可以用一个字来概括，那就是"美"。有意思的是，晚明、清朝人曾经攻击赵字，说它的最大毛病是"姿媚"，就是太好看了。清初大名人傅山——《七剑下天山》里面的傅青主，就说过写字要"宁拙毋巧，宁丑毋媚"，字不能写得太美，否则要出问题，太阳底下无新事，这是宋朝个性书家审美标准的再轮回罢了，就像当代许多书法家还以写得怪、写得新奇为荣。殊不知，赵孟頫书法的美，包含了多少前人的积淀和自我体会在里面，岂是随随便便就能达到的。

传世赵孟頫的书法真迹有100件左右，其中以故宫博物院所藏数量最多，有50余件。

赵孟頫的字究竟美在哪里？我们以故宫博物院藏楷书《昆山淮云院记》为例，来一探究竟。这件作品本来是长卷，后来被改成册页，加上赵孟頫的篆书引首，共有22开。

淮云院是昆山顾信家族捐资修建的寺庙，寺庙修好后，顾信请友人牟巘撰文纪念，并邀赵孟頫书碑。这是元武宗至大三年（1310年）的事情，时赵孟頫57岁。顾信，字善夫，家资巨富而为人乐施好学，长期追随赵孟頫，执弟子礼。赵孟頫很信任顾信，给他写过不少书法，顾氏后来将这些赵书杂文书札刻石，号称《乐善堂帖》，是很珍贵的资料。

赵孟頫书法上一个重要的成就是他的全面性，篆、隶、真、行、草各种书体，都有精深造诣，这在古代大书法家里是很罕见的。《昆山淮云院记》引首"平江路昆山州淮云院记"十个篆书大字，写得筋圆玉润，篆法也很合规范。篆书自从唐代李阳冰等人之后就陷入衰落，宋代书法家几乎遗忘了这种古老的书体。赵孟頫提倡复古，他自己也懂古文字，在他的号召下，书写篆书得到了更多人的响应。

前文说过，楷书在唐代名家辈出，欧阳询的险绝，虞世南的从容，颜真卿的沉稳，柳公权的瘦硬，都成为大唐灿烂文化里不朽的传奇。宋代苏轼、黄庭坚、米芾等书家擅长行草，很少写楷书，因为楷书需要平心静气，一笔一画，特别讲究法度，这与宋人的精神气质并不相符。赵孟頫的楷书有一个特点，就是他的大小楷都能集刚健端庄和婀娜流丽于一身。一般来说，大楷书多用来纪功颂德，"体贵庄严，字宜明晰"，往往写得整齐，而失于板滞，即使唐人书碑，也有这个毛病。但赵孟頫完美地解决了这一问题，他的用笔融合了晋人小楷的婉转流丽和唐人大楷的刚健端正，一生书碑无数，有不少墨迹留下来，这册《昆山淮云院记》就是其中之一。纸墨完好，字字刚健婀娜，笔端流动，真是晋唐风流的再现。

《昆山淮云院记》的楷书还加入了行书的笔法，这是从唐代李邕那里得来的灵感。行书笔法的融入，破解了大楷书碑容易板滞而不见精神的缺陷。像第三开中末行"至"字，就完全是行书的写法。

赵孟頫一生"荣际五朝，名满四海"，在他的提倡带动下，元朝的书法潮流一反宋人的个性书风，重新回到注重字形结构的匀称和笔法的舒展美观，唯美的书风再次占据了时代的主流。直到明末清初王铎、傅山等一批擅长狂草的书法家出现，可以说元明以来三百余年书坛都笼罩在赵孟頫的影响之下。元明时代的士大夫，不少人都能写一笔流丽秀润的赵字。

若从书法成就和对后世的影响力而言，中国书法史上，唯有王羲之、颜真卿、赵孟頫三人可以并称。但赵孟頫因为是宋太祖的后代，而去元朝做了官，成为后来被人攻击的把柄。尤其是民族矛盾尖锐的明末清初，他被傅山等人极力贬低，甚至赵字漂亮好看，也能成为没有骨气的表现。赵孟頫性格温和，一生谨慎，提携后学，在书法、绘画上都深深影响了后世，拿他的出身来贬低其艺术成就，既没有道理，也不能服人。

唐太宗称赞王羲之书法的"尽善尽美"，赵孟頫也当之无愧。对美的追求，难道不是书法艺术的最高境界吗！

十 云淡风轻：董其昌行书《临柳公权兰亭诗卷》

中国古代书法艺术的发展历程，主要围绕着一个问题展开——写字有没有客观标准？即什么样的书法风格才算是好的。历史上，只有极少数的书法大家才能截断众流，主导或改造标准。当然，人们的审美标准还要受到时代的制约，处在一个不断变化的过程之中。越是晚近的时代，历史的积累沉淀就越深厚，一个书法家要自出机杼去改造一种约定俗成的传统，面临的困难就越多。所以，漫漫千年的书法历史长河中，这种可以创造或改造时代书风的书法大师，两只手几乎就能数过来。

董其昌（1555—1636），就是他们中的最后一位。

这位晚明的艺术巨匠，出生于松江府华亭县（今上海）的一个普通知识分子家庭，青少年时期并不擅长书法，17岁时因为字写得不够好，被松江府主考官降低了生员录取名次，这件事深深地刺痛了他，从此立志学书。直到崇祯年间董其昌以82岁高龄去世，60多年，他一直处在书法实践和理论思考中。

明代中晚期，随着社会经济的繁荣，江南地区读书人阶层快速增加。这些人要应试博取功名和进行社会交往，写一笔好字成为必备的条件。为满足这种庞大的需求，成本较低的书法刻帖被大量生产出来。一个家境普通的书生，获得一部书法刻帖用来习字不再是困难的事情。以二王书法为主体的《淳化阁帖》以及赵孟頫、文徵明等人书法的刻帖，在读书人中得到普遍传播。尊崇元代赵孟頫的书学思想，以晋人唯美书风为指导的吴门书派，这时在社会上还有很大力量。从士人阶层中产生的书法家，不可避免地受到帖学和吴门书派的双重影响，他们的书法创作千篇一律，普遍缺乏个性。少数天赋过人又充满历史感和挑战欲望的书法家决心改变这种沉冗乏味的局面。

在书法成就和对后世的影响上，董其昌是晚明直到清初这些时代变革者里面最为成功的，其他任何一位书法家都不能与他相提并论。那么，他的书法创新之路是怎样的呢？

董其昌青年时期学书从唐代虞世南、颜真卿开始入手，继而上溯二王钟繇。这时他地位不高，见闻未广，主要是临摹刻帖。中年时，他考中进士，南北宦游，多见法书名迹。又得以结识当时大收藏家项元汴，有机会把玩过目项氏收藏的书画。同时，董其昌本人也不遗余力地收藏法书名画。晚年辞官回乡后，已是名满天下，鉴藏家纷纷携带自己的藏品请求董氏题跋，以增身价。上海博物馆于2018年底至2019年初办了董其昌书画艺术大展，据展览方统计，董其昌题跋过的书画名迹，存世的就有290件，可谓空前。

深厚的临帖功力加上对传世法书墨迹的反复体悟，使董其昌对历代大书法家的特点了如指掌。他并不反对二王的唯美书风，只是不愿做那种功力有余但不能创造自我风貌的书法家，也不想重新走北宋苏轼、黄庭坚的个性书法之路。董其昌书法创新之路，走的是一条中间路线，即对二王书风的局部改造。我们只要仔细对比一下他和米芾、赵孟頫的较量，就知道内中玄机了。

自唐代以后，米芾、赵孟頫是董其昌眼里仅有的两位既能通古又能创新的书法大家，也是他要直接较量的对象。对于米芾书法，董其昌注意吸收其结字紧凑、笔力雄强的优点，并极力避免米书锋棱毕现难以表现出晋人平淡天真之趣的缺点。但要挑赵孟頫的刺就比较麻烦，他诸体兼善，被誉为承接二王。董其昌的应对策略，是抓住赵书的"熟"，就是写得太熟练、太套路化。他自己追求的是"生"，即变化多比较率意，"先熟而后生"，"生"是比"熟"更高的阶段。"生"不是稚嫩或笨拙，而是在能够运用古人各种笔法基础上的高度书法技巧。用他自己的话说，就是"赵书因熟得俗态，吾书因生得秀色"。且不论董其昌所谓的生熟对立的书法理论是否有道理，但在晚明时代，这些理论的确产生了重大影响。

笔者选择了一幅有代表性的董其昌书法，带领读者体会一下上述的论述。

故宫博物院藏董其昌行书《临柳公权兰亭诗卷》，是作者64岁的精心巨制。

唐代流行的《兰亭诗》，收录王羲之、谢安、王涣之等 26 人为兰亭修禊盛会而写的诗作，加上起首王献之的《四言诗序》和中间孙兴之的《五言诗序》，可谓鸿篇巨制。曾藏于清宫的柳公权书《兰亭诗》，实际上是唐人抄写本，和柳公权没有关系。董其昌所临摹的本子，可能就是这类唐人写本。

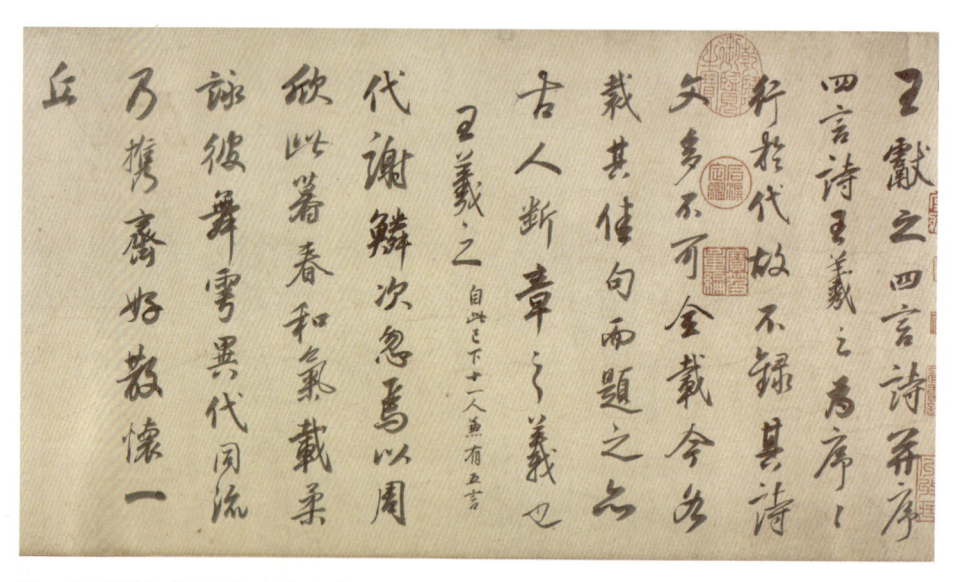

图一 董其昌行书《临柳公权兰亭诗卷》局部，纸本，全卷纵 27.2 厘米，横 1070.5 厘米，故宫博物院藏

柳公权墨迹今已不传，他的书法以结体紧密、笔力劲逸著称，董其昌很欣赏他能出二王范围之外，自成一家。董其昌《临柳公权兰亭诗卷》起始是王献之《四言诗序》和王羲之诗作（图一），和清宫旧藏（传）柳公权《兰亭诗》相比（图二），只字形结构略似，而笔法全不相同。所谓临柳公权，恐怕更多的还是自己的面貌。长卷初起，董其昌的笔端略有拘束之处，要极力表现柳公权书法的"古淡"之姿。随着笔墨渐开，董书的秀雅古拙，逐渐展现（图三）。卷末的行草题跋（图四），笔画转折处，姿态横生，似笔笔率意，而实皆有安排，完全是董氏书法成熟后的个人面貌。

董其昌书法的特点是吸收众长，而始终以我为主。即如《临柳公权兰亭诗卷》，在字形结构上颇吸收了颜真卿的方阔开张，笔法上提按转折处，又能见到米芾的影子。但董其昌的处理很巧妙，诸家的特点始终在他秀雅古拙、天真率

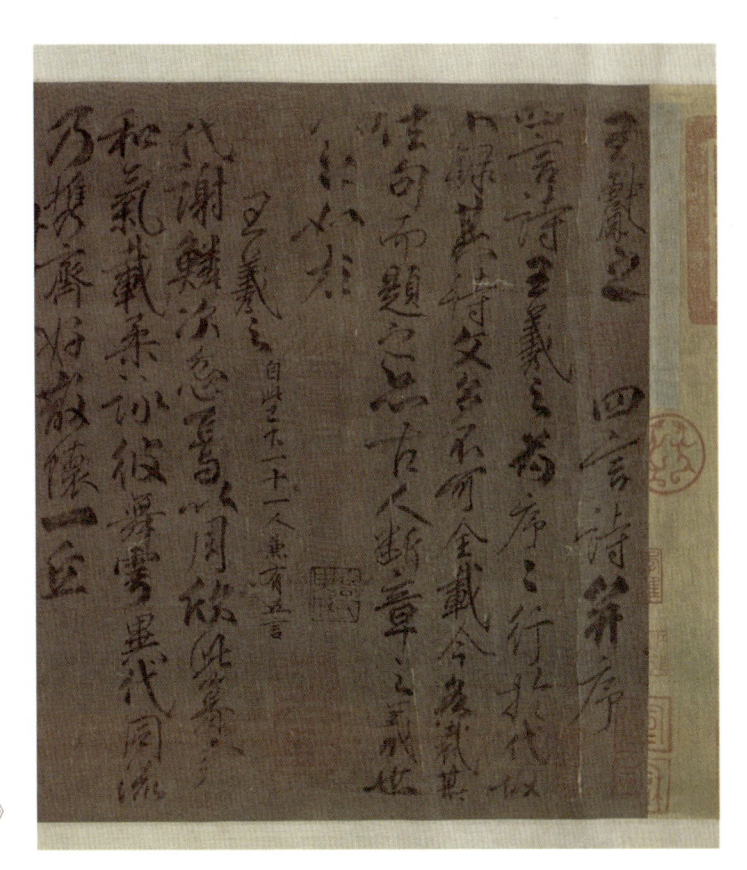

图二 （传）柳公权行书《兰亭诗》局部，故宫博物院藏

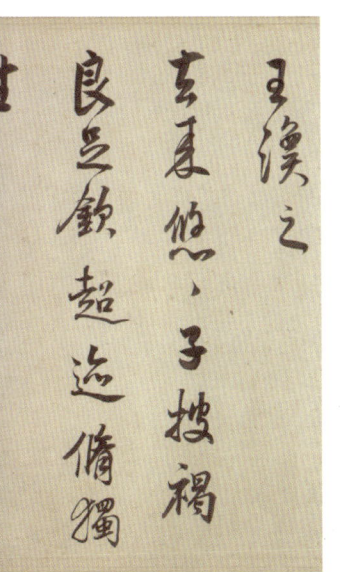

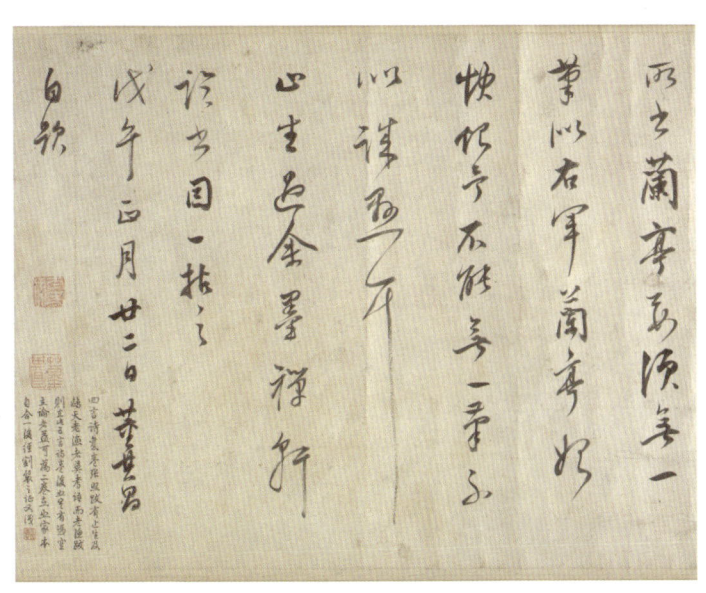

其昌《临柳公权兰亭诗卷》局部　　图四 董其昌《临柳公权兰亭诗卷》卷后自跋

第四章　书法　｜　349

意的意境之中。从这个角度说，他对二王唯美书风的改造相当成功。

董其昌的天赋、学识、临古功力以及漫长的艺术生涯，可谓后无来者，他受到清圣祖康熙极力推崇，写一笔董体书法成为当时士大夫的流行风尚。到了清高宗乾隆，对董其昌的评价并未降低，董其昌《临柳公权兰亭诗卷》也在此时收入内府，乾隆还亲笔临摹过这件董书名作。乾隆曾将八种与王羲之《兰亭序》有关的法书碑帖摹勒上石，号称"兰亭八柱"。我们前面讲到的"神龙本兰亭"——冯摹本《兰亭序》，列为第二，董其昌《临柳公权兰亭诗卷》列为第七，乾隆本人临摹的董其昌《临柳公权兰亭诗卷》位居第八。"兰亭八柱"的刻石，现在还保存在北京中山公园。

董其昌与赵孟頫的"生""熟"之争，后世议论纷纭，难有定论。我们看赵孟頫晚年行草《南台帖》（图五），运笔的确是纯熟之极，论书学功力，董其昌自要稍逊一筹。但董字反其道而行之，其秀雅率意，将文人之情趣发挥到极致，亦不可模拟。

云淡风轻，未尝不是风景佳处！

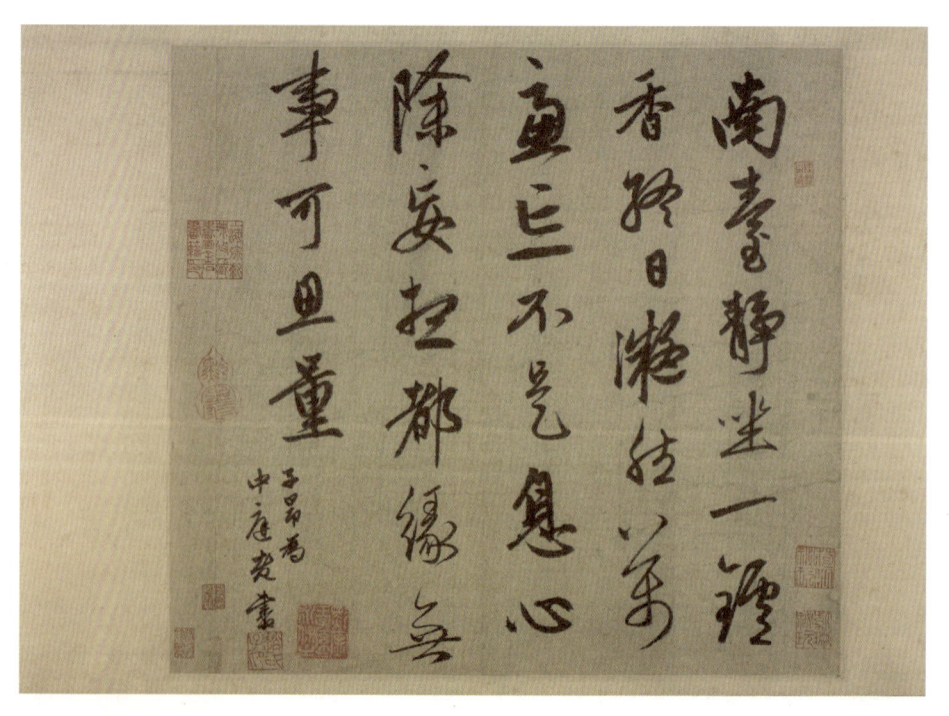

图五 赵孟頫行书《南台帖》，纸本，故宫博物院藏

十一 奇趣自出：邓石如《四体书册》

晚明董其昌是中国古代最后一位书法大师。这并不是说200多年的清朝在书学上就乏善可陈。恰恰相反，清朝书法家的人数远远超过前代，而且书法思潮的变幻和创新也大有特点。另外，清朝书法又和近现代书法在时间上紧密相连，对我们今天的书学发展仍然有潜移默化的影响。这些都值得了解和研究。但不可否认，在整个清朝，没有哪一位书法家能达到米芾、赵孟頫、董其昌这样的成就和影响力。中国书法，在清朝进入了群星闪耀的时代。

清朝书法最大的贡献，是对二王唯美书风的革命。从前不太受重视的篆隶书，在这一时期名家辈出，获得了前所未有的成就。这一变革是如何发生的？还要从董其昌说起。

晚明董其昌改造二王唯美书风，秀雅平淡的董字，在清前期由于统治者的提倡占据了书坛主流地位。康熙朝的有名书家多数都是学董。与此同时，明末清初的个性书风似一股潜流在暗中涌动，其代表人物如王铎、傅山，都以狂放的行草知名，他们亦不乏追随者。不论是临古宗董的士大夫书家，还是笔画奇崛的个性书家，他们都深知，只有开山立派的创新才能在书法史的长河中留下自己的名字。这种对创新的渴求酝酿了100多年，在清中期的乾隆、嘉庆时代，随着碑学书法的勃兴，终于迎来了一场书法大变革。

大家都知道，从宋代直到清初，一般来说学习书法，条件好的可以从前人名家墨迹入手，条件差一些的也能买到廉价的刻帖加以临习。但是，到了清朝中期，一种沉寂已久的书学资源——汉魏碑刻——被重新发掘出来。汉碑以隶书为主，也有篆书的，雄浑流丽，"一碑有一碑之面貌，无有同者"；魏碑以带有隶意的楷书为主，方严峻挺。无论是汉碑，还是魏碑，多是无名书手的作品，它们与以行草为代表书体的二王唯美书风面貌迥异，也与法度谨严出自名家的唐碑气息不类。从清代初年，金石学就日益兴起，大量新出土的汉魏碑刻受到重视。在乾嘉重臣阮元等人的大力提倡下，汉魏碑刻独特的书法价值———一种能与二王书风抗衡的重要资源——被发掘出来。学书的人可以不理会《淳化阁帖》，而是直接从原生态、活泼泼的汉魏碑刻拓片入手。最能表现石刻特点的隶书和篆书被表彰出来，出现了一批擅长这两种书体的书法家。他们之中，成就最高的首推安徽怀宁人邓石如。

邓石如（1743—1805），本名琰，字石如，晚年因为避清仁宗颙琰的名讳，就改以字行。他出身贫寒，父亲是个擅长书法和篆刻的落魄书生，无力养家。但石如天生好学，领悟力极强，凭着坚韧不拔的意志，在父亲指导下，学会了篆书和刻印，并能够以此谋生。其天分为书法家梁巘偶然发现，将他推荐到南京望族收藏家梅镠家中求学。梅家藏有大量秦汉以来石刻拓本，青年邓石如极为珍惜这个难得的机会，他每天天不亮就起床临摹，从战国《石鼓文》、秦代《峄山碑》直到李阳冰《城隍庙碑》，每种或临50本，或100本，一直到深夜才罢休。他尤其重视篆书的学习，为此手写《说文解字》20本。如是夜以继日，邓石如在梅家深造8年，打下了坚实的碑学书法基础。邓石如的书名逐渐传播开来，不少大官僚都要结交他，但他不为所动，一心钻研书学，虽名满天下，而以布衣终身。邓石如的学生包世臣著有《艺舟双楫》，推他为有清书家第一人，得到了后世广泛认可。

邓石如的书学道路，艰辛曲折，特别能体现清中期碑学书法思潮的普及程度。正是他们这一批书法家的成就，和阮元、包世臣、康有为等人的理论鼓吹，使得碑学书法迅速获得了一般读书人的认可。清代中后期，人人以能写篆隶书为尚，甚至有的书法家写信也用篆书。唯美书风的二王书法不再是习字者的不二法门。碑学书法，既有理论支撑，同时有大量的碑刻拓本作为学术资源，所以与个性书风的忽起忽灭形成鲜明对比，直到今天，碑学书法的影响仍然很大。

邓石如能写各种书体，以篆书和隶书突过前人，成就最高。故宫博物院藏包世臣所集邓石如《四体书册》，是难得的集篆、隶、楷、行书于一册的珍贵文物。

包括篆书七开、隶书三开、楷书六开，都是乾隆后期所作，正是邓石如书法的成熟时期。另有嘉庆八年(1803年)邓石如致包世臣信札一开，是字迹很小的行草书，和前述三种字体的大字书法实不相类。

首先是篆书七开（图一、图二），大部分出自《石鼓文》——中国最早的石刻文字，但字句之间并不连属。署款癸丑年(1793年)作于武昌，邓石如时年51岁。

我们知道，邓石如曾苦心学习《说文解字》，他的篆书有一定的文字学基础。《四体书册》的篆书七开，作于晚年，篆法高古，不杂染后人的错误，字形兼用方圆。在笔法上，参入隶书笔意，姿态新颖，下笔劲厚沉稳，显秦汉篆书的宽博浑朴之气。这与唐代李阳冰开创一直流行到清初的篆书大有不同，这类篆书提倡所谓"铁

图一 邓石如《四体书册》临石鼓文篆书册 第一开，纸本，每开纵25.7厘米，横11.1厘米，故宫博物院藏

图二 邓石如《四体书册》临石鼓文篆书册 第五开

线玉箸",即追求笔墨线条的圆润光洁,写出的篆字往往单调纤弱。

再看隶书三开(图三、图四),抄录宋代吕祖谦《卧游录》中关于蓬莱阁望海的记载,有笔误,"登州蓬莱阁"误作"蓬州登莱阁"。邓石如的隶书,很有特点。字形重心在上,下部舒展,结体紧密又毫无板滞气。用笔直行,转折无痕,遒劲爽快,动态十足,强调书写的乐趣。这就大大突破了以往写隶书时,为了追求秦汉的高古,亦步亦趋地模仿碑刻笔法,易于拘谨的毛病。可以说是不拘泥于具象,而是写出了汉隶的精神。

邓石如的楷书,也极有特点。《四体书册》所收楷书六开,系抄录西晋傅玄的《冠铭》(图五、图六),中间有缺页。"《冠铭》曰:'居高无忘危'",这八个大字饱满浑厚,下笔如斩钉截铁,读之使人精神一振。结字和笔法,都和习见的唐楷大有不同。唐楷横画通常是左低右高,点画起笔和终止处粗重,中间

图三 邓石如《四体书册》
隶书册 第八开

图四 邓石如《四体书册》
隶书册 第九开

图五 邓石如《四体书册》第十一开　　　　　　图六 邓石如《四体书册》第十二开

　　较为薄弱，唐代颜真卿楷书此特点最为鲜明。邓石如的楷书则一反常规，横平竖直，横画不分首尾，笔力皆一以贯之。转折收笔处，又加以篆书、隶书笔意，应是取法魏碑。朴穆古雅中，又能见笔墨飞动之姿。

　　邓石如在书法上，尤其是篆书和隶书上的创作性，奠定在坚实的碑学基础之上，成功地在二王书学的大道上另辟蹊径，为后人打开无穷法门，可谓一代书学宗师。包世臣题跋《四体书册》说他"力量神致，遂足与古人争席"。这里的古人，自然是指米芾、赵孟頫、董其昌这类一流人物。但邓石如出身贫寒，青少年时读书不多，学养毕竟不能与米赵等人争锋。其一生布衣，性格耿介，在世时影响也有限。他的名声煊赫，被推为"有清一人"，还是稍晚碑学书法占据主流之后的事情。但即使如此，他也是群星中最亮的那一颗。怀宁邓家在历史上是很有意思的，邓石如的后代出了很多有名的人物，比如说他的五世孙邓以蛰，是著名的美学家；六世孙邓稼先，是两弹一星功臣，可见一个家族有这样一个著名的文化人物，对家族的影响是非常巨大的。

　　邓石如，奇趣自出的书法家，为艺术的一生！

　　到这一节，故宫博物院所藏的十件书法作品就为大家一一解读结束了，我们从西晋陆机《平复帖》开始，以清代邓石如《四体书册》结束，跨越了1500多年的历史长河，历代的大书法家我们基本上都做了介绍，通过这些名家名作，相信读者会对书法史有个初步的了解。

余辉

故宫博物院研究室原主任、研究馆员，国家文物鉴定委员会委员，专注中国古代书画鉴定与研究30余年，曾参与大英博物馆400余件书画藏品的鉴定工作。

第五章

绘画

一

妙笔丹青：古代绘画的发展史和基本常识

中国绘画与中国历史的长河并存，因为它真实地记录了5000多年中国的历史形象。根据不同的载体，我们可以把中国古代绘画分为卷轴画、壁画、岩画、版画、工艺绘画等，其中卷轴画有2000多年的历史。它的分类非常丰富，最普遍的是以画科分类，主要有山水、人物、花鸟和走兽等；其次是以画法划分，主要有工笔、白描、写意（分为大写意和小写意）等；还可以从画家身份来分，主要有宫廷画师、文人和民间画师等；从装裱形式来分，主要有立轴、手卷、条幅、册页和屏风等。接下来，我们主要从画科的角度，来了解人物画、花鸟画、山水画这几种绘画，最后再谈一谈如何欣赏古代绘画。

（一）人物画

最早形成的画科是人物画，在周朝就已经相当成熟了。人物画科下的子画科也最为丰富：如肖像画、仕女画、历史故事画、风俗画、宗教画等，其中有的是交叉的，如王昭君像，既是肖像画，又是仕女画。肖像画是基础，没有肖像画的造型基础，要想画好其他任何人物画都是困难的。

人类在新石器时代就已经用十分粗简的手法在陶罐上、崖壁上乃至地上表现自己的形象，在西周明堂的壁上绘有先贤的肖像，孔子当年就见到过，他认为这些起到了教化作用。战国时期的帛画已经能够粗略地描绘人物肖像，西汉的壁画和东汉的画像砖已经发展为能够表现人物的故事情节。东晋顾恺之的出现，标志着人物画已经开始走向精微，在他用游丝描画成的《女史箴图》卷中，画中的人物通过眼睛和举止传达神采，后文我们会详细讲到顾恺之的《列女图》卷和《洛神赋图》卷的宋代摹本。文人士大夫参与绘画活动并就此撰写画论，如南齐谢赫的《古画品录》提出了品鉴人物画的"六法"，这意味着人物画作为一门欣赏艺术，已经成为一门独立的画科。在北朝，西域佛教绘画通过敦煌石窟，对北齐曹仲达等人的人物画的造型产生了重要影响，曹仲达笔下的人物衣服紧贴肌肤，有"曹衣出水"之称，带有非常鲜明的时代风格。

初唐，阎立本的铁线描奠定了唐代前期人物画线描的基础，他创作出唐代的纪实性绘画《步辇图》卷；到了盛唐，吴道子用兰叶描把佛像表现得具有超人的感染力，形成了"吴带当风"式的"吴家样"，铁线描和兰叶描都是中国古代人物衣服褶皱的画法。我们都知道唐朝的女性以胖为美，张萱、周昉的"绮罗人物"，比如《虢国夫人游春图》《捣练图》《簪花仕女图》等，都表现了当时以胖为美的贵族妇女。

五代，西蜀人物画成就较多地集中在宗教题材上，最具代表性的是贯休笔下造型怪异的《十六罗汉图》轴。南唐绘画的特色是细微地表现人物的活动，如王齐翰的《挑耳图》卷、周文矩的《重屏会棋图》卷等。后文我们会从《重屏会棋图》卷里的人物活动出发，去挖掘当时南唐诡谲的政治气氛和宫廷斗争。

宋代，由于商品经济的发展，表现社会风俗成为最突出的绘画特点，如张择端的《清明上河图》卷，把清明时节开封城的众生相表现得极具艺术感染力，后文笔者会从内容和作者两个方面来分析《清明上河图》卷。文人画家李公麟将白描手法运用到人物画中，使之成为一种素雅的绘画手法，后文笔者会分析他的《临韦偃牧放图》卷。

人物画诞生之初的一个重要作用就是教化世人，南宋朝廷为了整饬纲纪，鼓励画家用工笔写实的手法表现历史故事，来劝诫朝廷大臣，如《韩熙载夜宴图》卷就是规劝朝廷大臣要留意个人的私生活。南宋的风俗画依然十分突出，比如苏汉臣的婴戏、李嵩的货郎都表现了南宋都城丰富的世俗生活。除此之外，南宋人物画最大的进步就是大写意，梁楷、法常的减笔描使大写意人物画趋于成熟，减笔描的意思就是减少运笔，高度概括，比如梁楷的《李白行吟图》，一共就用了寥寥数笔，但神韵很到位，这就是大写意。

元代人物画在技法上已日趋完备，因为到了元代，山水画和文人画都相继兴起了，人物画方面读者可能都不太熟悉。刘贯道、颜辉继续保留了传统的写实手法，张渥、卫九鼎等着力于继承北宋李公麟的白描，不过他们改变了宋代转折刚劲、行笔挺拔的线条风格，变得更加柔美圆转。王绎的白描肖像画及其画论著作《写像秘诀》，从人物的外貌到心灵深处均表现得深邃而自然。

明代的院体、浙派画家承接宋代画贤臣故事的传统，表达了朝廷求贤若渴的心情。唐寅、仇英等人的工笔和兼工带写反映了吴门地区素雅、清丽的审美观。除此之外，晚明由于朝政腐败、社会衰败，贵族和文人士大夫中间滋生出一种欣赏怪异的风气，特别是陈洪绶的变形人物，折射出奇谲的审美趋向。而曾鲸的肖像画则受到西方绘画技巧的影响，在晕染光影的技法上有所发展。我们在后文中也会讲到曾鲸的一幅肖像画。

清代由于城镇商品经济的发展，家族日益兴旺，所以在民间，表现世俗百姓的工笔肖像画大行其道。而在宫廷里，西洋传教士画家郎世宁、艾启蒙等人传播的透视解剖和色彩等西画法，与中国传统的工笔画逐渐融为一体。在康雍乾三朝，宫廷画家们的艺术水平在表现皇帝出行和阅兵等大场面上达到了空前的成就，能刻画入微、栩栩如生。后文笔者会通过郎世宁的一幅《乾隆皇帝大阅图》来分析清朝宫廷画家的技巧。

到了清末，任熊、任颐等海派画家，无论是绘画技法的丰富性还是表现社会生活的广泛性，都比之前更加突出。因为当时上海成为租界，文化也逐步商业化，所以出现了满足市民需求的大众文化，而海派画家很多都靠卖画为生，他们不得不考虑市场需求，力求实现艺术追求与商业社会共融的目标。

所以，从古今人物画家的艺术实践可以看出，人物画与社会生活有着非常直接的关系，是人们现实中主观需求的一种反映。当然与此同时，人物画的发展离不开在写实技巧上的突破，更离不开画家对社会生活的深刻认识和长期体验。

（二）花鸟画

花鸟画是最晚发展成为独立画科的，随着唐代社会经济和文化艺术的发展，它也和山水画一样，从人物画的花鸟配景中分离出来。花鸟画的子科也很丰富：有花卉、翎毛、草虫、蔬果、水藻、龙鱼、畜兽等。花鸟画独立成科后就变得专业化了，如擅长画鹤的薛稷，画牛的戴嵩、韩滉，画马的韩幹，等等。

唐末战乱，长安城的一批花鸟画家如刁光胤等，逃到西蜀益州（今四川成都）避乱，带动了西蜀宫廷花鸟画艺术的发展，出现了以黄筌为首的专画珍禽异兽的宫廷画家。他们用工笔设色，凸显富丽堂皇，与以江南布衣徐熙为首专画野情野趣的水墨画派相区别，所以有"黄家富贵，徐熙野逸"的说法。

黄筌和他的儿子黄居寀富贵一路的花鸟画风，在北宋前期成了主流，但是这种装饰性非常强的富贵华丽的画风，后来就慢慢变得呆板了。所以到了北宋中期，崔白的《双喜图》轴，以表现大自然中动物的真实的野情野趣这种写生风格，改变了越来越呆板的花鸟画画风。到了北宋末年的宋徽宗赵佶时期，徽宗积极崇尚精微写实的画风，要求客观表现禽鸟生动的姿态，同时他赋予禽鸟人的道德观念和吉祥寓意，比如《瑞鹤图》卷等。

除了上面说到的写实写生之外，宋元时期，强调主观情感的写意的文人画也得到了极大的发展。北宋中后期的文人苏轼画竹主张不受形似的拘束，要直抒胸臆，他的绘画理论在北宋后期形成了文人画的理论体系，与宫廷画、艺匠画一起成为绘画艺术的三大类型。北宋的文人笔墨在南宋初扬无咎的《四梅花图》卷中得到进一步的传扬，也影响了南宋宫廷画家梁楷和画僧法常等人的大写意画。不过，这种写意的笔法终究是文人的一种自我追求，受北宋宫廷影响的写实风格还是南宋宫廷花鸟画的主流。

文人画在元代得到进一步的发展，钱选、赵孟頫等将文人逸气注入工笔画中，讲求诗书画相融，比如画双钩竹的李衎、画墨竹的顾安、画墨梅的王冕等人，都表现出文人画家对笔墨个性的追求。

明代的院体与意笔并行发展，院体就是宫廷绘画，大多比较讲究法度，特别工整细腻,细节繁复逼真。意笔就是写意,就像书法里的草书,它不追求细节的真实感。以边景昭等为代表的宫廷花鸟画家继承了宋代的院体画风,但是后人逐渐突破原本的院体程式,开创了多种风格,林良就在此基础上发展了写意笔墨。这种写意笔墨后来对写意花鸟的影响非常之大。比如我们会讲到的明末徐渭以泼墨法绘成的《墨葡萄图》轴。在江南文人群体中,周之冕开创了"钩花点叶派",也就是用勾勒法画花,用水墨点染叶子,画法兼工带写,使花鸟画的笔墨更加生动灵活。

  清代的文人花鸟画不管是技法还是思想都得到了长足的发展,明室后裔朱耷,也就是八大山人,在明亡后,当过和尚也当过道士,他擅长画水墨花卉、禽鸟,笔墨非常冷峻,造型简括夸张,他画的鱼和鸟,都是白眼,这其实是在表达他愤世嫉俗的心情。清初常州画家恽南田开创了没骨花卉画,他不先用墨线勾轮廓,而是直接用彩色来作画。到了清中期,以郑燮、李鱓等为代表的"扬州八怪"将写意兰竹,豪放恣肆的笔墨推向新的极致。近代海派赵之谦、吴昌硕等人,则把在碑学中获得的书法用笔扩展到花鸟画中,所以他们的花鸟画线条苍劲老辣;稍晚的岭南派异军突起,高剑父、高奇峰等汲取了西洋绘画的观念和用色,风格清润朴茂,影响了广东画坛100年左右。

  纵览1000多年的花鸟画史,不难发现,推进花鸟画发展的自身动力,其一是不断地向大自然索取生活要素,其二是不断地将人文思想糅到画里,抒发出创作者的情感和意趣。因而可以说,花鸟画艺术反映了画家个性与笔墨技巧的高度统一。

(三)山水画

  魏晋时期,山水画只是作为人物画的配景,所以出现"人大于山,水不容泛"的不合理现象。山水画是在人物画之后独立成科的,这个标志就是南朝有个士人画家,名叫宗炳,他写了一篇关于山水画理论的文章《画山水序》。山水画主要是以画法来分类,如青绿、水墨、浅绛、界画楼台等。山水画受儒、道的影响较大,儒家有"仁者乐山,智者乐水"的说法,不得志的儒生,看不惯人间尘俗,遁隐山林;道教崇尚自然,讲究风水,炼丹修仙,乐在山水之间。

  隋唐时期,山水画勾勒填彩和水墨写意的风格十分鲜明。现存最早的山水画传为隋代展子虔的青绿山水《游春图》卷(北宋临摹本),已经能够在小小的画面上表现开阔的山水。唐代李思训、李昭道父子使设色写实的画法更为完备，他们用细笔勾勒山的轮廓，没有皴法，而是填以石绿为主的重彩，所以整个画面具有金碧辉煌的装饰效果。这个时候，以吴道子和王维为代表的水墨山水画派开始兴起，王维被后人尊为文人画之祖，对文人山水画的发展起到了深刻的影响。

五代至北宋初，以荆浩、关仝、李成、范宽为代表的北派山水画，以勾勒加斧劈皴表现北方全景式大山大水，传世有范宽的《溪山行旅图》轴等比较宏大的作品；以董源、巨然为代表的江南水墨山水画派则是用披麻皴表现江南的缓坡丘陵，传世之作有董源的《夏山图》卷、巨然的《万壑松风图》轴等。斧劈皴和披麻皴都是中国传统山水画的皴法，是适应南北各自的山形地势而产生的。斧劈皴，就是像被刀斧劈开似的，适宜表现北方质地坚硬、棱角分明的山石；披麻皴，就是像披麻一样散落交错着，适宜表现南方秀润的丘陵山水。北宋中期郭熙在继承李成树石之法的基础上，形成了卷云皴、鬼脸皴等新皴法，在表现季节的微妙变化上有了新的开拓，比如后文我们会讲到他的《窠石平远图》。北宋末文人画家米芾父子有感于潇湘和镇江一带的雨山烟云，以米点皴来表现江南云山雾罩的景色。这些都是对皴法的进一步创新。

到了南宋，李唐将小斧劈皴扩展为大斧劈皴，以截景构图表现江南湿润的气候特性，借《采薇图》卷开创了水墨苍劲一派；马远、夏圭在此基础上形成了一角、半边式的构图，所以也被叫作"马一角""夏半边"；刘松年以西湖一带的贵胄生活场景为本，用小青绿表现得尽情尽致。李唐、刘松年、马远、夏圭这四个人并称为"南宋四大家"。

宋元之际，钱选、赵孟頫把文人情趣糅进了青绿山水画里，使得青绿山水变得更加雅致简洁，关于这个转变，笔者也特地选了一幅赵孟頫的《秋郊饮马图》。在元代，同样获得文人山水画最高成就的还有元四家，也就是黄公望、倪瓒、王蒙、吴镇。黄公望以枯笔淡墨加淡赭促成了浅绛山水的形成，又在《富春山居图》卷形成了长披麻皴等文人画造型语言；倪瓒的《秋亭佳树图》轴以一江两岸式构图和折带皴表现出太湖的寒寂秋天；王蒙以牛毛皴、解索皴画了一系列以隐居为题材的山水画；吴镇的《渔父图》轴以沉郁的笔墨描绘了江南的浓荫和幽静。他们并称为"元四家"，在诗书画方面的成就成为后世文人画家的楷模。

明代的浙江籍画家戴进入宫后，把浙派演化为院体山水，我们在前文提到过，院体就是宫廷绘画，他回复到了北宋全景式大山大水构图上，笔墨更为粗简豪放。沈周、文徵明的文人画笔墨更加温润蕴藉而丰富，与唐寅的工笔和意笔画都是吴门画派的高峰，还有仇英的青绿山水的手法也非常精微。沈周、文徵明、唐寅、仇英，合称"明四家"。明末松江派之首董其昌对唐代王维及"元四家"的推崇和"南北宗论"影响了后世文人画的审美取向。

清代画坛的主流是文人画，清初以"四王"（王时敏、王鉴、王翚、王原祁），还有吴历与恽寿平合称"清初六家"。深受董其昌影响的"四王"被视作正统画派，对综合学习和巩固文人山水画的传统笔墨起到重要作用。吴历因受西洋画的影响，融合了一些透视因素，使画面的景物有深远之感。当时也出现一些反正统的画家，画风非常朴拙和富有个性，比如"四僧"之一的石涛深入生活，构图新颖多变，意境深邃，具有独特风格和生命力，以《搜尽奇峰打草稿》为代表，这幅画我们后面也会讲到。但由于"四王"的后辈日趋泥古不化，"四王"的艺术影响渐渐淡化，晚清的山水画画坛就衰落了。

近现代山水画的新创，起自海派、岭南画派等，这些画派的画家借鉴西洋画透视法，给画面空间带来了一些生气。

综上所述，中国山水画发展的突破点，特别是出现新的山水画流派，往往是在表现树石和山脉的皴法有所创新以及构图发生新变时，这些都来自画家的生活体验与抒发情感的统一，出自画家累年积淀的文化艺术素养。

（四）如何欣赏古代绘画

梳理完中国古代各个画科的发展脉络，我们接下来谈谈怎么欣赏古代绘画。欣赏古代绘画从内容层面来欣赏，主要关注创作动机、构思、主题和技法；从技法层面继续欣赏，主要关注构图、造型和笔墨，去欣赏画家是怎么完成这张画的。

以花鸟画为例，它除了起到美化环境、美化生活的作用外，还有许多画外之意，比如：第一，把动植物拟人化。竹子长得挺直、多节、中空，将人的道德品性赋予竹子。画一只老鹰站在树巅或山石上目视远方，高瞻远瞩，表示做人要志存高远等。第二，以象征表寓意。比如，画松象征高洁和具有顽强的生命力；画荷花象征清廉，有出淤泥而不染的寓意；画狮虎象征威猛；画鸳鸯象征夫妻恩爱；等等。第三，以谐音表寓意。过去科举年代画一鸬鹚加莲叶、莲花，表示"一路连科"，预祝赶考者连中三元；画喜鹊落在梅树枝头上叫喜上眉梢；画喜鹊落在梧桐树上叫同喜；人过八十岁叫耄耋之年，所以要画"猫戏蝶"祝寿，这也是取其谐音。

  古代内涵丰富的绘画作品传到今天，因为时过境迁，其中有的历史文化信息因后人的认识不完整而被减损，或因后人误读而被扭曲，最终以讹传讹，造成古画中历史文化信息加速衰减，最容易被忽略也最重要的是古人作画的动机或意图。

  创作动机有社会因素和个人因素以及两者的结合，不同的时代背景会产生不同的创作动机，不同的创作动机导致不同的绘画活动。由于时代背景涉及社会政治和历史文化等诸多方面，还有来自艺术发展自身的风格因素等，所以古今绘画的创作动机也是多方面的，如政治、经济、文化和自娱等。如果探考出古人作画的动机或用意，则会加深对该作品的本质认识。只有真正弄清古代画家的创作意图，才能发现古画背后的一切，进一步深刻认识、完整掌握当时社会历史的相关方面，也许那里潜藏着一个不为人知的情感世界，还有诸多的历史隐秘等。

  例如，古代大凡有年款的宫廷绘画，大多是与这个时期宫廷里发生的政治事件或其他事件有着一定的内在联系。皇帝的作品更是这样，比如明宣宗朱瞻基《苦瓜鼠图》卷（故宫博物院藏）就是一例，对该图的解读有三个层次。其一是"看图说话"：将此图阐释为描绘了苦瓜和老鼠，这是直观解读。其二是"看图讲知识"：取自民俗学的研究成果，鼠和瓜皆寓意为多子，将此图阐释为表达企望多子的愿望，这是常识性解读。其三是"看图说史"：根据民俗学和历史研究的成果，图上有明宣宗朱瞻基的自书款"宣德丁未（1427年），御笔戏写"，丁未年是宣宗登基的第三年，时年已30岁的他萦绕于怀的是久久无子。也正是这一年，他与孙贵妃生了朱祁镇（即后来的明英宗），显然，宣宗画这幅画是庆贺是年得子或祈祝皇后顺产，喜悦之情溢于言表，这才是有历史知识的解读。所以说，单纯地就画说画是十分浅薄的，而探索作画背景、汲取其他学科的研究成果则会把读画引向深入、带来知识。

  关于中国古代绘画的发展脉络和欣赏方法，我们先简要介绍到这里。从下一节开始，笔者将以每节欣赏一幅画的形式，跟读者朋友一起深入解读画意，欣赏构思、构图和画法。

二 东晋顾恺之的才绝、痴绝、画绝

人物画鼻祖：

中国历史上最早出现的画科是人物画，在文字还没有诞生的时候，仰韶文化的彩陶上就出现了人物形象，最早的人物形象与记事和祭祀有关。那么从绘画史的角度，我们怎么判断一幅画仅仅是画人物，还是已经发展到形成人物画呢？判断的重要标志是它成为独立的艺术品，它除了以往的说教、记事和祭祀等功能之外，还具有艺术欣赏的价值。

先秦两汉时期的人物画，仅仅被作为表述政治道德方面的说教和原始宗教的造型工具，为的是告诫后人。周朝的宫殿和庙堂绘有许多历史人物画，孔子强调绘画要有"往古知今""明镜察形"的作用，要让老百姓知道什么是善、什么是恶。绘画的材料随着社会的进步，也会发生重大变化，人物形象相继被刻铸在商周的青铜上，绘制在汉代的壁面、绢帛、漆板以及画像砖、画像石上。

人物画作为教化之用就是指除了画先贤的肖像之外，还必须讲述他们的故事，从而增加人物画的叙事性。在这方面最具代表性的是东晋顾恺之（约345—409），他是江苏无锡人，出身于仕宦之家。

整个魏晋南北朝时期，中国处于四分五裂的状态，社会政治黑暗，战争屡屡爆发，儒家统治思想受到动摇，面对司马氏等统治者恣意专权的政治局面，顾恺之和许多文人士大夫对前途感到无望，不得不逃避社会责任，在老庄思想里寻找恬静的田园生活。但是他们的内心总也高兴不起来，他们看到混乱的社会秩序，渴望回复到儒家的礼治秩序和仁义礼智信的道德观念中。顾恺之画《女史箴图》

卷和《列女图》卷的目的，就是期望人们回到儒家建立的道德规范里，重建当时的社会秩序。

魏晋时期，地方上的士家大族乘战乱之机，纷纷扩张势力，为了巩固家族的政治文化地位，蓄养门客、文士之风骤然兴起，大家都在积极扩充自己的智囊团。顾恺之早年投奔在军阀桓温帐下，恒温当时权倾朝野，顾恺之跟他谈论书画，特别投机。桓温去世后，顾恺之转投荆州刺史殷仲堪，再之后，桓温的儿子桓玄攻打殷仲堪，兼并荆州，殷仲堪被俘自杀。顾恺之又改投桓玄，后来桓玄自己称帝，兵败被杀。当时政局凶险，顾恺之一直在被迫换上司，但是他却能屡屡化险为夷，这是为什么呢？

因为顾恺之所得的官职都是闲职，不可能卷入政治旋涡，他为人非常超脱，一心痴迷于画，所以才能在一个个地方军阀的门下生存下来。

顾恺之有三绝，才绝、痴绝、画绝。

第一，顾恺之的"才绝"。顾恺之博学聪颖，长于辞赋，有《观涛赋》《筝赋》《四时诗》等多篇文章传世，在魏晋文学史上具有一定的地位。他精于描绘自然景观，既有诗意，又有画意。平时他跟人谈话，经常语出惊人，成语"渐入佳境"就出自他的话。根据南朝刘义庆《世说新语》记载，顾恺之吃甘蔗，从尾部开始嚼起，有人问他为什么，他说"渐至佳境"，就是说，别人都是从最甜的地方开始吃，他从最不甜的地方开始吃，越吃越甜。

第二，顾恺之的"痴绝"。有关他痴绝的传闻很多，比如最具代表性的"柳叶就溺"，什么意思呢？桓玄要戏弄顾恺之，给了他一片柳树叶，骗他说：这片叶子叫蝉翳叶，可以隐身。等顾恺之拿叶子贴到自己身上之后，桓玄就地便溺，顾恺之就信以为真，以为桓玄真的看不见自己了，他就特别高兴，把这个叶子当作宝贝。我们再举一个例子，"妙画通灵"：顾恺之将一橱自己的画封好后寄放在桓玄处，桓玄把画偷走后将封条复原，当顾恺之看到一个空橱时，他不但没有生气，反而笑着说："妙画通灵，变化而去，亦犹人之登仙。"

从这两个故事来看，也许很多读者想说顾恺之这不是傻吗？是的，他是傻，但他是装傻。顾恺之慑于桓玄的权势，他只得装糊涂。面对权贵，当时的魏晋名士们有两种政治态度，其一是抗争，如嵇康、阮籍等激烈地与他们的对立面相抗；其二是玩世型，如刘伶等对一切均采取诙谐放达的态度，两者各走极端。这两种生活态度也分别影响了许多文人出身的人物画家，顾恺之的个性接近刘伶，以各种装痴装傻的方式求得解脱。他的"痴绝"充满了智慧，也是一种迫于生存的无奈，但这也使他获得了一个充分发挥绘画才艺的空间。

第三，顾恺之的"画绝"。他首先建立了以"传神"为核心的人物画理论，他认为，人的四肢画得好不好，不是很重要，画出传神的眼睛，才是最最重要的。顾恺之对画人的眼珠，也就是"点睛"十分严谨，他说，"点睛"之笔若有一毫小失，则人物的精神就没有了。他的点睛之笔常常轰动京城，顾恺之曾经为一个新建的寺庙画维摩诘像，年方弱冠的他声称能捐钱百万，和尚们根本不相信，以为是说大话，因为当时的世家大族最多也只能捐到十万钱。顾恺之画完后，最后要点睛，他对和尚们说，第一日观者请捐款十万钱，第二日可五万钱，第三日可任意施财，点完睛之后，光照一寺，施主们都非常激动，寺庙一会儿就得钱百万。由此可见顾恺之点睛之笔的高妙。

顾恺之将眼睛作为心灵的镜子，深刻地折射出人物的精神世界。在民间画工中流传着"画人难画手"的画诀，这是一种形似为上的人物画观念。顾恺之却认为"手挥五弦易，目送归鸿难"，也就是说，画一个静静地目送归鸿的文人心境，要远远难于描绘拨弄琴弦的手。

顾恺之的传神理论主要集中在他的《魏晋胜流画赞》《论画》两篇论著中，这是中国人物画史上第一批关于人物画创作理论的专著，标志着人物画开始步入成熟阶段。他以游丝描开创了趣味高雅的人物画面貌，作有《女史箴图》卷和《列女图》卷，文学人物长卷有《洛神赋图》卷等。顾恺之生活的时代距离我们今天已经1600多年，他的原迹很难保存下来，但是在古代，皇家为了保存古画，常常请宫廷画家用临摹的方式制作副本，当原件破损或丢失时，这些副本就被当作真迹了。我们今天看到的《女史箴图》卷是唐摹本，《列女图》卷和《洛神赋图》卷是宋摹本，也幸亏有这些临摹本，我们才能够看到古代先贤名迹的面貌。

三 巾帼楷模 教化之用：东晋顾恺之《列女图》卷（宋摹本）

故宫博物院收藏了一幅作品——《列女图》卷，列女是指一系列有道德情操的女性。这幅画上没有作者的名款，前人把它当作东晋顾恺之的画，其实它是宋人摹本，其母本的构思、造型和画法受到顾恺之时代的影响。

这幅《列女图》卷取材于春秋末年的《左传》，《左传》相传是鲁国的左丘明为《春秋》做注解的一部史书，是中国第一部叙事详细的编年体史书，里面收录了许多关于道德人伦方面的故事。顾恺之画了15位贤女的故事[1]，每段故事之后都有题文解释意思，人物的一侧还写有人名榜题，可以看出《列女图》卷虽然是晋代的作品，但仍然保留了汉代画家表现人物故事的解说形式。《列女图》卷场景很简单，表现的是同一个主题：作为贤妻良母应有的品德和素质，特别是如何辅佐夫君知人善任、教养子女，怎么拯济天下。

接下来我们就从画卷中选取几段，来了解一下所绘的列女故事。

第一段画的是"楚武邓曼"的故事。邓曼是楚武王的夫人，她本来是邓国人，姓曼。她是个贤德的国母，楚王命令屈瑕伐罗，她断定必败无疑，因为屈瑕刚打了一次胜仗，骄兵必败。楚王后来又去伐随，邓曼就用天道来劝说楚王："你缺少道德而获利多，物盛必

---

1. 原卷共收集15个列女故事。现存的宋摹本为残本，其中"楚武邓曼""许穆夫人""曹僖氏妻""孙叔敖母""晋伯宗妻""灵公夫人""晋羊叔姬"7个故事保存完整。"齐灵仲子""晋范氏母""鲁漆室女"3个故事只存一半，其余5个故事则全丢失。——编者注

衰，就像太阳到了正午，必定要下山一样……"楚王称赞她知道天道，大家也都赞美邓曼贤而知人，是一个智慧的女性。我们可以看到图上画的正是邓曼向楚武王讲述"天道"，楚王好战，所以他拿着剑，一副剑拔弩张的样子，他的衣袖被吹动，鼓起来了，这表现出他不平静的内心世界。

东晋顾恺之《列女图》卷（宋摹本）局部"楚武邓曼"，绢本，全卷纵 25.8 厘米，横 417.8 厘米，故宫博物院藏

第二段画的是"许穆夫人"的故事。许穆夫人是卫懿公的女儿，当时的小国许国用重礼求娶她，同时齐国也来求婚，但是许穆夫人却很有见识，她就通过傅母向父亲卫懿公转告说，许国是个小国，而且离我们卫国又远，我嫁过去之后，万一卫国有什么事儿，他们也帮不上什么忙，还不如把我嫁给齐国。这一段画的是许、齐两国的使节同时向卫国求亲，相互看不顺眼，怒目相视，但是卫懿公目光短浅，执意要将女儿许配给距卫国又远、国力又弱的许国，当时的许国国君就是许穆公，所以她才被称作许穆夫人。我们可以看到图中的卫懿公不听劝告，在挥手斥责他的女儿。最后，时局的发展正像许穆夫人预料的那样，卫国被翟人打败之后，得不到小国许国的救援。

东晋顾恺之《列女图》卷（宋摹本）
局部 "许穆夫人"

  第三段画的是"曹僖氏妻"的故事。春秋末期，晋国发生内乱，公子重耳，也就是后来很有名的晋文公，逃到曹国，受到曹恭公的鄙视，但是曹国大臣僖负羁的妻子是个聪慧的女性，她一看重耳的三位陪臣都很能干，将来肯定能辅助重耳成就大业，到时候肯定会危及曹国，所以她就暗中劝丈夫要善待重耳。画中的僖负羁正托着食盘和玉璧在听他妻子的劝导，之后重耳就和僖负羁结为至交。因此，当重耳复国后大举进攻曹国的时候，在战乱中，僖负羁的家人和房子，包括来避乱的百姓都得到了晋军的保护，这一切都是因为僖负羁妻子的慧眼识珠。

  第六段画的是"灵公夫人"的故事。一天晚上，卫灵公听到宫外远处传来马

东晋顾恺之《列女图》卷（宋摹本）局部"曹僖氏妻"

车声，声音停了一会儿后，又起来了，卫灵公夫人认定是蘧伯玉从门前经过，卫灵公就问她怎么知道。她说伯玉是个贤臣，仁智而敬上，只有他即便是夜行都会恪守礼制，在途经宫门时，下车轻声缓行。卫灵公出去一问，果真是蘧伯玉。卫灵公就想测试一下他的妻子是不是真的能够识别贤良，就撒谎说不是蘧伯玉，夫人听见了立刻就把酒贺君，祝贺国家又多了一位贤臣。这一段画的就是卫灵公夫妇相对而坐，在推断屋外的动静，屋外分别画了乘车的蘧伯玉和步行的蘧伯玉，来表现蘧伯玉经过宫门前后的一系列连续性动作。

所以我们可以看到，《列女图》中的这些故事是画家借儒家的道德典故来颂扬历史上的杰出女性，赞美她们在国家和平时期能居安思危，有很强的忧患意识，并且很有远见，能够辅佐国政，这些女性都是非常符合儒家伦理的理想女性。因为每个故事基本都只截取一个片段，所以人物活动的全部过程主要靠旁边的题文解释，人物的心理活动通过刻画人物的眉目和手势传达出来，因此画中人物的姿态都很有个性，有的甚至充满了动感。画家不太注意描绘人物的活动场景和背景，

东晋顾恺之《列女图》卷（宋摹本）局部"灵公夫人"

只有一些必要的道具，比如屏风、食具等，点出故事发生的特定地点，这种表现环境的方式跟传统戏剧的布景手段十分相近，都是非常简洁写意的。引人注目的是，《列女图》卷的造型手法有些独特，如人物衣纹用淡墨渲染出阴阳，很有凹凸感，保留了一些魏晋南北朝时期的艺术风貌，很质朴，很有意蕴。

《列女图》卷在南宋的时候被重新描摹，为什么会在这个时候被人重新记起来呢？跟画本身的内容一样，也是有一定政治含义的，当时的社会经过北宋中后期道教误国的灾难，朝野都企望重新回到以儒家思想治理国家的轨道上来，所以说这幅图一直都被赋予了很强的政治和教化意味。

四 顾画之胜在传神：东晋顾恺之《洛神赋图》卷（宋摹本）

　　古代画家能够用一卷画来叙述一个充满时间和空间的完整故事，是直到东晋才成熟的。东晋顾恺之的《洛神赋图》卷就是其中的一件代表作，这是中国古代人物画叙事能力和技巧的一大飞跃，在某种程度上说，这个飞跃在助跑阶段中受到了来自天竺，也就是今天的印度佛教绘画的影响，比如敦煌等地壁画所绘的释迦牟尼成佛之前的长篇故事。

　　《洛神赋图》卷以前被当作顾恺之真迹，其实是北宋人以顾氏真迹为本临摹的，这跟我们之前讲的顾恺之《列女图》卷一样，也是为了以后替代原件用的，幸亏有了这些临摹本，我们才得以知道东晋顾恺之的绘画面貌。《洛神赋图》卷是受文学作品启发而创作的连续性绘画，画家把三国曹植的《洛神赋》的内容编成连环故事图，描绘了曹操之子曹植从京城洛阳回东藩，途经洛水时遇到洛神宓妃

东晋顾恺之《洛神赋图》卷(宋摹本)第一段,绢本,设色,全卷纵 27.1 厘米,横 572.8 厘米,故宫博物院藏

的爱情故事,具有一定的神话特性。曹植遭到其兄曹丕的迁贬而不得志,借作《洛神赋》来向他钟情而不可得的女子——宓妃的化身——甄妃倾诉,她由曹操包办,嫁给了曹丕,最终成了曹植的嫂子。甄妃跟曹植之间的深厚感情,曹植借由《洛神赋》告诉了我们。顾恺之的这幅画充满了炽热而忧伤的感情冲突。全卷共分三段,非常浪漫缠绵,动人心魂,展现了人与神之间长达两昼一夜的故事。

画作的第一段是相遇。曹植在旅途中停歇时忽遇楚楚动人的洛神,爱慕之情骤然升起,可以看到他下意识地用双手推开侍从,欲前又止,抬头凝视;再看宓妃的姿态,的确可以感受到曹植《洛神赋》中所说的"翩若惊鸿,婉若游龙",气若幽兰,两人在目光相对的刹那间,感情似乎得到交融。

画作的第二段是相思。这段画的是曹植各不相同的凝思场景,那么他在想什么呢?他想念的是宓妃婀娜多姿的舞姿。当天晚上,曹植坐在榻上欣赏着翩翩起舞的宓妃,怎么能判断这是当天晚上?可以看到旁边有个人在打鼓,这个打鼓的

第五章　绘画　| 375

东晋顾恺之《洛神赋图》卷（宋摹本）第二段

人是河伯冯夷,他在奋力击打更鼓,曹植身旁还点燃了两根长长的蜡烛,他"耿耿而不寐",晚上没睡觉,一个仆人来劝他就寝,曹植还挥手示意,表示你别打扰我。

第二天,曹植起身目送宓妃乘大鱼而去,宓妃在群龙的侍卫下,渐渐远离了曹植,可以看到宓妃非常依依不舍,还深情地回头看着前来送别的曹植。梦中初醒的曹植这才意识到他该乘坐人间的渡船了。在船上,他"浮长川而忘反,思绵绵而增慕"。

画作的第三段是相别。这段画的是曹植离开洛河的情景。曹植驾车起程,从曹植回头试图找寻洛神的目光中,可以看出他的怅惘之情。这一情景与卷首的曹植相呼应,曹植凄婉的深层情感跟他持重的举止两者之间的冲突,通过眉目传神达到了高度的统一。

东晋顾恺之《洛神赋图》卷(宋摹本)第三段

《洛神赋图》卷是一幅时间、空间和情节都非常完整,而且具有神话特性的故事画。从时间上看,它展现了人与神长达两昼一夜的感情经历,迄今所知,这样具体地交代时间过程,在古代人物画中尚属首例,也是开天辟地第一次。而且,这样细腻地反映时间过程,是为了什么?是为了表现复杂的情感,看画的人似乎也跟着曹植度过了那动人心弦的日夜。当然,也许读者会问,我怎么看不出来画里是白天还是晚上?因为画中的日夜区分,仅仅是以两支蜡烛和主人公难以入睡的精神状态来表现的。从空间上看,这幅图展示的是洛河两岸,在渡过洛河前后的两昼一夜间,文学家和画家,也就是曹植和顾恺之,分别导演出了在中国文学史和绘画史上最重要的艺术佳作。我们可以看出,顾恺之有着非常丰富的想象力,他把文学家笔下的故事和情感,非常巧妙地化作了可视的艺术形象。

分析完《洛神赋图》卷的故事情节,我们再来谈谈它的艺术特色。

从顾恺之的时代东晋一直到南朝刘宋,画人物画主要追求"秀骨清像"之美,也就是所谓的秀巧纤瘦,这正是自三国到东晋时期整体社会对理想女性的审美取向。顾恺之笔下的洛神形象就完美符合这种审美。

画中洛神与婢女的关系,和人间的主仆关系一样,曹植的形象在众仆中也显得格外鲜明。我们知道,传统中国画里常常把主人公画得很大,而仆人画得很小,以此来突出主人,但是顾恺之并不满足于"主大仆小"的造型手法,而是客观地表现人物的实际体态,通过人物的姿态,以及主人公在仆从中的中心位置来反映主仆关系。同时,他在用色上也注意用仆役的白色或青色衣着,反衬出曹植的暖色服饰,使之在全图的浅灰绿色调中亦显得较为鲜明。

单从故事情节和艺术特色来看,《洛神赋图》卷还不足以成为流传千古的名作,那么它流传千古的关键是什么呢?前文我们提到了顾恺之的生平,也分析了《洛神赋图》卷的内容,但是这些都不是关键,画家的线条功力才是它成为不朽之作的关键,那这种线条功力该如何去欣赏呢?作者用硬毫中锋做游丝描,化作人物、走兽和山川、林木的生命。线条十分匀细工致,几乎没有粗细和快慢的变化,这是早期人物画线描的基本特点,为什么呢?因为画家不是靠线条的粗细快慢来表现人物的,而是靠线条的弯曲度来表现物象的质感和动感,衣纹线条多起笔藏锋,收笔露锋,灵动而不失沉稳,既有力度又很有动感。

虽然《洛神赋图》卷的线条非常值得称道,但是它的树木山水却还处于比较初级的阶段。画家在表现人与景物的比例关系时,显得束手无策,缺乏近大远小的透视规律,比如人物前面的土坡杂树反而小于人物背后的柳树。除了比例之外,画家对树种的表现技法还很生疏,其他树种的造型像几片放大了的银杏树叶,十分概念化,为什么呢?因为这个时期的山水画还没有形成独立的画科,只是人物画的衬景,也还没有发展出后世的各种画山石纹理的皴法,因此山岭、坡石都显不出质感。关于中国的山水画是什么时候开始成熟的,我们会在后文中再做延伸。

五 唐朝的一幅"新闻照片":阎立本《步辇图》卷(宋摹本)

现在我们每天都可以在报纸上看到新闻照片,这些都是新闻摄影工作者拍摄的。古代没有照相机,但也有"新闻照片",特别是"宫廷新闻照片",记录宫廷新闻的就是宫廷里的人物画家,他们也是御用画家。宫廷里的人物画家往往有一个特殊的职责,就是用绘画的方式去真实地记录宫廷发生的重大事件,类似我们今天的新闻摄影,有史以来,记录这些新闻的画家职位最高的竟是一国之相——初唐的阎立本。

阎立本出生在万年县(今陕西西安)。他出身于一个建筑、绘画世家,他的父亲阎毗是隋朝画家,他的母亲则是北周的公主。阎立本曾替他的哥哥阎立德担任工部尚书,负责宫廷和城市里的建筑设计与施工,后来官越做越大,一直做到右相。他擅长画人物,学的是南梁画家张僧繇的人物造型和线条,他画过许多类似新闻摄影的绘画,真实地记录了当时重大的历史事件。比如他画过《魏徵进谏图》,他还喜欢画肖像画,专门画功臣和名人,如《凌烟阁功臣二十四人图》《秦府十八学士》等,颂扬国家功臣,在初唐画坛,数他的名气最大。

《步辇图》卷是阎立本最有名的作品。《步辇图》卷是用颜料画在绢上的,画上没有作者的签名,幅上题有"步辇图"三字,经过鉴定,这幅图是北宋宫廷画家的摹本,也就是手工复制本,它完整地保留了初唐时期人物画的基本风貌。幸亏有了北宋的摹本,我们才得知阎立本的绘画面貌。古代宫廷担心母本会丢失、损坏,往往要挑选

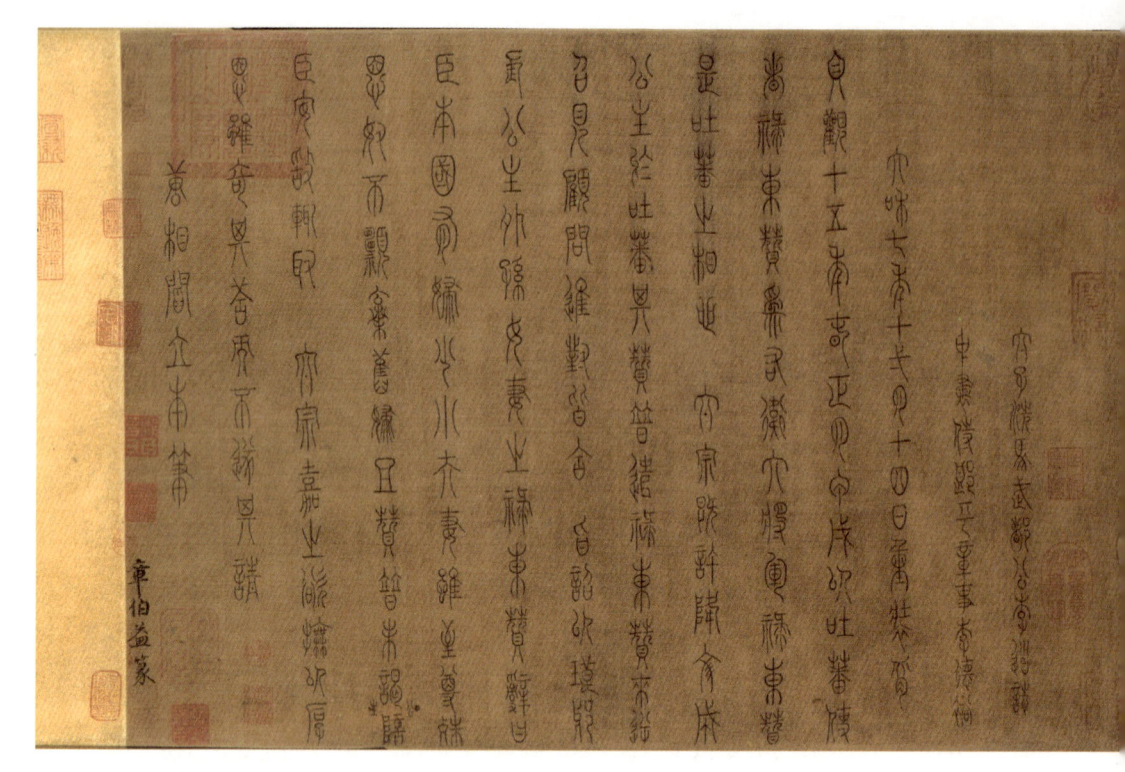

阎立本《步辇图》卷（宋摹本），绢本，设色，纵38.5厘米，横129厘米，故宫博物院藏

一些有重要意义和艺术典范性的绘画制作摹本，以便于持续保留，这类摹本在当时就被视为真迹，大文豪、书画家米芾就对这幅图大加赞赏，并在卷后题名。

图后有北宋章伯益篆书跋文，作者追述文成公主与松赞干布成亲之事。初唐阎立本作为历史的见证人把唐太宗召见为吐蕃赞普（君主）松赞干布求亲的使臣禄东赞这一历史事实定格成《步辇图》卷。

这个重大的历史事件是这样的：唐贞观十五年（641年），吐蕃的赞普松赞干布眼见大唐一天天强大起来，想与大唐建立血亲般的关系，于是派遣使臣禄东赞来长安拜见唐太宗李世民，请求将唐朝公主嫁给自己。文成公主原系外戚，本是琅琊长公主的外孙女段氏，被册封为文成公主，下嫁给松赞干布。画中的情景是一身帝威的唐太宗端坐在步辇上，辇是一种运载工具，人可以坐在上面，由多人抬着行进，画中抬辇、持扇、打伞的都是唐太宗身边的宫女。唐太宗正前方穿红衣服的人是内廷的翻译官，他手持笏板，引见身后的禄东赞入朝。禄东赞穿着吐

蕃朝服，窄窄的衣袖，正向太宗行礼，末尾穿白衫者是内侍太监，说明这一重大事件发生在内廷后宫。唐太宗是第一次见到禄东赞，看到禄东赞饱经风霜的瘦脸上显现出迫切的良愿和干练的办事能力，但对他还是一点也不了解，如果让他越过无数崇山峻岭，把文成公主带到吐蕃去嫁给松赞干布，他能完成这个使命吗？机警的唐太宗随即试探了一下禄东赞，他先夸奖了一番禄东赞，然后说他乐意把文成公主许配给禄东赞，禄东赞非常机智，冷静地说自己是奉命来为赞普求亲的，不能违背使命，更何况自己已经有了妻室，不应有任何个人企图。经过这番考验，唐太宗完全放心了，相信禄东赞一定能秉公完成使命，决定请禄东赞将文成公主带到吐蕃嫁给松赞干布。此段历史被北宋章伯益用篆书书写在卷后。

  与新闻照片不同的是，这类纪实性的绘画充满了画家的智慧，进行了许多艺术提炼和加工。这幅画的艺术特性是集纪实性绘画与肖像画为一体，从人物的精神气质到身份地位都刻画得十分得体和生动自然，唐太宗目光炯炯而不失诚善，禄东赞谨小慎微，充满智慧和干练。画家的构思十分精到，画中并没有出现文成公主，画面中心人物是唐太宗李世民与禄东赞的目光交流与对话。画家省略了环境描写，据画中后面出现的白衣人的宦官形象，不需要描绘任何背景就表明这是在唐朝后宫上演的民族通好的历史大剧。

绘画最基本的表现方法是线条，线条有许多种，有的很柔软，像春蚕吐丝，叫游丝描；有的很坚硬，像铁丝曲折，叫铁线描。画中的线描就是铁线描，非常精练有力，这奠定了唐宋铁线描的基础。匀细的铁线描手法和瘦削的宫女造型是唐朝初年的人物画特性，图中抬辇侍女面形微圆偏润，体态瘦削细弱，标志着六朝仕女的秀骨清样已经开始转向唐代的丰腴肥硕。这幅画的用色非常讲究，古代绘画用色追求以少胜多，也就是尽可能用最少的颜色表现最丰富的世界，全图只有红、绿、赭、黑等几种颜色，但已经把唐朝的衣着表现得相当华贵富丽了。

可以说，这幅图深藏着十分重要的历史文化信息，是研究唐朝与吐蕃民族关系的图证，代表了初唐人物画的最高水平。因此历朝历代都非常珍惜它，北宋、金朝和清朝皇帝都收藏过它，民国初年被溥仪以赏赐他的弟弟溥杰的名义盗运出宫，在战乱中流散到民间，1959年被有识之士捐献给文化部文物事业管理局（今国家文物局），当年就被拨给了故宫博物院，如今该图入藏故宫博物院已经60余年。

每次展览这幅画的时候，都会吸引许多观众，大家都想要一睹唐太宗李世民和1000多年前的藏族同胞的风采。还有观众专门爱收藏这幅画的印刷品，陕西西安的一个老画家，经常对比他收藏的印刷品《步辇图》卷，他发现20世纪50年代出版的画上唐太宗手里攥着一个小小的白布袋，他认为这个小白布袋非常重要，里面包着唐太宗用来盖公文的印章，这个公文的内容就是同意文成公主嫁给吐蕃赞普松赞干布。可是他发现在20世纪80年代出版的《步辇图》卷上，这个小布袋不见了，老人觉得很奇怪，也很着急，几次打电话联系要我们解释这件事情，经过多次查询，原来唐太宗手里的那个小白布袋是一块剥落的近似方形的绢块，露出了背面的白纸，就像他手里攥着一个小白布袋似的。20世纪60年代，故宫博物院的书画装裱师补上了一块同样颜色的小方绢，恢复了原样，看来保护故宫博物院的文物要得到社会公众的关心和监督，还要在保护中宣传文物。

六 举案齐眉 相敬如宾：五代南唐卫贤《高士图》卷

五代时期，南唐面临着北方强敌大宋的进逼，朝野已经深深感到朝不保夕，但是在江南，没有防范备战的气氛，后主李煜成天不是念佛经就是填词，都不知道哪一天是最后一天。宫廷画家们则是各自描绘他们心中的理想世界，似乎都在等待着南唐末日的到来。

就绘画而言，描绘理想世界，往往是用最写实的手法来表现。在南唐画家里，最突出的山水画家数董源，屋木、人物画家数卫贤，卫贤是长安（今陕西西安）人，南唐李后主时当内供奉。他擅长画人物和界画。他的人物画最开始学唐代尹继昭，后来学吴道子，他的界画则自成一家，他擅长画山村、盘车、楼观、殿宇和点景人物，被称为唐朝以来第一能手。界画是一种借助直尺、专绘建筑的绘画，很容易画得刻板入俗。卫贤能画得精确，以至于"折算无差"，又不俗气，很不容易。我们以故宫博物院所藏的《高士图》卷为例，就能领略他的精妙所在。

《高士图》卷原本是一组图，有六幅，画的都是历史上有名的高士，现在只剩下这一幅，画的是东汉梁鸿的故事。卫贤为什么要画《高士图》卷？我们回想一下五代十国时期特别困苦艰难的社会政治，就不难得知南唐宫廷画家卫贤的理想生活是什么了，他想要安定而又高雅的生活，这体现在他的《高士图》卷里。

这是一幅将人物、山水、界画合为一体的历史故事画，画的内容是"梁鸿、孟光举案齐眉"的故事。梁鸿是东汉人，小时候父母双亡，沦为猪倌，但梁鸿锐意进取，发奋读书。30岁的时候跟同村的孟光

五代卫贤《高士图》卷，绢本，设色，纵134.5厘米，横52.5厘米，故宫博物院藏

结婚，孟光长得不好看，又黑又丑又胖，更关键的是，她还特别喜欢浓妆艳抹，而且不理家务。这就是娶妻不贤了，因此梁鸿七天不理睬孟光，孟光也不是个彻底无可救药的女人，她自觉有愧，于是换了麻布衣服，把头发盘起来，一心一意操持家务，重新赢得了梁鸿的欢心。两人起初隐居在霸陵，也就是今天的陕西西安近郊，后去苏州借住在文人皋伯通家里，以捣米为生。每当梁鸿收工回屋，孟光把做好的饭菜放在托盘（古人称这种托盘为案）上，恭敬地举案至眉高处奉上。二人虽生活艰难，但相敬如宾，其乐融融。梁鸿的气节和夫妇相敬相爱的生活深深感动了房东皋伯通，于是就把这套出租的房子赠给了梁鸿一家。后来，"举案齐眉"成了形容夫妻恩爱的一个成语。

画中的孟光跪在地上，向梁鸿高举食案，举到眉心这里，梁鸿盘坐在地上。作者截取妇敬夫的场面，显然是受到封建"夫权"思想的影响。画家的构思很精巧，他把这个"举案齐眉"的故事背景设置在一片群山之中，表达的是什么意思呢？是高士理想的生活环境。而且我们仔细看，可以看到远处画的是双峰并峙，也就是两座山，寓意百年之好。所以整体来看，这幅画人物线条舒缓沉稳，匀细工致，界画屋宇合乎法度，不失佳构，确实是一幅很好的作品。

从这幅画里的山水背景能够看出山水画从五代向北宋过渡，为什么这么说？我们知道皴法是古人总结出来的表现树木山石肌理的笔墨技巧，是中国山水画的特征之一，皴法不是一开始就有的，而是经过了漫长的发展演变，隋唐之前的画上还没有，直到五代，也就是这幅画所处的时代，才开始有了皴擦的技法，表现树木、石头的纹理。

除了已经有初步的皴擦之外，这幅画还有一个特点，一般人可能注意不到，图中的衣冠服饰和家具器用、建筑等样式基本上都符合汉朝的时代背景，说明画家谙熟历史文物，文化修养很高，这在古代画家中是极为罕见的。卫贤的不俗，就在于他善于精到地展现出人物故事的历史环境，来表达他向往的恬淡温馨的平静生活。梁鸿虽然也住在山野农村，但是他跟一般的山野农夫是完全不同的，他过的是一种耕读合一的隐逸生活。他的居室是文人的书斋，生活环境是庭院的格局，这才是卫贤向往的，所以这幅画的标题叫《高士图》。

这幅图是竖式构图，裱成横卷，这是北宋宣和年间（1119—1125）的装裱形式，叫作宣和装，宋徽宗在宣和年间把前人书画装裱的样式明确固定了下来。图上没有款印，画的前面有宋徽宗用瘦硬如金钩的瘦金体题写的五个字——"卫贤高士图"，是迄今为止唯一的卫贤真迹。

卫贤因《高士图》而成为画史名家，而后主李煜成了亡国之君，被押解到了北宋开封，他以在囚禁期间写下的一篇篇悲情词成为古代词坛的名家。

七 棋盘里的宫廷秘密：五代南唐周文矩《重屏会棋图》卷（宋摹本）

　　五代时期，地方割据势力越来越大，当时的中国暂时分裂成许多国家，处在混乱之中。尽管这样，宫廷里照样歌舞升平，《重屏会棋图》卷画的就是南唐中主李璟和二弟景遂观看三弟景达和最小的弟弟景逷下棋的情景。这场活动是在南唐内廷里发生的，画中画了一个屏风，这扇屏风上又画了一扇屏风，显得纵深感特别强，因此这幅图得名《重屏会棋图》。重屏，意思就是有两重屏风，以往很多人关注的重点都是重屏。其实，这幅画真正的主题不是重屏，而是画面近景里的棋盘，画上的四个兄弟，他们真的在下棋吗？棋盘里是一个什么样的棋局？

五代南唐周文矩《重屏会棋图》卷（宋摹本），绢本，设色，纵 40.3 厘米，横 70.5 厘米，故宫博物院藏

  我们仔细看，会发现这个围棋棋盘上的棋子很不同寻常，棋盘上很少有白子，再细看黑子，发现黑子差一个子就摆成了勺子状的北斗七星，那最后一个子在哪儿呢？就在画面左侧李璟的小弟弟李景逿的手里，他正要往下落子。而且，就在北斗七星勺口的前方，正对着前方的是一颗黑子，那是苍穹中的最高星位北极星，也被称作帝星，这颗子正对着中主李璟。

  原来这不是在下棋，而是在摆星象图——北斗七星图。他们为什么要摆星象图呢？

  再看看他们四个人坐的顺序，也不一般。古代画家一般是通过长短不一的胡须来区别人物的年纪，画中胡须最长、年纪最大的，就是画面中间的李中主李璟。

他们四人分坐在两张榻上,我们站在中主李璟的视角上来看,他的右边是二弟景遂。他们的位置是有顺序的,古代把同排坐在左边的位置视为主位,李中主李璟居左,景遂居右,他们坐在一张榻上,这叫"一字并肩王"。看来,李璟在政治上对他的二弟可不一般!前一排的三弟、四弟分别排位为第三和第四,这个顺序与李璟宣布的李家王朝"兄终弟及"的王位继承顺序是完全一致的,所谓"兄终弟及"就是指中主死了以后由几个弟弟依照年龄逐一继位,而不是由李璟的儿子继位。看来,这幅图标志着李家王朝王位继承人的顺序:李璟—二弟景遂—三弟景达—四弟景逷。在当时,这幅画一拿出来,朝廷大臣们都能看明白,不过时过境迁之后,人们就都把它当作一幅单纯的会棋图了,原来公开的内容就变成不是秘密的秘密了。

李中主为什么要这么急切地将"兄终弟及"的王位继承顺序昭告天下呢?那是因为在南唐周边的国家发生了一系列子弑父、弟杀兄的血光事件。李璟(916—961),是南唐开国皇帝李昪的长子,943年—961年在位。李璟虽有开疆扩土之志,但攻打闽、湘失利,加上北方后周的实力对南唐政权构成了强大的威胁,国势已见衰微。他担心的是,自己的嫡长子李弘冀还小,李煜也才七岁。儿子还小,但自己的三个弟弟年纪都不小了,而且实力还在不断增强,为防止年富力强的弟弟们谋反,他软硬兼施,不断地给他们封地提职,还采用了特殊的政治手段,"宣告国人,以兄弟相传之意"。意思就是昭告天下,我这王位要兄弟相传,而不是父死子继,要让我的弟弟们陆续来接替我的皇位。后来,李璟最大的弟弟景遂死了,他的嫡长子弘冀被立为太子,但是没过多久也死了。最终即位的还是李璟的第六子李煜,也就是李后主。

所以说,创作《重屏会棋图》卷,其实是李璟施展的一种政治手段,一方面表现出李璟对几个弟弟很友好,另一方面暗示着四兄弟的政治博弈达到了平衡。

这幅画的肖像画水平很高,画面中间戴高冠的就是南唐中主李璟,李璟的形象是有根据的,《南唐书》记载,李璟"美容止,器宇高迈",说明长得很帅。他们身后有一个屏风,有人说屏风上画的是唐代诗人白居易《偶眠》诗中描绘的场景:"放杯书案上,枕臂火炉前。老爱寻思事,慵多取次眠。妻教卸乌帽,婢与展青毡。便是屏风样,何劳画古贤。"它的用意是表现李中主要追求的淡泊、闲适的生活。

有人说,这幅图画出了空间,因为有所谓的"重屏",显得很有纵深感。其实画家还非常出色地画出了"时间",就是画出一系列活动的过程,他通过相关的道具,让看画的人联想到过去已经发生的和将要发生的情节。比如我们看书中的配图,在图的左边,榻上箭杆散乱放着,说明兄弟几个刚才已经玩过投壶。投壶是古代宴饮时的一种游戏,由射箭演化而来。游戏规则就是把箭往壶里投,投的多的人获胜,输的人喝酒。图的中间是棋子摆出的"北斗七星",图的右边榻上摆放着食盒,有一个童子正在恭候,这也暗示了将要发生的情节,也就是他们要享用这一笼点心。

这幅图的原作者是周文矩,他是南唐宫廷画院的画家,后主李煜时在宫里做翰林画院待诏。他最擅长的是画仕女和表现皇室生活。他发明了用震颤之笔来表现服装的厚度和质感,这幅图就是一个例证。我们看这幅画,人物面部渲染有度,眉目刻画精到、神情入微,墨色非常雅致,显现出中主朝崇尚素雅的审美观。透过这幅画,我们可以认识整个南唐绘画的基本面貌,包括南唐文化发展的情况,图中的各式家具、服饰、投壶、棋盘等,都反映了当时宫廷文化的具体细节,给文史学家提供了可靠的形象材料。

除了这幅《重屏会棋图》卷,周文矩还有几幅存世的绘画,比如《宫中图》卷,是宋代摹本,分别藏于美国克利夫兰美术馆、纽约大都会艺术博物馆和福格美术馆;还有《琉璃堂人物图》卷,分别藏于故宫博物院和纽约大都会艺术博物馆。当然,那些画都没有《重屏会棋图》卷的内容深刻。所以说,我们看古画不能光看表面,还要看到背后的历史,看到政治,看到古人的日常生活,对古代有一个全方位的认知,从而享受获得知识的快乐。

八 气候的细节：北宋郭熙《窠石平远图》轴

北宋是中国古代山水画发展的高峰，从五代到宋初，出现了一批以全景式构图表现北方大山大水的巨匠，比如荆浩、关仝、李成、范宽等，他们的画雄浑饱满、气势开张。到了北宋中期，山水画坛又发生了一个非常微妙的变化，画家们着重表现气候、季节给自然山川带来的微妙改变。在此之前，画家们画四季时令的时候，都是非常概念化的，有套路可循，最先打破这个套路的就是当时的宫廷画家郭熙。

郭熙主要活动在北宋仁宗和神宗时期，宋神宗特别喜欢他，郭熙在宫里当的官叫待诏直长，这是翰林图画院里最高的职位。郭熙的山水画继承了李成画寒林平野的传统，在烘托气氛方面特别用心。除了画画本身之外，郭熙对传统绘画还有一个贡献，就是提出了绘画理论。他的绘画理论和经验最后由他的儿子郭思整理成《林泉高致》这本书，书中共有"山水训""画意""画诀""画题""画格拾遗""画记"6篇，是古代非常重要的画论著作。

郭熙最著名的山水画之一是《窠石平远图》轴，画幅左侧有画家的题款："窠石平远。元丰戊午年郭熙画。"钤印"郭熙印章"（朱文）。该图作于1078年，是郭熙晚年的杰作，也是欣赏他的画作和理解他的绘画思想的绝佳作品。这幅画构图高旷清远，用的是郭熙构图"三远法"中的平远（即平视），另两种为高远（仰视）和深远（俯视），表现了极强的空间感和层次感，似乎能使人感受到画中清凉的空气在流动。画家静静地讲述了这一天清晨气候的细节：下了一晚上的

北宋郭熙《窠石平远图》轴，绢本，墨笔，纵 120.8 厘米，横 167.7 厘米，故宫博物院藏

秋雨，所以早上就显得雾霭蒙蒙，可以朦胧地看到远处突兀着一座高峰，山峰的样子很像五岳之一的嵩山的背面；中景是几株落叶古树，姿态很自然，其中有两棵树的叶子还没落光，可以看出来，深秋的气候变化影响到了自然万物；近景可以看到，窠石旁边的溪水特别清澈透亮，潺潺地流淌下来，打破了秋晨的寂静。看这幅画的时候，你几乎能感知深秋里清寒的水温，仿佛身临其境，很有那种清幽的感觉。

可以说，在这幅画里，郭熙示范了一个"可行、可望、可游、可居"之景的画意和画法，就是说，郭熙希望一幅画可以让人在其中游玩、欣赏，带给人非常真切的艺术感受。

同时，郭熙在他的画论著作《林泉高致》（其子郭思整理）里也强调要画出气候带来的审美效果。比如这幅画画的深秋的确能让人产生一种明净、肃杀的心理感受，但是其实画里没有任何悲切、悲凉等消极的因素。郭熙认为，画四季最重要的是表达相应的意境："春山淡冶而如笑，夏山苍翠而如滴，秋山明净而如妆，冬山惨淡而如睡。"在北宋中后期，郭熙这种要求细心描绘气候微妙变化的思想，是许多画家共同追求的意境，并影响到花鸟画家的创作。

除了强调画的意境，郭熙还看重气候给人带来的审美心理。他的笔墨技法也很有特色，他画出来的古木秋树局部看很像卷云、鬼脸。通过这些笔墨技巧，郭熙把旷野里的古木秋树画得苍老遒劲，显现出岁月的沧桑，当然也预示着冬季就要来了。

遗憾的是，尽管宋神宗特别喜欢郭熙的山水画，但是他的儿子宋哲宗却不喜欢。南宋邓椿的《画继》曾记述了其父亲邓雍在哲宗朝内府时的一段经历：邓雍在宫里的时候，看到裱画匠用的擦桌布上有山水的图样，展开一看，竟然是郭熙的画，就问哪儿来的。管事的人说是从内藏库退出来的。当时的郭熙已是满头白发，人称"白头郭熙"，他的许多画竟是这样的下场，其心情可想而知。由于哲宗朝内廷排斥郭熙的画作，到了宋徽宗的时候，宫里就只剩下 30 幅郭熙的山水画精品，《宣和画谱》赞赏郭熙是"独步一时"。北宋后期，师法郭熙的画家最多，如翰林图画院的朱锐、顾亮、张著等 20 多位画家；徽宗朝乃至后来的北方金国，都非常崇尚郭熙，郭派风格几乎成为山水画的主流风格。

1949 年以后，许多入藏故宫博物院的文物都有一番非凡的经历。1952 年，河北保定莲池书院承办了一个关于土改工作的成果汇报展。当时在国家文物局负责书画鉴定工作的大家徐邦达先生前往观展，他发现展品中的《窠石平远图》轴是北宋郭熙十分难得的真迹！他当即告知了有关方。展览主办方很快将它送交上级政府，随后送交到故宫博物院。这就是《窠石平远图》轴的来历。

郭熙不仅开一代风气之先，要求描绘气候给景物带来的变化，还要求景物能够表现人的心境和审美。同时，郭熙给后人留下的《林泉高致》是传统画论的代表作，读者如果感兴趣可以找来读一读。

九 唐画气象 宋儒雅韵：北宋李公麟《临韦偃牧放图》卷

古代画马最突出的朝代是唐宋两朝，但各有不同。唐人画马，讲求在强壮肥硕的外在形态中显现出英雄气，代表画家是曹霸、韩幹等人。宋人画马，追求儒雅文静的内在精神，讲究要有文人气息，不讲求表现马的战斗力，最具有代表性的画家就是李公麟。

李公麟，字伯时，号龙眠居士，安徽舒城人，北宋熙宁三年（1070年）中进士，官至御史台检法和朝奉郎。因为一刻也不忘记老家的山山水水，晚年他辞官返乡。他博学多才，善于鉴定青铜器等古器物，擅长画画，尤其擅长画鞍马、人物，他虽然学过唐代韩幹、韦偃画马，但自创一体，他最善于通过塑造形象来挖掘作品的主题，并使马的形象个性化。李公麟的艺术成就在于：一方面对以往绘画有着极强的摹写追仿能力，另一方面在于他的创意，他发展了唐代吴道子的白画。白画是一种只用墨笔勾勒线条的绘画，后来演进成独立的画种——白描，欣赏这样的画，就像欣赏二胡独奏或笛子清吹，简洁而不简单，很有韵味。

《临韦偃牧放图》卷是李公麟存世的两件真迹之一，另一件是《五马图》卷（现藏于东京国立博物馆），都非常珍贵。《临韦偃牧放图》卷右上角有李公麟的篆书自题："臣李公麟奉敕摹韦偃牧放图卷。"意思就是说这幅画的母本是唐代韦偃的用心之作，李公麟奉旨而摹，表现了圉官马夫牧放皇家良驷的壮观场景。这幅图一共画了1286匹马和143个牧人，显示了大唐帝国的强盛，表现了原作者很强的艺术驾驭能力。因此，这幅画有两重艺术价值，既可以让我们欣赏到

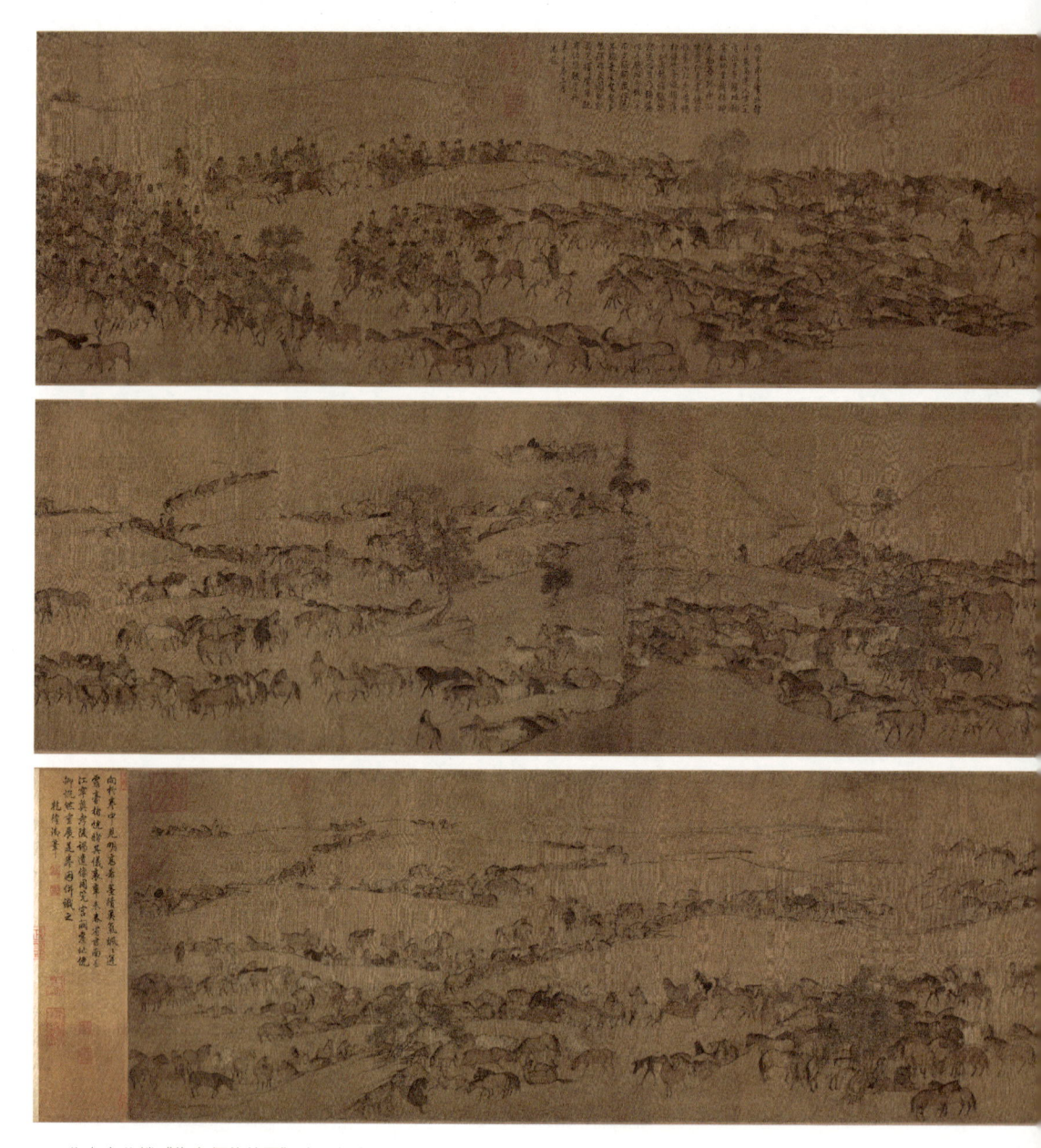

北宋李公麟《临韦偃牧放图》卷，绢本，水墨淡设色，纵 46.2 厘米，横 429.8 厘米，故宫博物院藏

唐人画马的气势，又能看到北宋李公麟儒雅的笔墨艺术。

欣赏古代绘画的手卷，首先看画面的布局，布局要讲变化，要有一定的规矩，古人的规矩就是指要有四个阶段：第一个阶段叫"起"，就是开头的部分，就像序曲一样，然后就要继续延展，就是第二个阶段"承"，下面就要有一个较大的变化，那就是第三个阶段"转"，往往高潮就出现在这里，最后就出现结局，就是第四个阶段"合"，总结起来就是"起承转合"。具体地说，《临韦偃牧放图》卷首就是"起势"，非常强势，所有的马互不相让，奋蹄向前，把观者的视线引向前面的"承势"，汇集了一大批策马的围官和朝臣，正浩浩荡荡地巡视牧场，列阵庄严肃穆，气势逼人。之后的"转势"，是画家最出彩的地方，与"合势"逐步进入了悠扬闲雅的尾声，那些最先出厩的马经过一段激昂亢奋的奔腾后，已是疲惫不堪，有的恬然自得地斜睡在地上，有的三五成群地渐渐消失在垄壑沟坡里，星星点点，时隐时现。全卷的气势由雄强刚劲转化为柔和平缓，构图从密集紧凑缓缓变成疏松流畅。群马千姿百态，无一雷同，画风清劲雅洁，敷色精细而无华贵之气，淳朴温润，这幅画里面的杂木、坡石多用枯笔淡墨，已经初步具备后世追求的文人情趣了，这些当然都是李公麟自己的画法，也是宋代文人画兴起的风格。所以，这整幅画可以说综合了唐朝人马画的雄伟气势和宋朝人马画讲求笔韵的艺术技巧这两点。

为什么李公麟画马能画得这么好呢？这都来自他在马厩中直接对马写生，熟悉各类御马的神韵，御马就是皇家的马。他曾到骐骥院对着御马写生，骐骥就是千里马，骐骥院是宫里养马的地方，他去写生，结果还曾经遭到养马官员的阻拦，为什么呢？因为他画得太好了，所以养马官就怕他去写生，夺走御马的精神。北宋的大文豪苏轼有一首诗写的就是李公麟，"龙眠胸中有千驷，不独画肉兼画骨"，李公麟号龙眠居士，这两句诗意思就是说李公麟胸中有马，他不仅画马的表象，还能画出马的骨相，功力很深。而且我们可以看到，这幅画并不因为画了很多人很多马就忽略细节，每一匹马都骨肉停匀，每一个人物都很精壮。

前面我们仔细介绍了画家画马的一些讲究，但是我们要知道，这幅画画的不是一匹马，而是皇家马厩里养的成千上万的军马。这就不得不提马在古代的战略地位，马在古代不仅是作为动物存在的，它还意味着国家的军事力量，意味着在冷兵器时代极具攻击性的骑兵力量。不过，李公麟这样热情地讴歌马匹，与北宋宫廷讲求文治的气氛是不相符的，当时朝廷注重防御性的步兵，并不乐意发展骑兵，很少主动对周边不断进扰的少数民族发起进攻。举一个例子，北宋哲宗当政时，西域进贡了五匹名马，一直到病死，哲宗都没有到皇家马厩看一眼，实在是太可悲了。所以北宋朝廷只把这类褒扬武功的人马画当作玩物来欣赏，由于对马特别不重视，画院的画家也就缺乏实地写生的经验，多停留在摹写唐代人马画上。

与北宋军力薄弱且还不重视发展军事力量不同的是，明太祖朱元璋在欣赏完这幅画之后，想了许久，并评论说："每思历代创业之君，未尝不赖马之功，然虽有良骑，无智勇之将，又何用也？今天下已定，岂不居安思危，思得多马牧于郊野，有益于后世子孙，使有防边御患备虑间。"意思就是说，每朝每代的开国皇帝都会依赖马，依赖骑兵，但是光有良马没有良将是没有用的。朱元璋就很有忧患意识，他说要居安思危，多养马，防患于未然。由此可见，马对古代国家是非常重要的，这也是这幅图背后折射的历史背景。

这幅图曾经被北宋内府和明清宫廷收藏，新中国成立之后被国家文物事业管理局也就是现在的国家文物局收购，在 1958 年调拨到故宫博物院。下一节，我们要介绍宋徽宗的画，宋徽宗是个艺术家皇帝，可想而知，鉴于北宋一直忽略武备，最后被北方的骑兵南下灭了半壁江山也就不足为奇了。

十 北宋赵佶《祥龙石图》卷

花石无情人有情 江山不在枉有情

根据人类学家研究，在远古时代，原始人已经能够塑造人物和动植物的形象，那么人们为什么会反复描绘某种动物的形象呢？那是因为他们认为这样画，可以增加得到这种动物的可能性，这种绘画活动其实具有原始巫术的意味。一直到今天，人们依然会通过刻画吉祥的事物来表达对幸福生活的渴望。我们可以在很多传统艺术，比如绘画、民居、砖雕木雕当中看到各种吉祥寓意的图案。但是，与众不同的是，宋徽宗赵佶作为一个九五至尊的皇帝，他几乎把这种祈祝性的艺术活动作为政治统治的一项重要内容，具有很强的政治意味。《祥龙石图》卷描绘的就是一个外形像龙的石头，也被宋徽宗视为祥瑞。

宋徽宗赵佶，是宋神宗的第十一个儿子，1100 年继位，庙号徽宗。1127 年亡国，被金军掳到五国城，也就是今天的黑龙江依兰，8 年后死在了那里。徽宗在政治上昏庸无能，在艺术上却有很高的造诣，他擅长画山水、花鸟、人物，设色工笔和水墨写意也都画得极好，他还收藏、整理了数千幅历代名家画作，建立了皇家美术学校，也就是画学，完善了北宋翰林图画院从考试到创作的管理机制，并培养了一大批御用画家。

宋徽宗绘制的《祥龙石图》卷原来是册页，册页就是由对折的画面组成的小册子，便于翻阅欣赏，后来裱为手卷。手卷是一种有着很长历史的装裱形式，保存时卷起来，欣赏时平铺展开。古代绘画的尺幅和装裱形式主要有三大类：手卷、立轴和册页。《祥龙石图》

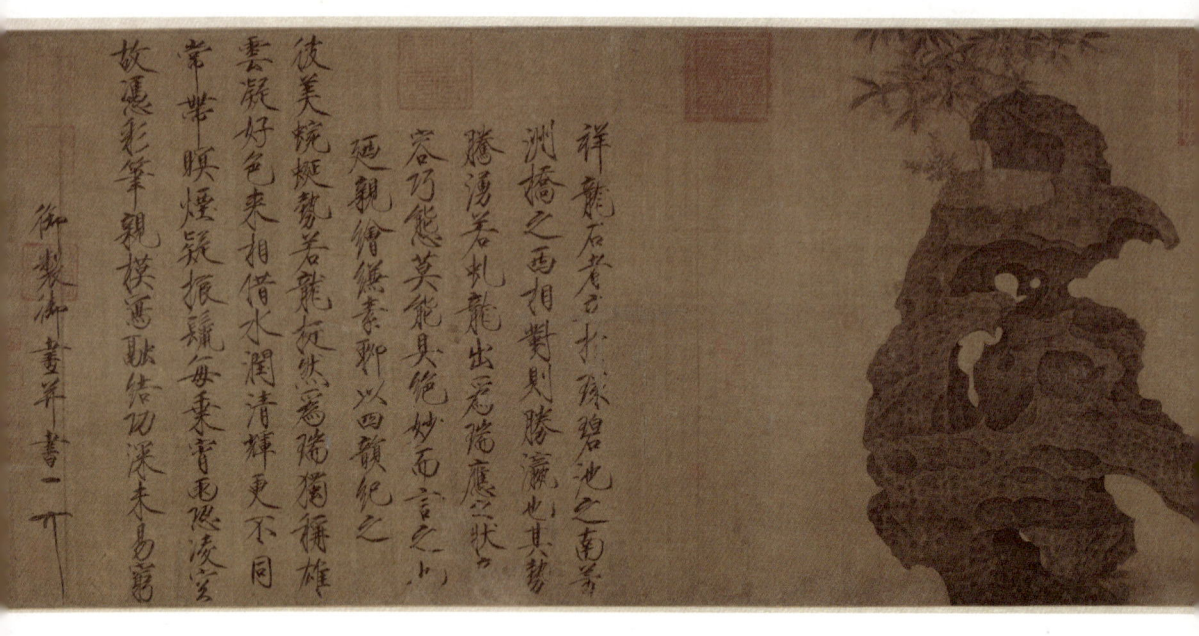

北宋徽宗赵佶《祥龙石图》卷，绢本，设色，纵53.9厘米，横127.8厘米，故宫博物院藏

卷最初是一开册页，是徽宗所绘的《宣和睿览》册当中的一幅。《宣和睿览》一共有千册，每册十五开图，也就是说一共有一万五千幅图，都是工笔花鸟画，徽宗当然不可能独自完成这么多的画，所以其实很多是宫廷里的花鸟画家代笔画的。《宣和睿览》册一万五千幅图，现在仅存三开，这幅《祥龙石图》就是其中之一，另外两开是《瑞鹤图》卷和《五色鹦鹉图》卷，分别在辽宁省博物馆和美国波士顿美术馆。因此，《宣和睿览》册幸存下来的仅为五千分之一，这差不多也是宋画存世的概率，它的珍贵程度不言而喻。

那么，这幅图为什么被称作《祥龙石图》呢？因为画中的湖石上有徽宗楷书"祥龙"两个字，因此得名。可以看到图左边有一大段文字，其实就是宋徽宗在赞美祥龙石，说它盘曲如蛟龙，从水里涌出来之后腾空而起，既吉祥又雄壮，自己怎么画都没法画好。

这个石头有什么特殊之处，值得宋徽宗这么大加赞赏呢？我们首先来回顾一下当时的历史背景。宋徽宗赵佶艺术修养很高，他酷好湖石，命人从江南开采了许多花石，后来赵佶索性专门设置了一个采运花石的机构——苏杭应奉局，专门为他在江南地区采运花石。无数采石工为采挖花石,双腿常年泡在湖水里,以致皮肉溃烂,加上当时花石都是用船从江南运到汴京,也就是今天的河南开封,常常需要拆桥而过,所以民怨沸腾。光花石这一项,宋徽宗一年就能花30万贯左右。

后来宋徽宗在御苑建了一座万岁山,也就是有名的艮岳,艮岳以无数花石纲堆砌成,是一座巨大的假山,它的主峰之巨,旷古未有,周围的群石犹如百官朝觐。赵佶给其中不少花石取了雅号,比如有一块石头横在路中间,他就封为"盘固侯",又根据湖石的形貌,赐予富有吉祥意味的名字,比如"金鳌玉龙""矫首玉龙""蹲螭坐狮"等。这幅《祥龙石图》卷中的"祥龙",就是其中一块石头。这块石头很像将要升起的蟠龙,因此赵佶给它赐名"祥龙",石头身上,就书有两个金字"祥龙"。

这幅画的构图极简,格调雅致,是典型的北宋院体绘画的艺术风格。笔墨细腻入微,很有可能就是赵佶写生的作品。可以看出,赵佶确实具有既描绘细腻,又统观全局的艺术造诣。经过湖水千百年的冲刷,石身上形成大小、深浅不一的坑眼和孔洞,尽管坑眼孔洞特别多,很繁复,但整个石头的结构却很明朗,这就显示出赵佶的审美和绘画功力。

可以说,这块被喻为"祥龙"的花石,寄托了赵佶祈求皇运呈祥的愿望。石头上还长有几株异草。宋徽宗把这类奇石异草的出现视为大宋国运的祥兆,在他看来,竭尽全力地去画这些祥瑞,就能祷祝国运、提高士气。其实这几株异草没有什么特别之处,有学者研究,这是一种小菖蒲,喜欢生长在气候温润阴湿的浅水环境,在养花的人家很常见。

虽然宋徽宗把这些都视作祥瑞,幻想取个好名字,有个好兆头,就能国运昌隆,有些天真,但是就绘画而言,徽宗的确是非常优秀的。他的写实技巧到底有多高?他对实物写生时,如何处理一些细节?这都涉及他的绘画观念。幸运的是,宋徽宗当年画的这块祥龙石至今尚在民间,为了检验宋徽宗的写实功底,我们不妨把这幅图与这块石头进行对比。当面对这块祥龙石原石[1]的时候,任何人都不得不为之震惊,因为宋徽宗写实的精准程度竟能不放过每一个洞孔的细微之处,这幅画的确来自他的对物写生。徽宗的写生是非常主动的,他会根据需要有所改

---

1. 此物原系清末金石家吴大澂的藏石。

动,画中祥龙石上徽宗的瘦金书"祥龙"二字书写在正面,实际上这两个字是刻在祥龙石的背面,徽宗在写生时,把它移到正面,完全是出于概括集中表现物象的需要。可见,他的写实不是死板的,而是灵活的,也是富有创意的。

历史是公正无情的,赵佶是个皇帝,而不只是个艺术家,他为了一堆石头付出了丧失宋朝半壁江山的代价,他痴迷的花石纲最终也不属于他,更保佑不了他的王朝。金军捣毁了开封城里的艮岳,有几块湖石被作为战利品运到北方,最后流落到金中都,也就是今天的北京。有一种说法是,现在北海公园琼华岛上的一些湖石,就来自北宋艮岳的花石纲,这些给他带来祥兆的花石纲,最终成了绝妙的讽刺。所以,这幅《祥龙石图》卷不仅有它本身的文物价值,而且还折射了北宋当年的这段屈辱历史,有着极高的历史价值。

其实徽宗本来可以从小把时间花在研读齐家治国平天下的典籍上,但是他却沉湎于道教宣扬的祥瑞之物,甚至还一一以工笔图之,执着于把它们画出来,这必然花费了他很多宝贵的读书和治国时间,后人所说的徽宗"误国"往往就是指这些。1127年冬,北宋江山被女真铁骑踏破,女真人把他和后宫佳丽、内臣诸王都押送到了五国城,他做了亡国奴。到这时,徽宗才开始醒悟,他不画画了,也不再教子女画画,有的时候会读史悔过。有一次他听说诸王在读《春秋》,很不高兴,说这书"多弑君弑父之事。为人臣子者,岂宜观哉"。意思就是说这些书讲的都是杀皇帝、杀父兄的事情,作为子民,就不应该看。赵佶作为曾经的一国之君,竟然不知道《春秋》是什么书,这让跟他囚禁在一起的大臣都万分震惊。有人就用司马迁的话给徽宗补课,说《春秋》乃"礼义之大宗也。为人君而不知《春秋》者。前有谗臣而不见。后有贼臣而不知。……愿陛下试取一观之"。意思就是说,当皇帝的人,不读《春秋》的话,分不清奸臣贼子,陛下可以试着读一读。徽宗读了之后大叹:"始知宣圣之深意,恨见此书之晚"。

十一 画中得意 画外失国：北宋赵佶《雪江归棹图》卷

古代画家的作品里往往会有一些隐喻，其中不乏美好的象征、美好的期盼，怎么才能知道画家的寓意是什么呢？这就要结合作品的历史背景来具体分析。这一节我们以宋徽宗赵佶的《雪江归棹图》卷为例。一个皇帝画家在画中会有什么隐喻呢？

宋徽宗的《雪江归棹图》卷，卷首有他自己题写的画名"雪江归棹"，意思是在雪天里江上的行船回来了。左下角写有"宣和殿制"，同时有草字花押"天下一人"，这是宋徽宗唯一一幅传世的山水画。

卷尾有蔡京的跋文，他将此图论作宋徽宗的真迹，狠狠地恭维了宋徽宗一番，他的跋文是这么写的："臣伏观御制《雪江归棹图》，水远无波，天长一色，群山皎洁，行客萧条，鼓棹中流，片帆天际，雪江归棹之意尽矣。……皇帝陛下以丹青妙笔，备四时之景色、究万物之情态于四图之内，盖神智与造化等也。（大观庚寅季春朔，太师、楚国公致仕臣京谨记。）"大概意思就是说：我恭敬地看皇上您亲自画的这幅《雪江归棹图》，天长一色，群山皎洁，陛下用您的丹青妙笔，在这四幅图里画了四季里万物的景色。由此我们可以知道这幅画本来应该有春夏秋冬四幅山水。现在只剩下这幅画冬天北方雪景的，另外三幅不知所踪。同时从最后一句话我们可以推断出这幅图作于大观四年（1110年）之前，徽宗当时大概29岁。

这幅《雪江归棹图》卷布景开阔平远，近实远虚，主体山势十分鲜明、突出，中、远景的群山层层推远。全图不着色，仅仅用细碎之笔勾勒、点皴山石，淡墨渲染江天，衬映出皑皑雪峰。画中的

第五章　绘画　｜　401

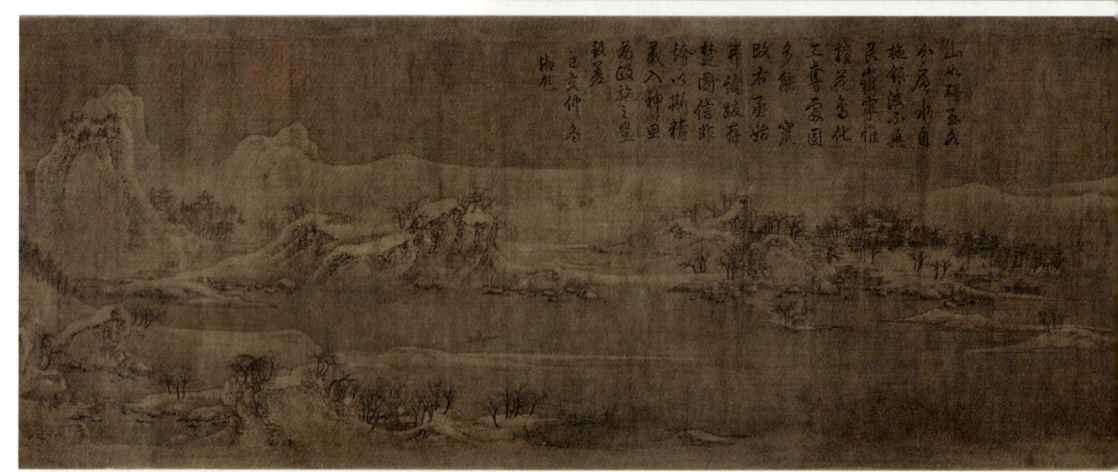

北宋赵佶《雪江归棹图》卷，绢本，设色，纵 30.3 厘米，横 190.8 厘米，故宫博物院藏

点景表现了渔夫、船家的江上生活，如归棹、泊舟、捕鱼、背纤等场景，村舍、桥梁和栈道散落在山脚，行旅、仆童和樵夫等穿梭其间，远处还有宫观若隐若现。看这幅画的时候，我们就能感受到雪色迷茫，寒气袭人，充满了诗意。

画中描绘的每一个场景，其实都可以作为画名。我们再来看徽宗题写的画名——"雪江归棹"，他为什么挑中这个呢？"雪江归棹"，有没有什么深意？是不是寓意天下"归赵"？宋徽宗的这幅画是不是有这个意思，可以再做探讨。不过可以确信的是，徽宗确实笃信道教，是一个"谐音迷"，他往往从身边事物的读音来判定其与祥瑞的关系。我们回到这幅《雪江归棹图》卷创作的时代背景，他画这幅画的时候，当时的北宋发生了什么大事呢？的确有大片国土"归赵"了：当时辽金之间的矛盾日益加剧，徽宗利用这个时机在西北、西南扩充了疆域，巩固了边远地区的地方政权，在短短的6年里连续恢复和设置了10个州，北宋后期出现了极少有的国土扩充的现象。这时的徽宗的确有些飘飘然了，这种得意的心态也反映在他的诗词里，比如"知是黠羌来款塞，亲临丹阙纳降王"，又比如"昨日合门新入奏，降王初缀紫宸班"。所以联系画这幅图的历史背景，可以判定画家此时此刻的心境，可以说，这是宋徽宗在得意之时的得意之作。但是，他万万没有想到，17年后，他脚下大宋江山的北半壁，连同他自己一起归了大金国，留给后人的就剩下这幅笔下的江山了。

所以说，像这一类宫廷画作，我们一旦得知其绘制的大致时间，就有条件联系当时的历史背景，这也有助于我们认知此类画作的真正内涵。这是我们欣赏古画并从中得出很多历史信息的技巧所在。

《雪江归棹图》卷入藏故宫博物院也有一段坎坷的经历。这幅画经过清宫乾隆到光绪皇帝的收藏，在民国初年被溥仪盗出宫外，后来就散落民间，被爱国人士张伯驹先生收藏。张伯驹先生在1962年把它捐献给国家，经文化部文物事业管理局（今国家文物局）拨交故宫博物院。

通过赏析宋徽宗赵佶的《雪江归棹图》卷，我们可以总结，看古画不要只看到眼前这幅画，如同我们鉴赏古诗要知人论世一样，看古画也要去了解它背后的创作时代和背景，把古画放在一定的时空坐标系中，才能更好地理解。

十二 以画劝谏：北宋张择端《清明上河图》卷的里里外外

提起藏在故宫博物院的《清明上河图》卷，很多读者可能会想起小学课本里提到的那幅画了很多人、很多船和房子的古画，也都知道这是北宋张择端画的，可张择端是谁？他为什么要画这么大的一幅画呢？近年我们在图中发现了一个天大的秘密，从中可以弄清楚张择端为什么要画这幅画。

一、画家张择端是谁

关于张择端的生平，我们知道的信息非常少，只有一条，那就是在《清明上河图》卷后的85字跋文，作者是金代的文人张著，他写跋文的时候，北宋已经被金灭亡了58年。通过他的跋文，我们才知道：画家姓张，名字叫"择端"，出自《孟子·离娄下》："夫尹公之他，端人也，其取友必端矣。"这句话的意思是说要与品行端正的人交朋友。从这里我们可以看出，张择端的父辈和他本人尊崇的是儒家的道德观念。他的老家在东武（今山东诸城市），是个古城，距离孔子的故里曲阜非常近，这里是儒家经学思想的中心。所谓"经学"就是指如何解释儒家经典著作的一门学问。跋文里说张择端"幼读书"，读的肯定是儒家的经典著作。后来，张择端就"游学于京师"了。游学京师是到开封备考，参加进士考试。

那么张择端后来考上了没有呢？张著笔锋一转，说他"后习绘事。本工其界画，尤嗜于舟车、市桥、郭径，别成家数也"。意思就是说他没有考上，留在京师靠卖画为生了，并开始学习界画。后来他成为北宋翰林图画院的宫廷画家。遗憾的是，他画完《清明上河图》卷后就没有消息了，在北宋灭亡后，他很可能就死在北方了。

二、《清明上河图》卷热闹在哪里

1. 开封城是什么地方

大家都知道，《清明上河图》卷画的是北宋开封城。开封是七朝古都，当时是世界上人口最多的城市，加上驻防的军队共有137万人，是"坊市合一"的开放性大都市。什么叫"坊市合一"呢？"坊"相当于现在的居民小区，"市"相当于商业区，我们现在晚上可以出门买东西，可是在北宋以前，天一黑，家家户户就得关门睡觉，不能上街，更不能做生意，相当于军事戒严。到了北宋初年，由于开封是商品运输的大码头，到处都摆开了生意，老百姓们去掉街与街之间的栅栏，打通临街的墙，摆上商品变成店铺做买卖，白天做不完的买卖，一直拖到半夜，政府取消了戒严来收税，这样一来，就形成了"坊市合一"的街肆和夜市。

2. 热闹非凡的《清明上河图》卷

张择端唯一传世的画作就是《清明上河图》卷，那么"上河"是什么意思呢？我们现在的语言环境中不说"上河"了，但一直说"上车""上轿""上船"，这里的"上"是一个动词，"清明上河"就是说在清明时节，大家上河，也就是到河的堤岸上去、到桥上去，去看河边春天的景致。所以《清明上河图》卷表现的是清明节春天的景色，画中出现了清明节特有的景象：踏青回归的人马，街头有卖祭奠用的纸马，桥上有许多看春景的人，还有当时开封百姓要在清明节里吃的面食枣锢，这是一种发面饼，上面嵌着一些大枣。

《清明上河图》卷展现了开封城作为国际大都市的气派，全卷描绘了810多人、90余头牲畜、130多栋房屋、20多艘船舶和20多辆车轿，是清朝以前现存场景最大的风俗画。全卷分三大部分：一、城郊；二、城门口外；三、城里。画家从冷清的远郊一直画到人声鼎沸的市中心，虹桥上下是全图的高潮。街上什么样的店铺都有，比如药铺、酒店、典当行、车行等，还提供运输、送餐等各种服务。我们在画中能看到各式各样的行人，有文武官员、文人、兵卒、贩夫、船工、工匠、车夫、力夫、村夫、流民、丐童，还有算命师等，不下几十种，这些人向我们展露了北宋城市生活的各种表情。

3. 画中的社会风貌和高科技

《清明上河图》卷到底画的是北宋什么时期？我们看到画中有不到10个妇女，她们穿的衣服都是宽松式的短褙子，褙子是一种外套。这种女装样式是在崇宁年间（1102—1106）流行的，由此可以推断这幅图就是在这一时期画出来的，画中的许多事情，比如使用大铜钱、运私粮等也是在这一时期出现的。

张择端具有敏锐的观察力，在《清明上河图》卷中，出现了许多新的物件，每一个微小的细节都体现了当时的科学技术水平和老百姓的生活水平。

我们从《清明上河图》卷可以看出，开封是一个发达的商业城市。画中展现了开封的商业广告，比如插屏、牌匾和各种酒幌子等，摆放在"十千脚店"和"孙记正店"店门口的三维立体广告别具一格，顾客可在多个角度看到广告内容。在税务所里有一台大架子秤，专门用来称体大物重的货物，较二人抬的大杆秤要省力、方便得多，说明当时的贸易量已大大增多。在医铺"赵太丞家"的柜台上，平放着一把标准的十五档算盘，说明在北宋就已经有算盘了。

《清明上河图》卷出现了许多职业化的服装，这对规范商业行为、促进商业宣传和销售是非常有用的，更说明了当时的买卖行为讲求规范和责任，反映了管理商业的水平。南宋初孟元老回忆北宋汴京的行业服饰："其士农工商，诸行百户，衣装各有本色，不敢越外。……街市行人，便认得是何色目。"意思就是说士农工商的各种职业，各有各的专门服装，《清明上河图》卷验证了古人的记述完全属实，比如船工的衣着几乎都是浅色短打，即便是搬运工，不同的码头，其装束也不同，有的还穿着白色坎肩。再比如服务行业里的，货栈伙计、饭馆酒保和差役等都头戴黑巾，穿着灰色盘领长衫，下摆卷起系在腰间，以便于腿脚活动；还有专门穿长袖的中间商，当时叫"牙人"，这是阿拉伯商人的习俗，双方在袖笼里摸着对方的手指讨价还价，想必这是在开封的阿拉伯商人带来的习俗。

此外，画家在许多细微之处表现了北宋的日常生活日趋讲究和精细。北宋初，文人士大夫中兴起了品茶会友的风气，渐渐扩展到了世俗商肆之中，世俗百姓模仿文人士大夫的样子，也在茶肆里享受着清雅的会友方式，成为一种社会时尚。街头卖的劳动工具也极为精细，比如各种规格的铁钳、刀剪等，这些复杂的工具表明当时的制作水平是很高的。街上走的是使用人力和畜力的串车，还有棚车等。更先进的是当时能造出载客400人的大客船，大船上的桅杆是可以卧倒的，尾舵还可以升降，还有大跨度的木制拱桥省去了桥墩，更方便大船在城中的河道里穿梭。这些都是当时的高科技！

三、画中玄机重重

张择端充满了儒家报效国家的情怀，难道他花这么大功夫画这幅《清明上河图》卷，就为了炫耀自己画风俗人物和界画舟车的本领吗？当然不是，以往的很多解读都只停留在这幅画的表面内容，其实作者的用意远不止于此，笔者这么说是有证据的，接下来我们就来详细解读。

1. 元明文人早已看透张择端的作画用意

第一个证据就是卷尾元代李祁、明代李东阳的跋文，这篇跋文早就把张择端的画彻底看透了。元代的江浙儒学提举李祁认为这幅画"犹有忧勤惕厉之意"，老百姓要付出那么多的辛苦，要那么勤劳才吃饱饭，这说明什么？说明生活艰难，同时街头发生了许多险情，也就是"厉"，他认为这幅画是画给皇帝看的，这些应该引起皇帝的忧虑和警惕。

李祁的五世孙、明代的礼部尚书李东阳的感受是该图"独从忧乐感兴衰"，即看到了北宋的兴旺和衰亡。那么他们是怎么看出来的呢？

2. 充满暗示的画面情节

我们重新回过头来看图。可以看到卷首（局部一），有一队官家人马踏青归来，他们的一匹马受了惊，正要冲到集市里去，那可是要出人命的！受惊了的马的嘶叫声惊动了在小茶馆里喝茶的老百姓……以这个作为全卷的开头，想必这不是一卷吉祥之图。

接下来更多的细节，也让人提心吊胆。比如开封有120坊，每一个坊都设有一座望火楼观察火情，但是《清明上河图》卷全图没有一座望火楼，唯一的望火楼被改成了供人休闲的地方，下面的两排营房变成了饭铺。城里的消防站连同消防水桶，都在向御林军提供运酒的服务。

再往前看，可以看到在官府的门口（局部二），横七竖八地躺着几个士兵，

北宋张择端《清明上河图》卷，局部一，绢本，淡设色，全卷纵 24.8 厘米，横 528 厘米，故宫博物院藏

北宋张择端《清明上河图》卷，局部二

地上放着两个文件箱，一看就非常懒散！别看他们现在这副样子，要是有酒喝，立马就来了精神，为什么这么说呢？因为图上有呼应。可以看到在城里就有三个御林军士兵正在检查武器、整装待发，他们要干什么呢？不是去站岗，也不是去

打仗,而是要将酒桶运到军营去。在卷尾,画家画了一家专治喝酒喝伤的诊所(局部三),这就非常明显了,张择端用讽刺的方式挖苦这些懒惰、贪酒的禁军官兵。

我们再看,汴河上停泊着许多运粮的漕船,似乎表现了当时汴京城的繁荣。其实,在这繁荣的背后恰恰隐藏着问题,这些粮船运的不是官粮,都是私粮。在

北宋张择端《清明上河图》卷,局部三

北宋太宗朝的时候就立下规矩,朝廷必须控制宋都的粮市,保障京畿老百姓吃饭不出问题。现在这里却有大量的粮船涌入,粮贩子在吆三喝四地指挥着卸粮的民工,把粮食运到街道的私家粮仓里,准备控制粮食市场。

再看拱桥上下(局部四),更是险象环生。桥上,两边的占道经营造成了人群拥挤,一个骑马的官员和另一个坐轿的官员顶上了,双方的护兵谁也不让谁,乱成一团;桥下,一艘大客船没有及时放下桅杆,差一点撞到桥身,幸亏有一个船夫非常机警,他拿起一根长篙死死顶住桥身,船停住了。全图的矛盾和危险的事情,数这里最多。

我们再看城门口,没有一个士兵在看守,域外的商人牵着骆驼队扬长而去,无人盘查,再看看城墙,是用泥土夯出来的,由于年久失修,城墙塌陷严重,长了很粗的杂树。整个开封城就是一个不设防的城市,想想这些,北宋能不灭亡吗?

而且仔细观察的话,画中绘有多处贫富对比,纤夫与车轿里的富翁,喝酒喝

北宋张择端《清明上河图》卷，局部四

出病的富人与桥上的小乞丐，都形成了强烈的反差。在这幅画的卷首，一家小铺门口站立着一个找不到活计的挑夫，到晌午了还没挣到一分钱，在茶水铺门口，他光着膀子摸遍全身，连一个铜板都掏不出来。

同时画里还有穷孩子也在打工，有一个送外卖的小伙计，他一手拿两个碗，一路跑着。有的叫外卖的要吃热乎的，送外卖时还得搭上一个明炉，可见宋朝的外卖也是非常发达的，沉重的明炉让他瘦弱的身子倾向一侧。

四、张择端作画时的朝廷内外

1. 大家都在批评社会弊病

张择端的这幅画看上去热闹，但其实却暗含着讽谏的意味。那么张择端为什么这么大胆，敢在画里批评社会弊病呢？这就要追溯到宋太祖采取文官治国的国策，制定了鼓励文人谏言的政治措施，特别是立下了"不得杀言事者"的法度。宋徽宗登基后不久，向全国发布诏令，说他年纪很轻，在料理国政方面缺乏经验，有很多事情看不到也听不到，他希望臣民能对他的施政提出批评意见。关注社会现实是宋代艺术家较为普遍的创作趋向，参与者越来越多，杂剧家、画家等也参与谏言。谏言不局限于朝官谏士，从"文谏"发展为"诗谏""艺谏"和"画谏"

等形式，艺术家也发出了批评社会弊病的声音。

2. 朝臣上谏的内容与《清明上河图》卷所描绘的是一致的

张择端的画中出现了那么多不好的事情，恰恰是北宋中后期的大臣们上奏朝廷要求解决的国家大事。譬如：大臣们多次上奏修城墙，直到北宋灭亡，也未能如愿。大臣们也多次上奏不准占道经营，由于皇亲国戚也参与了占道经营，挣了不少钱，皇上也就睁一眼闭一眼了。大臣们要求朝廷多储备一些官粮，以防灾年，可是宋徽宗早就用买粮食的钱去买花石纲了，私粮纷纷涌进了汴京。还有京城的火灾隐患，更是文武百官非常关心的事情。张择端自小受儒家思想熏陶，身为宫廷画家只能借奉皇帝之命作画的机会，揭露当时的社会弊病。

3. 北宋画谏成风

"画谏"就是用作画的方式批评时政。张择端看到老百姓的疾苦后借用绘画向徽宗提出意见，这种事例在宋代较多，比如神宗朝的官员郑侠叫画工李荣作《流民图》，神宗见到画中百姓的冻饿情景，心中震撼不已。又比如画家汤子升作《铸鉴图》，画工匠制作铜镜，希望人们能够自鉴。又比如哲宗朝的驸马都尉张敦礼画《陈元达锁谏图》，内容是十六国时期汉赵君主刘聪想要建一座豪华的宫殿，廷尉陈元达谏阻，刘聪要斩杀陈元达，陈元达把自己锁在树旁才说完反对意见。当时画劝诫类的题材相当多，宣和年间的人物画家靳东发汇集了历代到当时以谏诤为题材的人物画，组合成了《百谏图》。张择端关注朝政、心系民生的思想，在政治上遇到了徽宗朝初期的纳谏诏令，在艺术上，有了前人在界画和风俗画上的层层铺垫，最终形成了他的不朽之作。遗憾的是，宋徽宗并没有把这幅画当回事。

如果读者有兴趣想进一步了解这幅画的主题思想，还可以好好比较明清两朝的同名长卷。与张择端《清明上河图》卷不同的是，那些明清画家的笔下，都有着严格的城防机构、消防措施，商业繁华，社会秩序稳定，没有尖锐的社会矛盾。因为明清两朝的画家们憧憬着社会清明，憧憬着政治清明之下的太平盛世，他们画中的节令绝不是清明节，为什么这么说呢？因为他们所绘的每一卷《清明上河图》卷的开头几乎都是热闹非凡的娶亲场面。只要有心，大家在看画的过程中一定会有更多的发现。

十三 丰亨豫大：北宋王希孟与《千里江山图》卷

按照我们现在的通行说法，大家都把王希孟当作《千里江山图》卷的作者。根据当时宰相蔡京的题文和其他间接的文献材料，我们可以知道，希孟姓王，字号、里籍不详，北宋哲宗朝绍圣三年（1096年），他出生于"士流"，也就是读书人的家庭。他早年为了游历和读书，可能从福建东南沿海一带经洪州，也就是今天的江西南昌，到庐山鄱阳湖，然后入长江口乘坐江船顺江而下，来到江苏镇江，转船到苏州，然后，沿着运河一直北上到开封。

直到徽宗大观元年（1107年），他在某个贵人的提携下，进入了画学，这是中国历史上唯一的皇家美术学校。他差不多用三年的时间按照"士流"的课程要求，学习了绘画课程，如佛道、人物、山水、鸟兽、花竹、屋木等，文化课程包括研读儒家的经典著作，

北宋王希孟《千里江山图》卷，局部，绢本，设色，全卷纵 51.5 厘米，横 1191.5 厘米，故宫博物院藏

还有古文字学、音韵学等。大约在大观四年（1110 年），15 岁的王希孟结业了，但是他没能考入翰林图画院，翰林图画院是每一个画家都梦想进入的宫廷绘画创作机构。他不得不应召到禁中文书库去工作，就这样远离了绘画，开始做一些文字工作，登录、整理从书艺局送来的文墨档案。政和二年（1112 年）初，王希孟极可能通过蔡京的引荐，得以向徽宗呈献绘画，蔡京的题记是这样写的：他"数以画献，未甚工。上知其性可教，遂诲谕之，亲授其法"。意思就是说，王希孟几次向皇帝献画，但是都不太好，不过宋徽宗看出来他孺子可教，于是就亲自教他。按照徽宗朝进翰林图画院的规矩，必须按照徽宗的旨意参加考试，在一定的时限里以唐人诗意作画，王希孟在 1112 年秋至 1113 年完成了这幅《千里江山图》卷并呈上，当时他才 18 岁，徽宗特别喜欢，然后把它转赐蔡京。那么这幅评价这么高的画，妙在哪里呢？接下来我们就来详细解读这幅《千里江山图》卷。

王希孟的《千里江山图》卷,完成于徽宗朝政和三年(1113年)初,绢本重设色,绢本的意思就是说这幅画是画在绢上的,重设色就是颜色画得很鲜艳,很厚重。设色是跟水墨相对的一个概念,我们知道水墨画是只有黑白灰,最多就是墨分五色,是没有彩色的,而设色的意思就是彩色。这是一幅超长巨制,纵51.5厘米,横1191.5厘米,长度是张择端《清明上河图》卷的两倍多。

接下来我们从文化背景、绘画技法、艺术欣赏、表现内容和创作目的这五个角度来分析这幅《千里江山图》卷。

一、文化背景。它的文化背景十分深厚,在艺术上,此前朝廷和民间的审美观念主要分两类:平民倾心于表现时世艰难的主题,文人雅好清雅潇洒的意境。除了这两类,宋徽宗最大的作为就是想开创第三种风格,他要以"丰亨豫大"的享受观念建立属于皇家气派的绘画风格,王希孟是徽宗看上的最年轻的青绿山水画能手。

二、绘画技法。这幅长卷的绘画技法是大青绿,就是以矿物质颜料中的青色和绿色交替描绘群山,过去唐朝画家青色用得很少,《千里江山图》卷用了大量的青色,建立了大青绿山水画的画法,这在山水画史上是从来没有过的,这一定是宋徽宗教给王希孟的。根据对自然的观察,由于光线的作用,我们在现实当中看到的远山是青色的,近山是绿色的,大量使用青色,会使画面更具有空间感和层次感。

三、艺术欣赏。古人欣赏山水画,主张"卧游",意思就是像躺在船舱里看着岸上的青山。这幅《千里江山图》卷由七组群山组成,因而可以分成七个自然段,七组群山之间的关系仿佛就是七个乐章。卷首第一组群山是序曲,较为平缓的山峰在俯视的地平线下,渐渐地将观者带入佳境。第一组和第二组之间以小桥相接,第二组就像是乐章里的慢板,悠扬舒缓。第三组和第四组之间以长桥相连,环环相扣。进入第三组、第四组的山峰一个个冲出了画中的地平线,到这里整幅画就渐渐走向高潮。最后,在锣鼓齐鸣中,最高的主峰在第五组辉煌出现,它如同庐山中的汉阳峰,拔地而起,雄视寰宇,形成了乐曲的高峰,它与周围所有的群山形成了君臣般的关系,构成全卷的高潮,这就是北宋郭熙的儿子郭思在《林泉高致》里总结他父亲处理大小山峰的基本法则:"大山堂堂,为众山之主,所以分布以次冈阜林壑,为远近大小之宗主也。"意思就是说画群山要有主次,它们的关系就像帝王和臣子一样。到了第六组,群峰渐渐舒缓下来,远山慢慢地隐入远方大江大海的上空,看到这里,欣赏者激动的内心渐渐平静了下来。最后一组,也就是第七组,就像是乐章中的尾声,再次振奋起人们的精神,画家用大青大绿涂抹出近处最后的几座山峰,就像是打击乐最后敲击出的清脆而洪亮的声响,在全卷结束时,回声悠远,令人难忘。

四、表现内容。不知读者在欣赏的时候有没有注意到,这幅画里其实还隐藏着一首唐诗。哪一首诗呢?就是孟浩然的《彭蠡湖中望庐山》,彭蠡湖就是现在的鄱阳湖。表现唐人诗意是北宋当时画坛的时尚,《千里江山图》卷在汲取前人布局置景的基础上,精心描绘了画家短暂一生中所经历的山川,其中以庐山、鄱阳湖为主要取景地,含有孟浩然《彭蠡湖中望庐山》诗里的诸多景物要素。除此之外,还点缀了闽东南的海景以及北宋苏州长桥等地的景观,丰富了画面的审美效果。

孟浩然是湖北襄阳人,长期隐居家乡读书。40岁的时候赴长安应试不中,后来进入张九龄幕府,与李白、王维、王昌龄等人关系都很好。李白还给他写诗,说"吾爱孟夫子,风流天下闻。"他在开元二十四年(736年)奉命出差去扬州,在途经鄱阳湖时有了这一番游历,欣然写下了《彭蠡湖中望庐山》。

王希孟深谙孟诗的意境,他不是单纯地图解孟诗,而是画出了孟浩然诗中的气度。比如孟诗的第二联说"渺漫平湖中",指庐山和鄱阳湖,高山平湖在造型上形成了鲜明的对比,显露出画家立足于湖畔仰观匡阜的角度,十分切合诗意。第三联是"中流见匡阜,势压九江雄",意思就是船行到中流,突然见到了匡阜,匡阜就是庐山的别称,在船上看庐山,有着势压九江的雄伟气势。

而且,《千里江山图》卷的颜色也跟孟浩然这首诗的内容相吻合。诗中的时间线从晚上到凌晨再到太阳升起,我们从"月晕""曙空""香炉初上日"这些词句可以看出来,写到清晨升起的太阳时,孟诗中有色彩:"黭黮容霁色,峥嵘当曙空","霁色"就是一种明亮的雨后天晴的蓝色,画家在明亮的霁色和暖暖的曙空上做足了功夫,青绿山水的色谱最适合铺染鲜亮的霁色,青色染足了高耸着的山峰,以显"黭黮"和"峥嵘";画家用花青加墨通卷淡染天空,在天际边通体留空,露出一道暖黄的绢色,恰似曙光初映。全卷云开雾散,这是只有在山外才能感受到的庐山大景。

图中画的时节也极为细腻，孟诗的第五联是"香炉初上日，瀑布喷成虹"，说明这是个雨后的清晨，昨晚的雨水汇成溪流，加快了水磨的运转。画中的人们在清晨开始忙碌了，诗里面说"挂席候明发"，意思是说有的船已经扬起席帆，就等天亮了。图上还有洒扫庭除的童子、驾舟赶船的乘客、下山赶集的樵夫、上山远行的驮队等。早起的隐士们也呈现出各种不同的悠闲之态：有的在跟朋友谈话，有的在水边沉思，有的在空斋里独坐，还有些在跟朋友一起游览瀑布。这些都表达了诗人羡慕庐山高士的隐居生活："寄言岩栖者，毕趣当来同。"意思就是告诉那些在山间隐居的人，虽然现在我不能留在庐山，但将来我也要回来跟你们一起隐居。

因为孟浩然十分崇敬曾经隐居在庐山的东汉隐士尚长和东晋高僧慧远等，诗中有这样两句"久欲追尚子，况兹怀远公"。于是画家就在山崖间画了文人雅士们的隐居生活。所以说，孟浩然诗句中的一些基本元素几乎都可以在图中找到。

五、创作目的。对徽宗来说，这是一幅很好的范画，他要以这位天才少年在设色方面的成功作为宫廷画家的榜样；对王希孟来说，他画好这幅画就能进入翰林图画院。遗憾的是，王希孟在不到半年的时间里突击赶工出这幅巨制，据推断，他很可能因此积劳成疾，才二十出头就辞世了。可以确信的是，他始终没能进入他所期盼的翰林图画院。

十四 以史为镜 借图成谏：五代顾闳中（传）《韩熙载夜宴图》卷（宋摹本）

一、《韩熙载夜宴图》卷的时间与空间

古代西方画家往往只能在一幅画上描绘一个事件的一个瞬间，就像一幅摄影照片，而古代中国的画家在画纸上表现事物的空间和时间都是自由的，他们可以在一幅长卷画上表现多个故事情节，甚至可以描绘出一个事件发展的全部过程，我们称之为连环故事画。最生动的例子就是传为五代顾闳中绘制的《韩熙载夜宴图》卷。

《韩熙载夜宴图》卷中的故事发生在 10 世纪的五代南唐，当时，北宋大军压境，后主李煜想起用韩熙载为宰相，韩熙载就是画中的主人公。韩熙载（902—970），字叔言，潍州北海（今山东潍坊）人，出身于官宦之家。五代十国时期政局比较混乱，韩熙载原来是后唐进士，他的父亲韩光嗣是后唐的高官，被后唐的皇帝杀掉了，于是韩熙载就逃到了南方。后来南唐建立，韩熙载就一直在南唐做官。韩熙载生性耿直，喜欢抨击时政，在渐趋衰退的南唐社会里，他却始终保持着清醒的头脑，因而经常跟李家朝廷政见相悖，他跟朝廷矛盾的焦点就是北伐之争。南唐是个偏安一隅的小朝廷，但是南唐前期，社会经济处于上升阶段，是有能力北伐的，而且当时局势有利于南唐，因为北方后晋的石敬瑭死了，契丹人随后攻破都城开封，中原大乱，韩熙载就上书李璟，力劝乘机北伐，结果却遭到了冷遇。

后来风云变幻，北方的政权变成实力强大的北周，成为南唐的强敌，局势已经不利于南唐，但是中主李璟却不顾韩熙载的劝阻，

第五章 绘画

发兵北进，不仅大败，还丢了 14 个州，南唐被打得元气大伤。随后李煜登基，想任用韩熙载为相，挽回败局，但是韩熙载深知北宋赵匡胤很有手段，他如果出来任职宰相，显然会落下"亡国之相"的骂名，但他又不能违抗君命，怎么办呢？他就蓄养很多姬妾，晚上还举办通宵宴会，吃吃喝喝、吹拉弹唱，他以自我放纵的生活方式让李煜放弃任用自己为宰相的念头。后主李煜听说韩熙载沉迷于夜宴，就派宫廷画家顾闳中在晚上悄悄地到韩熙载的官邸去观察他放纵的程度。顾闳中凭借其默记的功力，回家后画成了这幅画。最后的结果是，李煜把画好的《韩熙载夜宴图》给他看，意思是希望他能够反省自愧，但韩熙载却依然故我。不久，韩熙载忧郁而死，南唐被北宋灭亡，李后主被俘。

顾闳中在那天晚上看到了什么？《韩熙载夜宴图》卷以时间为序列，共分五段，图中有许多独具匠心的构思，体现了作者敏锐细腻的观察力和纯熟畅达的表现力。

第一段：听乐。画韩熙载坐于榻上，静心细听李家明的妹妹弹拨出的琵琶曲，他的手自然地松弛下垂，随着缓缓而起的乐声，遁入了空明玄远的妙境，全场的空气似乎凝结了，个个都在屏息倾听，沉浸在悠扬的乐曲里。

五代南唐顾闳中《韩熙载夜宴图》卷（第一段），绢本，设色，全卷纵 28.7 厘米，横 335.5 厘米，故宫博物院藏

我们看书中的配图，画中的人物皆取真形，也就是说画的都是他们的实际样貌。其中戴一顶高纱帽、穿着一件黑袍的就是东道主韩熙载，跟他同坐的、穿着红衫的人是状元郎粲，斜坐在弹琵琶的人旁边的是教坊副使李家明，他身后的小个子女伎就是在下一段跳舞的王屋山，她身后的男宾是韩熙载的门生舒雅，侧坐着的那位是陈致雍，正坐着的是紫微郎朱铣，其中有位拿着笛子的，现在也无从考证其身份了，这些人都是当时的失意文人和臣僚，被韩熙载纳为朋党。这些群像都被描绘得十分细微，呈现出人听音乐听得出神时的各种情态。

第二段：击鼓。画面中站着击鼓的就是韩熙载，一曲琵琶乐使他的精神亢奋

五代南唐顾闳中《韩熙载夜宴图》卷（第二段）

起来，他脱去外袍，挽起双袖，为王屋山跳的绿腰舞（一作"六么舞"）伴鼓，把晚宴的歌乐活动推向高峰，也是全卷情节结构的高潮。这是一段节奏感很强的篇章，韩熙载在击鼓，打牙板的是他的门生舒雅，韩熙载和舒雅还有拍掌的男女宾客都处在发声前的瞬间，与王屋山处于收缩状态的舞蹈动作相协调，舞姿在有节拍的音响中起伏变化。除此之外，我们可以看到画面中还有个和尚，他是韩熙载的好朋友德明和尚，在这男女混杂的声色之娱里，可以看出他备感窘困，但又忍不住侧耳静听这动人的舞乐。

第三段：歇息。经过一番击鼓伴舞，疲惫了的韩熙载草草套上外袍，与四位

五代南唐顾闳中《韩熙载夜宴图》卷（第三段）

侍女同坐卧榻，一个侍女正侍奉他洗手，这一细节处理得十分耐人寻味，韩熙载百无聊赖地用手指轻轻沾水，满面愁云，心不在焉，旁边一个侍女托来茶点，还有一个侍女在准备着箫、笛和琵琶，这里其实是在为表现下一段的内容埋下伏笔。画中的火烛已经燃烧得只剩下了一半，预示着夜宴的时间已经过半。

第四段：清吹。韩熙载歇好了之后，便强打精神，不经意地听着六个歌伎吹

五代南唐顾闳中《韩熙载夜宴图》卷（第四段）

箫和陈致雍打牙板,他再次脱去外袍,仅穿了一件内服,敞胸袒腹地盘坐在三个侍女面前扇扇子,毫无顾忌。五个吹箫的歌伎虽然都是坐着,但各具其态,聚散有别,十分生动,她们按着笛箫的手指也很合节拍,让看画的人好像也听见了音乐声一样。

第五段:送客。曲终人散,韩熙载穿上黄衫,稍整衣冠,起身与宾客挥手告别,

五代南唐顾闳中《韩熙载夜宴图》卷(第五段)

中间那位穿着黄衣服戴着高纱帽,起身挥手的就是韩熙载。旁边有个人坐而不起,还坐在那里抓着歌伎的手,跟两个歌伎依依不舍,这个人是谁呢?就是我们前面提到的陈致雍。根据记载,"陈致雍家累空,蓄伎十数辈。与熙载善,亦累被迁"。意思就是说陈致雍家里也养了很多歌伎,他跟韩熙载关系很好,后来受到韩熙载的连累被贬官。陈致雍此时的情感正合乎他的秉性。这幅画卷的卷尾画了一个女子做哭别状,旁边一男子在极力哄劝。

这幅画在艺术构思和表现技巧上都显示了作者独特的艺术能力,接下来我们从以下三点来详细分析一下这幅画究竟好在哪里。

第一,这幅画的情节结构一反常规。按照艺术作品描写情节的一般规律,总是把情节发展的高潮部分放置在偏后的段落里,但《韩熙载夜宴图》卷大胆地独辟蹊径,把高潮放在类同音乐里起序曲作用的第一段之后,恰恰符合了韩氏在晚

宴活动中的心态。他并不是真正要玩乐，他这样做的目的是以消极悲观的态度谢绝李后主之聘。在韩熙载玩世不恭的表面下深藏着沉闷寡欢、烦躁忧郁的内心。因此，他无心沉溺于此，高潮过后的歇息、清吹、送客三段，对他来说就像是在忍受冗长的煎熬，与前来寻欢作乐的宾客、女伎们形成了鲜明的对照。

第二，这幅画的节奏变化充满乐感。《韩熙载夜宴图》卷是表现乐舞的画卷，人物活动随音乐节奏产生出动静变化，画面以静（听乐）为开端，由动（击鼓）转入静（歇息），再进入略动（清吹），过渡到尾声（送客），起伏跌宕的情节变化，使欣赏者如同沉浸在抑扬有致的古曲中。

第三，这幅画的肖像细腻生动。全图共画了46个人，有些人物频繁出现，但是各自的形象十分统一，足见作者擅长从整体角度把握人物的个性特征。韩熙载在画中出现5次，有左侧、右侧和四分之三正面，但形神不改，北宋沈括在《梦溪笔谈》说韩熙载"小面而美髯，着纱帽"，跟画中的形象一致。

画家用主大客小的造型方式突出主人公。而且在处理主人公韩熙载的服饰上也别有一番用心，随着晚宴情节的发展，韩熙载从穿黑袍听音乐，发展到脱去外袍只穿着黄衫击鼓，再到穿上黑袍休息，后来又只穿一件内衣听清吹，最后又穿上黄衫送客。韩熙载屡次更衣，也揭示出了他躁动焦灼的情绪。

二、《韩熙载夜宴图》卷的真实作者

《韩熙载夜宴图》卷汇集了先贤的诸多绘画特色，并自成体貌，这种描写情节发展全过程的构思和构图，显然是得益于东晋顾恺之的《洛神赋图》卷（宋摹本）。顾恺之是用树石等区分出各段的具体内容，而在《韩熙载夜宴图》卷里，画家则是用屏风、家具等区分出各段，前后相连又各自独立。以往，我们解读完顾闳中《韩熙载夜宴图》卷里五个段落的内容，再进行一番艺术欣赏，就结束了。不过，经过仔细查验，这幅画比其他五代南唐绘画要精细得多，画中没有出现南唐绘画里的衣冠服饰和家具器用，这又是怎么回事呢？这就不得不再追究一番了。

相信读者朋友已经注意到，《韩熙载夜宴图》卷的作者"传为"五代顾闳中，所谓"传"就是指相传是某个人画的，乾隆朝编纂的《石渠宝笈》最早确定此图是五代顾闳中的画迹，但没有确凿的证据，这一传就是几百年。不过，顾闳中确有其人，北宋《宣和画谱》卷七说他是"江南人也，事伪主李氏为待诏，善画，独见于人物"。也就是说顾闳中是南唐宫廷画院的画家，擅长画人物，主要活跃于李煜朝。南唐还有两位画家以韩熙载夜宴为题材作画，即与顾闳中同乡的顾大中，周文矩是第三位画韩熙载夜宴主题的南唐画家。

读画要注意画上加盖的收藏印，这是记录"画龄"的重要标志之一。"传为"五代顾闳中的《韩熙载夜宴图》卷最早的收藏印是"绍勋"二字，这个印的印主是南宋史弥远（1164—1233），他是这幅画的第一个得主，想必作者与史弥远的生活时代相去不会太远。那史弥远是一个什么样的人呢？

史弥远是南宋理宗朝的太师左丞相。在宁宗朝，他在杨皇后的支持下，诛杀了主张抗金的韩侂胄，又恢复了秦桧的王爵和谥号。入理宗朝，他当了9年的宰相，在官僚中间相当霸道，相府中歌舞酒筵不绝，连受雇的乐工都厌恶他。史弥远是一个无能于北伐抗金的权臣，他把南宋推向覆亡的边缘。可以推想，这个宫廷画家是奉旨将此卷进呈给他，以南唐的亡国之臣来劝诫史弥远。南宋宫廷画家画了许多历史画，希望朝廷能以此为鉴，这是当时的风气。

目前我们认为《韩熙载夜宴图》卷是南宋宫廷画家画的，有什么依据呢？

首先，《韩熙载夜宴图》卷缜密细巧的写实风格与当时南宋宫廷画家的风格是完全一致的。图中界画的工整程度和人物面目的细腻水平，远远超过南唐的作品，南宋画院经过北宋宣和年间刻意求实、精微状物的强化过程，写实技巧远不是南唐可以比的。全图统一在绚丽而沉稳的色彩效果里，作者以大面积的黑色敷染家具和官服等，使人物的脸、手格外突出，再以石青、石绿、石黄、蛤粉、朱砂等华艳之色细画女装，增加了色彩明度，将画面提亮。颇具匠心的是，作者巧妙地借用色彩表现音乐的基调，听乐一段，色彩沉着稳重，与琵琶弹拨出深沉的音响相合；击鼓一段，色彩热烈欢快，如红鼓和黄色长衫与强烈的羯鼓声响合拍；清吹一段，色彩明丽活泼，与歌伎轻松自如的坐态和清新娴雅的箫笛声谐调。作者在宏观控制色彩效果的基础上，对描绘女装和其他花布上的纹饰等毫不轻慢，皆细笔勾描，统一于整体之中。

其次，画中的文物典章制度显露出唐朝至南宋的时代特征。最关键的是还出现了许多南宋时期的衣冠服饰、家具器用。如韩熙载戴的是南宋流行的"东坡帽"，穿的是宋代流行的"褙子"，女性的发饰和衣着也是南宋的样式。宋代的家具日趋灵巧简洁，与五代截然不同，画中的许多家具如抱鼓座、屏风、椅子、机凳等均属于南宋的宫廷风格，在许多南宋绘画里均可以找到。

既然这幅画不是五代时期顾闳中画的，那么，这个宫廷画家是谁呢？其实他的名字就在卷首一段南宋人的题字里，题记只剩下半截，最后两行是"□□□□□旨著此图"。"旨"字前应是某画家的官职和名字，奉"旨"所作才合乎情理，题文被人为地裁去作者姓名，其用意极可能是作伪者出于商业目的，假充顾闳中之迹，以求善价。

这幅画真正的作者是晚于顾闳中几百年的南宋画家，作者对宫廷大员的生活有这么深的认识，极有可能是宫廷画家里的高手。可以说，这件古画的艺术价值具有双重性的因素，它代表了南宋画院人物画的高度成就，同时，也反映了画家借鉴顾闳中巧密的构思、构图能力。在此基础上，作者糅进了所见南宋的文物仪规，施展了富有南宋画风的写实技巧。所以说，这幅《韩熙载夜宴图》卷所包含的历史文化信息极为丰富。

《韩熙载夜宴图》卷入藏故宫博物院，还有一段感人的故事。这幅图在民国初年被住在清宫后宫的溥仪盗出宫外，后来跟着溥仪到了长春伪满皇宫，抗战胜利后流落到北平的文物市场。张大千在1945年底到北京买房，得知《韩熙载夜宴图》卷就在琉璃厂的古玩店玉池山房老板马霁川的手里，他以原先准备买王府宅院的500两黄金买进此图。1951年，旅居中国香港的张大千准备移居巴西，他不愿让这些国宝在国外遭遇险情，他想以低价将其留在祖国。他通过友人悄悄地把这个信息传递给了大陆和台湾。在大陆，时任国家文物事业管理局局长的郑振铎先生得悉后立即报告了中央，那天正赶上星期天，周总理日夜办公，他指示郑振铎利用在香港的关系找到了张大千，以3万美元的价格使张大千手中的这批古画回到了故宫博物院，其中还包括五代董源的《潇湘图》卷、元代方从义的《武夷放棹图》轴，《韩熙载夜宴图》卷的价格还不及当初他买下时所费巨资的1/10，张大千的用心不言而喻。再说另一边，台湾方面得知这个信息的时候，一方面是休息日，没有及时传递和商议，另一方面是财政紧缩，等明白过来的时候，这批国宝已经安然地躺在故宫博物院延禧宫库房的楠木柜里了。

十五 金军习泗引宋谍：南宋佚名《柳塘牧马图》页

现代战争中为了获取敌方阵地的情报，可以使用卫星、无人电子侦察机等。古代没有现在这样发达的高科技，但是古人也要充分利用当时最可能的条件用充满智慧的手段获得敌方的情报。在南宋与金国对峙的时候，南宋朝廷就曾经派宫廷画家以外交使团成员的身份进入金国，仔细观察对方的交通道路、军事装备及训练情况，包括敌方首领的长相等。

那么，近千年之后的我们怎么能知道金国的军事机密呢？流传至今的南宋《柳塘牧马图》就是这样一幅有着特殊意义的"军事图"，这幅图于1953年初由国家文物局拨交故宫博物院。图上有清代耿昭忠签署的"陈居中柳塘牧马图"，陈居中是一位经历特殊的南宋宫廷画家，他是浙江人，本来是南宋宁宗朝的画院待诏，善于画人物鞍马，长于布景着色。根据史书记载，他曾经出使金国，远到山西永济蒲州。他在《文姬归汉图》轴（台北故宫博物院藏）中对匈奴人的体貌和风习刻画得非常仔细，当然他画的不是历史上的匈奴人，而是他所处时代的女真人，但这也足够说明他十分熟悉女真人的生活和各种装备。但是，鉴于这幅《柳塘牧马图》页的画风跟陈居中很不符，所以它一直被当作南宋佚名之作，这位画家很有可能藏匿在使团里跟随出访，暗中画下了这幅图。我们可以根据他的画风来推断他作画的大致年代，他的画风中留有一些南宋初期萧照的笔法，而完全没有南宋中期马远、夏圭的笔墨技法痕迹，可以推知他是活动于孝宗朝的宫廷画家。

南宋佚名《柳塘牧马图》页，绢本，设色，纵 24 厘米，横 26 厘米，故宫博物院藏

这幅图看似一幅画在团扇上的柳塘牧马图，但其实绝不是寻常的集山水、人、马为一图的普通团扇，仔细观察的话，玄机重重。画家画两群马在圉夫的驱赶下从两岸下水，游向各自的彼岸，形成一定的阵势。画中的圉夫戴着白毡笠子，髡顶（把头顶的头发剃掉），然后耳后垂双辫，这是典型的女真人形象。再细想一下，按女真人寓兵于民的"猛安谋克"兵制，这些人在平时是圉夫，在战时就是兵卒。画家又画了一位穿着白衣的女真贵族盘坐在岸上，周围有几个服侍的仆人，女真人有崇尚白色的传统风俗，显然这是一位颇有地位的军事长官，他正在督导属下训练泅渡。

那么为什么来自北方草原的女真人，要训练泅渡、苦练水战呢？这就不得不提当时的历史背景。南宋宋高宗时期，南侵的女真人在江淮的河港湖汊里屡屡失败，暴露出不擅水战的弊病。此后，金军痛定思痛，开始训练人和马匹的水战能力。这位出使金国的画家无疑是形象地记录了金军为与宋军决战于水网密布的江淮地区而进行战争准备的实况。画中坡石、杂树的画法比较娴熟，但表现北方山水的特色显得有些生疏。粗笔勾画柳干、石廓，细笔点柳叶，远山绝顶处点缀着落叶松，也许是因为画家第一次见这种北方树种，所以还缺乏娴熟的表现技巧。相比之下，画中的人和马画得十分纯熟，造型生动简洁，寥寥几笔弧线勾勒出马匹在剧烈运动中显示出的圆浑的体积感。虽然这幅图与南宋陈居中的画风有一定的差距，但从作者的院体画风来看，他极有可能也是南宋的宫廷画家，和陈居中一样，他也有过出使金国的经历。作为潜藏在南宋使团中的宫廷画家，他暗暗注意到了金国的军情变化，默默记在心里，然后把这一情报画出来了。这类绘画通常画在小幅的纸或绢上，就像扇面或册页一样，之所以这样，也许是因为这种绘画载体易于携带，便于发挥它的特殊作用。

在宋朝的时候，这种"谍画"的作用至关重要。选派画家随使团从事间谍活动在北宋也是常有的事情，据南宋王明清《挥麈录》记载，宋徽宗宣和初年，从辽国回来的谍报者说天祚帝貌有亡国之相，我们知道，天祚帝后来确实是辽国的最后一位皇帝。收到这个情报之后，朝廷就派画学正陈尧臣带着两个画学生北上，把一路上经过的山脉形势和天祚帝的面貌都画下来了。他们回来之后汇报说："虏主望之不似人君，臣谨写其容以进。若以相法言之，亡在旦夕。"虏主即天祚帝，就是说天祚帝看着就不像个皇帝，臣很恭谨地给他画了肖像图，看他的面相，辽国马上就要灭亡了。同时，他们还把绘制的行军路线图也奉上了。今天藏在辽宁省博物馆的《峡岭溪桥图》页就是类似活动带回来的谍画。

回到这幅南宋的谍画《柳塘牧马图》页，这时画的对象已经不是辽国，而是金国。宋高宗去世之后，宋孝宗继位，他不满于高宗朝腐败软弱的政治局面，为岳飞父子平反昭雪，贬黜了高宗朝属于降金派的僚臣，还委派擅长绘画的人出使金国，比如他曾经选派宗室画家赵伯骕为副使出使金国。此时赵宋南渡已40年有余，来自北方的将士已多数不在人世了，中青年将士们大都生长于江南，对北方的地形和军事要冲都不熟悉，十分需要借助绘画来图解北方交通要道和地形地貌，增强将士们对北方作战地形的形象认识。《柳塘牧马图》页的绘制很可能就是出于这样的目的。

第五章　绘　画　｜　427

十六 工笔青绿中的逸气：元代赵孟𫖯《秋郊饮马图》卷

赵孟𫖯是中国艺术史上的突出人物，他的绘画集前人之大成，不仅精于表现各种画科，如山水、花鸟、竹石、人物，还擅长各种画法，如工笔设色、写意、白描等，在每一种画科、每一类画法上他都形成了自己独特的绘画风格。他在书法上也是这样，正、草、隶、篆，样样精通。

赵孟𫖯（1254—1322），字子昂，号松雪道人，浙江湖州人。他是南宋的宗室，他的一生经历了南宋灭亡、元朝建立的历史进程，他在南宋灭亡后开始在元朝当官。元世祖忽必烈和随后的几位皇帝为了笼络江南汉族文人，相继给了他一些文官虚衔。当然，赵孟𫖯因为顶着南宋宗室的名头，因此他在元朝出仕也饱受非议，他自己一辈子也处在矛盾的心态当中。到了晚年，赵孟𫖯越来越不能适应腐败混乱的元朝政治，不得不回乡隐居。他们一家人都擅长书画，

元代赵孟頫《秋郊饮马图》卷，绢本，设色，纵 23.6 厘米，横 59 厘米，故宫博物院藏

比如他的妻子管道升、儿子赵雍、孙子赵麟等，他所培植的家族性画家群对后世绘画影响较大。和我们后面讲到的任仁发家族一样，赵氏家族也是一个以家传为授画形式的家族性人马画家群，所不同的是，赵家是元朝显贵，所以他们的绘画丝毫不触及元朝社会中的黑暗问题。

在赵孟頫所有的绘画里，最为突出的是人马画和山水画。赵孟頫是元朝名儒，所以他的人马画含有更多的儒雅之气，就他的画风而言，大致可分为两大类：其一是仿唐代韩干之作，用色富丽华贵，画的马体型丰肥壮硕，以山水树石为背景，人、马和周围的背景合为一体；其二是仿北宋李公麟之作，造型也仿照唐人，但笔墨清淡，注重描法与形象、质感的统一，以墨代色，很少设色。

赵孟頫的人马画造型取自唐人，不仅马是如此，围夫、马官也都穿唐装，虽然当时是元朝，蒙古人也擅长骑马，但人马画里的马官也绝对不会穿着蒙古装。当然从另一个角度来看，赵孟頫"崇唐"的人马画理论，在客观上也使他避免了表现蒙古族人马的窘境，毕竟他是南宋的宗室，固守传统的汉族传统文化心理，当然这种态度最终也促使他离官返乡。光画出马的形态是远远不够的，为了悉心揣摩马在高兴时的动态和性情，他曾在家中床上反复学马滚尘状，以便于在画中有所表现。

故宫博物院藏的赵孟頫《秋郊饮马图》卷，上面有作者自题"秋郊饮马图"，款"皇庆元年（1312年）十一月，子昂"，钤印"赵子昂氏"。这是一幅将山水、人物、鞍马合一的绝佳之作，画家表现了秋天在大都，也就是今天的北京郊外放牧的情景。旷野牧放的题材常常以长卷的形式展开，欣赏者从右向左渐渐打开手卷，随着向左展开的画面，我们的视线就跟随着画中的人和马一直"跑"到画幅左侧的尽头，这是古代传统绘画独特的欣赏方式。画山水长卷常常用这种手卷的方式，古人称为"卧游"，意思就是用欣赏山水画来替代出门游玩，因为古代交通不便，但古人又想去体悟山水所蕴含的哲学思想，于是采用卧游的方式来舒展心灵，感悟哲学。

画牧放题材的时候，为了展现马匹的动静变化，奔马、饮马是其中不可缺少的细节。《秋郊饮马图》卷是赵孟頫晚年画的精品，当时他正在内廷供职集贤侍讲学士（从二品）。我们看书中的配图，可以看到一个唐装圉官在池畔牧马，他穿的是红色的外衣，想必官职不低，应该是皇家圉官。赵孟頫在他的人马画中始终画穿着唐装的圉夫、马官，这个传统一直延续至清末，传人不绝。赵孟頫笔下的鞍马也充满了个性，关在皇家马厩的马匹一下子见到了宽阔舒展的大自然，有的兴奋得互相追逐了起来，有的静静地走到溪边饮水、回望、相互亲昵……在他的唐装人马画里，有着唐人画马所没有的文人气息，除了对马的容貌和动态观察体味得十分细腻之外，画风继承了唐人的青绿着色，而且又有新创，设色清丽而沉稳，以大青绿作草坡林木，林间点缀着深秋的红叶，穿着红色衣袍的马官在不同的绿色背景里显得既格外突出，又十分协调。画家用干笔画树石，线条浑厚洒脱，颇有情致。干笔和青绿分别是文人和匠师作画的重要技巧，赵孟頫巧妙地将两者熔于一炉，而不失文人雅韵。全卷构图开阔舒展，疏密有致。马的追逐、饮水等姿态尽得天趣，将山水画与人马画有机地融合为一体。

这幅画是清宫旧藏，一直藏在故宫博物院。如果有机会的话，笔者建议读者朋友去故宫博物院亲自看看赵孟頫的作品。

十七 元代任仁发《二马图》卷：爱恨亲仇 分外明

一幅画不仅能表现画家自己的思想和艺术水平，还会反映画家所处时代中出现的大是大非问题。元代任仁发（1255—1327）就是这样一个画家，他字子明，号月山道人，松江（今属上海）人，官至浙东道宣慰副使。任仁发不是专门以绘画供奉朝廷的宫廷画家，他的本职是都水庸田司副使，这个官其实就是元代负责管理水利的。他主持了许多水利工程，除了修建海堤之外，还主持了大都（今北京）的通惠河、会通河以及黄河的水利工程。所以他也是一位著名的水利科学家，他著有《浙西水利议答录》（十卷），正因为长期从事兴修水利的工作，他对社会底层会有一些接触和了解。任仁发跟出身高贵的赵孟𫖯不一样，他本来就出身贫寒，做官之后就是到各地兴修水利，他对底层民众的生活疾苦特别熟悉和同情，所以他虽然也是个文人出身的画家，但却并不清高，相反是个特别接地气的实干家。

虽然他利用业余时间研习绘画，但是他的绘画水平一点都不"业余"，他擅长画人物、鞍马、花鸟。他画马专门学唐代韩幹的笔法和造型，能画一手具有唐代古典风格的鞍马画，这也使他成为画史名家。元代有许多科学家都擅长绘画，任仁发就是其中一位，他们把科学研究的精神带到了绘画界，必然会提高观察能力和表现技巧。

任仁发最著名的鞍马画就是《二马图》卷，这幅图原本是两开册页，后来被裱成了一幅手卷，册页和手卷都是传统书画作品的装裱形式。册页就是由一张张对折的硬纸板组成的，可以左右或者上下翻阅，很方便查看。手卷就是横卷，是为了放在手里展开观看的，可以很长。图中就画了两匹马，属于蒙古马种，这是中国北方马种的代表，它的外形特征是躯干长、四肢短、脑袋粗重、鼻孔较大、耳朵长、脖子短，画家只是在此基础上做了一些艺术加工，把马腿画得修长一些，显得十分灵巧，可见画家具有相当强的写实能力。这与元代科学技术的进步有关，当时科技的进步使得人们观察物质世界的水平和能力提高了许多。

但是，任仁发画这幅图并不是要展示他的写实技巧有多高超。在绘画技巧之外，《二马图》卷其实是一件思想性很强的绘画作品，为什么这么说？由于任仁发主持兴修水利，长期接触底层深受水患的乡村百姓，他自己又在朝廷为官，亲眼看到了朝廷里官员们的所作所为，因此这幅画注入了他的愤世嫉俗之情，也是中国古代绘画史中最具有讽谏意味的人马画。画家画了两匹马，一匹肥一匹瘦，有什么深意呢？这就要看画上他的自题了，"世之士大夫，廉滥不同，而肥瘠系焉。能瘠一身而肥一国，不失其为廉；苟肥一己而瘠万民，岂不贻污滥之耻欤！按图索骥，得不愧于心乎？"任仁发用辛辣的手法讽刺了"肥一己而瘠万民"的贪官，讴歌了"瘠一身而肥一国"的廉臣，这幅画的表现手法也很精细工致，非常传神：肥马全身膘肉，骄横纵恣，昂首阔步，一副不可一世的样子，的确有韩幹画马的形态；瘦马看上去却特别瘦弱，骨瘦如柴，以至于肋骨都历历可数，它俯首勤勉，

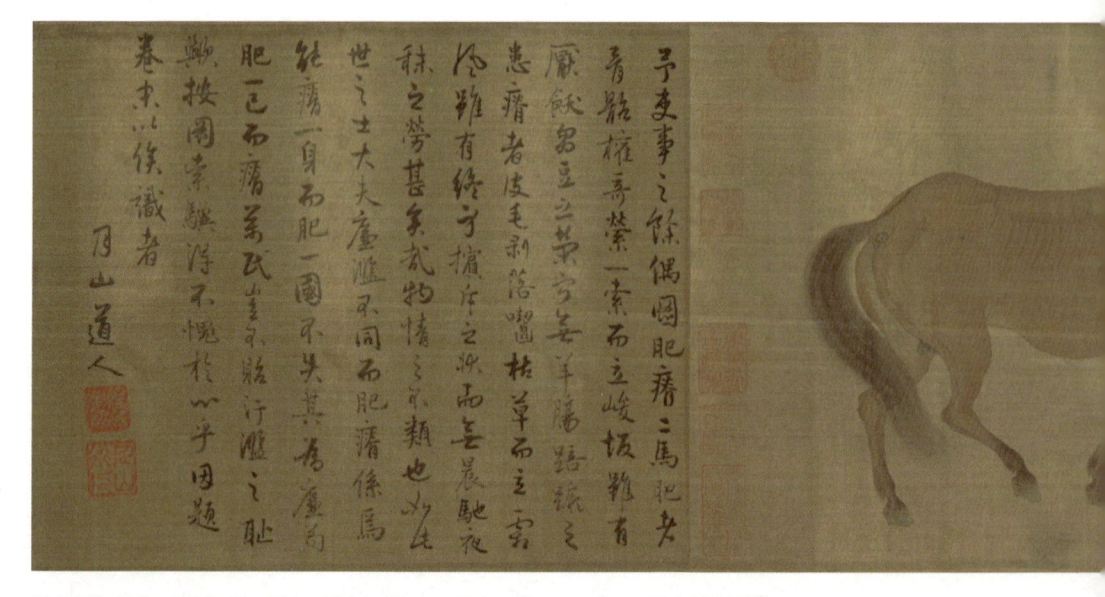

元代任仁发《二马图》卷，绢本，设色，纵 28.8 厘米，横 142.7 厘米，故宫博物院藏

步履艰难，完全是特别疲惫的样子。作者没有用简单的概念符号来表达他的意图，而是用拟人化的传神技巧来褒善贬恶，使得看到这幅画的人见马如见人，蕴藏了作者深刻的政治寓意，表达了爱憎分明的思想情感。这幅画表达的是任仁发对吏治的态度，两种马就是两种截然不同的官员，透过这幅图，我们可以推知当时的官员出现了两极分化的状况，极度的贪腐和极端的辛劳并存。元代有很多画家喜欢画瘦马，遗民画家龚开也画过，还有一些佚名画家。瘦马造型基本一致，甚至马肋也是15根，他们都喜欢借画马来表达心中强烈的思想情感。

任仁发培养了一个画马的家族，他是这个画马家族的开创者，他的儿子贤才、贤佐，还有孙子伯温等都会画马。任贤才，字子昭，早年在元内府任秘书郎。他继承了父亲的画技，有《奔马图》页传世；任贤佐，字子良，任仁发第三子，生活在元朝末年，官至浙江台州判官，画《人马图》轴等。虽然任仁发的子孙都擅长画马，但是论起思想性和艺术性都不及任仁发。

这幅《二马图》卷曾被乾隆皇帝收藏过，1953年入藏故宫博物院。

十八 囿于绳矩而不窘：元代王振鹏《龙舟夺标图》卷的秘密

在元代宫廷，最受宠幸的画家是善画汉式宫廷建筑和巨型舟船的界画画家。关于界画，我们在解读张择端《清明上河图》卷的时候已经提到，这是一种借助界尺来表现建筑的绘画。1272 年，谋臣刘秉忠帮助忽必烈定都大都（今北京），这标志着蒙古贵族彻底走出了蒙古包，适应了大都市里的定居生活，大都人口剧增到了 50 万。皇家最关注的建筑是宫殿和御苑，蒙古统治者向汉民族学习营造城郭、屋宇后，充分感受到了建筑的优越性和美感。同样，海上移动建筑——船舶，也是元廷非常看重的运输工具，因为船只可以增强海上军事实力，也可以进行贸易。

元代王振鹏《龙舟夺标图》卷，墨笔，纵 25 厘米，横 114.6 厘米，故宫博物院藏

元代中期，有这样一位宫廷界画的高手，他把宫廷建筑与舟船巧妙地结合起来，被称为"元代界画第一"，他就是王振鹏，字朋梅，号孤云处士。他除了长于界画之外，还精于山水、佛像和人物等画科。当元仁宗爱育黎拔力八达还是太子的时候，王振鹏就以绘画侍奉左右，曾给爱育黎拔力八达画了一幅龙舟题材的绘画。1311年，爱育黎拔力八达登基，他把王振鹏带进了宫。不久，王振鹏呈献界画《大安阁图》取悦了仁宗，因为画中的大安阁是元世祖在开平（今内蒙古正蓝旗东五一牧场）为藩时，取北宋汴京熙春阁的建筑材料建成的大安阁，落成后，就把这个地方定为上都。王振鹏画这幅图，非常巧妙地颂扬了仁宗先祖的功绩。他的界画越来越受到仁宗的青睐，并获赐号"孤云处士"。元仁宗任命王振鹏为秘书监典簿，秘书监是一个掌管宫中历代图籍、皇家书画藏品的机构，元仁宗希望他主管皇家的收藏品时，好好观览历代书画，增长见识。

元仁宗的姐姐大长公主祥哥喇吉也非常喜欢书画，她出嫁的时候，有许多嫁妆就是宫里藏的历代书画。祥哥喇吉看到元仁宗有一幅王振鹏画的龙舟题材的长卷，很喜欢，要求王振鹏也给她画一幅。可是当时的王振鹏其实是没怎么见过赛龙舟的场景的。虽然赛龙舟是端午节的习俗，但是元朝早就禁止各地举办赛龙舟，目的是防止百姓在怀念屈原的气氛中激发出热爱故国的热情，危及他们的统治，因此王振鹏很难看到龙舟夺标赛的真实场景。怎么办呢？王振鹏想起宫里就藏有

第五章 绘 画

北宋张择端的《清明上河图》卷和姊妹卷《西湖争标图》，这个"西湖"就是北宋皇家园林金明池的别称。其中包括金明池周边的皇家建筑和各种龙舟，为了准确地表现龙舟赛的场景，王振鹏下决心要充分利用主管秘书监的条件，好好摹一遍张择端的《西湖争标图》卷！

所谓摹，就是要和原件的大小一样，甚至绘画的材料和技法都要尽可能一样，如同复制。经过学者的仔细研究，故宫博物院藏的元代佚名《龙舟夺标图》卷就是王振鹏摹制的，这是为大长公主祥哥喇吉创作龙舟赛主题画作而做的准备。

这幅图再现了北宋崇宁年间（1102—1106）三月三日，徽宗在金明池举办龙舟竞渡的盛况。卷首画有10条小龙船，它们是准备参加下一场夺标赛的第二队龙船，禁军们11人一船，10人分两侧划桨，1人站在船头掌旗，个个跃跃欲试。在他们的前面有两条14人组的龙舟，那很可能是牵引大龙船的禁军船。周围有驾着鳅鱼舟的禁军士兵进行现场监督。远处的场景，我们可以想象跟南宋孟元老《东京梦华录》里追忆的那样：有两条船，上面都是在演出歌舞的乐部，还有一条小船，上面有个小彩楼，彩楼下面有三个小门，正对着水面，音乐响起来的时候，彩楼上的门就打开了，有小木偶人出来，在水上表演各种节目，这被称为水傀儡。

全卷的高潮是10条龙船横穿湖面，正争先恐后地穿过拱桥桥洞，最先到达目的地的龙船扑向立在水殿前的锦标……那是一根插在近水殿前的标杆，水殿上有两位执旗者侍立左右，一位头戴长脚幞头的人物地位最高，在一侍从的陪伴下正在观看竞争最激烈的时刻，其身后有9位大臣侍立同观。整个场景，非常热闹。

王振鹏《龙舟夺标图》卷属于典型的界画，在技法上和艺术上达到了界画的最高要求。界画的最高要求是什么？第一就是在技法上一定要画得准确，尺寸一点都不能出错，准确到什么程度呢？准确到工匠们几乎可以拿来当图纸直接去建造；第二就是在艺术上一定要画出韵味，通过线条塑造建筑形态的时候要有空间感，必须里外通透，线条的组合不能过于机械僵硬，还要有一定的变化，有韵律感。一般的界画家只能做到前一半，就是画出像今天的机械图纸一样的界画，但是王振鹏却能把呆板的图纸升华成可以百看不厌的艺术品。元代有个文人叫虞集，他评价王振鹏的界画：运笔和墨，丝分缕析，左右高下，俯仰曲折，方员平直，曲尽其体；而神气飞动，不为法拘。意思就是说他不仅能画得非常精确，而且很有气韵，不被界画的严谨所拘束。

张择端《清明上河图》卷和王振鹏《龙舟夺标图》卷里，出现许多相近或对应的构思和构图，甚至尺寸大小都是相近的，这是必然的。比较突出的是，两卷中舟船的运动方向都是从右向左，《清明上河图》卷的高潮是船与桥在即将相撞的那一刻化险为夷了，然后城门和周围的土墙把长卷画面分割成城里和城外两个部分，进城百步后，画面在喧闹中结束。《龙舟夺标图》卷的高潮也是通过一座拱桥来表现的。龙舟夺标的高潮结束后，岸边的一道宫墙和宝津楼也将画面分割成池内和池外两个部分，两卷建筑的总体斜面几乎都是一样的，切角恰恰都是45°左右，因此，两卷视平线的高度也基本一致。《龙舟夺标图》卷中的建筑属于宋代样式，比如斗拱之间的跨度就要比元代建筑大得多。可惜这幅画前后不完整，很可能被后人裁剪过了。明代孙鑛《书画跋跋》续卷三载录了王世贞的跋文：明穆宗隆庆皇帝很喜欢这幅图，就命宫廷画师添加了颜色，改变了《清明上河图》卷原为墨笔的基本面貌。由此可以证实，两卷原本是跟张择端用的一样的绘画技法，也是用白描墨笔画的。

在摹完张择端的《西湖争标图》卷之后，王振鹏为大长公主完成了《金明池龙舟夺标图》卷，这幅画许多地方参考了《西湖争标图》卷，不过里面画的都是元代的建筑样式。幸运的是这幅画流传了下来，目前藏在私家手里。王振鹏擅画界画给他带来了官运，他官至漕运千户（五品），任职于江阴（今属江苏）。在基本取消科举制的元代，进入仕途主要靠举荐，因此许多人临摹王振鹏的《金明池龙舟夺标图》卷，都是为了获得进入仕途的机会，现今摹本有近10幅存世。

通过王振鹏的这幅《龙舟夺标图》卷，我们可以知道宋廷严格地掌控龙舟竞赛的程序和游戏规则，一切都在井井有条的秩序中展开。对比张择端在《清明上河图》卷里揭示的开封城因缺乏军政管理造成的社会弊病，说明当朝者并不是缺乏管理社会的能力，而是把精力多集中在朝廷的奢华享乐上。朝廷的人力物力究竟用在了何处，不禁让人感慨万分。

十九 天地晶莹 洁净世界：元代黄公望《九峰雪霁图》轴

20世纪50年代初，国家文物局购入了元代黄公望的《九峰雪霁图》轴，1953年这幅图移交故宫博物院收藏。黄公望出生在南宋末年的常熟城，他其实并不姓黄，而是姓陆，他从小就爱读书，长辈们都很怜惜他，称他神童。但不幸的是，他小时候父母双亡，在他不到10岁的时候，有好心人将他过继给在常熟做生意的浙江人黄氏。当时黄氏90岁了，膝下无子，一见到这个小神童，喜出望外，激动地叫出了声："黄公望子久矣！"他干脆就以此来为作为这个养子的名和字，所以黄公望，名公望，字子久，就是这么来的。

但是，没过多久，黄公望的继父就去世了，他一切都得自立。他成年后试图做官从政，以施展他的政治抱负，但元代取消了宋代十分成熟的科举考试制度，青年才俊们只能通过举荐途径进入官场。黄公望早年读的四书五经没有施展的考场了，他一直到中年方才受到浙西廉访史徐琰的赏识，在徐琰麾下担任一个很小的职务——书吏，也就是普通的办事员，后来到大都内廷御史台察院里充当书吏。又因为上司贪赃失职，黄公望受到牵累而入狱，出狱时，已年约半百，阅尽人间沧桑的他受尽了欺辱，却还不知道茫茫人间路在哪里。

元朝统治者把人分成了四等，蒙古人是一等，其次是来自西域的色目人，再次是较早被征服的"汉人"，也就是北方各民族，最低等的是最后接受统治的"南人"，也就是最后归顺的原来南宋地界的人。因此南方人是最受欺辱的。元朝统治者还奉行"以道护国"的宗教策略，尊崇道教。黄公望想起早年被欺凌的经历，觉得一定是

元代黄公望《九峰雪霁图》轴，纸本，墨笔，纵 117 厘米，横 55.5 厘米，故宫博物院藏

与失去宗教保护有关，为了找到一个比较安定和宁静的生存空间，当时江南正流行道教中的金丹派南宗，他信奉了全真教，作为自己思想的归宿和保护伞。晚年他经常从事道教活动，比如闲居在松江时占卜，还在苏州天德桥等地开堂传教。他的余生在赋诗和饮酒中度过，个性渐渐变得疏放起来，这在他的后半生里显现得十分鲜明，他进入了半"痴"半"狂"的状态，这大概是他很少有知心同道的朋友进行倾诉和交流的缘故。在他的身心全部放松的时候，他就作画，与赵孟頫不一样，他专攻山水，别的都不画。黄公望晚年长期云游于江南一带，比如浙西富春江，饱饮烟霞云霭，广搜山峦丘壑，他的衣袖里常常夹带着纸笔，遇到有特色的景物，当即写生，为创作收集素材、积累灵感，这已经具有近现代画家实体写生的特点，在古代绘画史中是极少见的。在风雨天的时候，他偏偏要出门，查看风雨中的树木和乱石崩滩的景象，他为了观察某个动人的天气变化，一坐就是半天，当地百姓都以为他痴了，都叫他"大痴"，他就干脆以此为号。

就这样，70多年过去了，在即将走到人生尽头的时候，他完成了这幅《九峰雪霁图》轴，这是他一生中最重要的作品之一，当时他已经81岁了。他持续画了7年多的《富春山居图》轴也是在此期间断断续续完成的。画完《九峰雪霁图》轴后的第5年，黄公望客死杭州，葬在故里常熟虞山西麓脚下。

黄公望一生的思想以儒家的入世为起点，经过宦海上的阵阵颠簸后，最终到达的彼岸是出世的道教，这是古代许多文人画家走过的思想道路。他后来因山水画艺术成就被尊为"元代四大家"之首，在明清两朝，凡是画山水画的文人画家，都要学习他的笔法。他著有《写山水诀》，告诉后人如何去写生大自然，怎样表现画中崇高的艺术境界。他还长于音律和散曲，这也增强了他山水画中音乐般的节奏感和韵律美，他还著有诗文《大痴道人集》等。可见，黄公望是一个学养非常高的山水画家。

在了解了黄公望的人生经历后，我们再来解读《九峰雪霁图》轴的精神内涵，这是怎样的一幅画呢？

画家在画幅上题写道："至正九年春正月，为彦功作雪山次，春雪大作，凡两三次，直至毕工方止，亦奇事也。大痴道人，时年八十有一，书此以记岁月云。"钤印："大痴""黄氏子久""一峰道人"。由此可知，这幅图作于1349年的正月，画家汇集了散落在松江西北一带的九座道教名山：凤、陆、佘、神、薛、机、横、天马、昆，时称"九峰"，是当时道教全真教派活动的地方，体现了作者对全真教派的崇拜。笔者曾经爬过或见过这几座道教名山，它们远不像画中的九峰那样矗立高耸，更没有画上这么集中，画家采用了艺术加工和概括提炼的手法将它们集中在一起，具有一定的象征意义。该图是黄公望为江浙儒学提举班惟志创作的，班惟志是大梁（今河南开封）人，擅长书法，是少有的能与黄公望交流的文人官僚。黄公望画这幅画的时候，正值正月春雪，画家有感于春雪大作，想起近处的九峰也一定受到了大雪的洗礼，欣然命笔。在画的时候，大雪下下停停两三次，当画完的时候，大雪停了下来，真是天作之美，天人之合。黄公望以水墨写意的方法画成这幅图，幅上的中、近景以干笔勾叠石，坡边微染赭石，远景绘九座晶莹剔透的山峰，山体不着一笔，留出空白，以淡墨衬染出肃穆静谧的雪山意境，别具一格。古代画家画雪大多是不染白色，偶尔弹上一些白粉，叫作"意到便成"。画家笔下的"雪"没有寒气袭人之感，却给人以神清目爽的享受感，这就是文人画家提倡的山水画的境界，是人与自然的融合。

追溯黄公望学画的历史，他的山水画汲取了前人丰富的艺术养分，他远取五代董源、巨然"平淡天真"的审美观念，近得赵孟頫充满"古意"的境界。在赏阅赵孟頫《千字文》卷时，他不禁写下了"当年亲见公挥洒，松雪斋中小学生"的文句，可知黄公望早年曾在赵孟頫的府第里得到教诲。黄公望一生钟情于江南的枯林雪峰，一直以精练的笔墨挥写江南烟岚雾岭，笔墨枯淡而不失清润华滋，意态俊朗而脱尽羁绊。他尤其喜用长披麻皴擦出山石、坡峦，披麻皴是一种画山石、大树纹理的线条，其线条犹如散开的麻线，所以叫作披麻皴。

由于黄公望是一位道士画家，在绘画审美上遵循老子"五色令人目盲"的审美思想，"五色令人目盲"就是说杂乱的颜色会使人眼花缭乱，什么也看不见。因此道士画家大多在朴素的墨色中讲求更加趋向清淡素雅、简明静谧、质朴无华的审美效果。根据道教崇尚简朴的审美思想，黄公望新创了一种画法，叫浅绛山水，在他的其他画中有体现，是用淡淡的赭石加墨渲染山体，或用赭石和墨青墨绿合染，画中杂木长松，笔笔松秀，置景丰富而行笔简当，更显空灵松秀，成为山水画科里独特、完整的表现技巧。

二十 画中瓜鼠亲 画外得子乐：明代朱瞻基《苦瓜鼠图》卷

一般说到老鼠，我们都会想起很多不好的寓意，比如"老鼠过街，人人喊打"，还有"胆小如鼠""贼眉鼠眼"等各种说法，总之，老鼠大概不是什么正面形象。不过，米老鼠的形象却特别招人喜爱，因此米老鼠之父迪士尼的创始人——美国的华特·迪士尼（Walt Disney）是最早以有趣的艺术形象塑造老鼠的卡通画家，在1922年他22岁的时候，他把老鼠这种丑陋的动物创作成米老鼠这样大受欢迎的艺术形象，再配上一个个幽默的故事，确实令人难忘。其实，早在中国明朝，就有人根据老鼠的美好寓意，把它塑造成一种非常可爱的艺术形象，而且这个人还是个皇帝，他是谁呢？就是明宣宗朱瞻基。

朱瞻基是明仁宗朱高炽的嫡长子，也就是明成祖朱棣的孙子，1425年登基，是明代的第五位皇帝，在位10年，与明仁宗朝并称"仁宣之治"。他雅好诗文，擅长书画，而且会充分利用历史故事画来表达他求贤的统治手段，比如他曾经亲自画了《武侯高卧图》卷（故宫博物院藏），期望朝臣能像诸葛亮那样尽忠。

朱瞻基是个在书画方面很有造诣的皇帝，也是历史上少有的善于画鼠的人。正因为他喜欢画老鼠，画老鼠还一度在宫廷里成为一种时尚。

我们看这幅《苦瓜鼠图》卷，石头上有一只小老鼠，它昂着头看着上面藤蔓上结的苦瓜，其中有个苦瓜已经熟透裂开了，老鼠像是很着急想要吃到的样子。这幅画其实是朱瞻基记录家事的重要画

明代朱瞻基《苦瓜鼠图》卷，纸本，设色，纵28.1厘米，横39.3厘米，故宫博物院藏

迹。为什么说这幅画记录了他的家事呢？这幅画上有明宣宗朱瞻基的自书款："宣德丁未，御笔戏写"，钤印"广运之宝"，由此可知这幅图绘于宣德二年（1427年），这一年是宣宗登基的第三年，对他来说这是极不平常的一年，所以他绘制《苦瓜鼠图》卷是有其特殊原因的。为什么他要选择老鼠和苦瓜这两种形象呢？根据考证，瓜有"多"的意思，也有"多子"之意；鼠在十二时辰中为子时，也有"多子"之意，瓜鼠相合，意思就是"多子加多子"。宣宗画这幅画的时候，已经30岁了，但是一直都没有孩子，作为皇帝没有子嗣他当然特别苦闷，就在这一年十一月，孙贵妃为他生了长子祁镇，也就是后来的明英宗，所以很显然，宣宗画这幅画是庆贺自己这一年得子，或祈祝孙贵妃顺产。在朱祁镇4个月大的时候，孙贵妃被册封为皇后。

与《苦瓜鼠图》裱成一卷的是《食荔鼠》团扇和《鼠石荔图》，被称为《三

第五章　绘　画　│　443

鼠图》卷。后两幅是明末画家的工笔画精品，过去也被视为宣宗御笔，但如果仔细看，会发现他们的笔迹与宣宗画迹相比，大不相同，显然，这是受到朱瞻基画鼠题材的影响的明代绘画。比如《食荔鼠》这幅画，画的就是一只老鼠在吃一个很大的红色荔枝，这个鲜红的荔枝又有什么含义呢？原来画中的红荔，跟"红利"也就是利润谐音，鼠与"储蓄"的"储"谐音，作者意在企望获得美好的物质生活。而《鼠石荔图》画的是一只被金锁拴住的老鼠在吃荔枝，有锁住财富的寓意。所以说，后人不明就里，将这三幅画裱为一卷，但其实这三幅画的作者、意蕴各不相同。

可以说，所有的绘画都是有创作动因的，有的十分鲜明，如具有政治说教性的历史绘画；有的比较曲隐，它涉及人情的背后，表达了创作者关于人伦、人性、人际、人品等与封建伦常有关的理念，具体地体现在与君、亲、师之间的情感和文人交往活动中，常寓意于画。这类绘画往往比较含蓄，在欣赏这类绘画时，必须将画与画家的生活背景密切联系起来，才能探知其中不言的奥秘。特别是我们只要知道某件宫廷绘画作品的创作时间，那么就可以查出，这幅画多半与当时的历史背景有联系，这是欣赏古画的一个基本规律。

通过明宣宗朱瞻基的《苦瓜鼠图》卷，我们再一次知道，欣赏古画要去了解画作创作背后的历史和文化背景，只有这样，我们才能透过画作本身看到作者的用意。这幅《苦瓜鼠图》卷并不只是简单地画瓜和鼠两种东西，瓜和鼠都有多子的含义，而已经30岁的明宣宗朱瞻基当时刚刚得了一个儿子，他是在庆祝和祈祷，这就是其背后的含义。

二十一 仁政驱虎患 德行化民怨：
明代朱端《弘农渡虎图》轴

在山水画里，如果有人物活动，哪怕这个人物画得再小，都往往是这幅山水画的主题，我们一定要给予关注。这一节要解读的明代宫廷绘画《弘农渡虎图》轴就是这样，它在1957年被故宫博物院收藏，本来只是一幅普通的山水画，但就是因为其中的点景人物故事，这幅画的含义更加丰富，从而带有更多的教益，给后人带来启发。

这幅名作的作者是明代中期的宫廷画家朱端，他的生卒年现在已经无法考证。朱端字克正，是浙江海盐人，他小的时候家里很穷，以打鱼、砍柴为生，弘治年间中进士，曾经得到正德皇帝御赐的"一樵"图章，于是他就自号"一樵"。他官至锦衣卫指挥，不过这只是个虚衔，他享受的是特务机构锦衣卫的官职和待遇，但本职还是一位宫廷画家。明代的宫廷不专设画院，画家大多袭用武官职衔，上班的地方就在故宫博物院的武英殿、文华殿、仁智殿等，朱端就是在仁智殿供职。仁智殿位于武英殿后，清朝时倒塌了。

《弘农渡虎图》轴上钤印"钦赐一樵图书"，是朱端的真迹。这幅画是历史故事画，典出《后汉书·卷七十九》，说的是东汉有一个地方叫弘农（今属河南），当时闹虎患，有老虎出没，影响交通，人都不敢从这里经过，更别提商旅贸易。太守刘昆到了之后，"为政三年，仁化大行，虎皆负子渡河"，就是说他在这里做了三年官，把这里治理得特别好，就连凶猛的老虎都驮着小老虎逃走了。

我们看书中的配图，可以看到画中的太守刘昆穿着一身红色的衣服，在百姓们的簇拥下，骑着马来到江边，一个乡民半跪在地上，

明代朱端《弘农渡虎图》轴，绢本，设色，纵 174 厘米，横 113.3 厘米，故宫博物院藏

指着远处的河水,顺着他的手指,我们可以依稀看到泅水远去的老虎。画家为了突出这是一只凶猛的老虎,特意把它画成了一只母老虎,它身上驮着一只小老虎,我们知道母老虎在哺乳期间是凶狠的。刘昆看着远去的猛虎,若有所思,周围的百姓也都在谈论,应该是对猛虎泅水离开的这个场景感到非常惊奇和兴奋。画家笔下的马匹结构严谨,形体饱满,人物线条遒劲洒脱,有种被风吹动的感觉,而且背景高木森森,构图十分深远。

那么朱端为什么要画这个典故呢?当然也是有一定的寓意。这类绘画其实是期望当朝的正德皇帝实施一系列德政,以求国泰民安。明武宗朱厚照是明朝的第十位皇帝,年号正德。他在位期间(1505—1521),不务朝政,一心只想着玩乐,宦官刘瑾、佞臣江彬先后把持朝政,罢免刘健、谢迁等贤臣,社会日益动荡和黑暗。所以朱端在《弘农渡虎图》轴里歌颂古代贤臣的故事,其实是表达了对古代安定社会的怀念之情,希望激励朝政,励精图治,解决民生问题。

分析完朱端画这幅画的寓意,我们再看这幅画的山水画部分。古代宫廷绘画有一个特殊的发展规律:新的朝代一般多鄙视被推翻的旧朝的艺术。如北宋继承晋唐绘画,元代不承接南宋艺术而师法北宋以前的艺术,明代不宗元代而上溯到两宋。特别是明代宫廷人马画,其实是继承了宋代院体画的造型,注重发展人马画的写实能力,对客观对象不做夸张、修饰,几乎当时所有的宫廷人马画都非常注重环境的描写,如杂木、乱草、坡石等。明代的宫廷画家们常用十分随意的粗笔,点缀出人物环境的地貌特征,既有南宋简洁写实的特性,又有明代用笔率性的特点,形成了独具特色的绘画流派——院体。明朝的院体绘画在宣德、成化、弘治年间达到了鼎盛,而朱端就是其中的重要代表之一。可以说,明代宫廷画家们造就了山水画的新面貌,把人马画和他们的故事带进了大自然,为清代纪实性人马画的写实艺术做了铺垫。

二十二 泪雨和墨倾盆下：明代徐渭《墨葡萄图》轴

今天的人们总会把葡萄比作明珠，或者联想到美酒，在古代也是这样，如唐代诗人王翰的七言绝句《凉州词》："葡萄美酒夜光杯，欲饮琵琶马上催，醉卧沙场君莫笑，古来征战几人回。"不过，古代还有一个人把自己比喻为被扔到野藤下的葡萄，不为人知、不为世用。这样的人一定经历了莫大的人生悲剧，这个人就是明末画家徐渭。

徐渭是明末江南画家中最具悲情色彩的文人，他字文长，号天池山人，晚年号青藤道人，山阴（今浙江绍兴）人。1521年，他出身于一个家运衰败的小官僚家庭，卒于1593年，活了73岁。他小的时候就聪明超常，被誉为神童，20岁考中了秀才，但到41岁时，已累计8次乡试落第，一直考不中举人。在当时的绍兴，走不通科举之路的文人最好的出路就是到官府里当师爷，也就是给县太爷出出主意，做些沟通联络的事情。徐渭后来在浙江总督胡宗宪府上当过幕僚，曾亲身参加了东南沿海的抗倭斗争。然而胡宗宪官场失利，下狱后自杀了，因此也断送了徐渭的前程。重创之下，徐渭数次自杀未遂，后因精神失常，杀妻获罪，入狱达7年之久，出狱的时候，他已经53岁了。

在经历了各种遭遇后，徐渭的病情稳定了一些，他回忆起自己的大半辈子人生，他想哭，但已经无声了，他有独特的宣泄方式——作画！于是就画了这幅《墨葡萄图》轴，其画意远远超出了葡萄本身，我们看看画上的行草题诗就明白了："半生落魄已成翁，独立书斋啸

明代徐渭《墨葡萄图》轴，纸本，墨笔，纵 165.4 厘米，横 64.5 厘米，故宫博物院藏

晚风,笔底明珠无处卖,闲抛闲掷野藤中。天池。"并钤朱文印一方:"湘管斋。"强烈的个性往往与独特的画风相统一,这种个性是在逆境中不甘磨灭的坚石。作者以拟人化的方式来表现葡萄,是物化了的自我写照:把自己比喻为野藤里的明珠,迸发出了一生怀才不遇、屡遭磨难,最后困居书屋的强烈情绪。原本一个青年才俊,因为不满晚明社会中的种种黑暗,又找不到出路,忧愤成疾,最终失去了年华、失去了前程、失去了家庭、失去了健康、失去了一切,变成了一个无人理睬的糟老头子,剩下的只有惆怅、烦闷和躁狂、扭曲的心理世界。他只有借绘画宣泄出绝望中的愤懑,感伤自己拯世济民的才华不能得到施展。在这方面,他远没有元代赵孟𫖯那样通达,了却了官场烦恼后,陶冶于山川之中;也没有元代倪瓒那样冷静,抛弃家产,寻找到一个属于他的恬静世界,寄情于山水之中。徐渭依旧在宦海的创伤里,执着地对人生、对社会进行再认识。这样的画家往往会寓意于画,对这类作品,绝不能当成玩物来看,它记录了在残酷无情的封建社会重压下,许多落难文人发出的深沉喘息声。《墨葡萄图》轴更深层的意义是以和他的诗文一起"独抒性灵、不拘格套"的革新精神,和封建社会束缚知识分子的精神枷锁奋力抗争。

独特的画风来自独创的艺术道路,不同的画风是在不同的艺术道路中长期酿造出来的。徐渭习画,最开始的老师是"越中十子"中的陈鹤。他承接了南宋梁楷、牧溪、元代王冕和明代周之冕、林良等写意绘画的路数,致力于水墨写意画,就是以狂放的笔墨借鉴书法的用笔,铺写出大概的形象。对这一类绘画,不能去苛求其细节的像与不像,而是看画家是不是流露出了真实的性情,笔墨变化的技巧是不是自然生动。

《墨葡萄图》轴的构图就很大胆奇特,一枝老粗藤斜穿而过,生出欹斜藤蔓,倾泻出团团墨叶,一阵清风袭来,露出闲挂着的墨点——葡萄,随蔓而舞。这哪里是什么葡萄,分明是他和着泪水的墨点!初看,作品的形象与实物相差甚远,这正是他的创意所在,他不屑于复制客观世界。曾自称:"从来不见梅花谱,信手拈来自有神,不信试看千万树,东风吹着便成春。"意思就是说,我从来不看那些梅花谱,梅花谱就是那些教别人怎么画梅花的画谱,我自己按照自己的观察和感受,画出来我自己眼中的梅花自有神韵。这首题梅花诗正好体现了徐渭不拘成法的艺术思想,他的题画诗表明其造型风格是取神韵而略去枝节:"不求形似求生韵，根根皆吾五指栽。"他所创造的艺术形象是从长期的生活体验中形成的。徐渭亲手栽种葡萄，修茎打枝、剪叶，无不精心侍弄。没有对自然生命的酷爱，就不会懂得如何将人的精神赋予自然，更不能有这么奇妙和丰富的想象力。

  高出前人一筹的是，徐渭有着丰厚的文学修养和独特的书法风格，他曾将自己的各种艺术才能排了高下等次：书一、诗二、文三、画四。显然，他的绘画是在他的书、诗、文中孕育出的。其绘画用笔从独特狂放的书法笔法里走出来，得北宋米芾、苏轼的神韵，又参用黄山谷的草法，笔态恣意汪洋，意气风发，绝不是毫无艺术修养和思想情感的乱笔涂鸦。徐渭的墨法不落陈套，浓墨落纸，再点染清水，将浓墨冲散开，任其自由渗化，在变幻无穷的墨色层次中产生墨韵，直抒胸臆，奔腾着作者悲怆、激奋的气息。徐渭在《墨葡萄图》轴中展现出一个淋漓的世界，一个晶莹的世界，一个和着泪水的世界。他正是用这种奔放的书法风格把晚明的写意画引领到一个前人尚未达到的笔墨自由的境界，创造了一个书画共融的水墨世界。

  徐渭大写意画的震撼力是相当强的，给清代中期"扬州八怪"等画家们许多启发。直到现代，大画家齐白石还"恨不生三百年前"为徐渭"磨墨理纸"，可见徐渭水墨写意画的成就在他死后的三百年里，不知激发了多少绘画大师的创作灵感。

二十三

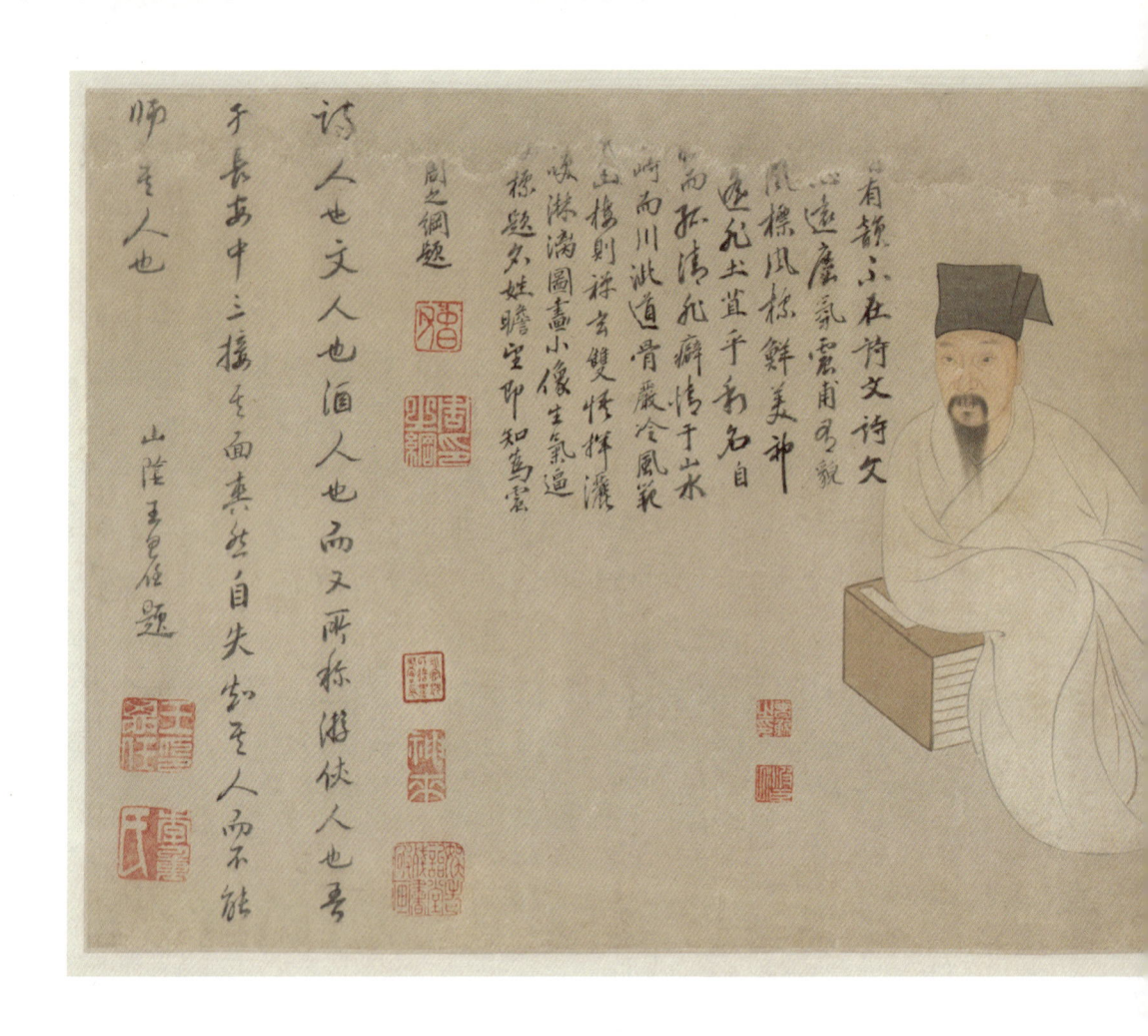

如镜取影 妙得神情
明代曾鲸《葛一龙像》卷

中国古代一直流行圣贤崇拜和祖宗崇拜的思想。在春秋战国时期，肖像画的主题主要是尧舜等圣贤。经过一段时间的发展，到了汉唐时期，功臣画像已经十分成熟，比如唐代最具代表性的肖像画群是太宗李世民诏令阎立本等绘制的《秦府十八学士》和《凌烟阁功臣二十四人图》，这个传统一直延续到清代乾隆皇帝敕令画紫光阁功臣像，当时陆续画了四五百幅功臣像。在宋元时期，文人雅士也可以请肖像画师画像，明清则延续了肖像画世俗化的趋势，更多地出现了远离官场文人的肖像，这说明在野文人画家的自信心和自我意识在不断增长。这些肖像画本着衣冠朴实、性情真实的原则，展现了布衣文人的真实面貌。

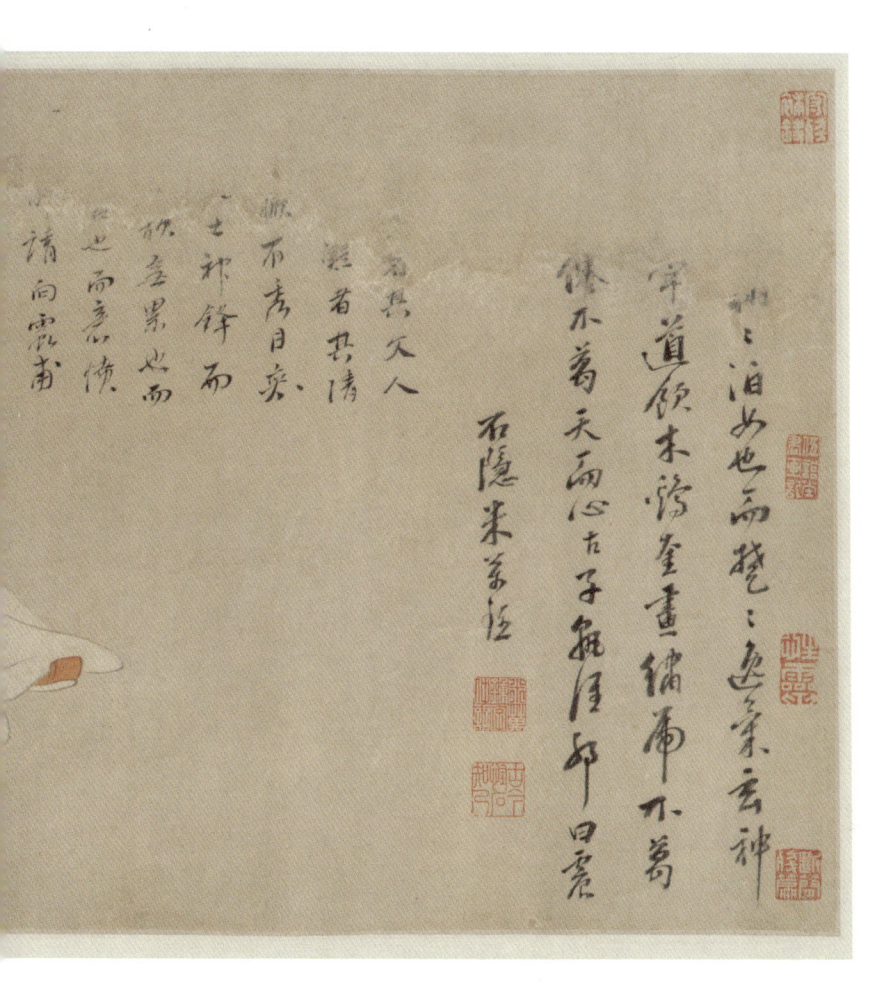

明代曾鲸《葛一龙像》卷，纸本，设色，纵32.5厘米，横77.5厘米，故宫博物院藏

  明清时期，除了在野文人肖像画增多，市民阶层的肖像画也在增多，这与当时的时代背景有关。明代中期以来，江南城乡小手工业经济得到很快的发展，造就了一大批城市手工业者和商贸经营者，他们的文化需求刺激了城市市民文学、艺术的兴起。他们也纷纷要求画肖像，反映了市民里的文化阶层渴求获得本家族乃至社会的肯定和尊重的愿望。这种观念是建立在平民基础上的哲学思想的反映。明中叶以来，王阳明、王艮、李贽等哲学家的理论得到发扬。王阳明的"满街都是圣人"的说法、"身者，家国天下之本"的观点，让一大批普通的文人日益自觉和自信了起来，他们也要有自己的形象，要有自己的地位。千万别小看了他们的肖像画，这可是一种自我肯定的重要方式。

  在明末苏州有一个文人，叫葛一龙（1567—1640），字震甫，吴县（今属江

第五章 绘画

苏苏州）人,他也要试一试画肖像的那份自信和自在的感觉。说来他也完全够格,他是一位诗人,一生诗作有20种,如《修竹篇》《山茶百韵》《幽堂集》《新绿斋诗》等。他还慷慨出资与四方名士结成"秦淮诗社",很受当地诗界文人的爱戴。他还当过一段时间的小官——云南布政司理问,是个廉洁的好官。

故宫博物院于1953年初收藏的《葛一龙像》卷就是他的肖像,他身着白袍,犹如一团白色的闲云飘落下来,他斜倚着一函书,姿态怡然,双目凝视前方,紧抿嘴唇。这幅画生动地绘出了文人雅士的风韵。

画葛一龙的画家可不是一般的民间匠师,他是享誉江南的肖像画家曾鲸(1568—1650),字波臣,福建莆田人,寓居在江浙一带,以写像为生。自北宋起就有民间艺人临街设摊,经营写照,光顾者大都是市民阶层。到明末,由于经济的发展特别是文人自我意识的崛起,文人文化渗透到市民阶层;朝野文人对肖像画的需要不仅在数量上有所增长,而且更强调肖像画的艺术水平,力求能表现文人们的品格和气度,既有欣赏性,又有纪念性。曾鲸经常跟有思想、名望的文人士大夫们交游,为他们传神写照,他曾经给当时很多名人画过肖像,比如当时最著名的书画家董其昌,以及受其影响的王时敏,还有具有叛逆精神的画家陈洪绶,还有杭州医学家张卿子、抗清明将侯峒曾、著名思想家黄宗羲和名士黄道周等。从曾鲸所画的肖像可以看到他的进步思想倾向。葛一龙被画,是再自然不过了。曾鲸的肖像画,一般都画全身,选取对象最自如的身姿,也是将最能反映对象个性特征的姿态入画。他常常把对象置身在有道具的自然环境里,以此来衬托人物的精神面貌。但是这幅《葛一龙像》卷却一反常规,只画了一函书点出主人的身份和敏而好古的特性,也唤起欣赏者对主人身居书斋环境的遐想。

古代肖像画到两晋的时候,画法始精,发展到唐宋,已具备了两种较为完整的表现技法:一种是以东晋顾恺之,唐代张萱、周昉,五代周文矩、顾闳中为代表的勾线着色的画风,另一种是以唐代吴道子、宋代李公麟和元代王绎为代表的白描画法。明末清初的肖像画家曾鲸在绘画史上的卓越贡献就是突破了前人的藩篱,创立了颇有影响的"波臣画派"。为什么叫"波臣画派"呢?因为创始人曾鲸字波臣。"波臣画派"的特点就是在吸取前人的两种肖像画技法的同时,又受到了西方绘画明暗法的影响。明代万历年间,意大利传教士利玛窦三次来南京传教,带来了意大利文艺复兴时期的肖像画,如《圣母圣婴像》和《耶稣基督像》等,这些宗教绘画轰动了当时的南京城，寓居在此的曾鲸不可能不受到感染。

在《葛一龙像》卷里，画家并不满足于形象上的逼真，更专注于成功地传达对象的精神风貌。曾鲸继承了东晋顾恺之的传神理论，对点睛之笔十分慎重，努力体现出对象情高志洁的心灵。他一开始就把欣赏者的注意力吸引到对象的面部。衣服纹理的行笔没有棱角，洒脱如云，线描构成十分精简得体。画面当中深色的帽、鞋、书相互呼应，构成一个直角三角形，使淡雅的画面产生稳定感，也带来了丰富的墨色变化。这幅画是画家进入艺术成熟期的精心之作，没有名款，上钤有"曾鲸之印""波臣父"二白文印，从中可以领会到作者的"波臣画法"。那么这幅画的"波臣画法"是怎么体现的呢？我们可以看葛一龙肖像的面部，他的轮廓经细笔勾勒后，又用淡墨层层烘染出面部的凹处，使面部的形体结构产生立体感，虽渲染达十多遍但墨色不脏不腻，这就是后人所说的曾鲸作画"善墨骨"的特点，这需要准确地掌握面部的解剖知识，染后再施淡彩，透过色彩看到隐约的墨韵，更显得肌肤如生。

师法曾鲸肖像画的门徒众多，留下姓名的就有40多人。他的影响一直持续到清代中叶，形成了长达近百年的"波臣画派"，这一画派的特点不仅是在表面上掺用了明暗法，更是着力于科学严谨的面部结构和阐发客观对象的精神风貌，把肖像画艺术推向一个新的高峰。

二十四

哭留根失土 笑有花无果：
清代朱耷《古梅图》轴

我们在这一章中介绍了各种各样的画家，比如皇帝画家、宫廷画家、文人画家、民间工匠画家等。在古代，还有一种非常特殊的画家，叫遗民画家，他们通常被归入文人画家，但绘画思想有其独特性。

什么是遗民呢？遗民往往出现在封建社会朝代更替的时候，旧朝灭亡后，一批很有才学的文人，他们曾经得到旧朝的恩惠，或为官，或得到了较好的读书条件，他们非常怀念旧朝，反对推翻旧朝、建立新朝的皇帝，不肯投降，更不愿意出来做官拿新朝的俸禄。遗民过的生活与隐士的隐居生活很像，但隐士没有明显的政治态度。遗民画家有很强的政治信仰，他们依旧忠于前朝的皇帝。汉族遗民如南宋、明朝的文人面对少数民族建立起来的新政权，还要保持本民族的气节，他们躲在山里，或隐居在民间，清高孤傲，以各自不同的本领维系生活，其中靠画画为生的遗民，我们称他们遗民画家。由于这些遗民画家在思想上怀念旧朝、憎恶新朝，他们在画里往往会借物言志、借景抒情，以寓意的手法表达自己不肯与统治者合作的政治态度。

遗民文化是汉文化在特殊的历史时期中呈现出的特有文化精粹和艺术智慧，属于中华民族文化的一个部分，许多具有创意的艺术成就都来自具有独立人格精神的遗民画家。

最早的遗民是殷商的伯夷和叔齐，他们的励志故事为后世遗民所钦佩：周朝灭了商朝，伯夷和叔齐绝不吃周朝的粮食，宁可在首

清代朱耷《古梅图》轴,纸本,墨笔,纵 96 厘米,横 55 厘米,故宫博物院藏

阳山挖野菜度日,最后饿死在那里。最早的遗民画家是 1000 多年前的唐末至五代的荆浩,他隐居在太行山洪谷期间,开创了表现北方大山大水的山水画派。

遗民最早成为艺术势潮是在元朝初年,一群南宋遗民借绘画表达遗民思想,他们在画里往往会用隐含的寓意来表达自己的政治情感。比如龚开、颜辉笔下钟

第五章　绘　画　｜　457

魁与鬼魅的题材，就直接把鬼魅的形象画成头戴蒙古铁骑头盔的牛头马面鬼，而郑思肖则用"无土兰"，也就是没有土的兰花题材来比喻失国。

南宋遗民画家在艺术上取得了巨大的成功，他们的艺术个性和生活方式具有很强的典范作用，激励了生活在清初的明代遗民，因此明代遗民思想在画中表现得更加鲜明。明亡之初，表现此类情感的画家有许多，如嘉兴籍文人项圣谟反复绘制的《大树风号图》，一棵巨大的古树迎着狂风，似乎发出了明亡时的呼号声；更具有代表性的画家朱耷，借描绘动植物的异常形态来发泄自己的愤懑之情，朱耷的这种情感几乎贯穿了他的一生。他常常以冷峻的笔墨涂绘禽鸟、游鱼、麋鹿等动物，它们的眼睛都像是翻着白眼，意思就是"白眼向人"，表示拒不与当朝政府合作。

朱耷（1626—1705）是明宁王朱权的后裔，封藩南昌（今属江西），他的父祖都擅长书画，明朝灭亡时他的内心十分悲伤。他于1648年出家为僧，法名传綮，晚年号八大山人。他就是绘画史上经常提到的"四僧"之一。朱耷常常将"八大山人"四个字书写得很像"哭之"或"笑之"，这其实是借自嘲表达愤世之情，据说他有个徒弟叫牛石慧，也学八大山人的这种暗喻手段，把自己的名字写成"生不拜君"。

八大山人最具有遗民思想的绘画之一是《古梅图》轴，画中的古梅树造型经历过雷劈的灾难，留下半截中空的树桩，树桩拔地而起，独留半身，虽有倚斜，但刚正不倒，新生的梅枝倔强地伸展出来，墨梅怒放，体现出顽强的生命力，所以有学者称这幅画"给人以劫后余生之感"。画中树根外露，不着寸土，寓意与元初郑思肖画无土兰一样，因为土被番人夺去了。这幅画的线条与他平常柔和圆转的风格大为不同，笔笔转折方硬，无一处圆笔或曲枝，寓意不屈。画中的干笔与浓墨形成了鲜明的对比，以求笔墨变化。本幅上有作者三首题诗，根据第二首诗的年款，这幅图作于康熙二十一年（1682年），画家在三年前，也就是康熙十八年（1679年）癫狂病发作，或歌或哭，一两年后，画家才慢慢清醒过来。他的癫狂，正是国破家亡后淤积在内心的无限愤懑的总爆发，爆发之后的冷静时刻，往往是他以笔墨吐出郁闷之情的时机。虽然这个时候距明亡已经有38年了，但是画家一刻也不愿意忘记历史上的遗民气节。

二十五 山川精华 人生草稿：清初石涛《搜尽奇峰打草稿》卷

东西方的历代画家有许多为创作而准备的草稿或素描稿，但不是每一张草稿都能成为旷世杰作，清代画僧石涛的《搜尽奇峰打草稿》卷就是一张价值毫不逊色于画作的草稿。这张"草稿"可不一般，是他花了大半生的游历时间"搜尽奇峰"后"打"出来的，真正实践了他的艺术思想，是他人生最重要的创作精华部分。欣赏这幅画，不得不提他的早年遭遇。

石涛（1641—约1718）擅长画山水，也擅长画花果兰竹、人物佛像等，为清初最富有艺术创意的"四僧"之一，他俗姓朱，名若极，全州（今属广西）人，他是明宗室靖江王朱赞仪十世孙。1645年，在南明灭亡之际，他的父亲朱亨嘉身穿黄袍自称监国，后于顺治年间被废为庶人，幽死狱中。靖江王府遭到血洗，一个小太监抱着5岁的石涛，乘乱逃出了王府，为保全性命，二人在广西全州湘山寺削发为僧。石涛法名原济（一作元济），号大涤子、苦瓜和尚、清湘陈人等。他一生游历丰富、经历奇特，成年后离开了广西，曾游历江西、安徽、江苏、浙江、陕西、河北、北京、天津等地，这么长时间的山川生活体验，给他的山水画提供了无尽的生活素材。

虽然石涛与八大山人同是明宗室后裔，在思想上，两人有所不同。明亡时，八大山人已是弱冠之年，世界观已经基本形成，一生不与清朝的官员有交酬。石涛则不同，他在明亡时出家，年方5岁，世界观尚未形成，他的家庭悲剧直接与南明皇族之间的内部矛盾有关，他对新王朝没有刻骨的仇恨。石涛在1654年至1658年还曾经

第五章　绘画　| 459

清初石涛《搜尽奇峰打草稿》卷，纸本，墨笔，纵42.8厘米，横285.5厘米，故宫博物院藏

向"贰臣"陈一道学习书画，甚至还有向朝廷讨要功名的企图。

1684年，康熙皇帝南巡到南京长干寺，石涛认定他的机会来了，他成为迎接僧中的一员，但后悔没有尽情表现。1689年，当康熙皇帝二度巡幸江南到达扬州时，他为康熙皇帝作了青绿山水《海晏河清》图册，称他为"仁圣主"，自称"臣僧"，还结识了朝廷大员博尔都和王封溁等。因为直到年近半百，他都没有获得一定的宗教地位，所以他特别期待能够提升自己的地位。

不久，在博尔都的邀请下，石涛前往北京，借住在官员们的府邸里。他曾得到了礼部左侍郎王封溁及亲属王泽弘、户部尚书王鹭、辅国将军博尔都的资助。他广交朝廷官员，为他们题诗作画，特别是为博尔都画了著名的《百梅图》，企图通过他们得到朝觐康熙皇帝的机会，一方面想进阶到禅宗的高位，另一方面期待朝廷肯定他的诗文和书画。

然而，没有一个朝廷官员向康熙皇帝引荐石涛，这使他非常郁闷和失望。朝廷官员们都明白，像石涛这样的画僧，没有得到禅宗界的推崇，很难得到朝廷赐予僧界的高等级阶位。当然更重要的原因是康熙皇帝本人的审美取向。当时康熙皇帝正在宫里推行传统和复古的审美思想及绘画风格，如"四王"中的王翚正在朝里受到重用，其画作被视为正统艺术，石涛那种充满了个性化的艺术思想及狂放不羁的笔墨是不会被朝廷接受的，更何况他还有明宗室后裔的背景。

渐渐地，石涛终于明白过来了。他在1691年冬天写给张霖的诗作中已经流

露出自怜和对周围官员的不满情绪："半生南北老风尘，出世多从入世亲。客久不知身是苦，为僧少见意中人。"1691年初，已经51岁的石涛怅然南归，他在临走之前给为自己提供居所的王封溁绘制了《搜尽奇峰打草稿》卷，他想起自己的艺术新创没有受到朝廷的青睐，而摹古的平庸之作却得意于朝野，愤然之情油然而生，他批评了当时山水画家缺乏生活体验而陷入概念化的弊病："今之游于笔墨者，总是名山大川未览，幽岩独屋何居？"意思就是说，现在这些用笔墨画画的人，根本就是闭门造车，都没有出门亲近大自然，游览名山大川，怎么下笔作画？

正因为持这样的观点，所以石涛才会"搜尽奇峰"打草稿，画家是怀着满腔的豪气，一口气画完了这幅画，但是当时的人竟然不能欣赏。直到清末收藏家潘季彤才真正感悟到这幅不同寻常的山水画的锐气所在，潘季彤形容说："此画一开卷如宝剑出匣，令观者为之心惊魂动。"他把看这幅画的感觉形容为宝剑出匣，令人惊心动魄。的确，这是石涛真实性情的集中体现，他要把这幅图留在京师大佬的宅邸里，让他们看看什么是山水画的真面目。他的画论著作《苦瓜和尚画语录》最发人深省的一番话是："古之须眉，不能生在我之面目。古之肺腑，不能安入我之腹肠。我自发我之肺腑，揭我之须眉。"就是说古人的画，不是我想要画的，我要画出自己的面貌出来，而不能与古人一样！

石涛的特点之一就是画中最醒目的墨点，墨点半抽象的形态既像树，也像草，像点点青苔，它象征着绿色，象征着生命，苍劲的线条将这些墨团连接了起来，形成了跳动着的生命，就像画家说的那样："黑团团里墨团团，黑团团里天地宽。"这个宽阔的天地有多大呢？石涛要把他所见的名山大川汇集于一图，看画的人难以判断画家所绘制的中心实景是何地。画家的灵感来自少年时代离开广西桂林后所见过的一些触动他的自然景观，他"搜尽"了一生所见过的"奇峰"，一直追溯到他的少年所见。由右向左，相继绘有鲁中的泰山、北京的燕山、长江的赤壁等地，依次出现了各种地形地貌和风景，比如北京的长城、江南的石板桥、东坡泛舟处等，概括提炼了这几个不同地域的自然景观或人文特色，虽然不全是实景，但却具有地貌上的象征性，并将它们有机地连接起来，达到他在跋文里所说的艺术境界："郭河阳论画，山有可望者、可游者、可居者。"郭河阳就是北宋郭熙，郭熙论画的时候说，山水画应该可以欣赏，让人产生游玩和居住在里面的愿望。

画中出现了"东坡游赤壁"的图景，也是画幅意味深长之所在，画家决意告别自己的过去，坚定了拥抱大自然的决心，画中的"幽岩独屋"是他的理想去处。从某种意义上说，这幅画既是统揽山川精华的"草稿"，又是他晚年生活的"草稿"。

石涛放弃了对清廷的幻想，才真正留住了心中的自我，他晚年定居扬州、葬于扬州。他充满变革的艺术思想和大胆的创作实践，对后世所有主张新创的艺术家产生了极大的影响。直到今天，这种将自然景观有机合一的构思和构图，仍然能够在许多成功之作里见到。

二十六 龙行初履：郎世宁《乾隆皇帝大阅图》轴

在古代，曾经有多位外国画家来到中国，从事绘画创作。如果你穿越到清代康熙年间（1662—1722）晚期的朝廷里，就会看到一个来自南欧的高鼻子、黑卷发的年轻画家，他刚刚完成了康熙皇帝的肖像，但是一点也不高兴，因为他笔下的肖像都是有明暗对比的，中国人不习惯，总是嘲笑他把皇帝的脸画脏了，皇帝也不满意。这个年轻人知道自己要一辈子以绘画侍奉清宫，总不能一直不被中国人理解。最后，他想了一个办法，把中国的传统画法与西洋画法结合起来，没几年就成功了，康熙、雍正、乾隆三朝皇帝个个都喜欢他，宫里没有一个西洋画家能比他影响更大、声名更远。

这个人就是郎世宁（1688—1766），他是意大利米兰人，原名Giuseppe Castiglione，他是天主教耶稣会传教士。在当时，这些传教士除了通晓天主教及其教规之外，为了便于传教，许多传教士还擅长天文学或医学、工程学，郎世宁是画家兼建筑师。他在康熙五十四年（1715年）来到中国，凭借自己绘画、建筑的手艺侍奉了康熙、雍正、乾隆三朝皇帝，以画鞍马、肖像著称于世。除了中国常见的纸绢画之外，他还绘制了部分壁画和铜版画，参与了圆明园的建筑、雕塑的设计活动，据说圆明园里十二生肖兽头就有郎世宁的功绩。他最终官至三品，在宫里传人颇多，但这些人在艺术上没有一个超过他的。

当初，郎世宁不远万里来到中国是为了传教，可康熙、雍正、乾隆三朝皇帝对他的宗教职责不太感兴趣，反而很倾心于他在西方

郎世宁《乾隆皇帝大阅图》轴，绢本，设色，纵 332.5 厘米，横 232 厘米，
故宫博物院藏

艺术方面的才华，责令他留在宫中，主要以绘画艺术侍奉中国朝廷，并且不准回国。这令郎世宁的内心非常纠结，但也无奈，他住在东华门外的天主教东堂，年复一年地往返着一条路的两端——东堂和清宫。他在清宫一口气画了51年，期间从未离开中国。死后，乾隆皇帝赐葬于西直门外。

郎世宁所掌握的是欧洲油画技巧，他最为擅长的画科是肖像画，特别是骑马像，因为骑马像是欧洲油画家和雕塑家反复表现的造型，能把骑马像画好，是显示画家艺术能力的重要标志。欧洲有很多油画家都画过骑马像，比如西班牙17世纪委拉斯开兹的《腓力四世骑马像》、佛兰德斯画家凡·戴克的《英王查理一世像》等。郎世宁当然也不例外，他力图在中国皇帝面前施展他不凡的才艺，他的《乾隆皇帝大阅图》轴画的就是乾隆皇帝一身戎装，骑在马上，这是他最出色的骑马像，也是一幅卓越的肖像画，非常好地融合了中西各自的艺术特点。

通常这类绘有帝王像的人马画都是不署作者名款的，以避不敬之嫌。这幅画作于乾隆四年（1739年），这就便于我们查阅当时的历史背景，这一年，乾隆皇帝弘历亲临南苑（今北京南部）检阅八旗军的队列及各种兵器、火器的操练活动。皇太极生前以先族女真人懈怠骑射等武功而导致亡国为教训，谆谆告诫后世要以骑射尚武为本，这与清王朝的命运休戚相关。乾隆皇帝此行是秉承清太宗皇太极的遗训，每三年要举行大阅一次，目的是壮帝威、鼓士气，这是清廷的重要军事活动之一。此外，他每年还要举行数次大规模的围猎活动，如春天去南苑狩猎，秋天在热河围场围猎和哨鹿，并坚持在八旗子弟中维持一系列弓马考试制度。这幅画表明了乾隆皇帝一定要恪守皇太极遗训，保持尚武精神。

根据这幅画的绘制时间，可以知道弘历当时29岁，这是他登基的第四年，可以看出画中的他一身戎装，志得意满。在西方绘画中，最难处理的是单人独马的骑马像，人与马的微妙关系全在于画家的处理能力，画家很容易将人马画得僵硬死板。为什么说郎世宁的这幅《乾隆皇帝大阅图》轴画得很好呢？下面我们就来详细解读这幅画的绘画技巧。

这幅画是郎世宁的盛年佳作，当时画家52岁，对传统中国绘画处在深入理解和汲取的阶段，画家用的是东方传统的绘画工具和纸张，运用西洋的透视科学、解剖结构、色彩关系等描绘乾隆皇帝和他的战马。画家减弱了景物、人马的光线造成的阴影，接近平光，线条仅仅起到外轮廓线的作用，几乎被色彩隐去，天空

第五章　绘画　| 465

中的云彩画法全部出自西洋画法，近景的草叶近乎西方的静物写生，只有远山的结构保留了清宫写实山水的一些特点。这张巨幅骑马像造型极为精美，把原本特别容易流于僵硬的骑马像表现得十分灵动。虽然宽大的铠甲遮挡了骑手的形体结构，但微妙的明暗关系和铠甲上的纹饰转折交代出乾隆皇帝的体形。乾隆皇帝的身材并不高大，从他退休后给自己建造的养老场所倦勤斋的门高来看，他的身高大约170厘米，但郎世宁经过艺术加工后，通过一定的角度，把乾隆皇帝画得十分高大伟岸。

郎世宁是经历了一番挫折之后，才在盛年之时获得了绘画成就。他刚刚入宫的时候，完全用西洋绘画中的明暗观念画康熙皇帝的肖像，在康熙皇帝的脸上留下了明显的阴影，这在当时不太被宫里的官员所接受，有的人怀疑他把皇帝的脸画脏了。之后，郎世宁渐渐熟悉了中国人的审美习惯和规律，将人物在光照下的阴影部分限制在很小的局部，如在嘴角、眼窝、鼻侧等显现出一定的明暗关系，使得五官既具有立体感，又符合中国人的审美习惯。由于郎世宁不会写汉字，更不会书法，画中的线条部分应该是中国画家的手笔，这样的中西结合可谓天衣无缝、浑然一体。

这幅画把中西绘画的长处非常巧妙地结合了起来，直到今天依然得到中外观众们的喜爱。郎世宁画了三幅乾隆皇帝的骑马像，这幅《乾隆皇帝大阅图》轴是故宫博物院出国文物展品中宫廷绘画的首选作品之一。

二十七 指头生活 人间百味：清代高其佩《高岗独立图》轴

作画通常是以毛笔为工具，当用毛笔不足以抒发画家激动的心情时，有的画家就直接把墨或颜料泼在纸上、绢上。还有一种是直接以手指、手掌代笔，在纸绢上纵横涂抹，塑造出水墨粗放、精练概括的艺术形象，类同水墨画，叫作指画。最早见于历史记载的指画是东汉科学家张衡创作的，根据唐代张彦远《历代名画记》卷四记载：建州浦城县的山里有一种神兽，猪身人首，相貌丑恶，鬼都不搭理它。这个怪兽喜欢趴在水边的石头上，怪兽就怕人画它，看到有人拿着笔纸过来，就藏在深潭中不出来。张衡前去画它时，就拱手不动，悄悄地用脚趾画兽。当然这是一个传说，但是至少到了唐朝末年，已经出现了用手指作画的方式，张彦远的《历代名画记》说水墨画家张璪作画时"或以手摸绢素"，证实了当时出现了指画的表现方式。

由于指画不太适合表现事物形象的细微之处，在注重写实的宋朝，指画受到冷落，少有人问津此道，直至清代前期，高其佩重新振兴了指画艺术，并将它推向新的艺术高峰，形成了著名的指头画派。

明清时期，画家以江南人居多，东北籍的画家绝少，可以说，高其佩（1672—1734）是历史上冲出东北的一位大画家。他的祖籍是辽宁铁岭，他字韦之，号且园，他的父亲高天爵在江西担任建昌知府的时候生了高其佩。高其佩小的时候就显露出聪明的天分，他8岁开始学画，三藩之乱时，他的父亲被作乱的耿精忠害死，他由叔父抚养成人。在高其佩35岁时，他受父亲的封荫，当了姚州牧，康熙四十五年（1706年），他得到了康熙帝赐的匾额，表彰他父亲忠烈的品性。其后，高其佩虽因失职丢了官，但复职后仍然当到了刑部右侍郎。他生性刚烈，秉公仗义，受到很多赞誉。他的游历基本上是随着他的宦途而展开，他曾去过江西、安徽、浙江、四川和北京，丰富的阅历和曲折的人生经历凝结在他的绘画中。

高其佩擅长画指画，自称他的指画技艺来自梦中。他的绘画题材十分丰富，指画表现技巧高超，山水、花鸟、人物、走兽、鞍马无所不涉、无所不能。高其佩的侄孙高秉作有《指头画说》，记述了先祖萌生指画的经过，虽有一些荒诞不经的细节，但从中可以窥探出高其佩对指画发展的重要意义。

高其佩一生作画十分丰富，《高岗独立图》轴是他的精品之一。画中画的是一个文士站在高岗上，反剪双手，背风而立，衣衫拂扬，人物神情微带笑意，正俯首观望。背景一片空阔，稳重的三角形构图使人物主体显得十分突出。左上角作者的七绝题诗与画中的山岗人物相呼应，使构图有所变化，诗是这样写的："万缘堆里客何忙，九点烟中技孰良。破履踏来山缩脑，空天惊见一人长。"画家嘲讽了物欲横流的封建社会给人们的心理带来的空虚和扭曲。文人的长相跟高其佩的画像《洗聪明图》轴很像，衣着也是清代文臣的便服，很可能是画家的自画像。高其佩曾经历了许多挫折，仕途不顺，他看透了清朝腐败的官场，对人世早已练就淡泊的性情，因此，他的画是有许多情绪和内涵的，不能简单而论。

画中的人物形象在作者的手指下显得生动有致，指尖稍加点画，眉须就活灵活现了，神情怡然，衣纹在指下的划动中飘然飞动，石岗在指、掌的交替翻动中呈现出浓淡干湿的墨色变化，天趣巧成。高其佩的堂弟高其倬曾经描述过高其佩作画时的潇洒情景："因以指蘸墨，仿其大略，尽得其神。""兴发风雨来，机迅鹘兔逐。"可见高其佩作指画的时候，他的情绪就像暴风骤雨，他强调"画从梦授，梦自心成"，也就是说艺术创作要出自己意，摆脱一切束缚，自由驰骋。可见，指画是一种非常能展现画家个性的水墨画。

高其佩在论述怎样作指画时说：用指头作画的时候，会出现一些意外效果，虽然不像是某个具体形象，但只要稍加点画，就立刻呼之欲出，等到指下的画形神俱备之后，手指上的墨也就用完了，一气呵成，洗尽雕琢之气。高其佩很强调不能刻意雕琢，他曾经用一方闲章：因笔有痕故舍之。意思就是说：我为什么不用毛笔？因为笔墨刻画是很刻意的，而用手指作画更自由，能表达笔墨所没有的

清代高其佩《高岗独立图》轴,纸本,墨笔,纵 70.9 厘米,横 38.3 厘米,故宫博物院藏

神韵。这种对笔墨的偏见，恰恰也是他产生用手指作画的创意的原因，所以他给自己取了个别号叫"创匠"。

当然，画指画是要建立在充分掌握毛笔技巧的基础上的，指画的笔墨来自书画，又不同于书画，要学习指画，还是要掌握好毛笔作画和写字的功夫。而且指画家必须把自己的手指、指甲保护得很好，毕竟那是长在自己身上的作画工具。

高其佩创立的指头画派在清代具有石破天惊的艺术影响，"四王、吴、恽"被奉为正统画派，"小四王""后四王"相继步尘。高其佩的出现，"扫尽凡夫笔下尘"，他跟石涛、八大山人等写意画家一样，以直抒胸臆的笔墨豪情，给清代画坛带来新的生机。高其佩的画艺在清代中后期的影响是比较大的，他在京师当官的时候，曾收"扬州八怪"之一李鱓为徒，因此他的绘画风格对部分"扬州八怪"的画家也是有影响的。从高其佩起，指画画家有如潮涌，代代不绝，比如高其佩外甥朱伦瀚、李世倬，儿子高僙等都得到他的亲授，之后又出现了高镔、黎琳、苏廷煜、瑛宝等指画名手。直到现代的指画大师潘天寿，都在一定程度上受益于高其佩的指画风范，而高其佩的"创匠"之心，启发了后世许多画家独辟蹊径的创作道路。

博
院
物

冯明珠

台北故宫博物院前院长，毕业于台湾大学历史研究所，师从台湾近代史名家李守孔先生，曾参与编写《清史稿校注》。

第六章

故宮台北

一

台北故宫博物院故事与精彩典藏

台北故宫博物院的出现，是历史原因，从此一座紫禁城化身两个博物院，各自发展迄今。

（一）台北故宫博物院的故事

台北故宫博物院的故事，要从末代皇帝爱新觉罗·溥仪离开紫禁城说起。1911年辛亥革命推翻了清朝政府，溥仪仍居于清宫内廷，13年后（1924年）才被迫离开，紫禁城由当时的北京政府接管，随即成立清室善后委员会，开始清点登录清宫内廷文物。1925年10月10日，故宫博物院正式成立，昔日皇家收藏，成为国有民享，紫禁城华丽转身成为国家博物馆。

可惜好景不长，1931年九一八事变日本侵华战争爆发，故宫理事会为确保文物安全，决定选择重要精品打包装箱准备南迁以避烽火。1933年2月，13 427箱故宫文物分五批先后踏上漫漫征途。翌年故宫博物院修订组织条例，更名国立北平故宫博物院。1937年卢沟桥事变，抗日战争全面爆发，故宫博物院存沪文物再度避寇辗转向西南大后方迁运，至抗日战争胜利，始运返南京。1948年底又因内战，故宫博物院南迁文物中的2972箱再分三批运抵台湾。从此故宫博物院在海峡两岸的北京与台北各自发展。

1949年10月，播迁至台的国立北平故宫博物院选址台中县雾峰乡北沟作为文物储存地，1950年4月迁入，逐步推动博物馆各项功能，开启了长达15年的"北沟故宫时期"。

由于北沟位处偏远，交通不便，无法发挥博物馆的应有作用，遂选定台北士林外双溪作为复院基地。1965年8月新馆建成，再度修改组织条例，与"中央博物院筹备处"（1933年成立）合并，即为台北故宫博物院，并于当年11月12日揭幕，成为推广中华文化教育的现代博物馆，2011年至2015年连续5年被英国《艺术报》（The Art Newspaper）评为世界最受欢迎十大艺术博物馆之一，享誉国际。

今日所见台北故宫博物院建筑群，是配合博物院快速发展，历经五次扩建的结果，院区东西两侧兴建有仿宋林园"至善园"与"至德园"，作为观众憩息之地。2013年为了"平衡南北、文化均富"，台北故宫博物院有了第六次扩建，在台湾嘉义县太保市兴建了南部院区，于2015年12月28日开馆营运，迄今已有六年多。

台北故宫博物院走过肇建、播迁、复院、茁壮、扩建等发展历程，与时俱进，大步迈前，不断开展新局，肩负起典藏、研究、保存、展览、教育、文创与娱乐等七大现代博物馆专业功能，全力为世人呈现中华文物的普世价值，引领观众进入中国艺术殿堂，肩负起文化传承与推广使命。今天的台北故宫博物院，既是一座现代化的中国文物艺术博物馆，也是一座信息化云端博物馆。

（二）故宫典藏·文化瑰宝

通过上述故事，读者当理解台北故宫博物院的典藏主要承继自清宫皇室收藏，发展迄今编号为"故博"的文物仍占85%以上。要特别介绍的是，1965年与台北故宫博物院合并的"中央博物院筹备处"，主要承袭了"古物陈列所"（1914

年设置）与"国立历史博物馆筹备处"（1912 年设置）的精彩典藏，包括奉天（沈阳故宫）、热河（承德避暑山庄）、颐和园与宜静园等各处清代皇家行宫以及清国子监文物等，另购藏有"善斋"（刘体智，1879—1963）与"颂斋"（容庚，1894—1983）的铜器。

根据 2021 年 6 月 30 日台北故宫博物院官网公布的典藏文物共 698 854 件 / 册，品项则有书法、绘画、法帖、成扇、印拓、铜器、陶瓷器、玉器、漆器、珐琅器、雕刻、文具、珍玩、丝绣、织品、善本古籍、档案文献等，精品极丰，其中书画品级列入"国宝"及"重要文物"者逾 2000 件；71 000 多件器物中，有 46 100 件源自清宫内廷，11 047 件是中央博物院筹备处迁台文物；善本古籍共 216 507 册，档案文献多达 395 551 件 / 册，绝大多数是清宫旧藏。

台北故宫博物院典藏传承有序，账目清晰，迁台文物一件未散，更令人欣慰的是，虽历经翻山越海，辗转播迁，文物保存良好，这不能不感佩故宫人的维护与典守。

（三）选件原则

要在近 70 万件典藏文物中选出 15 件分享给读者，何其难哉！笔者的选件原则有五：一、必须包括书法、绘画、器物、善本旧籍、档案文献等清宫旧藏，借由选件可稍做台北故宫博物院典藏简介；二、在文化历史传承上有划时代意义；三、存世稀珍国宝级重要文物；四、观众喜爱、最具人气的文物；五、自己心仪者。据此选出四件器物、两卷书法、五幅绘画、三部善本古籍及康雍乾三帝朱批奏折。

笔者的专业之一是故宫图书文献研究，深悉《永乐大典》与《四库全书》在文化史中划时代的意义，15 世纪初编纂完成的《永乐大典》，是部卷帙浩繁的"类书"（百科全书），虽残存于世仅剩 400 余册（原有 11 095 册），却标志着编纂史上新的里程碑，实为中国历史上一项伟大的文化建设。《四库全书》与《四库全书荟要》亦然，清高宗乾隆皇帝动员编制了九部（前者 7 部，后者 2 部），分藏南北各地，但先后毁于鸦片战争、英法联军、太平天国及内战离散，说明古籍保存之不易，传承迄今仍是规模宏伟的综整经、史、子、集全貌的丛书，且装帧精美，记录了18世纪一位满族君王的文化大业，也为后代保存整理了较完善的古代典籍。

在《唐诗三百首》编辑刊行以前，《千家诗》影响了儿童启蒙教育四五百年，因此版本非常多，但台北故宫博物院所藏的《明解增和千家诗注》，制作极为华丽，图文并茂，且为存世孤本，上卷在台北故宫博物院，下卷在故宫博物院，两岸故宫携手合作，于90周年院庆之际以珂罗版印刷再造古籍将之合璧出版，借此表达两院共同的祝愿。在近7000卷绘画典藏中，笔者特别选介黄公望的《富春山居图·无用师卷》也有着这重念想，不说黄公望在中国绘画史的地位，单是此卷的流传史便引人入胜，2011年5月在海峡两岸文化界朋友的共同努力下，让断裂了360年，如今分藏两岸的《剩山图卷》与《富春山居图·无用师卷》合璧展出，观众络绎于途，排队等候两三小时才得以观赏，掀起了欣赏国画的热潮，也记录下两岸人民的期盼。

《唐人宫乐图》、崔白《双喜图》、易元吉《猴猫图》与宋徽宗《蜡梅山禽图》是笔者心仪的画卷，也是台北故宫博物院国宝级限展作品。《唐人宫乐图》清宫原著录是元人作品，经学者专家研究提前至唐代中晚期，是兼具写实与传神的上乘作品。笔者钟爱的宋徽宗《蜡梅山禽图》，除了画幅意境高雅，更诉说着一位在政治史上评价极低的君王，对绘画艺术情有独钟。崔白的《双喜图》代表着北宋写实花鸟与水墨山水的合流，在中国画史上有其特殊意义，但笔者更爱画作的创意写景，似乎能使人听到秋声与鹊鸣；易元吉的《猴猫图》亦然，童趣盎然，画画人捕捉下瞬间场景，正是《宣和画谱》中强调的"心传目击之妙"的写生技巧。

中国书法史上有三大行书，称第一的东晋王羲之的《兰亭序》已然消失，第二颜真卿的《祭侄文稿》与第三苏东坡的《寒食帖》均典藏在台北故宫博物院。在书法艺术发展的长河中，各领风骚的著名书家虽多，然出类拔萃且对后代有深远影响的一代宗师则属凤毛麟角，唐代颜真卿即其一，试想迄今多少人临习书法仍取径颜氏碑帖。颜真卿《祭侄文稿》虽是张"草稿"，却被传承护持长达1260多年，述说着人们对它的宝爱。苏轼是北宋四大书家之一，更是中国文坛巨擘，选介《寒食帖》，除了帖上另有北宋大书家黄庭坚的真迹墨宝外，笔者也珍爱苏东坡那两首《寒食诗》，以及《寒食帖》历经火劫如有神护最后回归台北故宫博物院的过程中令人感动的人与事。

以毛笔书写原是读书人的生活日常，传承了两千多年，迄20世纪初科举制度废除，旧式的笔墨逐渐被西方传入的笔墨取代。笔者选取了盛清三帝几件朱批奏折，一方面介绍台北故宫博物院典藏最丰富的清宫档案，另一方面也介绍了满族皇帝努力临池，引领有清一代流行两百多年的馆阁体，以及毛笔书写退出日常生活后，成为少数人临习的书法艺术。

台北故宫博物院器物典藏超过七万件，且类别繁多，笔者为大家选介两件西周邦国重器——毛公鼎与散氏盘，两件最受欢迎的艺术品——翠玉白菜与珊瑚魁星点斗独站鳌头盆景。存世西周青铜器何其多，毛公鼎以内壁铸有近500字长铭称第一，不但印证了历史所载"宣王中兴"的事迹与典章制度，也为不见文字记载的辅臣"毛公"提供了翔实的史料。散氏盘是周厉王时期铸造的铜器，盘内铸刻有357字精奥古雅的铭文，记载了两诸侯国在周天子的监督下，解决了土地纷争，签订了盟约，是中国历史上已知存世最早的誓盟，历史意义何其重要。翠玉白菜与珊瑚魁星点斗独站鳌头盆景均是巨星级展件，一般观众必欲见之方称快，如此受观众喜爱的文物能不为大家介绍吗？

台北故宫博物院分南北两院区，共展出文物五六千件，但各类文物精品俱全，以多项常设展（包括书法、绘画、陶瓷、玉器、珍玩、善本古籍等门类）、特展及经常更换展件，为观众呈现文物之美。

二 散氏盘的故事

奇古难辨识 译码三百年

2011年10月，台北故宫博物院推出了"精彩100：国宝总动员"特展，要在近70万件台北故宫博物院典藏中，选出100件文物策划展览，这是件不容易的事，因为每位策展人都有自己心仪的对象。书画处、器物处、图书文献处等三处研究人员，各自为心仪选件争辩，终于选出了100件文物，其中就有散氏盘。那么散氏盘为什么这么重要呢？

散氏盘是西周晚期周厉王（前877年—前841年在位）时期的一件国家重器，盘内铸刻了一篇357字的精奥古雅的铭文，是一篇中国已知存世最早的契约誓盟，历史意义极为重要。根据清中晚期的一些金石大家的研究记述，散氏盘是康熙年间在陕西凤翔出土的，出土之后流传到了南方，历经多位藏家。嘉庆十四年（1809年），清仁宗五十万寿之际，由于嘉庆禁绝官场奢靡奉承歪风，一再下令不准进献珠玉钟表等奢华之物，于是以清廉著称的两淮盐政使额勒布（1747—1830）将散氏盘作为贺礼，进献入宫。

根据台北故宫博物院丈量的尺寸，散氏盘高20.6厘米，腹深9.8厘米，口径54.6厘米，底径41.4厘米，重21.312千克，盘左右两侧有一双耳朵，两个耳朵几乎跟盘一样高；盘腹中有四条长身夔龙纹，间以三只高浮雕兽首；它的圈足很高，上面饰有饕餮纹。整个器物外表都是花纹，铸刻细致，庄重华丽，铜质精粹。

这件邦国重器出土消息传出，立即震撼当时的金石大家与古器收藏界，受当时金石及考据学风的影响，大家关注的是散氏盘铸刻

西周晚期散氏盘，高 20.6 厘米，腹深 9.8 厘米，口径 54.6 厘米，底径 41.4 厘米，重 21.312 千克，台北故宫博物院藏

的357字铭文，从出土到现在，解读这357个字的工作仍然在持续中，这就是解读古文字的诱人之处。中国考古学家张光直先生（1931—2001）在他的名著《中国青铜时代》中指出，夏、商、周三代是青铜时代的鼎盛期，中国大量出土的青铜器除验证了张光直的主张外，也标志着华夏文明发展到了新的阶段。根据出土记录，青铜器中铸刻文字出现在商朝前期，到了周代，铭文越来越长，如台北故宫博物院所藏的毛公鼎与散氏盘等，都是长篇铭文的邦国重器。所谓"自古皇王，褒崇勋德，既勒铭于钟鼎，又图形于丹青"，所以研究者也把青铜器上的铭文称为钟鼎文或金文。

金文多属于汉字中的篆书，但这个篆书跟秦始皇（前259—前210）灭六国之后向全国统一颁行的小篆不太一样。从商前期经历1700年到汉代，汉字书体不断变化，到了东汉，一般人已经基本不认识金文与篆书了。因此，这个时候出现了中国第一部分析字形与解释字义的字典：东汉许慎（约58—约147）的《说文解字》（成书于东汉安帝建光元年，公元121年）。发展到宋代，青铜器与金文研究已成为一门专门学问，到了清代受乾嘉考据学风影响，金文研究达到顶峰。因此散氏盘出土消息传出后震撼学界，学者都争相去研究盘上铸刻的铭文，所以

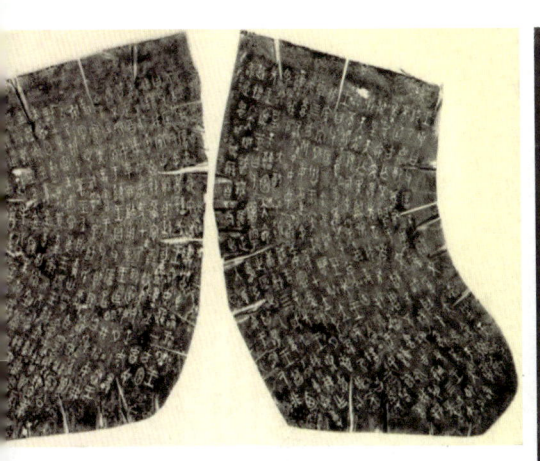

毛公鼎500字铭文拓片

散氏盘357字铭文拓片

散氏盘的铭文拓本就流传开了。散氏盘进献入宫后，坊间对它的热情未减，嘉庆朝官拜体仁阁大学士的经学名家阮元不但为散氏盘定名，且将盘内铭文描绘刊印于著作《积古斋钟鼎彝器款识》中，并仿铸两盘分藏于阮氏家庙及宗祠，因此到了清末，民间不但出现有仿制的散氏盘且有不同拓本流传。至于嘉庆朝入宫后的散氏盘真品，则深不可知，渐被遗忘，甚至有讹传说已经跟圆明园一样，被英法联军毁掉了。直到1925年设置故宫博物院，清室善后委员会盘点紫禁城文物时，才在养心殿库房内发现了散氏盘，1949年随着故宫文物播迁到台湾，目前展示在台北故宫博物院"吉金耀采：院藏铜器精华展"陈列室中。

散氏盘在养心殿出现后，第一位研究者是故宫博物院首任院长易培基（1880—1937）。易培基是湖南善化人，官宦世家出身，国学素养深厚，传承清代考据学，擅碑帖鉴定，治学宽广，长于"小学"，"小学"就是研究中国文字与音韵的学问。他出任院长前，就曾经以民间仿拓本研究散氏盘铭文，于1923年3月在东南大学《国学丛刊》创刊号上发表散氏盘拓片及释文，当然这个时候故宫博物院还没设置，人们还没发现宫里的真迹，所以他这个时候见到的是民间仿品，尽管如此，也说明他非常关注此盘。1930年4月《故宫周刊》刊登散氏盘在养心殿发现的照片，1934年发行的《故宫周刊》合订本第一册封面就以散氏盘为底图，说明散氏盘受重视的程度。研究指出，散氏盘357字，奇古难识，易院长释文，文义畅通，与今日通行释文，相去不远。

这篇"奇古难识"的金文，为什么这么难解呢？内容究竟是什么呢？其实第一个问题我们前面已经提到了，西周晚期青铜器上的铭文大体来说是当时通行的汉字大篆，跟秦始皇统一的书体小篆有所不同，到了汉代人们就都不认识了，必须要借助《说文解字》解读，更何况到了近现代，大篆已是2200年前的字体，当然就特别难解读了。还好，在近千年金文研究的基础下，散氏盘出土后它载记的长文便不断有学者进行解读，原来这357字记载了周厉王时期，两诸侯国"散"与"矢"，因土地纠纷发生了冲突，最后在周天子监督下，双方派出代表，勘察了疆界，签订盟约，宣誓恪守，违者愿罚。铭文首句"用矢扑散邑，迺即散用田"，说明了纷争的开始，是因为矢国攻占了散国的城池田邑，造成了散国的损失，由矢国割田地二区以做赔偿。关于这次纷争的处理，铭文记载得特别详细：割地、树封、履勘记录，矢国派了15人，散国派了10人，周天子派来史正、司徒、司马、司空、宰等官员监督勘界；最后在豆新宫东廷，由原属矢国土地第一区的三位首长与第二区的两名主管相继盟誓，将归还田地，并绘制地图，交予矢王执守，史正仲农则执左券认证。

散氏盘的铭文是中国已见现存最早的契约，自有其特殊的历史意义；它记载了西周晚期诸侯间发生土地纷争后的解决方法、周天子在其中扮演的角色，是研究西周历史及土地制度极为重要的第一手史料；在书体上它反映了大篆书体的美感，字体结构端正圆润，线条匀饰整齐，行气连贯。散氏盘与毛公鼎同为西周晚期铸器，前者字体较扁横，后者较高长，虽然这种差异肯定受到了器形的影响，但也能看到书风的变化，所以这两件器物的铭文在碑学体系与书法艺术中都占据着非常重要的位置。这两件邦国重器，一直到现在都是台北故宫博物院铜器常设展中的明星展件。

三 一场唐宫里的茶酒音乐雅集:《唐人宫乐图》

唐摹本《顾恺之·女史箴图》局部，绢本，设色，纵 24.37 厘米，画心横 343.75 厘米，大英博物馆藏

中国绘画起源很早。唐人张彦远在《历代名画记》中主张，象形文字是书写与绘画的结合，图形与文字脱离后，绘画才独立发展，秦汉时期开始探讨绘画技巧，魏晋同时出现著名书家与画家，标志着书法艺术与绘画发展臻于成熟。

中国绘画大致可粗分为人物、花鸟与山水三类，其中以人物画出现最早。湖南长沙出土的两张战国时期（前475—前221）的帛画《龙凤仕女帛画》与《人物御龙帛画》，被认为是现存最早的绘画作品。东晋时期出现了绘画及绘画理论名家顾恺之（约345—409），他的作品被著录在唐宋及后代画论典籍中，但真迹已经不存，存世的三幅《女史箴图》(大英博物馆藏)、《洛神赋图》(故宫博物院、辽宁博物馆藏)及《列女仁智图》(故宫博物院藏)都是后人摹本；顾恺之所写的《论画》《魏晋胜流画赞》及《画云台山记》三部画论也已

经不存,所幸内容被抄录在张彦远《历代名画记》中。顾恺之提出画人物除了外形像,更应重视对眼睛的描绘,以传其神。《晋书·顾恺之传》记载他的人物画:"传神写照,正在阿堵(眼睛)中。"细观《女史箴图》的人物表现,确实面貌服饰神情俱现,线条流畅,设色富丽,晕染得宜,绘画技巧的确已经臻于成熟。

讲完中国绘画中人物画的起源,下面我们就来解读《唐人宫乐图》。这幅画是台北故宫博物院典藏唐代中晚期的人物画卷,纵48.7厘米,横69.5厘米,绢本彩绘,未载画者,装帧成立轴,是一张写实、传神的作品。画卷上清宫原签及《石渠宝笈续篇》都著录为"元人"作品,1956年故宫出版的《故宫书画录》,依原签定为元人作品;1965年再版增订,依专家意见提早至"五代";1989年三版再修订为《唐人宫乐图》,到现在为止,这卷画已被艺术史界公认为唐代中晚期作品。古画的创作年代不断被提前,这是存世作品中十分罕见的现象。台北故宫博物院书画研究员王耀庭先生指出,断代提早到唐,除了画风本身的原因之外,

《唐人宫乐图》，绢本，设色，纵 48.7 厘米，横 69.5 厘米，台北故宫博物院藏

也因为画中人物、服饰、器物等，都属于中晚唐的形制。

《唐人宫乐图》画的是夏天唐代宫廷里的悠闲生活，十位宫中仕女围坐在长方形案桌三周，两人站在旁边，其中四人正演奏笙、觱篥、筝、琵琶等乐器；站着的两个人，其中一个拿着牙板相合；其余围坐着的六个人，或喝茶，或行酒令，或拿着长柄勺舀茶（或酒），或拿着团扇；案前留有两张空着的月牙凳，凳面套有红地白花绿边的丝帛软垫套子；案下蜷伏着一只黑棕两色花犬，睁开双眼，似乎正聆听着主人们吹弹乐曲饮宴作乐之声。

这是一张写实风格浓厚的作品，人物造型比例正确，呈现了"丰肉微骨体更娟"的唐代女性丰腴之美的审美观。画中的仕女，个个盛妆，乌亮浓密的长发，大都用多把金银梳子、钗子或红帛带绾在头顶,梳成各式样的发髻,或者束在脸颊两侧,其中两位头戴花冠。脸上的妆容,是先以白粉铺底,再在眉下脸颊涂抹胭脂腮红(也有形容为"赭黄涂脸"),额头、鼻梁、下巴留白,突显了额上所贴的钿花和艳红朱唇,有的仕女脸上细描的一字黛眉还因为吹奏用力而略呈八字。她们身上穿的衣服,除了站着的两位侍女穿系腰带素色长袍外,围坐着的十位仕女都穿着束胸宽松拖地长裙、宽袖衣裳还有披帛;衣裙色泽亮丽,鲜红地白花纹丝料做成的衣裙出现在每位仕女身上,学者考证这就是唐代中晚期贵族妇女的流行妆扮。加上案前两张凳面软垫套,使画面十分亮眼。

根据唐人段安节的《乐府杂录·胡部》记载:乐有琵琶、五弦、筝、箜篌、觱篥、笛、方响、拍板,合曲时亦击小鼓、钹子。如果在宫里面举行宴会的话,比较正式,就会坐着奏乐,如果是比较随意的民间奏乐,就叫作俗乐,站着坐着均可。又记载,琵琶为乌孙公主所造,马上弹之,斜抱胸前,以木拨拨弹;觱篥,亦称"筚篥"或"悲篥",是龟兹乐器。乌孙与龟兹均是西域游牧民族所建国度。因此有些研究指出《唐人宫乐图》中仕女正吹奏"胡乐"。笔者仔细研读《乐府杂录》之后认为她们应该是在用胡汉混搭乐器吹弹民间流行音乐,也就是俗乐,在宫中饮宴作乐。只是画中的十二位宫娥的表情都很严肃,一点都没有笑意,跟饮宴作乐的氛围不合,这可能是画家对深宫女子生活寂寥的诠释。

解读完这幅画里的人物和场景,我们再谈画中出现的器用。画面中央放着一张装饰华丽的长方形大案桌,可以看到它四周的宽边木板凸出于桌面,四角有原木刻花或镶嵌錾花金属片装饰,编织案面,壸门式座与向外膨出案腿相连,顺势而下落于触地掌板上。仕女所坐的是标准唐代风格月牙凳,凳面略有弧度,四周纹饰细致,可以看到用了雕刻、镶嵌、彩绘等多种技法,凳腿间还点缀有结穗作为装饰,华贵富丽,符合唐朝宫廷器用。再看案上放的东西,包括六只越窑青瓷茶碗、五只外黑内朱羽觞、一只大碗、一只玳瑁碗、十七只青绿色小盘或盏托、一只长勺、两只高墩座、两把轻罗小团扇,都属于唐朝器用。唐人陆羽(733—约804)的《茶经》记载,唐人喝茶有用南方越窑青瓷与北方邢窑白瓷两色茶碗,因此有人指出画中仕女们正在享用茶席;但羽觞漆器是酒器,玳瑁碗下案边还放着黄色签条的"酒令",因此也有人主张这是酒宴;台北故宫博物院器物研究员廖宝秀则把这幅画诠释为"茶酒音乐雅集"。

《唐人宫乐图》局部，玳瑁碗下方案边搁置有行酒令签，对坐的两位仕女正在行酒令

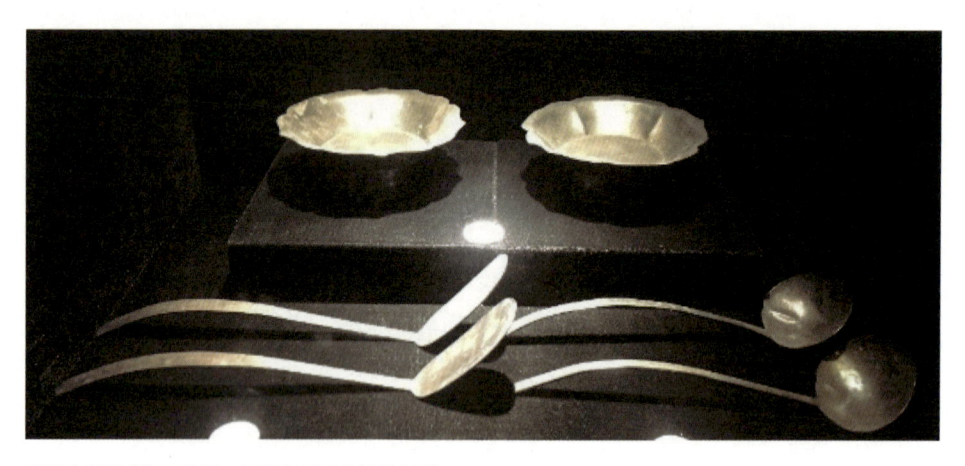

唐代金银器长勺及盏托，江苏省镇江市博物馆藏

  根据张彦远《历代名画记》载录，从史皇到唐会昌年间，著名画家一共370余人，唐人就占了200余席，说明了唐代的绘画发展之盛，这本书也论述了绘画源流、技法、鉴识、题跋、押署、印记、装帧等，所以说绘画发展到唐代可以说是非常完备了。可惜帛绢丝质画卷保存不易，加以天灾、火灾、战争、离乱等劫难，魏晋隋唐的真迹已不可多得。我们前面提到的顾恺之的名画，也被学界论断为唐宋摹本；两岸故宫所藏唐代名迹，比如初唐阎立本《步辇图》（故

宫博物院藏）、《职贡图》（台北故宫博物院藏）、《萧翼赚兰亭》（南宋摹本，台北故宫博物院藏）、《历代帝王图》（波士顿美术馆藏），盛唐宫廷画师张萱的《捣练图》（波士顿美术馆藏）、《虢国夫人游春图》（辽宁省博物馆藏），唐中期周昉的《挥扇仕女图》（故宫博物院藏）等人物画，真正的制作年代也一直被艺术史界广泛讨论，纷纷在画家前加一"传"字，表示传说是某位画家的作品；即便经宋徽宗以瘦金体品题为真迹的韩幹《牧马图》（台北故宫博物院藏），也有人存疑，这更加说明鉴识古画之难。所以这幅《唐人宫乐图》的断代，能被艺术史界从元代提前至唐代中晚期是非常不容易的。

唐代越窑青瓷玉璧底碗，浙江省博物馆藏

四 中国历史上规模最大的一部丛书：文渊阁本《四库全书》

《文渊阁本四库全书》原藏紫禁城文渊阁，现藏台北故宫博物院

紫禁城文渊阁悬挂之"汇流澄鉴"匾

　　清朝是满族入主中原建立的王朝，国祚长达 267 年（1644—1911，顺治元年起算），这与他们重视多元族群，积极接受汉文化密切相关。盛清不仅武功威赫，文治也取得极大成就，官方出版的图书极为丰富，其中尤以乾隆三十八年（1773 年）开始编纂的《四库全书》规模最为宏伟，被誉为中国历史上最大的丛书。

《四库全书》究竟有多大？如果我们以台北故宫博物院典藏的《文渊阁本四库全书》查考统计，全书收录了从先秦到乾隆朝前期，包括经、史、子、集四部44类图书及日本、朝鲜、越南、印度，以及欧洲等地著作，共收书3451种，装订成36 358册，装帧为6144函（《四库全书》共7部，每部数字稍不同）。从乾隆三十七年（1772年）下诏搜罗民间遗书，到乾隆五十二年（1787年）大体完成，前后历经15年之久，最后一共纂成了7部《四库全书》及2部《四库全书荟要》；如果再加上后续不断校勘，颁定《四库全书总目提要》等工作，一直到嘉庆初年才完全完成，前后长达20多年。研究指出负责修书的馆臣360人，前后抄缮人员达3826人，加上校对、装订、制作函套等直接或间接参与人数更多达5000人以上，单从时间及参与人力来看，就足以说明工程之浩大。

清高宗乾隆皇帝为什么要修《四库全书》？为什么要广征天下遗书？根据乾隆御制《文渊阁记》，他修书的目的是：为天地立心，为生民立道，为往圣继绝学，为万世开太平。

乾隆是一位饱读诗书深受儒家思想影响的君王，他深信重文治、行仁政、广教化，可以使天下太平。他广搜天下存书，主要目的是将历代遗留下来的图书做一次总整理，就像他把清宫所藏珍稀的历代书画编成了《石渠宝笈》，内府珍藏宗教类书画经典编成了《秘殿珠林》，把所藏的铜器及砚台等编成《西清古鉴》与《西清砚谱》一样。为了保存并传承源远流长的中国文化，记录圣哲先贤的著述，乾隆皇帝在乾隆三十七年一月四日下诏广求天下图书，据统计，这一次一共征得图书达13 501种，被命名为《四库全书》。

乾隆三十八年（1773年）二月设立"四库全书馆"开始编书，乾隆还特别命令皇六子质郡王永瑢（1743—1790）负责统筹调度，命内阁大学士于敏中（1714—1780）为总裁，朝中大臣大学士、六部尚书及侍郎为副总裁，召硕学鸿儒纪昀（1724—1805），也就是大家熟知的纪晓岚为总纂官，参与编书者的有陆锡熊（1734—1792）、朱筠（1729—1781）、任大椿（生卒年不详）、邵晋涵（1743—1796）、戴震（1724—1777）、周永年（1730—1791）、翁方纲（1733—1818）、王念孙（1744—1832）、李潢（1746—1812）等，这些全都是当时非常有名的学者。皇室的领导、朝中大员、各方博学鸿儒及地方官员通力合作，不但保证了《四库全书》所需资源、搜书速度，更保证了纂修质量。

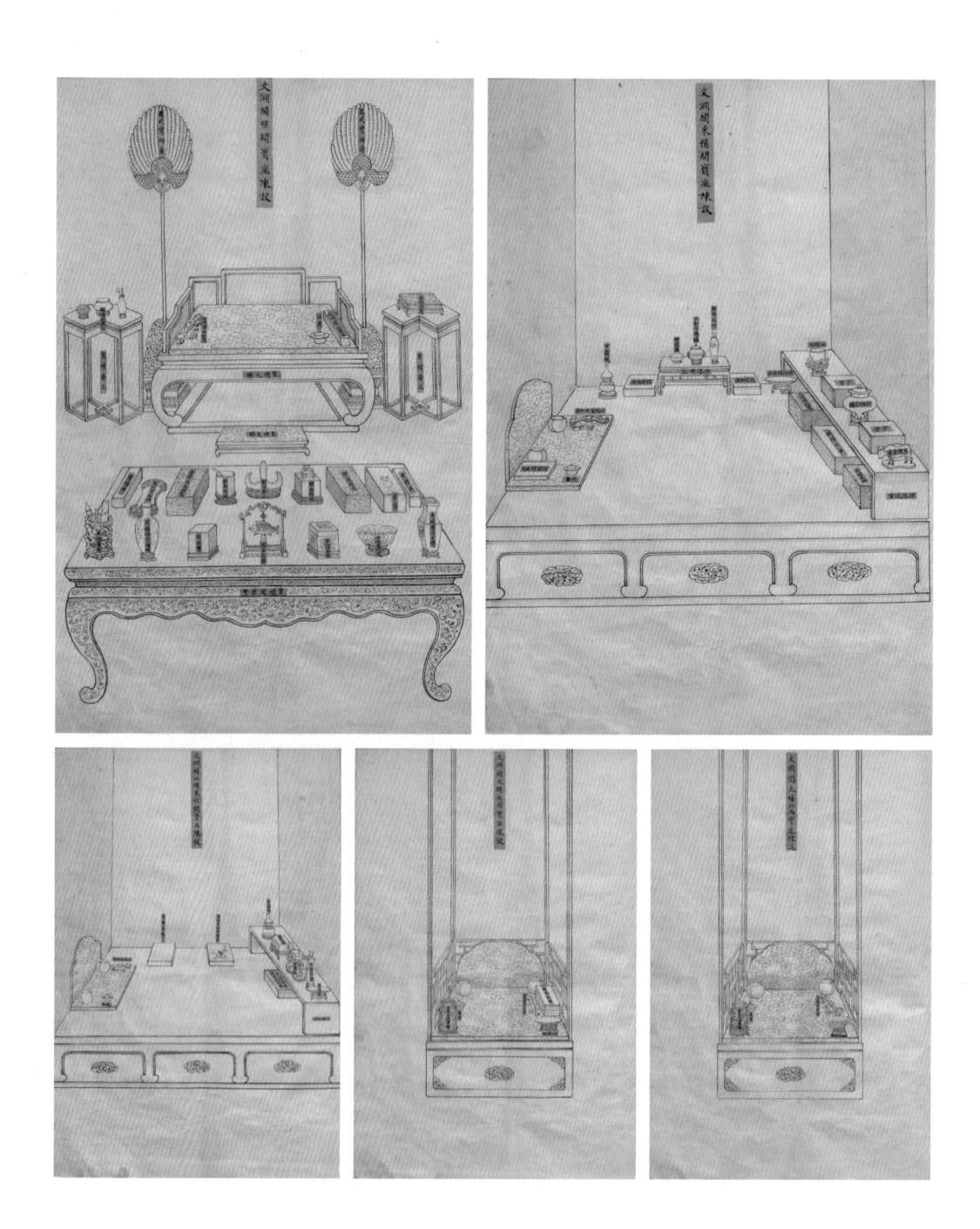

《文渊阁陈设图》中所载皇帝读书宝座陈设线绘图：依次为明间宝座、
东稍间宝座、仙楼东稍间宝座、大楼南面宝座、大楼北面宝座

《四库全书》的编辑方法是集合了整理、校勘、考证、缮写四个步骤。首先把征得的图书分为"著录""存目"与"禁毁"三类加以处理。凡是符合《四库全书》收录原则的图书，都列入"著录"类，经过仔细校勘、考证后，按经、史、子、集四部分类，依照特定格式重新抄入《四库全书》中，誊写完成后，还要与原本反复校勘，最后收录图书共3461种；"存目"就是不符合"著录"准则的书，所以只存其书名，不收其书，这些"存目"最终编成《四库全书存目丛书》；凡"诋毁清朝，诟其先祖"、抵触多元民族思想、宣传反清复明或质疑儒家经典的书籍，都列入"禁毁"之列。乾隆四十七年（1782年）军机处刊印《禁书总目》共789种，大多数是明末清初的反清著述。

书修好了，放在哪里呢？乾隆三十八年开始修书，第二年朝廷就下令在皇城文华殿后兴建文渊阁，准备用来藏书。乾隆四十一年（1776年）文渊阁建成，这是一座面开五间三层楼建筑；乾隆四十七年《四库全书》书修好了，依照经、史、子、集四部分架放，书修好之后，乾隆皇帝特别高兴，曾经写了一首诗："丙申高阁秩千歌，今喜书成邺架罗。"可见他非常自豪。《四库全书》一共有七部，因此也分别兴建了七座藏书楼：紫禁城文渊阁、圆明园文源阁、盛京行宫文溯阁、承德避暑山庄文津阁，这四座阁楼都在北方的宫廷里，因此合称"内廷四阁"或称"北四阁"；除此之外，镇江金山寺文宗阁、扬州大观堂文汇阁、杭州西湖圣因寺文澜阁，这三座阁楼被称作"江浙三阁"或"南三阁"；其中，现藏台北故宫博物院的《文渊阁本四库全书》最早完成，校勘最精，字体也最工整。

除了《四库全书》之外，还有一套《四库全书荟要》，是《四库全书》的精华，这又是怎么回事呢？原来，乾隆皇帝下令纂修《四库全书》的时候，已经63岁高龄了，他急于看到编书成果，生怕自己没有办法亲眼看到这部书的问世，所以就让人撷取《四库全书》的精华，编成了规模较小的《四库全书荟要》，这套书在乾隆四十三年（1778年）完成，收书464种，11 180册，分装2000函，共抄两部，一部藏在紫禁城摛藻堂、一部藏在圆明园味腴书室，圆明园的那部后来被英法联军烧毁，仅存的摛藻堂本《四库全书荟要》，到现在还完好地保存在台北故宫博物院。

《四库全书》虽然工程浩大，但在书写与装帧上特别讲究。以笔者曾经见过的文渊阁本为例，它的字体端正、墨色黑亮，写在一页八行的朱丝栏框内，朱

看見故宮

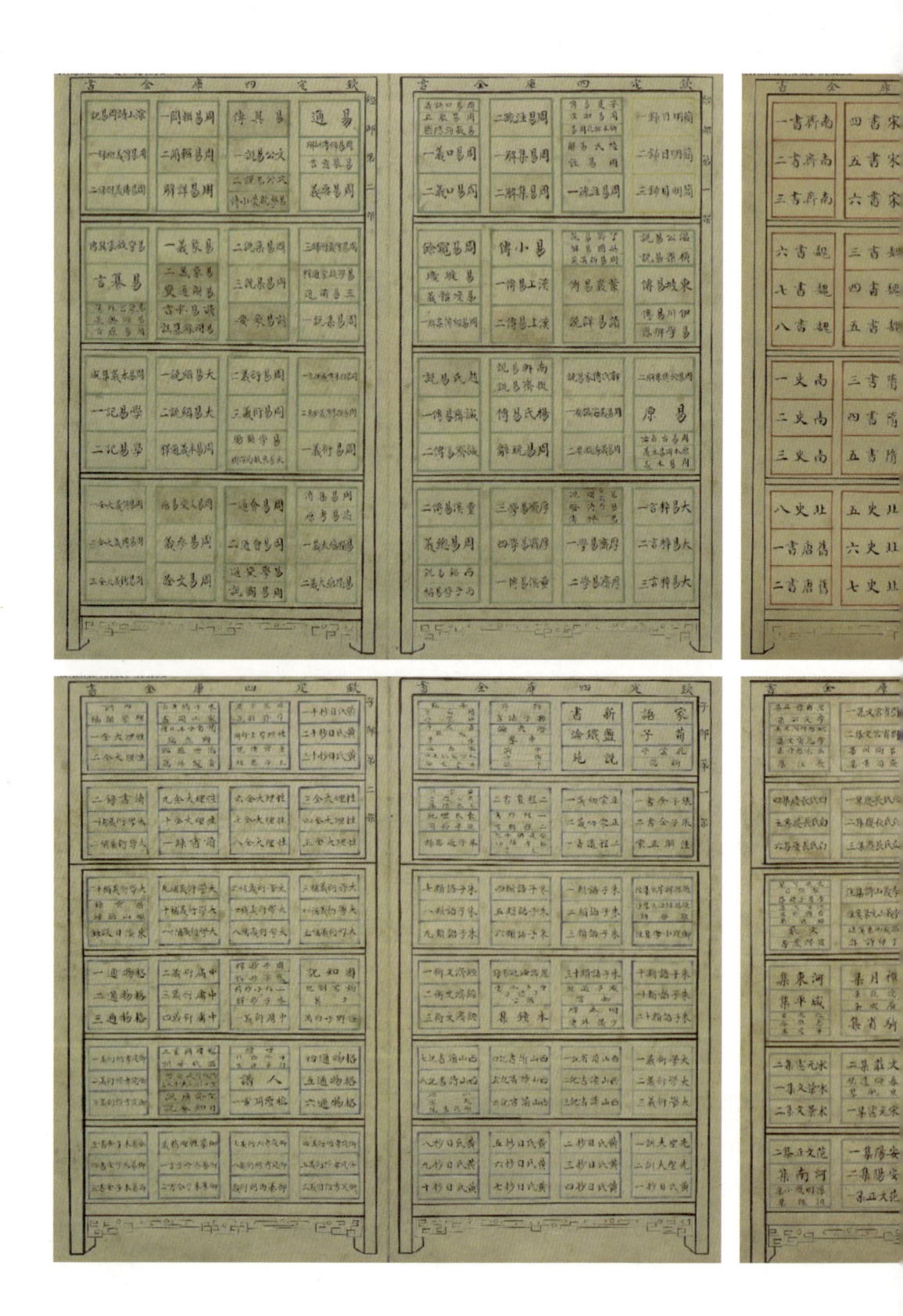

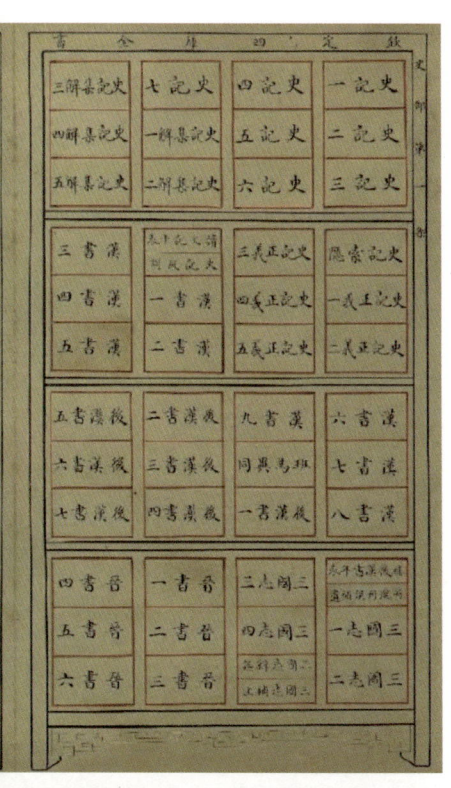

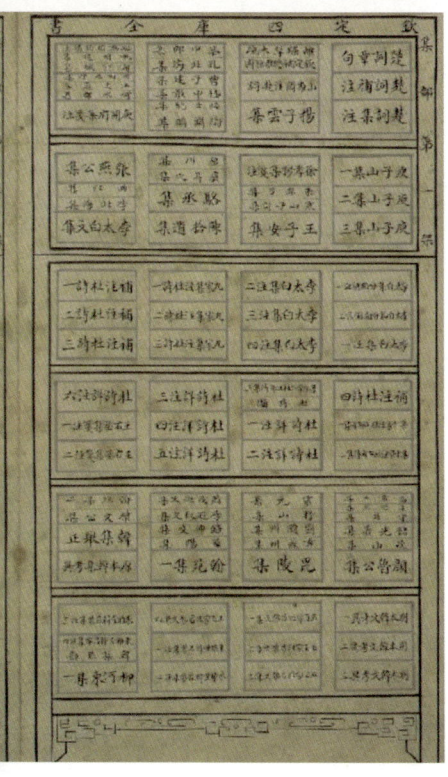

文渊阁本《四库全书》经史子集四部排架陈设图

丝栏就是画着红格子的纸笺，首页和尾页钤"文渊阁宝"大方印，纸色牙白，过了200多年都没有出现老化转黄的迹象，纸张比较厚，这是为了方便翻阅。封面用了四种颜色，分别对应春夏秋冬四季，其中经部是绿色，代表着春天；史部是红色，代表着夏天；子部是浅蓝色，也就是月白色，代表着秋天；集部是灰褐色，代表着冬天。《总目》是全书的纲领，采用的是代表皇家的黄色。

乾隆皇帝费时20多年，共完成《四库全书》7部及《四库全书荟要》2部，建阁典藏，公开借阅，学子士林，无人不晓，影响深远。后世有人说，乾隆是"寓毁于编"，意思就是借编书的名头，禁毁了不少典籍。但如果我们仔细分析的话，会发现乾隆所禁的书，大

摘藻堂本《四库全书荟要》，台北故宫博物院藏

多是对满族及其先辈不敬、大汉民族主义诋毁其他边疆少数民族或讨论夷夏之防的著述，这对清朝统治下已形成的多元民族国家是非常不利的，所以乾隆才"寓教于编"，通过《四库全书》的编纂与教育，希望通过潜移默化，改变汉民族对其他民族的不当看法；当然今天看来，《四库全书》更重要的是为后代保存了较完善的中国古代文献典籍。

  古籍是很难保存的，除了虫蛀以及纸张老化之类的天然灾难之外，人为的摧残和烽火战乱更是可怕。《四库全书》及《四库全书荟要》到今天只剩了一半，摘藻堂本《四库全书荟要》，乾隆四十三年完成，现藏在台北故宫博物院。文渊阁本《四库全书》，乾隆四十六年完成，现在也藏在台北故宫博物院。前面提到的文源阁本《四库全书》，被英法联军烧毁。剩下的文溯阁本《四库全书》，现藏在甘肃省图书馆。文津阁本《四库全书》，现藏在中国国家图书馆。文宗阁本《四库全书》在鸦片战争中被烧毁。还有文汇阁本《四库全书》和文澜阁本《四库全书》，都在太平天国战争中被烧毁。另外前面提到的圆明园味腴书室本《四库全书荟要》，被英法联军烧毁。可见古籍的保护是非常不容易的。

五 翠玉白菜 传达庶民的美感与喜悦：

对一般人来说，宫廷艺术总是高不可攀的，离普通百姓的生活很远。但在台北故宫博物院的藏品中，有一件人人都看得懂、贴近人们生活、很受观众喜爱的藏品，几乎每一位到访的观众都会仔细欣赏它，为了看它，愿意排队一两个小时。由于观众太喜爱，它极少外借出宫到其他博物馆展览，这件最受欢迎的瑰宝，就是翠玉白菜，它被誉为台北故宫博物院的"人气国宝"。

在欣赏这件国宝翠玉白菜之前，笔者首先给大家简要介绍下玉器。中国人是一个爱玉的民族，我们的祖先很早就开始利用玉石制造工具，制作用来祭天、礼地、通神灵的礼器，或者制作庄严肃穆、代表邦国与权力的玺印，或做成精美的饰物佩戴增加美感、彰显自己崇高的地位等。一直到今天，人们佩戴玉镯、玉戒、玉佩、玉耳环等，仍然非常普遍，珠宝专卖店中一定设有玉饰专柜。根据考古出土文物，中国人制作玉器已有8000多年的历史，两岸故宫有很多玉器收藏，台北故宫博物院三楼设有"敬天格物：院藏玉器精华展"，展示的就是中国玉器发展史，同时也引领观众欣赏历朝历代的玉器。

这棵翠玉白菜是一件高18.7厘米，宽9.1厘米，厚5.07厘米的辉玉巧雕。这句话涉及两个专有名词："辉玉"与"巧雕"，先说"辉玉"。

中国人爱玉，把玉比作君子，当然这是受儒家思想"格物致知"的影响。东汉人许慎在《说文解字》书中归纳出美玉有五种特性："玉，石之美。有五德：润泽以温，仁之方也；䚡理自外，可以知中，义之方也；其声舒扬，专以远闻，智之方也；不桡而折，勇

翠玉白菜，高 18.7 厘米，宽 9.1 厘米，厚 5.07 厘米，台北故宫博物院藏

之方也；锐廉而不技，洁之方也。"就是说：色泽温润、内外通透一致、声扬悦耳远传、坚韧可折不可曲、折口虽锐不伤人，正是君子所求的"仁、义、智、勇、洁"五种美德。科学研究玉分两种：闪玉与辉玉，闪玉是化学元素钙与镁组成的硅酸盐，在中国境内主要分布在新疆昆仑山及天山北麓、辽宁岫岩、江苏溧阳及甘肃临洮等地区；辉玉的化学成分为钠与铝结合的硅酸盐，是一种高压低温下的变质矿物，主要产地在今天的云南与缅甸交界处的密支那。由于地缘关系，在漫长的时间里，我们国家的玉器制作材料主要都是闪玉；大量使用辉玉是从18世纪中晚期才开始的。这应该与缅甸在乾隆年间成为清朝属国有关。《四库全书》总纂修官大学士纪晓岚在《阅微草堂笔记》中说："余幼时……云南翡翠（辉玉）当时不以玉视之，……今则以为珍玩，价远出真玉上。"纪晓岚说在他小的时候，大家还不把云南翡翠当作一种玉，但是后来它的价格已经远在真玉之上了。台北故宫博物院玉器专家张丽端研究指出，纪晓岚这段文字大概写在乾隆五十八年（1793年），说明18世纪以前中国人眼中的玉是闪玉，而今天很受人们喜爱、价格高昂的辉玉的流行，是18世纪末以后的事。

讲完"辉玉"，再说"巧雕"。纯净的玉一般都呈现半透明白色，闪玉温润细柔，辉玉透彻明亮，如果含有其他矿物元素，就会出现特殊色泽。比如辉玉如果渗入铬、铁等元素离子，会出现翠绿、翡红等艳丽的颜色，就被称为"翡翠"；如果渗入铁与锰、镁、钛元素结合的离子，就会出现迷人的浅紫色。翠玉白菜的原玉料，就是一块结合了翠绿与白色的辉玉，玉匠利用这块玉料绿白分明的特色，巧妙设计，雕琢成一棵白菜，白菜是一种非常常见的无论贫富都会吃到的蔬菜，可以说是非常贴近庶民生活了；这种利用材料特点进行的雕刻创作，称为"巧雕"。雕刻翠玉白菜的巧匠，将这块玉料白色部分雕成菜梗，绿色部分琢成菜叶，而且在翠绿的菜叶中，还雕琢了大小两只昆虫——大螽斯与小蝗虫，这就更加丰富了翠玉白菜的意趣，非常巧妙。

工匠在白菜上雕大螽斯与小蝗虫，并不是随意的，而是有寓意的。因为雌性螽斯与蝗虫一次可以产下很多虫卵，象征多子多孙，所以创作中会经常用到，特别是螽斯，深受中国人喜爱。螽斯是直翅目昆虫中的一科，其中一类就是蝈蝈，雄蝈蝈会叫，发出音同其名的声音，北方人喜欢把它养在竹编的笼子里，盛夏的晚上，就听它的叫声来解闷消暑。一直到今天，人们在养蝈蝈的时候，仍然沿袭

大螽斯

小蝗虫

清末民初的风尚,以通体碧绿、没有杂色为上,就像翠玉白菜上的这只螽斯,浑身都是碧绿的。

根据翠玉白菜的原始编号"岁四01",我们可以知道它原来收藏在紫禁城内廷东六宫之一的永和宫。永和宫在清朝末年是光绪皇帝瑾妃的寝宫,白菜象征清白,螽斯和蝗虫寓意多子多孙,台北故宫博物院玉器专家那志良先生推测,翠玉白菜可能是瑾妃的嫁妆,跟着瑾妃嫁入帝王家,成为永和宫中一件装饰用的翠玉盆景,象征着主人瑾妃是一位玉洁冰清、清清白白的好姑娘,也希望她多子多孙,为皇室绵延后代。

白菜与草虫因为都非常常见,代表着寻常百姓的生活,所以是民间特别喜欢的吉祥题材。因为宋朝人师法自然的美学观点,画坛也受到影响,掀起了写生写实的创作风格,开始关注大自然中最朴实真切的景物。台北故宫博物院便藏有一幅南宋画家许迪创作的《野蔬草虫图》,画面的左下方绘一株小白菜,白色菜梗自然开敞,叶脉分明延伸至翠绿的菜叶中,生气蓬勃地生长在野地上,旁边围绕着一只粉蝶、一只蜻蜓及一只蝗虫,这三只小昆虫都扑向白菜,似乎正垂涎着这株可口的时蔬。画家观察入微,捕获大自然中生机盎然的小景,也呈现了白菜

南宋许迪《野蔬草虫图》，纵 25.8 厘米，横 26.9 厘米，台北故宫博物院藏

与草虫间的自然生态，成为千古流传的画幅，被乾隆皇帝收入《石渠宝笈续编》。明代以后，白菜草虫就成为非常常见的艺术创作题材，作品非常多。

  从笔者见过的藏品来看，以白菜造型创作的器物，出现得都比较晚。故宫博物院藏有一件康熙年间著名竹雕艺术家封锡爵制作的刻竹霜菘笔筒，"菘"就是白菜；两岸故宫典藏的清中晚期白玉、翠玉白菜花插与摆饰也有好几件，说明白菜题材越来越流行。翠玉白菜在永和宫的时候，是以宝石盆景呈现的，它原来是插在一个褐红色木雕灵芝托上，连同灵芝托一并种在高 5 厘米的掐丝珐琅花卉四瓣小花盆里。来到台北故宫博物院后，策展人认为白菜种在花盆里有些怪，便为它量身定制了一个精致的木托。我们可以在书里的配图中看到，这个木托完美呈现了翠玉白菜与螽斯唱和情境，很受观众喜爱，在大家口耳相传下，翠玉白菜成为台北故宫博物院最具人气的明星展件。

第六章　台北故宫博物院

六　崔白《双喜图》听到了秋声与鹊鸣

想象一个画面：秋天，大地一片金黄，这个时候土坡的小路上闯进了一只灰兔，这只兔子的闯入，惊扰了两只原来停歇在枯枝树上的山喜鹊，它们对这只侵入地盘的不速野兔起了戒心，一只站在枝头向下鸣叫，一只腾空飞起冲着闯入者鼓噪，灰兔被这突如其来聒噪叫声惊动，可以看到它的右前脚半举着，欲行却止，回头向上望，于是兔子与喜鹊发生了互动。这样一幅乡间野趣，直到今天我们去欣赏，也不觉得是古代的画面，感觉我们走在乡间小路上，随时都能见到这幅场景。

北宋的画家崔白捕捉下这瞬间野趣，把这个瞬间定格在画卷上，开启了北宋花鸟画划时代的转变。这幅画传承近千年，今天看来仍然野趣盎然、动感十足。我们看这幅画，好像就能感受到秋意，感受到喜鹊的聒噪和灰兔的紧张。

为了帮助大家更清楚地认识崔白《双喜图》的划时代意义与艺术成就，接下来笔者要把它放到中国花鸟画发展史中来介绍。艺术史界有这样一个共识，中国花鸟画兴于唐而盛于宋，唐宋之间的五代十国（907—979），则是花鸟作品由宫廷装饰品过渡到北宋（960—1127）写实，进而写生的艺术创作关键时期。这一节笔者先用台北故宫博物院珍藏的画作《玉堂富贵图》及《山鹧棘雀图》来举例子，同时借助当时的画论做个简单的说明。

在传承至今最早的画论，唐人张彦远的《历代名画记》中，已记述了不少花鸟走兽画家与画作，但当时花鸟画还没有独立成一门

北宋崔白《双喜图》，绢本，设色，纵193.7厘米，横103.4厘米，台北故宫博物院藏

类。到了北宋人郭若虚的《图画见闻志》里，花鸟画已经独列一门。这本书中介绍的当时"花鸟门"的第一位画家是黄居寀，他是五代花鸟画家黄筌的第三子。黄家一门都擅长画花竹、翎毛，服务于宫廷，黄居寀早年追随父亲入仕五代后蜀（933—965），史书上记载："与父筌俱蒙恩遇。图画殿庭墙壁、宫闱屏障，不可胜纪"，说明黄氏父子经常为装饰宫殿作画。《图画见闻志》卷六也特别介绍了这种名为"铺殿花"或"装堂花"的装饰宫殿作品："铺殿花，江南徐熙辈，有于双缣幅素上画丛艳叠石，傍出药苗，杂以禽鸟、蜂蝉之妙，乃是供李主宫中挂设之具，谓之铺殿花。次曰装堂花，意在位置端庄，骈罗整肃，多不取生意自然之态，故观者往往不甚采鉴。"意思就是说，江南画家徐熙，在绢上画花鸟植物，还有山石，是用来挂设在李后主的宫殿里的，富有装饰性，但是并不自然。也就是说，这类作品不是写生画作，而是由画家将各类花石鸟虫等素材，用写实的手法设计铺陈在画面上，以达到宫殿需求的华丽装饰效果。

徐熙（约886—约975）也是位跨越五代到北宋的著名花鸟画家，台北故宫博物院藏有他的作品《玉堂富贵图》，全幅满布牡丹、玉兰、海棠，花间有两只杜鹃，湖石边画有羽毛华丽的鸳鸯，敷彩设色的技巧非常高超，淡雅、粉媚、艳丽，这种满纸点染不留空隙的画法，正是郭若虚描述的装饰风格浓厚的"铺殿花"作品。虽然画中花鸟湖石都是写实的，构图富丽堂皇，但一看就不是写生之作，缺了自然生态的野趣。

花鸟画在五代的时候，从宫廷装饰画转变为写实写生。徐熙的画，正是五代开始时的宫廷装饰画的代表，而台北故宫博物院所藏另一张国宝级绘画：黄居寀的《山鹧棘雀图》，则显示了画风开始向写实转变。这幅画分前后两景，前景画一硕大红嘴黑头山鹧，站在溪边的石块上正要俯身喝水，淡蓝的翅膀与长长尾巴斜斜向上翘起，山鹧优美的体态几乎横跨了前景，聚焦了视觉。后景画着岸边的石头旁长有棘树与竹丛，有三只麻雀停歇在棘枝上，还有一只在飞，麻雀的神情姿态各不一样，被誉为北宋写实花鸟画的巅峰作品，但我们可以看出它的装饰意味仍然很强。后代研究花鸟画史时概括说"黄家富贵，徐熙野逸"，但是这两件作品恰好相反，这也正好说明北宋花鸟画蓬勃发展，名家辈出，兼具工笔、写意、勾勒、没骨等各样技法，画风或"富贵"或"野逸"，而且多为宫廷服务，也都在写实的风格中，主宰了北宋宫廷图画院百余年的发展，直到崔白、易元吉等画

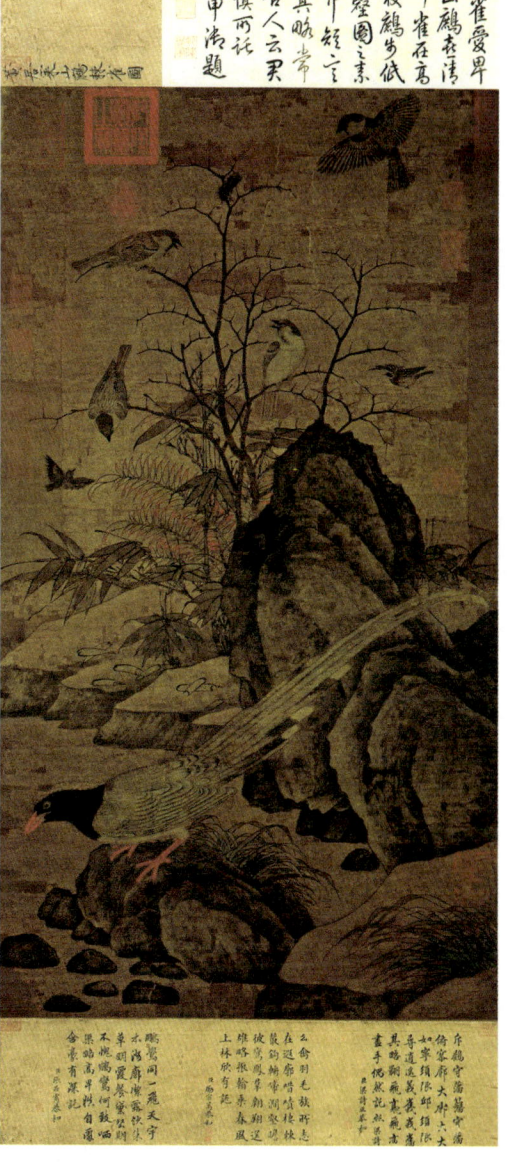

五代徐熙《玉堂富贵图》，绢本，设色，纵 112.5 厘米，横 38.3 厘米，台北故宫博物院藏

北宋黄居寀《山鹧棘雀图》，绢本，设色，纵 97 厘米，横 53.6 厘米，台北故宫博物院藏

家出现，才掀起一丝丝写生之变格。

"写生"一词最开始就是出现在北宋的画论中，比如刘道醇在他的《圣朝名画评》（成书于约 1059 年）里记载翎毛花竹画家陶裔"精于写生"；郭若虚的《图画见闻志》提到易元吉善于写生，并且还描述了易元吉如何观察鸟兽生态，以凸显画作特色。而《双喜图》的绘者崔白，字子西，安徽凤阳人，活动于 11 世纪

第六章　台北故宫博物院 | 505

后半叶,精通绘画,尤其擅长花鸟,是北宋时期花鸟名家。神宗熙宁(1068—1077)初年,他被提拔为图画院的"艺学",只是因为个性比较放荡不羁,他坚决推辞,后来神宗就恩许他不坐班,如果不是御前有旨的话就不用听差,说明神宗对他的看重。崔白的事迹主要都记载在《宣和画谱》上,他特别擅长画花鸟走兽,尤善写生,极工于鹅。崔白还带动了北宋宫廷花鸟画的"变格":"祖宗(宋太祖)以来,图画院之较艺者,必以黄筌父子笔法为程式,自白及吴元瑜出,其格遂变。"意思是说,从北宋开国以来,图画院的人都尊崇黄筌父子的笔法,直到崔白和吴元瑜的出现,才改变了这种风气。这里的"变格"主要是指有别于自北宋以来图画院流行的黄氏花鸟写实重彩画风,崔白更重于"写生"与"用墨",我们可以在《双喜图》中看到他以墨细细勾勒渲染,略施淡彩,不仅呈现出有别于"黄家"风格的写生花鸟作品,更呈现出水墨画风。

《双喜图》是件流传有序的作品。根据台北故宫博物院书画处的记录,画幅树干上有崔白年款"嘉祐辛丑年(1061年)崔白笔",画幅上有宋理宗(1224年—1264年在位)收藏印"缉熙殿宝"、明太祖(1368年—1398年在位)点验章"司印"半印、明太祖第三子晋王朱㭎(?—1398)的"晋国奎章""晋府书画之印""敬德堂图书印""清和珍玩""乾坤清玩"及明清收藏印记等。近代书画专家包括台北故宫博物院前副院长李霖灿(1913—1999)、江兆申(1925—1996)、林柏亭(1945—),旅美及日本中国艺术史家方闻(1930—2018)及铃木敬(1920—2007)教授等,都对崔白《双喜图》做过深入研究,他们除了阐述《宣和画谱》所说的"变格"、论证《双喜图》是崔白存世真迹外,还认为崔白《双喜图》与先后同期山水画家巨然、范宽、郭熙等巨擘,共同建构了北宋绘画的时代风格。

《双喜图》树干上有崔白年款"嘉祐辛丑年崔白笔"

七 画史传奇：黄公望《富春山居图》

笔者在台北故宫博物院看展迄今已有40多年，最令人印象深刻、最为轰动的展览，莫过于2011年6月推出的"山水合璧：黄公望与《富春山居图》特展"，短短三个月近百万人参观，这个展还被英国《艺术报》评为当年年度世上最高人气展览第三名，参观者络绎不绝，受画幅长卷及展出空间的影响，要排队两三小时才能看到。那么，《富春山居图》究竟是怎样的一幅画？它为什么如此受到世人瞩目呢？接下来笔者将从以下三个方面来解读这幅画：第一是画家黄公望其人、其艺以及这幅画的传奇故事，第二是它对明清两代中国绘画发展的影响，第三是这幅画背后寄托的当今华人殷切的期盼。

黄公望生于南宋度宗咸淳五年（1269年），江苏常熟人。本姓陆，名坚，家境贫穷，他还是个孩子的时候被过继给高龄九十尚无子嗣的老翁黄氏，黄氏很高兴，说："黄公望子久矣！"陆坚于是改名黄公望，字子久，纪念这段父子缘分。黄公望晚年号"大痴"，又号"一峰道人"，得年86岁，是元代四位重要山水画家之一。黄公望天资聪颖，博览经史，怀抱读书人"学而优则仕"的理想，曾积极于仕途，终因愿与志违，而且他曾经因为做官而陷入牢狱之灾，所以他在50岁后终于放弃了做官的想法，以卜卦道士为业，往来于苏州、杭州、松江、富春江畔，过着云游半隐居的生活。

有研究指出，黄公望淡出仕途前，并没有从事绘画，传世所见他的画作及与文人交流留下的题跋书迹也大多是他晚年的作品。他的旷世名作——现藏台北故宫博物院的《富春山居图》，是他82岁时完成的作品。根据画卷上黄公望自书题识，这幅画从元朝至正七年（1347年）开始绘制，当时他与道友无用师隐居在富春山，兴之所至，便提笔作画，过了三四年都没有完成。大概是因为他经常把画留在山中，自己云游在外，所以后来他就将画卷携入行囊带在身旁，早晚有空的时候就画，这样便于完稿。看着他画了几年的无用禅师，怕画成后被人"巧取豪夺"，特地请黄公望先写下题跋，说明这卷画是为无用禅师所画。这幅画终于在至正十年（1350年）端午前一日完成，全卷长近700厘米，是画家在富春江畔，登山涉水，寓目所见，随兴取景，肆意布局的水墨山水长卷，描绘的既是客观山水，也是悠游于富春山水后胸中的丘壑。

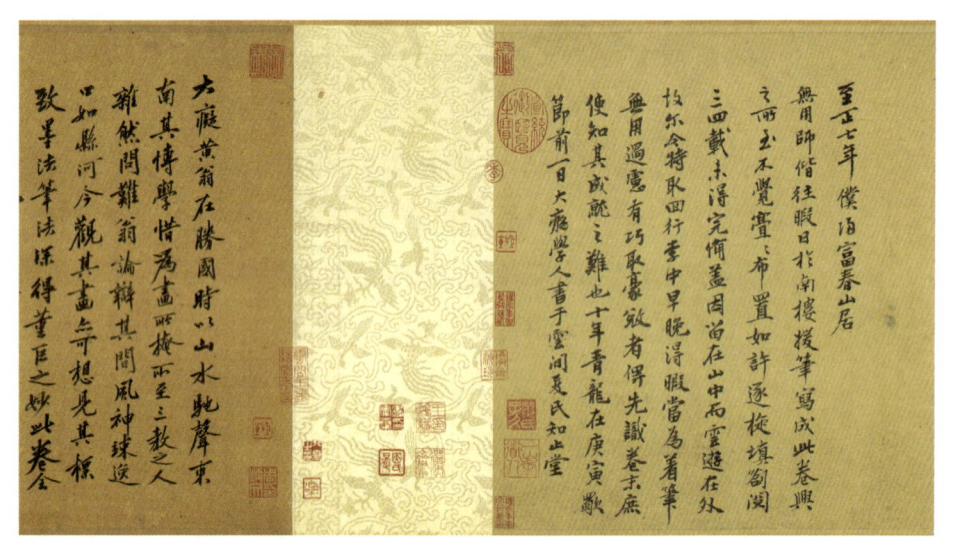

元代黄公望《富春山居图》卷尾题识

黄公望的《富春山居图》被誉为中国文人水墨画的代表作。水墨画看似只有黑、白两色，但画家凭借墨色的深、浅、浓、淡、留白、渲染等，呈现出水墨的变化多端，艺术界形容为"墨分五彩"，"五"是表达很多色彩的意思。黄公望就是通过绘画技巧，以墨笔画富春江畔自然的美景。画家通过自己不同的视角，或仰望、或平视、或俯览、或透视（想象），从多焦点切入构图，于是江山万里，忽近忽远、忽高忽低，墨色或浓或淡、或枯或润，以高超的水墨笔意，绘出秀丽的富春景色与江畔人间。这张画长近700厘米，描绘了秀丽的富春江景色：首先以一座浑圆高大的山体拉开序幕，山峰一层又一层埋叠着，山上草木丰润，山涧错落有些人家；山体过后接着出现江边水岸，沙滩矮坡上，画有水榭、楼阁、凉亭、房屋、船舟等；其后峰峦再起，一座山接着一座山，林木茂密，深谷幽径中出现村庄、樵夫；接着画面又有变化，江水穿山越谷后，出现豁然开朗的江面，于是渔夫垂钓，成群的雁鸭悠游其间；草亭里坐着一位文士，倚着栏杆，欣赏眼前景物：高大的松林，远山白云，波光粼粼；江水流过住着人家的热闹江岸后，进入水天一色空阔的沙洲台岸；最后山峰再拔江跃起，又落入宽广的水面。天地悠悠，江水淙淙，600多年前富春江的景色，全保留在黄公望的画卷中。

《富春山居图》被装帧成了一轴手卷。那么手卷应该怎么欣赏呢？应该是两手并用，先展开一段，右手慢慢收卷，左手轻轻放，慢慢地浏览，随着看画人的动作，形成移动的画卷。有人主张展阅山水长卷，就像自助旅行，走到哪儿，看到哪儿；也有人说像读章回演义，推陈出新；当然更多的人认为，看山水长卷就像听交响乐章，一会儿高潮跌宕，一会儿轻快柔美，一会儿平静悠扬。2011年这幅画在台北故宫博物院展出时，配合现代博物馆设备，在陈列柜中一气拉开，观众沿着展柜一面走一面看，能够很自然地进入黄公望的水墨世界；当时台北故宫博物院也与音乐家合作，制作了一卷"听画"新媒体艺术作品，观众静坐展厅一角，看着高清放大的《富春山居图》慢慢移动，聆听乐章，就像坐在船上，随着黄公望畅游富春山水一样，感受特别深刻，十分吸引人。

黄公望《富春山居图》1350年完成，在民间流转396年，前后历经多位藏家。明末清初江苏宜兴的藏家吴洪裕特别喜欢这幅画，顺治七年（1650年）临终前，他竟然想把《富春山居图》烧了殉葬，幸运的是画最后被救起，但已经被烧成了两段，前段长51.4厘米，称《剩山图卷》，现藏浙江省博物馆；后段长636.9厘米，于乾隆十一年（1746年）年入宫，也就是本文介绍的《富春山居图·无用师卷》，它的流传史充满传奇。

检视《富春山居图》拖尾接纸上的题记，最早出现记录是在明弘治元年（1488年）。大画家沈周（1427—1509）在收藏家樊舜举家里看到自己得而复失的旧藏并写下跋文，在这篇跋文里，沈周除了赞叹黄公望笔墨精妙，深得五代南唐画家董源、巨然风韵外，也提到画上原有题跋已"岁久脱去"，说明这幅画在无用师后流传多人，才先后落入沈周及樊舜举之手。沈周因失去画卷，在明成化二十三

元代黄公望《富春山居图》无用师卷，纵 33 厘米，横 636.9 厘米，台北故宫博物院藏。卷前端依稀可见三处火痕水迹。

至正七年僕歸富春山居無用師偕往暇日於南樓援筆寫成此卷興之所至不覺亹亹布置如許逐旋填劄閱三四載未得完備蓋因留在山中而雲遊在外故爾今特取回行李中早晚得暇當為著筆無用過慮有巧取豪敓者俾先識卷末庶使知其成就之難也十年青龍在庚寅歜節前一日大癡學人書于雲間夏氏知止堂

元代黄公望《剩山图卷》，纵 31.8 厘米，横 51.4 厘米，浙江省博物馆藏

年（1487年）中秋凭借记忆摹写了一卷，这幅画被称作《仿黄公望富春山居图》，现藏故宫博物院。沈周后又历经100多年，到了明万历二十四年（1596年），"无用师卷"归书画家董其昌所有，董氏如获至宝，直呼"吾师乎！吾师乎！"，称这幅画是他的老师，形容此画"天真烂漫"，展观时因变化多端而有"应接不暇"之感，看了这幅画就像享了"一日清福，心脾俱畅"。在沈周、董其昌等大画家的赞誉影响下，明清两代文人画坛多受黄氏笔法画意影响，几乎是"家家子久，户户大痴"的局面，出现许多临仿黄公望《富春山居图》的作品，最出名的莫过于被乾隆皇帝误作真迹的《富春山居图·子明卷》，"子明卷"自乾隆十一年（1746年）被皇帝断为黄公望真迹后，前后数十年间，清高宗共留下55则题跋，一直到乾隆六十年（1795年）最后题下"以后展玩亦不复题识矣！"，致使全卷几乎不留余白。董其昌晚年以千金高价把"无用师卷"质押给江苏宜兴吴家，传了三代到吴洪裕手中。

吴洪裕，字问卿。根据他的好友——明末清初书画家邹之麟在画卷上的题识，他跟这幅画结缘数十载，"置之枕藉，以卧以起；陈之座右，以食以饮"。意思就是说他跟这幅画几乎形影不离，等到明朝覆亡，"问卿一无所问，独徒跣而携此卷。嗟乎！此不第情好寄之，直性命徇之矣"。从邹之麟的题记，我们就能理解吴洪裕在弥留之际，以画卷相殉，玉石俱焚的行为。吴洪裕出生于官宦世家，父祖辈都是明朝进士，自己沦为遗民，对故国深厚情感当能理解。他死在顺治七年，离清兵铁蹄为灭南明横扫嘉定、扬州的时间不长，亡国之恨，一介书生虽无力回天，但将传家瑰宝殉葬，不遗落入敌朝，应当说是轻而易举的事情。

烧断后的《富春山居图》仍受藏家珍爱，几次易主，最后在乾隆十一年经大学士傅恒（？—1770）引介，以两千两黄金购入清宫。1925年，随着紫禁城转变为博物院，《富春山居图》成为故宫博物院典藏，1949年迁运到台湾。《剩山图卷》经修裱后一直在民间辗转流传，也先后经历多人，1938年落入上海汲古阁装池铺，转售给鉴赏家吴湖帆（1894—1968），1962年进入浙江省博物馆。2011年5月，在各方人士的奔走襄助下，浙江省博物馆慷慨地将《剩山图卷》送到台北故宫博物院，与《富春山居图·无用师卷》合璧展出，故宫博物院、南京博物院、中国国家博物馆、上海博物馆、云南省博物馆等也共襄盛举，纷纷请出相关馆藏参与盛会。浙博馆长陈浩在开展时殷切期盼，这卷天各一方、分藏两岸的画卷，能回到黄公望原创地浙江展出。其实绝大多数自1949年离散分居两岸的国人谁不这样想呢？"山水合璧：黄公望与《富春山居图》特展"之所以出现，正是两岸同胞借由一幅断裂画卷的联展，表达了共同的心愿。

黄公望和他的《富春山居图》的聚散离合还有一则"庚寅年"巧合的故事。此画完成于1350年，岁逢庚寅；辗转流传300年，1650年遭火劫烧断，又逢庚寅年；360年后，也就是2010年，两岸文化界朋友突发奇想，推动《富春山居图·无用师卷》与《剩山图卷》在台北合璧展出，启动的这一年也正是庚寅。人世间的巧，也巧得令人称奇，更增添了《富春山居图》的传奇色彩。

明代沈周《仿黄公望富春山居图》，纵 36.8 厘米，横 855 厘米，故宫博物院藏

第六章　台北故宫博物院

《富春山居图·子明卷》，纵 32.9 厘米，横 589.2 厘米，台北故宫博物院藏

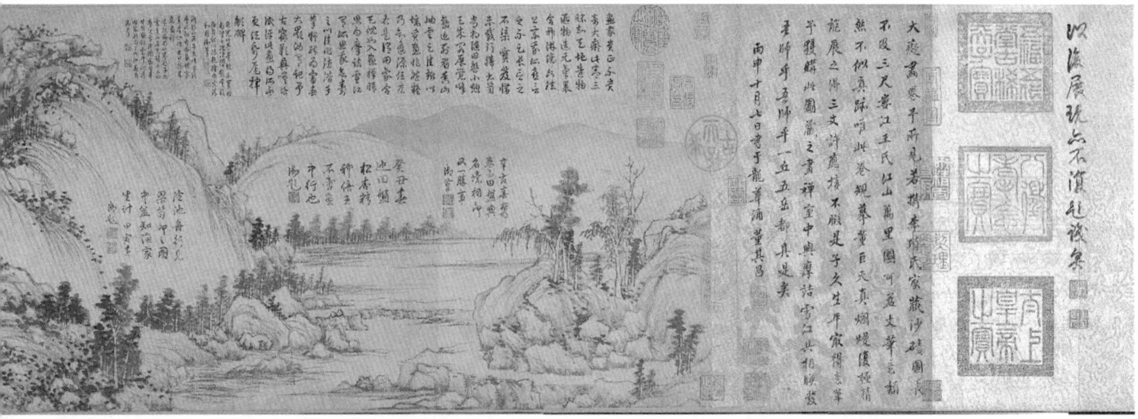
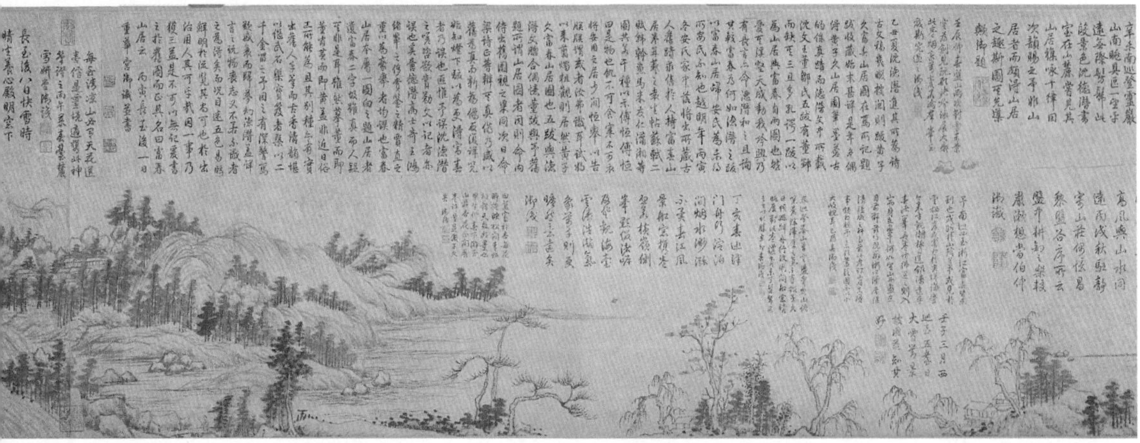
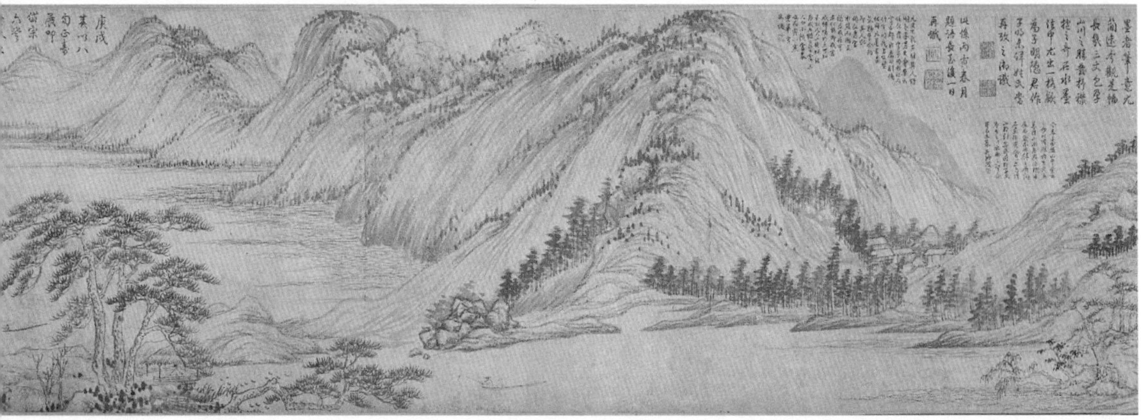
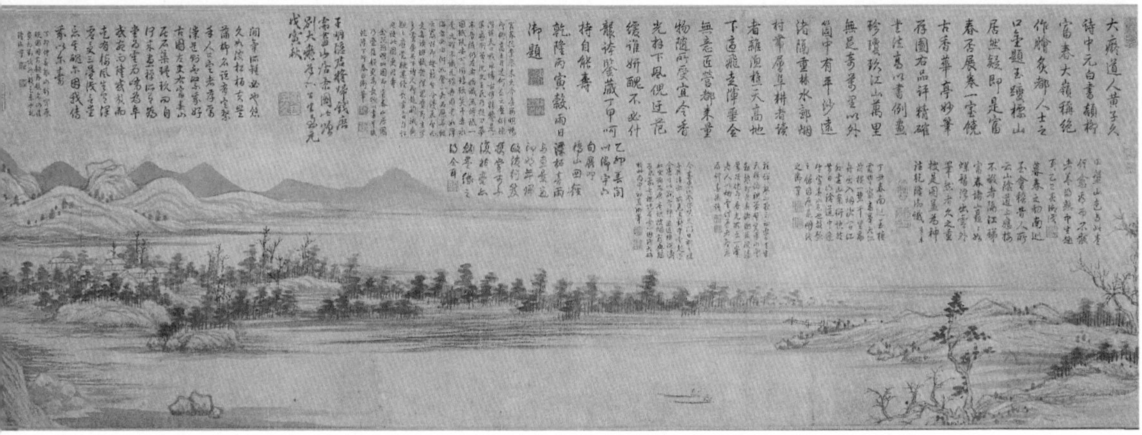

八 郁郁乎文哉：周宣王与毛公鼎

存世的西周青铜器很多，台北故宫博物院所藏的毛公鼎，外表十分简朴，为什么能被评为邦国重器，成为台北故宫博物院一件特别受观众喜爱的明星级展件呢？原因是毛公鼎腹内壁铸有近500字长铭，这是迄今已知存世商周青铜器中铭文最长的一件。这篇长铭文被拓印之后，很多金文、古器大家与历史学者，例如王国维、郭沫若、杨树达、裘锡圭等，都先后进行过研究，发表的论著不计其数。铭文还曾经被编入台湾各级学校的历史教科书。自1965年台北故宫博物院落成后，毛公鼎就在展厅中陈列亮相，前后五十几年未曾缺席，都说明了它的重要性。

毛公鼎有着极为丰富的内涵，为什么这么说呢？因为它拥有的近500字铭文内容非常丰富，是一篇记载周宣王（前827年—前782年在位）事迹的一手史料，见证了西周"宣王中兴"这段历史，而且补充了史书对毛公记载的阙遗，记录了周宣王与毛公的君臣情谊，也非常鲜明地表达了中国古代君权天授的"天命"思想观念。毛公鼎器形端正浑厚、庄严肃穆；铭文字体端正，行款整饬匀称。这篇铭文的内容古雅精奥，被誉为西周散文代表作。各种因素，使得毛公鼎成为中国历史上最重要的文化瑰宝之一。

毛公鼎受到世人瞩目，主要在于它的近500字长铭。这篇长铭虽然是近3000年前保存下来的文字，一般人并不容易看懂，但学者专家早就已经为我们一一解读出来了。铭文内容一共分为五段，是宣王对毛公的训诰之辞。首先宣王表彰了自己的先祖周文王、武王西周晚期毛公鼎，高 53.8 厘米，腹深 27.2 厘米，口径 47 厘米，重 34.7 千克。口饰重环纹一道，敞口，双立耳，三蹄足。台北故宫博物院藏

如何得到天的庇护，开创了国家，在贤臣的辅助襄赞下，成就了上天赐予他们的建国大命；接着说自己即位之后，戒慎恐惧，很想振作积弊已久的朝政，于是就效法先王，命令叔父毛公治理国家内外事务，辅佐自己。他命令毛公统领百官、谐和四方，组成禁卫军，保护国家安全；所有王令，都要先通过毛公，再由毛公发出。任命毛公为最高主事者，嘱托他要弘大邦国王家，不要荒废了政事，不要妨碍百姓积攒财富，不要欺压无夫无妻的可怜人，要好好考核属僚，不可懈怠职守，并要记牢王威是不变的，要依先王的遗规做事等。铭文最后一段，详细记载了宣王赠予毛公的丰厚赏赐，除特许征税外，还赐予他祭祀用的美酒、玉器、符合身份的命服，及四马驾驰的豪华马车，并详细记载了马车的各式配备。铭文最后，毛公为了表达对宣王的感谢，铸鼎记录这段君臣合作取得辉煌成就，并且希望这个鼎传示后世，子孙永宝。

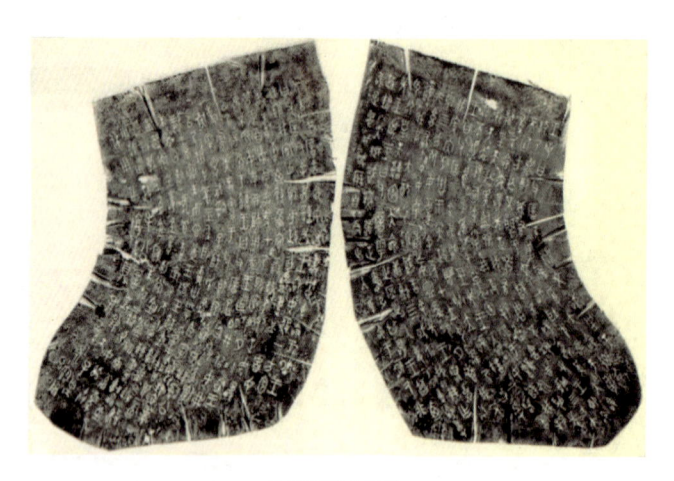

毛公鼎铭文拓片

研究指出，这篇铭文跟《尚书·文侯之命》相似，除了印证史载"宣王中兴"事迹及西周时期的典章制度与行政外，也给不见文字记载的辅臣毛公提供了翔实的记载。台北故宫博物院古器物专家张临生指出，毛公鼎与西周晚期同时代的深腹圆底颂鼎形制一致，铭文用词则与师訇簋很像，可以说，是一篇完全没有被后人传抄、修饰、篡改的原典。屈万里先生也曾指出，毛公鼎中铭文的史料价值，超过今本《尚书·周诰》，说明了它的史料价值。这篇铭文，通篇强有力地表达了古代君权天授的"天命"思想，还有被赋予"天命"的人当励精图治行仁政的决心。周宣王与王叔毛公的君臣情谊，就像周公辅助武王，开创了西周的鼎盛一样；

毛公辅助宣王成就了中兴政局。孔子说："郁郁乎文哉！吾从周。"毛公鼎铭文当中，对周代礼器、服饰、车马、祭祀、酒食等各种用度的记载，以及铭文呈现出的书法艺术、鼎造型呈现出的肃穆庄严风格，还有"子子孙孙永宝用"的嘱咐，这方方面面，都向我们展示了孔子所说的"郁郁乎文哉"的时代。

介绍完毛公鼎上的内容，我们再来谈谈鼎这种青铜器。鼎是青铜器中最重要的器形，有圆鼎与方鼎两种，我们一般见到的以圆鼎居多。毛公鼎通高53.8厘米，腹深27.2厘米，口径47厘米，重34.7千克，大口圆腹，口沿那里有一道纹饰，上面有两只大耳，肚子下面有三只兽蹄形足，这是非常标准的周晚期圆鼎造型。铭文铸于腹壁，遵循了铭文不妨碍纹饰的铸造原则。毛公鼎器形端正、内壁浑厚、书风跟纹饰都很朴实，这些特点都呼应着宣王对毛公的重托，更突显了君臣二人励精图治的决心。

毛公鼎是道光年间在陕西岐山周原（今陕西省岐山县）出土的，中间经历多次转手，流传史特别曲折离奇，可见国人对它的珍视程度。根据记载，它最开始在古董商人手中，咸丰二年（1852年）为金石名家翰林院编修陈介祺（1813—1884）所得，后来陆续流转到两江总督端方（1861—1911）、天津华俄道胜银行、北洋政府交通总长大收藏家叶恭绰（1881—1968）等手中。1937年抗日战争全面爆发，叶恭绰避走香港，鼎被藏在上海的寓所，当时他的小妾想要将这个鼎卖给日本人，叶恭绰就派侄子叶公超（1904—1981）回上海取鼎，并嘱咐他："日后不得变卖，不得典质，更不能让它出国。有朝一日，可以献给国家。"不料叶公超取鼎之事，被日本宪兵队知道了，叶公超就被日本人抓去严刑逼问，但是他坚持不供出毛公鼎的下落，最后家人铸了一个假鼎上缴，叶公超才得以脱难。事后毛公鼎被运往香港，不久香港沦陷，叶家又将鼎秘密运回上海，但是最终因为乱世生活病窘，不得已把毛公鼎典押给银行，但最后被上海的大商人陈咏仁赎出。抗战胜利后，毛公鼎被捐献给国民政府，由国民政府拨交中央博物院筹备处，1949年迁运台湾。毛公鼎文物编号为T.101-40，意思是"在台湾编入文物账册的第一件文物"，可见多么珍贵。

毛公鼎自道光朝出土后，随着近代中国变局流转，由大陆到台湾，由秘藏到公开，如今是台北故宫博物院的镇院之宝，长年在陈列室中亮相，与观众见面。

九 传递文教兴邦的治国理想：珊瑚魁星点斗独站鳌头盆景

台北故宫博物院典藏有一株寓意丰富、极为华丽的宝石盆景：珊瑚魁星点斗独站鳌头盆景。

一般人理解的盆景，就是用花盆栽种各类植物，例如我们中国人喜欢在盆中栽种古松、老梅、菊花、茶花、菖蒲等，而且还喜欢通过接枝、盘形这些园艺手段，来控制植物的生长，把大自然中花草树木最美的姿态移到居室里，以便我们随时观赏，同时还有营造生气、装饰美化的效果。不同于有生命的盆栽，两岸故宫珍藏有许多以各种宝石及各项工艺制作的人造盆景，它们每一个都精致美观、寓意吉祥，充分装点出皇家富丽堂皇的气息。有些作品出现在特定的殿宇，应当是有特殊意义的。例如翠玉白菜，原来陈设在紫禁城永和宫，也就是光绪皇帝瑾妃的宫中，所以它不仅是皇家奢华的翡翠盆景，同时也代表了宫中主人清白的身份以及绵延子孙的期盼。珊瑚魁星点斗独站鳌头盆景，据查考它原来藏在养心殿。那么养心殿为什么会摆设魁星盆景呢？有什么特殊意义吗？我们又该如何欣赏它的工艺美学？魁星又是谁呢？

传统中国人对宇宙星空有自成体系的认识，那是古人观察天象累积的知识，在漫长的发展过程中，结合佛道思想、阴阳五行、易卜算数与民俗传说等，形成复杂的宇宙观，它既是一套有系统的天文科学知识，也是影响人们生活的民间信仰。魁星就是结合两者出现的神祇。

魁星，在天文学上有两种说法，一种说法是指北斗七星的第一至第四颗星，这四星称为斗魁，又称璇玑，另三星为斗杓；还有一种说法是指离斗柄最远的天枢星。北斗七星这个名字则始见于汉代纬书《春秋运斗枢》，纬书就是依托经义专论符箓瑞应的书，这七颗星的名字依次为：天枢、天璇、天玑、天权、玉衡、开阳、摇光；对应现代，北斗七星是由大熊座七颗明亮的恒星组成的，在北边天际排列成斗的形状，也很像个勺，因为比较好辨认，北斗七星成为指示方向和认识星座的重要标志。在万里无云的晚上，我们通过北斗七星的指引，可以找到北极星。

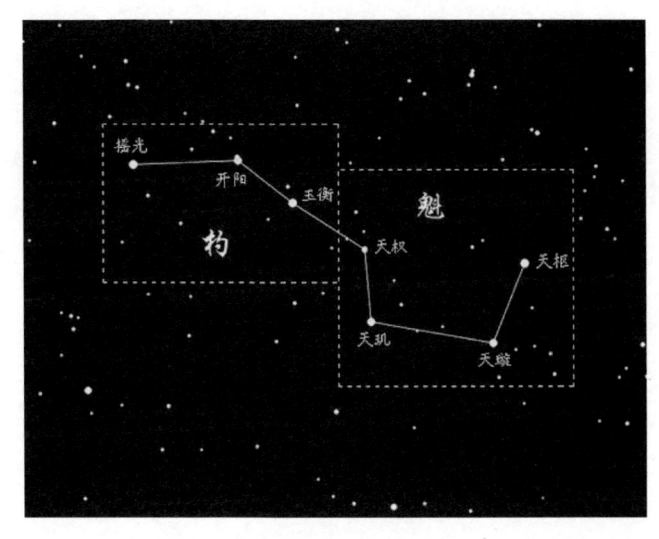

北斗七星示意图

在民俗信仰上，魁星是一位面部狰狞可怖的神祇。相传有一位相貌丑怪的饱学之士，因屡试不中，投水自尽，被鳌鱼救了，于是就化为魁斗星君，俗称魁星爷，成为职掌人间考选、爵禄、举荐贤才的星宿。在科举制度盛行的时代，特别在南宋至明清，民间为祈求高中科第，仕运亨通，有供奉魁星的习俗，民间供奉魁星的庙宇也应时而生。魁星爷的造像，经常结合丑怪狞厉的鱼龙变相等造型出现，他手持北斗七星，向后扬起一足，遥踢所属星座斗魁，做出点斗、踢斗或戏斗动作，比喻高中魁首，于是"魁星高照""独占鳌头"等吉祥词语也相继出现。

我们看书中的配图，可以看到这件"珊瑚魁星点斗独站鳌头盆景"主要设计分为三段：珊瑚魁星、翡翠鳌鱼以及白玉花盆。红色的珊瑚魁星，也是一件巧雕，创作者充分利用了珊瑚原材的姿态，魁星右手高举北斗七星，左手拿着梅枝放在

第六章　台北故宫博物院　| 523

珊瑚魁星点斗独站鳌头盆景 通高35.5厘米；花盆长18.3厘米；宽13.4厘米；高9.8厘米；台北故宫博物院藏

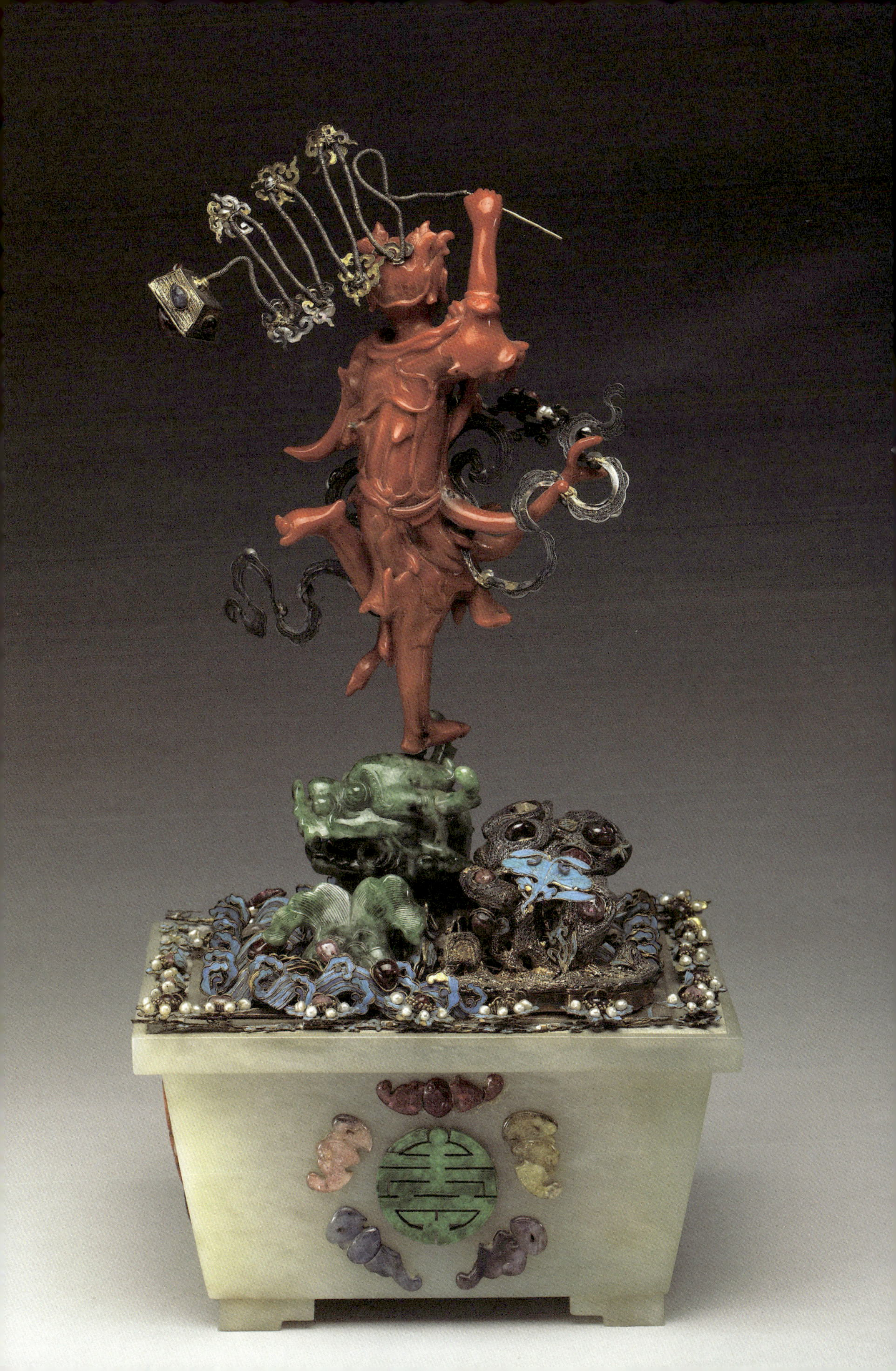

胸前，左脚向后扬起，踢向北斗七星之斗魁天枢星，右脚站在龙头鱼身、涌现于波浪间的翠玉鳌鱼头上。整个设计既有动感，又贴合珊瑚的形状。珊瑚原材的枝丫，被顺势设计成衣带飘飘，点出魁星所穿袍服被海风吹得高高飘扬。我们看大图，可以看到珊瑚魁星通体朱红、目睛圆睁、大嘴獠牙、头角峥嵘、神态威赫：他右手高举的北斗七星，是用金属盘绕镶嵌珠宝点翠做成的，最前面是嵌饰红绿宝石的银斗，中间用曲线盘绕了三节，左右共镶嵌六颗珍珠衬以点翠花托，代表其他六星；左手持拿嵌有红白两色宝珠做成的梅枝；梅为花魁，意味着春至阳生；魁星手持梅枝，再度强调他先驰得点，夺得魁首。

珊瑚魁星点斗独站鳌头盆景细节图

白玉花盆的外壁四面，贴饰着珊瑚、翡翠、五色碧玺等珍贵宝石雕成的蝙蝠与寿字纹，构成"五蝠捧寿"图案。因为蝙蝠的"蝠"跟福气的"福"同音，所以"蝠"跟"福"是相通的。根据《书·洪范》记载，"五福"包括长寿、富贵、康宁、好德、善终，因此"五蝠捧寿"含有"五福临门"与"福寿双全"等吉祥寓意。白玉花盆中有层层波涛，那是用点翠技法做成的，波涛中还有龙头鱼尾的鳌鱼，是用翡翠做成的。魁星正是站立在鳌首上，呼应着"独占鳌头"的典故。鳌首后面用累丝工艺制成太湖石，石上有点翠镶嵌红蓝宝石的灵芝；灵芝在古代中国被认为是仙草，具有长生不老、起死回生、芝生祥瑞等寓意。

珊瑚魁星点斗独站鳌头盆景做工精细，运用的技法包括巧雕、镶嵌、贴饰、点翠及累丝。巧雕，即利用珊瑚原材料特点设计雕琢成魁星。镶嵌，就是在盆景上镶嵌各色珠宝；贴饰，就是把雕好的各色宝石蝙蝠及寿字嵌贴在白玉花盆上。点翠，是以蓝耳翠鸟或白胸翡翠或蓝翡翠的羽毛贴装点在金属底座上，增添色彩，例如花盆中涌现的波涛，就是先用金属做成底座，再把翠羽镶嵌贴上去。累丝，是把金属拉成丝线，编织成形，再焊接在器物上。立体累丝工序更加烦琐，必须要经过堆灰的过程。堆灰是什么意思呢？就是先用炭灰跟芨草泡制调和，再塑成立体模型，然后在模型外累丝，完成后放在火里，把累丝里面的炭灰模烧毁，再焊接到作品上。白玉花盆上的太湖石，就是用立体累丝技法做成；而珊瑚魁星腰上系的飘带，则是以点翠及累丝两种技法制作成的。

　　总之，珊瑚魁星点斗独站鳌头盆景不仅用料贵重讲究，而且做工特别精致细腻。朱红魁星与翠绿鳌鱼，红色和绿色搭配，用色上形成强烈对比，突显了盆景的两位主角；珍珠、翡翠、红宝石、青金石、五色碧玺、白玉、点翠、累丝等穿梭其间，华彩缤纷，热闹非凡，视觉效果特别好，喜庆吉祥，反映了中国自隋唐开科举考试制度以来，士子高中、前程似锦的喜悦心情。根据《故宫博物院点查报告》，这件集华贵、亮丽、吉庆于一株的盆景，原来陈设在紫禁城养心殿内，从雍正开始，一直到后代的乾隆、嘉庆、道光、咸丰、同治、光绪、宣统等八位皇帝，都在这里召见群臣、处理政务、读书、居住。在如此重要的殿宇中陈设珊瑚魁星点斗独站鳌头盆景，正传达了国家重视人才选拔，期盼魁星高照，群贤集聚，文治昭然，以达到文教兴邦的治国理想。

十 神行自然：苏东坡《寒食帖》

苏东坡（1037—1101）是北宋著名的文学家、政治家、书画家、美食家，他在诗、词、文、赋、奏议、书法等方面都获得了极高的成就。《宋史》记载他"博通经史，属文日数千言"，如行云流水，神宗很喜欢读，称他奇才。试问谁没读过他脍炙人口的名句"大江东去，浪淘尽、千古风流人物"（《念奴娇》）？他曾游历长江赤壁，留下《赤壁赋》，后代多少书画、工艺家受他影响，以"赤壁"为题从事文艺创作。他被誉为唐宋八大家之一，留下卷帙浩繁的著作，《书传》《东坡易传》《东坡全集》及《东坡志林》，都被收入了《四库全书》；他又被誉为北宋四大书家之一，书迹受到两岸故宫及国内外博物馆、收藏家宝爱珍藏。这一节我们要介绍的就是艺术史界公认为苏东坡传世书迹称第一的《寒食帖》，《寒食帖》也被誉为天下第三行书。

苏东坡，名轼，字子瞻，中年后号东坡居士，四川眉山人，宋仁宗嘉祐二年（1057年）高中进士，受到主试官欧阳修（1007—1072）赏识。按理来说，这个时候苏轼的仕途应该是一片光明。然而苏轼一生际遇不顺，为官后不久双亲相继去世，连遭丁忧。苏轼先后给父母守丧后复出，又卷入了激烈的新旧党争与随之而起的文祸。宋代重文轻武，党争以文人士大夫为主要成员，苏轼被归入欧阳修、司马光（1019—1086）为首的保守势力，不见容于王安石（1021—1086）的变法新党。神宗熙宁二年（1069年），苏轼守父丧结束之后返京任职史馆，被新党排斥，在熙宁四年（1071年）调为杭州通判，其后辗转迁调于密州、徐州、湖州等地。元丰二年（1079年），苏轼被御史弹劾以诗文诽谤朝政，讽刺新法，被押解返京入狱，这场文祸史称"乌台诗案"，经过一百多天的羁押及多方营救，最终神宗因为爱惜苏轼的才华，将他贬充黄州（今湖北黄冈）团练副使，不得擅离发落地域，也没有签署公文权。此时苏轼44岁，人过中年，壮志未酬，政治上遭逢前所未有的挫折，加上生活困顿、水土不服、病痛缠身、离家万里，心境上的落寞郁闷与感触，激荡出了他在文学艺术上不朽的成就。苏轼贬谪黄州五年，留下的诗、赋、书、帖特别多，甚至连他在贫困生活里疗愈养身烹煮的"东坡肉"（《猪肉颂》）也都传之千古，《寒食帖》也是他在黄州的作品之一。

《寒食帖》是苏东坡亲自书写的，是他在贬谪黄州第三年（元丰五年，1082年）寒食日所写的两首五言遣怀诗，表达了他在湿冷贫困又生病的节日里，分外孤独惆怅的心境。这两首诗很好懂，第一首诗：

自我来黄州，已过三寒食。年年欲惜春，春去不容惜。
今年又苦雨，两月秋萧瑟。卧闻海棠花，泥污燕支雪。
暗中偷负去，夜半真有力。何殊病少年，病起头已白。

第二首诗：

春江欲入户，雨势来不已。小屋如渔舟，蒙蒙水云里。
空庖煮寒菜，破灶烧湿苇。那知是寒食，但见乌衔纸。
君门深九重，坟墓在万里。也拟哭涂穷，死灰吹不起。

第一首写寒食那天下着苦雨，苏轼卧病床榻，感慨时光飞逝，三年一转眼就过去了，春天一去不复返，自己的黑发已经转白。第二首写春雨连绵，自己困守陋舍，空有报国之志，却连回家扫墓都行不得，可以说，道尽了苏东坡贬谪黄州时的苍凉心境。

《寒食帖》本幅纵34.2厘米，横199.5厘米，全卷17行，每行字数不等，字形由小渐大，运笔流畅，随心所欲，心情昂扬时字大如斗、笔锋如刃，心情郁结时，书体紧纠、墨色黑浓。所以说，这幅字充分表达了苏东坡挥毫时内心的起伏跌宕，笔随意传，神行自然，一气呵成，变化万千。历代鉴赏家对《寒食帖》推崇备至，赞誉为旷世神品，苏轼存世书迹称第一，与东晋王羲之（303—361）《兰亭序》与唐代颜真卿（709—784）《祭侄文稿》并论，誉为天下第三行书。

有趣的是苏东坡书《寒食帖》，只用了原纸卷的一半，留下的空白做什么呢？

学者根据明代大书画家董其昌的说法：故意留下空白，是期待500年后有人作跋，说明苏东坡对这件作品的自豪，认定它必将流传千古。谁知道书成之后18年，北宋元符三年（1100年）便由另一位与苏轼齐名的北宋四大书家之一的黄庭坚紧接着两首寒食诗后，在同一张纸上写下了他对寒食诗书的评论："东坡此诗似李太白，犹恐太白有未到处。此书兼颜鲁公、杨少师、李西台笔意。试使东坡复为之，未必及此。它日东坡或见此书，应笑我于无佛处称尊也。"

这段话是什么意思呢？黄庭坚首先夸苏轼的两首诗像唐代大诗人李白所作，但恐怕李白还有比不上的地方；接着明确称赞书法兼有唐中业至北宋早期三大书家颜真卿、杨凝式、李建中的笔意，并直言即便请东坡重写，也未必能达到这幅书法"神来之笔"的巅峰成就；接着话锋一转，自评跋书是"无佛处称尊"。"佛"是称赞苏东坡，"尊"是黄庭坚自许，大有与苏东坡较劲的豪气。南宋人张縯［生卒不详，隆兴元年（1163年）进士］在书帖后另纸题跋："老仙（苏轼）文笔高妙，灿若霄汉云霞之丽，山谷（黄庭坚）又发扬蹈厉之，可谓绝代之珍矣。"意思是说，苏东坡的书法已经很好了，后面还有黄庭坚的，那这幅书法必然是绝世珍宝了。董其昌则在帖后题："余生平见东坡先生真迹不下三十余卷，必以此为甲观。"意思是说，我这辈子见了三十多卷苏东坡的真迹，《寒食帖》排第一。《寒食帖》在民间受人珍藏宝爱600多年，终于在乾隆初年收入清宫。乾隆十三年（1748年）四月初八日，清高宗在苏黄诗跋间留下了御题，再度称赞《寒食帖》前有东坡秀逸诗书，后有山谷跋文，令人倾倒，特谕重新装帧，卷首他的御题签，写的是"苏轼黄州诗帖 长春书屋鉴赏珍藏 神品"，并且清高宗还以苏轼在黄州东坡耕地所建房舍"雪堂"为题，御书"雪堂余韵"四个大字。

苏轼《寒食帖》本幅原长199.5厘米，其后加引首、前后隔水及跋文，增长为276.9厘米，钤鉴藏宝玺16方，收传印记52枚，12则题跋文清楚地载录了它近千年的流传史。按说《寒食帖》自从进入了清宫，受到乾隆皇帝的宝爱珍藏，应当是到了最安全的所在，谁知情况并非如此。咸丰十年（1860年）英法联军火烧圆明园，它被劫掠，散落民间，先后归冯展云（？—1883）、裴景福（1854—1926）、盛昱（1850—1899）、完颜景贤（1876—1926）及颜世清（1873—1929）等所有。1922年颜氏携《寒食帖》到东京，以高价出售给日本收藏家菊池惺堂（1867—1935），从此神品名迹，飘零海外，幸好东瀛文人也很喜欢书法，对《寒食帖》也珍爱备至。1923年9月东京大地震，菊池惺堂冒险从烈火中抢出《寒食帖》，一时传为佳话。劫后《寒食帖》寄藏于日本汉学家内藤湖南（1866—1934）家中，1924年内藤湖南写了两篇跋文，记述《寒食帖》流传至日本的过程以及自己跟《寒食帖》的渊源。其后《寒食帖》又归阿部房次郎（1868—1937）所有，在1937年为纪念苏轼诞生900年所举办的"寿苏会"中与东坡《李白仙诗卷》（现藏东京国立博物馆）放在一起展出。第二次世界大战末期，美军轰炸日本，《寒食帖》很幸运得以保存完好。战后被曾任故宫理事并长期关注流散海外书画名迹的王世杰先生（1891—1981）重金购回，1950年底运返台北，1987年入藏台北故宫博物院。

《寒食帖》传承近千年，历经世变劫难，迄今卷首及下沿留下火烧的痕迹，据颜世清跋文里说是火烧圆明园的烙印。又根据中国艺术史专家傅申教授的研究，《寒食帖》自1860年以来，前后历经六次火劫，总能化险为夷，如有神护，当然这都是因为《寒食帖》名重艺林，受到爱护它的人接续拥有和保存，才能入藏台北故宫博物院，受观众瞻仰。

最后，笔者再以苏轼《寒食帖》为例说明一下中国传统画卷的装潢方式。一般长首卷可粗分为引首、本幅（或称画心）、拖尾三段。引首在前，用作书写名称或一些赞美之辞；本幅居中，就是长卷原有的内容，也称"画心"；拖尾在后，是供名家赏玩题跋之处；引首、本幅、拖尾之间，通常以绫或纸隔界，称为"隔水"，具有分界起承作用。苏轼《寒食帖》本幅，就是苏东坡写的两首《寒食诗》及黄庭坚的跋文，原只有199.5厘米，加上引首、拖尾及前后隔水，变成长达276.9厘米的长卷。在引首的最前端，贴有乾隆皇帝以签条亲书的"题签"："苏轼黄州诗帖 长春书屋鉴赏珍藏 神品"，"苏轼黄州诗帖"是这卷书法的名称，"长春书屋"是乾隆在皇子时期的书斋名称，"神品"是乾隆皇帝对《寒食帖》的品评，还盖上"天府珍藏""御赏""神品""乾隆宸翰"4枚印玺。引首上乾隆御书"雪堂余韵"四个大字，"雪堂"是苏东坡贬谪黄州时为自己的居室取的名字，"雪堂余韵"指的就是《寒食帖》。前隔水盖上"五福五代堂古稀天子宝""八徵耄念之宝"及"太上皇帝之宝"乾隆宝玺。本幅启始顶端盖有元文宗"天历之宝"及乾隆"古希天子"圆玺等。据台北故宫博物院统计，全幅共钤鉴藏宝玺16方、收传印记52枚，拖尾上是一些观赏过这张书法的名家题跋，可以说是流传有据，历历可考。

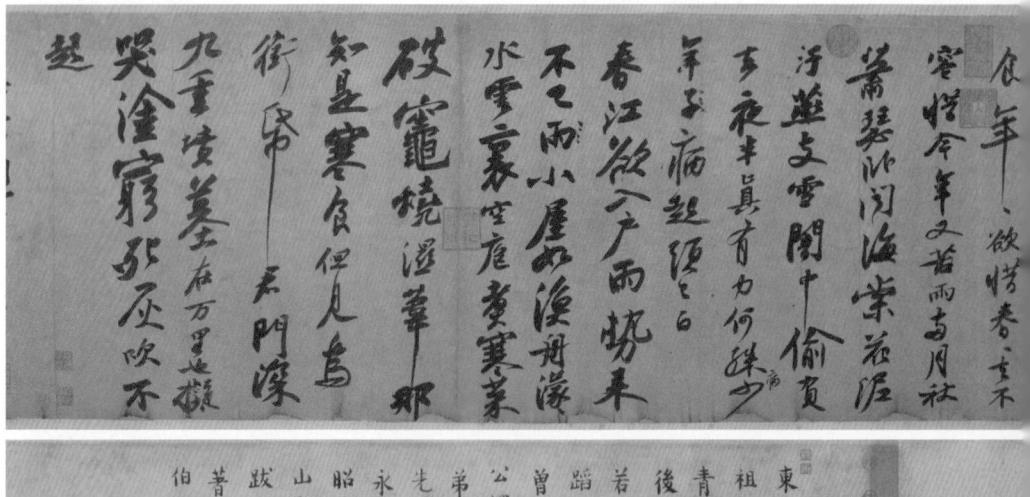

苏轼《寒食帖》，全幅纵 34.2 厘米，横 276.9 厘米，纸本，行书，
台北故宫博物院藏

雪堂餘韻

蘇軾黃州詩帖

東坡此詩似李太白
猶恐太白有未到
處以書顏魯
公楊少師李西臺
筆意誠使東坡
復為之未必及此它日
東坡或見此書應
笑我於無佛
處稱尊也

黃州寒食二首

東坡寒食帖山谷跋尾履元明
清章任香錄盛推為蘇書第一
...

十一 天下第二行书：颜真卿《祭侄文稿》

中国书法史上公认天下有三大行书，第一是东晋王羲之的《兰亭序》，第二是唐代颜真卿的《祭侄文稿》，第三是北宋苏东坡的《寒食帖》。王羲之的《兰亭序》真迹早已失传，有说陪着唐太宗殉葬了，留下的仅有后代临仿品及碑帖，其他两卷颜真卿《祭侄文稿》与苏东坡《寒食帖》真迹，都完好地保存在台北故宫博物院。这一节我们要介绍的就是颜真卿的《祭侄文稿》。

在书法史的长河中，各时代虽都有各领风骚的著名书家，但出类拔萃且对后代有深远影响的一代宗师，细数起来实属凤毛麟角。学者大多同意，除了被唐太宗（599—649）尊为"书圣"的王羲之外，最有影响力的第二位大书家就是唐代的颜真卿，翻阅唐以后历代书史，多少书家曾临习颜真卿碑帖，即便到了今天，启蒙学习书法，在有些基础后，临习法本也常是颜真卿、柳公权（唐末直接受颜真卿影响的大书家，后世常以"颜柳"并称）的书帖。笔者13岁时曾学习书法，老师教的便是颜体，可见颜真卿对中国书法发展影响之深。

颜真卿《祭侄文稿》本幅纵29.2厘米，横59.6厘米，纸本，尺幅不大，书于唐肃宗乾元元年（758年），它原来其实就是一张"草稿"，23行，234字，涂涂改改多达16处，却被历代文人、书家、藏家、帝王、博物馆员等，传承护持长达1260多年，到今天不但仍然完好无损，而且尺幅增长为511.4厘米，添加了15则名人题跋、18方鉴藏宝玺及88枚收藏印记，这也反映了千年以来人们对它是真的非常宝爱。颜真卿的作品当然都是极好的，但是为什么大家独独这么推崇和喜爱他的《祭侄文稿》，给了《祭侄文稿》这么高的地位呢？这实际上与颜真卿的为人、他的书法造诣、此书的书写背景，特别是儒家思想主导下读书人的忠义气节相关。

颜真卿，字清臣，唐代京兆人（今陕西西安），祖籍琅琊郡临沂（今属山东），据《新唐书》与《旧唐书》记载，颜氏一族自五世祖颜之推（531—约590以后，南北朝人，至隋朝时去世）开始，一直都以经史训诂（传统语文学）工书传家。真卿自幼就博识古今，书法造诣很高。唐开元二十二年（734年）高中进士，开始仕宦生涯，唐代宗（762年—779年在位）嗣位之后，颜真卿累进受封为鲁郡公。鲁公个性刚烈耿直，敢言别人所不敢言，因而不见容于当道权臣，常遭忌下放为地方官。天宝十四年（755年）十一月，节度使安禄山（703—757）造反，河朔二十四郡望风皆降，唯独当时任平原郡（今山东平原、陵县等地）太守的颜真卿固守城池，号召堂兄常山郡（今属河北）太守颜杲卿（692—756）起兵抵抗，一时之间响应的人很多。第二年（756年）元月，叛军围攻常山，杲卿向太原尹王承业（生卒不详）求援，王氏按兵不动，没有救援，以致颜杲卿的儿子颜季明（？—756年）被擒，安禄山用颜季明逼迫他父亲颜杲卿投降，颜杲卿大义不肯，季明于是被杀，不久常山也在孤立无援下沦陷，杲卿仍威武不屈，瞋目怒骂叛臣，最终被安氏以酷刑杀害，颜氏一门受牵连遇害的人很多。唐肃宗至德二年（757年）冬收复两京（长安、洛阳），次年（乾元元年，758年）颜真卿转任蒲州（今山西永济）刺史，派长侄泉明，也就是前面提到的颜季明的哥哥，颜真卿哥哥颜杲卿的长子，前往河北寻访血亲处理善后。乾元元年九月三日泉明带着季明的尸骨归葬长安，途经蒲州，颜真卿写下流传千古的《祭侄文稿》，短短尺幅，脱、漏、涂改多达16处，说明颜真卿在写的时候思绪澎湃，悲怆激昂之情满溢字里行间。通篇以楷、行、草各体行笔疾书，字字都能看出颜体圆健浑厚的笔法，起始停顿，墨枯再蘸，浓淡飞白，首尾连贯，真情流露，笔力万钧，写到最后的"呜呼哀哉！尚飨"一句时，颜真卿下笔已经是狂草了。遥想当年颜鲁公挥毫写下"贼臣不救，孤城围逼，父陷子死，巢倾卵覆"的时候，必然痛心疾首，涕泗纵横，愤怒难平。这篇至情至性、辞藻庄重、大义凛然的《祭侄文稿》，被后世誉为颜真卿存世第一墨迹。

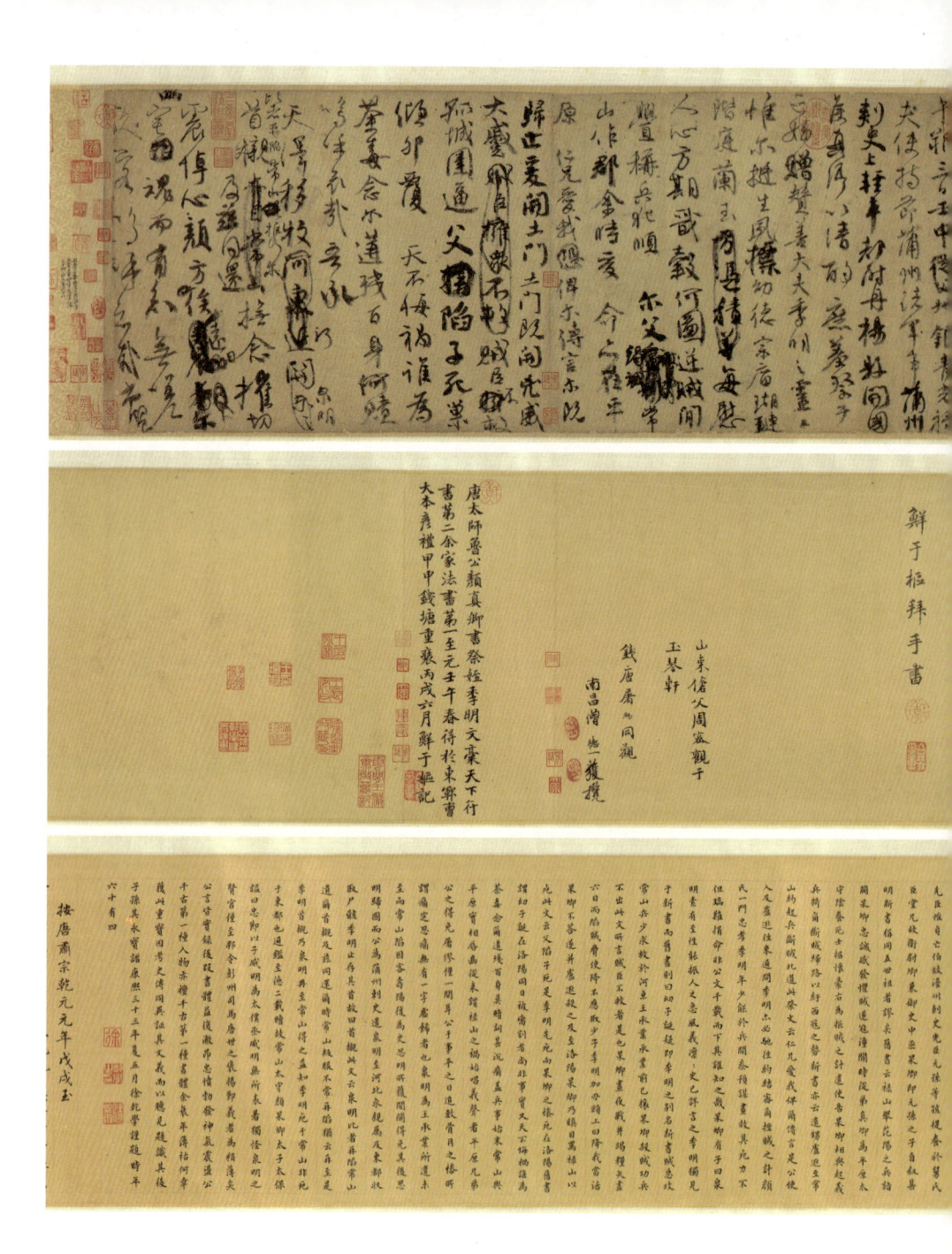

颜真卿《祭侄文稿》全卷，纵 29.2 厘米，横 511.4 厘米，纸本，
台北故宫博物院藏

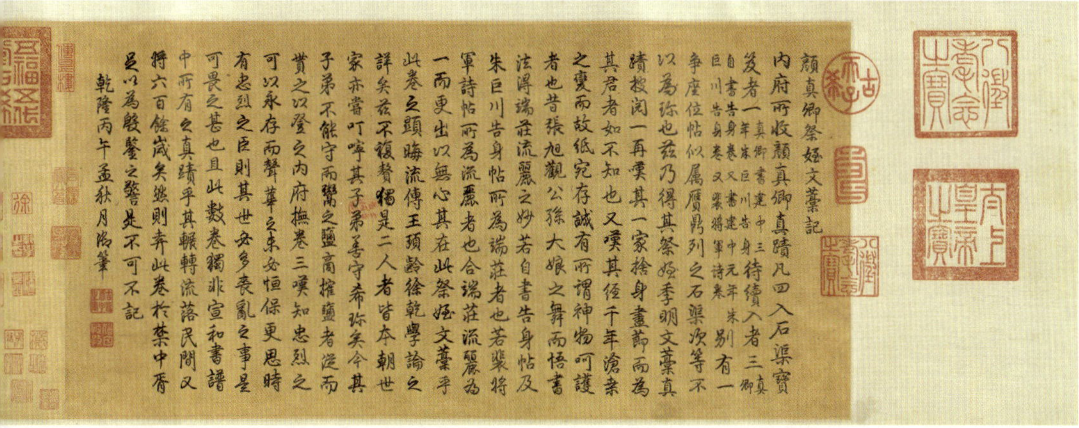

顏真卿御筆祭姪文藁記

內府所收顏真卿真蹟凡四入石渠寶笈者一真卿告身一真卿三表一爭座位帖一即此帖也別有一真卿祭姪文藁次等不與焉得非以列之石渠寶笈次等不以為弥足珍乃多以為弥足珍乃多以為弥足珍乃多以為弥足珍乃為為
乾隆丙午孟秋月御筆

宣和書譜載顏真卿御筆祭姪李明文知在錢塘傳聞數年辛丑歲因到江湖得於鮮于家請公繼觀此卷在世顏書中第一

世傳顏書凡見八本李光顏太保帖乞米帖頭首乞今在私書監馬病帖久南母告明首乞今在田師中家太子太師告又一條實家此祭姪李明文今在留

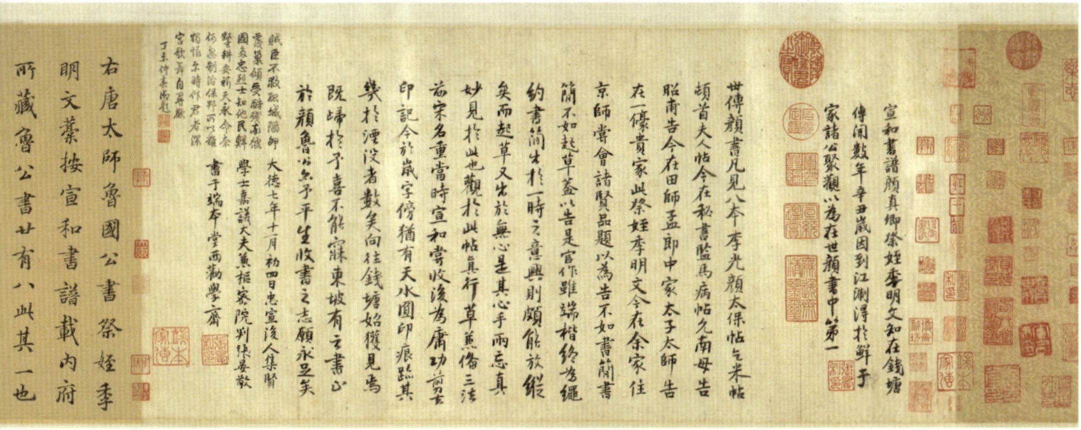

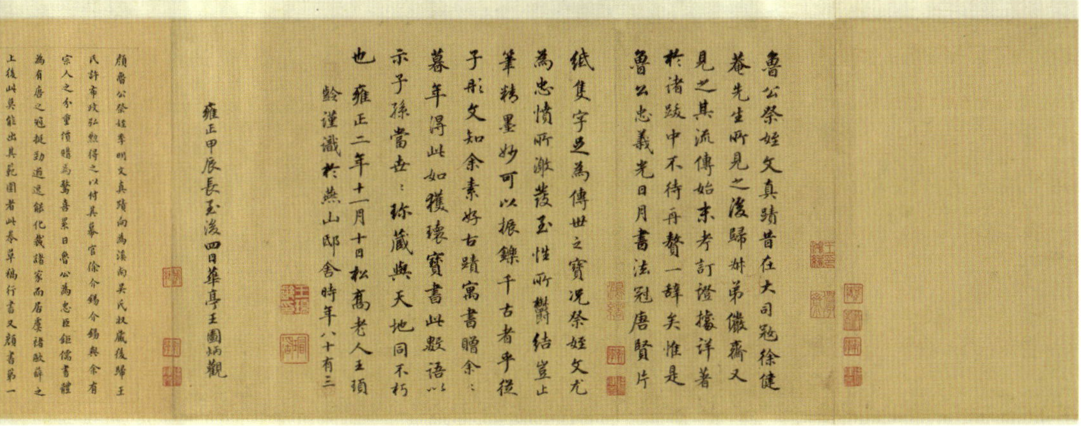

魯公祭姪文真蹟昔在大司寇徐健菴先生所見之後歸於弟儀齋又見之其流傳始末考訂證據益詳諸跋中不待再贅一辭矣惟是魯公忠義光日月書法冠唐賢片紙隻字足為傳世之寶況祭姪文尤為忠憤所激發玉性所鬱結宣是筆精墨妙可以振鑠千古者乎按於形以素紙寫書餘語以示子孫當共珍藏與天地同不朽也雍正甲辰十一月十日松嵩老人王頊齡謹識於燕山邸舍時年八十有三

右唐太師魯國公書祭姪李明文藁按宣和書譜載內府所藏魯公書卄有八此其一也

顏魯公忠節奏明文真蹟向為海監吳氏秘藏後歸王代許吳吳陵家於之以付其長子徐令揚令為忠孝家傳之的瑰寶也自有宋之庶敬出其苑猶勁遒逸書者此李楊行書文氣書第一

雍正甲辰長至後四日華亭王頊齡觀

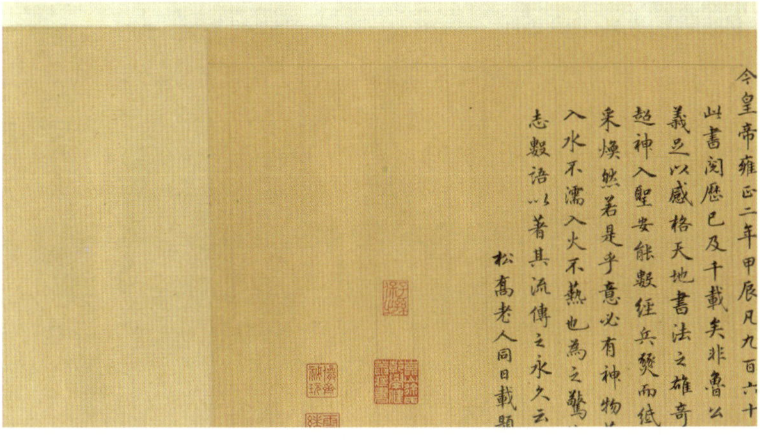

今皇帝雍正二年甲辰凡九百六十此書閱歷已及十載矣非魯公義烈必以感格天地書法之雄奇越神入聖安能歷經兵燹而紙墨煥然若是乎意必有神物護來入水不濡入火不熱也為之歎志數語以著其流傳之永久云
松嵩老人同日載題

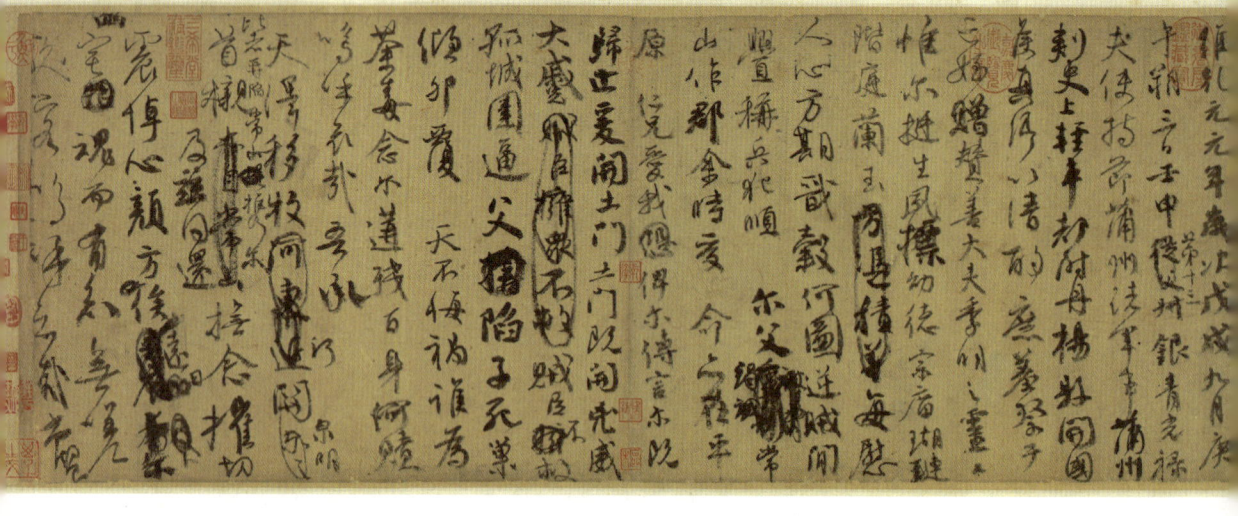

颜真卿《祭侄文稿》本幅，纵 29.2 厘米，横 59.6 厘米，纸本，
台北故宫博物院藏

根据《新唐书·列传七十八》载，颜真卿"立朝正色，刚而有礼，非公言直道，不萌于心。天下不以姓名称，而独曰'鲁公'"。意思就是说，颜真卿为人为官都非常正派，天下人尊敬他，所以不以他的名字称呼他，而独称他鲁公。等到安史之乱平息之后，颜真卿的声望更高，更加为权臣所忌。唐建中四年（783年）淮西节度使李希烈（？—786年）反，兵陷河南汝州，宰相卢杞乘机陷害颜真卿，他出了个很坏的主意，向德宗建议派四朝元老、德高望重的颜鲁公前往招抚，颜真卿明知道去了肯定难逃一死，却勇往直前，最后结局果然跟他的哥哥颜杲卿一样，李希烈以各种手段威胁利诱，颜真卿非但不为所动，还以视死如归的决心，写下《遗表》《祭文》与《墓志》之后从容就义，得年76岁。可以说，颜真卿一生历任四朝（玄宗、肃宗、代宗、德宗），先后力抗安禄山、李希烈，精忠报国，正史留名。《旧唐书》评论颜真卿其人"富于学，守其正，全其节，是文之杰也"；《新唐书》评论他"善正、草书，笔力遒婉，世宝传之"。北宋欧阳修得到颜鲁公书法残碑，非常喜欢，说颜真卿的书法"如忠臣烈士，道德君子，端严尊重，使人畏而爱之"。又说："斯人（鲁公）忠义出于天性，故其字画刚劲独立，不袭前迹，挺然奇伟，有似其为人。"颜真卿仁勇忠烈，正史垂训，后世景仰；他笔力万钧，

"书如其人",写的字就像他的人格一样忠烈,受人宝爱,这才是《祭侄文稿》传承1260多年的原因。

《祭侄文稿》传到北宋的时候,就已经被收藏入宫,载录于《宣和书谱》卷三,题名《祭侄季明文》。又根据书卷上钤有"贤志堂印"及"瑞文图书"(宋高宗吴皇后及宋高宗妃刘娘子鉴藏印)两印,得知此卷平安随宋室南渡,其后历元代大书家鲜于枢(1246—1302)及赵孟頫等人之手,到了清雍正二年(1724年)归武英殿大学士王项龄(1642—1725)所有,王氏留下两段跋记,阐述《祭侄文稿》得以传承千年的原因:"非鲁公之忠孝友义足以感格天地,书法之雄奇变化至于超神入圣,安能数经兵燹而纸墨完好、神采焕然若是乎。意必有神物获持故能入水不濡,入火不爇也。为之惊叹无已。"意思就是说,颜真卿的忠孝友义感动天地,再加上作品本身又写得很好,这幅作品才能经过战乱、天灾而保存完好。他还说:"鲁公忠义光日月,书法冠唐贤,片纸只字,足为传世之宝,况《祭侄文》尤为忠愤所激发,至性所郁结,岂止笔精墨妙可以振铄千古者乎。……余暮年得此,如获瑰宝,书此数语以示子孙,当世世珍藏,与天地同不朽也。"王项龄说他晚年得到《祭侄文稿》如获至宝,嘱咐子孙永远珍藏,但最终《祭侄文稿》还是被卖给了盐商,于乾隆年间转入清宫。

国宝文物如有神护,这也是抗日战争期间护持文物南迁的故宫人常说的话,颜真卿的《祭侄文稿》传承至今仍"纸墨完好,神采焕然",才可能在2019年出借到东京国立博物馆,参与"书圣之后:颜真卿及其时代书法特展"(2019年1月16日—2019年2月24日),供深爱书艺的日本观众观摩欣赏。

十二 宋徽宗《蜡梅山禽图》

已有丹青约:

台北故宫博物院所藏书画作品之中,宋徽宗的《蜡梅山禽图》也是特别受喜爱的一轴画卷,它倾诉了一位帝王对书画艺术的钟情。

宋徽宗赵佶(1082—1135,1100年—1125年在位),是北宋最后两位皇帝之一,亡国后成为阶下囚,死在五国城(今黑龙江依兰以东至乌苏里江口的松花江两岸),时年54岁。《宋史·徽宗本纪》直指他"玩物而丧志,纵欲而败度",以致国破家亡,告诫后继者应引以为戒。历史上的负面评论,传播近900年,直到中国艺术史研究崛起,宋徽宗的艺术成就才被讨论与肯定。2006年台北故宫博物院为了庆贺成立"80周年",全面展现北宋的艺术成就,最后冠以徽宗年号"大观",既肯定徽宗的艺术造诣,又描述了北宋艺术发展蔚为大观,策划"北宋书画""北宋汝窑""宋版图书"等三项特展,以"典范时代"形容这个时期的艺术文化成就:书艺绘画臻至巅峰、汝窑青瓷成就绝色、雕版印刷渐趋普及,无不影响了中国文化艺术的深远发展。

宋徽宗,北宋第八位皇帝,酷爱艺文,他本人就是一位极有成就的艺术家,他能诗、能书、能画,根据存世画迹,他是第一位将自己诗文、书法、绘画、花押、印玺结合在同一绢幅画上的艺术家。后代有很多人仿效伪造他的作品来营利,以致他的作品真伪难辨。他创书的瘦金体,个人风格强烈,在书法史上独具一格。他更重要的影响是将中国绘画艺术提至史上最高,成立翰林图画院,培育绘画人才,以绘画作为国家举才考试科目之一,留下充满诗意且脍炙

宋徽宗《蜡梅山禽图》横 53.3 厘米，纵 83.3 厘米，绢本，设色，台北故宫博物院藏

人口的考题，如："踏花归去马蹄香""乱山藏古寺""嫩绿枝头红一点，恼人春色不须多""野水无人渡，孤舟尽日横""蝴蝶梦中家万里，杜鹃枝上月三更"等，激发了画坛创意。他在位时宫中书画收藏也到达了巅峰，他敕谕编纂的《宣和画谱》及《宣和书谱》，收录自汉魏以来名画一共6396轴、书法佳作1344件，共载记了231位画家及197位书家的生平事略，留下了中国最早最完整的书画记录。

宋徽宗本人艺术天分极高，尤爱绘画，曾对大臣言："朕万几余暇，别无他好，惟好画耳。"根据留下的画迹与著录，他的绘画题材很广，举凡人物、仕女、山水、楼阁、花鸟无所不涉，尤其擅长翎毛，翎毛就是指以鸟兽为题材的中国画。南宋邓椿《画继》以"艺极于神""意匠天成，工夺造化，妙外之趣，咫尺千里"等语形容他的画艺，故宫博物院的专家余辉在《画里江山犹胜》称徽宗"以其纤巧工致、典雅绮丽的画风，创立了'宣和体'"。徽宗学养深厚，师承北宋前辈花鸟画家崔白、吴元瑜，受晚唐五代以降写实、写生的画风影响，对自然观察入微，留下了两则有趣的记载：其一，有一天，徽宗巡视刚完成装潢的龙德宫，没有称赞任何一个地方，独驻足观赏了殿廊拱中所绘月季花，询问画者是谁。下面的人回答是个新进画院的少年，徽宗传谕褒奖，侍从不明其中道理，徽宗说：月季花随着四时朝暮不断变化，画者能毫发不差地掌握春天正午月季变化，所以嘉奖他。其二，宣和殿前荔枝结果，引来了孔雀，徽宗召画师前来图写，于是大家各尽巧思，华彩灿然，其中有人画着孔雀举起右爪飞到藤墩上，徽宗说"不对"，众人都不明白，徽宗说"孔雀升高，必先举左"，意思是说孔雀飞的时候，会先举起左脚。画院众人于是都佩服皇帝观察细致入微。除此之外，他鼓励学画者应有创意，我们前面提到他给画院出的考题，就是为了激荡画者创意，例如"野水无人渡，孤舟尽日横"，我们想象一下，这个题目最后得第一名的人是怎么画的呢？原来，第一名画了一个船夫拿着一只横笛，卧于舟尾，表示并不是没有渡船，而是没有等待渡河的行人，同时也彰显了闲逸清幽画境。又比如"乱山藏古寺"这个题目，最后夺魁的人画的是满纸荒山，只能看到幡竿若隐若现，根本看不见古刹浮屠，这样题目中的"藏"的意思就表露无遗。除了注重写实、讲究创意外，徽宗也讲求法度传承，谕令每十天取出内府珍藏画轴两匣，供画院观摩学习。

传承、法度与创意，同样也展现在徽宗的艺术作品中，他的瘦金体书艺如此，他的花鸟画也是这样。现藏台北故宫博物院著录为宋徽宗的《蜡梅山禽图》，是一幅传承了北宋工笔设色写实的花鸟画卷，横 53.3 厘米，纵 83.3 厘米，画一株坚挺苍劲梅树拔地上扬，自右下方向左上方挺生，形成 S 形律动弧线（这是当时花鸟画流行构图），很自然地将画面划分为两部分，左侧较空，徽宗以瘦金体御题五言绝句："山禽矜逸态，梅粉弄轻柔。已有丹青约，千秋指白头。"仔细欣赏这幅画，我们可以看到数朵粉梅绽放在疏朗枝丫，一对笔触细致着色精准的山禽白头翁依偎栖息于枝头，枝间胡蜂飞绕，梅干旁生有两株正开着淡橘花朵的植物。《石渠宝笈·三编》著录为"山矾"；也有研究花卉的专家认为是复瓣水仙，盖因梅与水仙花期同在腊月隆冬，经常同时出现在岁朝时绘中，且花形与细长条叶正是水仙姿态。右下有徽宗瘦金体署款："宣和殿御制并书"及"天下一人"花押。全幅用笔精工细腻，构图生动，气韵闲静，绮丽超脱，两只山禽相互依偎着，情意缠绵。

宋徽宗的《蜡梅山禽图》已被台北故宫博物院登录为最高等级文物，虽然有些研究者对画幅名实不符，题名蜡梅，画的却是多重瓣白梅提出质疑；也有人主张是徽宗画院代笔。台北故宫博物院书画研究大家李霖灿在 1983 年《故宫读画札记》一文中指出，《宋中兴馆阁储藏图画记》（宋人杨王休编著）录徽宗"御题画"31 轴 1 册，前八轴"于御书诗后并有'宣和殿御制并书'七字"，其中有《香梅山白头》这幅画，画上所载的御书诗与《蜡梅山禽图》上徽宗瘦金体御书诗相同，因而提出《蜡梅山禽图》应正名为《香梅山白头》。八轴中的第二幅《芙蓉锦鸡图》现藏故宫博物院，书中记录御书诗与这幅画的画迹完全相符，更进一步证明"蜡梅山禽"是后代著录传抄误植之名。

在李霖灿先生的研究基础上，台北故宫博物院的书画专家们接续再根据徽宗瘦金体御书、"天下一人"花押等，与存世徽宗"御题画"比较研究下，推断《蜡梅山禽图》为徽宗真迹。这幅画于 2006 年入选"大观：北宋书画特展"，2011 年入选"精彩 100：国宝总动员特展"，作为台北故宫博物院最精彩的 100 件文物之一，2012 年经专家学者论证定为最高等级文物。

十三 心传目击之妙：易元吉《猴猫图》

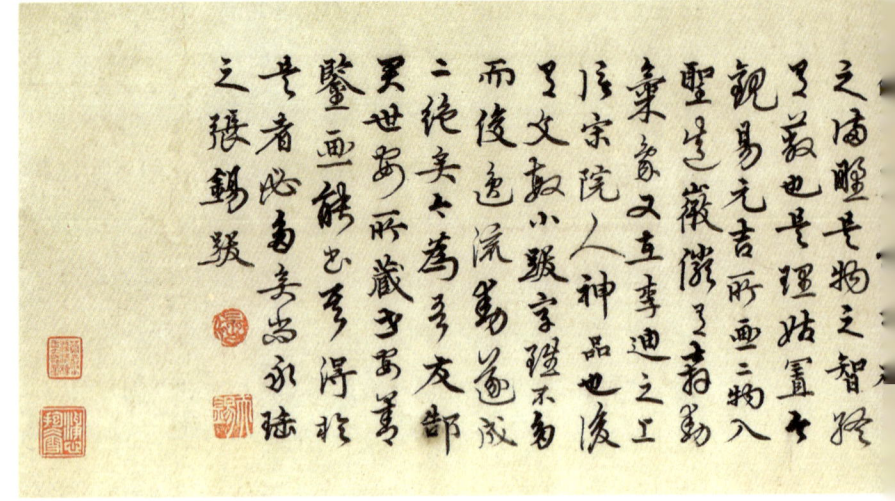

在台北故宫博物院所藏书画作品之中，易元吉的《猴猫图》是笔者特别喜欢的一张画卷，为什么呢？因为它浅显易懂，而且童趣盎然。

《猴猫图》横57.2厘米，纵31.9厘米，在北宋巨幅画作中属于小号作品。画卷构图十分特殊，主要在两端，看的人一眼便能心领神会，画家描述的是一场刚发生的场景：两只虎斑纹小花猫，悠闲地走过一只被皮绳拴在木桩上的黄猴身旁，谁知道这只黄猴突然伸手捉了一只小花猫，紧紧地抱在胸前，另一只小猫看到同伴被猴子抓住了，既害怕想要跑开，但是又张嘴露齿向蛮猴吼叫，以示抗议。我们看这只猫的姿态，弓着腰，竖着尾巴，可见处于非常紧张的状态；而那只蛮猴则坐在木桩前，紧紧抱着小猫，昂着头，露出狡黠得意的神情，似乎冲着吼叫的小猫说："你能把我怎么样呢？"被挟持的小猫，两只前脚一只被压在猴子的臂膀下面，一只高举着想要去抓蛮猴，两只后爪随着卷曲的身躯跷起，尾巴夹在两脚中间，动弹不得，一脸惊吓，两只眼睛瞪着猴子。易元吉捕捉到两种动物瞬间的互动，即景写生，传递千年，就像《宣和画谱》里面说的那样："心传目击之妙，一写于毫端间"，就是说他能够把自己心里感受到的、眼睛看

易元吉《猴猫图》横 57.2 厘米，纵 31.9 厘米，绢本，设色，
台北故宫博物院藏

到的，通过画笔画出来，与崔白《双喜图》有异曲同工之妙。

今天研究中国花鸟画发展史的学者，一定十分感慨，虽然五代至北宋花鸟名家辈出，但是他们的社会地位没有得到大众的肯定，致使大量画家的生平都没有被载入史册。比如《宋史》里立有《文苑传》，专门记载文人，但是没有"艺术传"，因为这种情况，导致许多画家事迹仅见录于画论画志中。易元吉是其中比较幸运的一位，他艺术生涯的转折变化，以及他如何练就自己的画艺，这些事迹都被保留在郭若虚的《图画见闻志》中，虽然只有三四百字，但篇幅远远超出这本书"花鸟门"所列的39人的事迹，包括影响宋代花鸟画深远的黄居寀、徐熙、赵昌、崔白等人。这是为什么呢？因为易元吉有别于宋代宫廷图画院培育的画家，他的作画方法独树一帜，他注重观察动植物自然生态，以写生手法作画，让撰述画论者觉得应该为他留下记录。根据《图画见闻志》卷四记载：易元吉，字庆之，湖南长沙人，于北宋治平年间（1064—1067）奉召入宫作画，说明他是11世纪中后期的人物。他天性机敏，以善画得名，开始时只专精花鸟，但当看到北宋另一位前辈画家赵昌的作品之后，十分钦佩，他就反省自己，如果不另辟蹊径，从前辈未到之处下功夫，是很难超越前人、扬名于画坛的，于是他改变作画方式，从写生入手，改画猿猴等动物画。为达到这个目的，易元吉曾经到湖南、湖北游览，深入山里，观察猿猴獐鹿等动物的自然状态，捕捉大自然最真实的一面；他还曾经在长沙的屋后建了一个小院子，栽种各种花草，吸引鸟雀过来栖息，便于自己观察鸟类的生态动静，以便画画。据记载，他曾经给余杭市都监厅屏风画了一只鹞，惊吓得燕子不敢归旧巢。当然这段记载或许有夸张的成分，但留下这样的故事，也说明了他写生功夫了得。他的画艺最后受到了宋英宗赵曙（1032—1067）的赏识，赵曙把他召进宫，画迎釐斋殿御用屏风：中央画太湖石，石头下面画洛阳牡丹，野生鸽子悠然花间，两侧屏面画着孔雀图，这幅画被《宣和画谱》著录为《花石珍禽图》；接着他又给神游殿画小屏风；后来又奉命给开先殿画《百猿图》。可以说，到这个时候易元吉的生平绝艺得以显发，可惜好景不长，在画《百猿图》的中途，易元吉病逝了。不过根据《宣和画谱》记载，徽宗时期御府收藏易元吉画卷一共有245幅，足以证明宋朝皇室对他画艺的肯定。

经过近千年的传承，易元吉存世真迹已经成为稀世珍宝。台北故宫博物院所

宋徽宗御题"易元吉猴猫图"与徽宗瘦金体书卷《秾芳诗帖》局部

藏的这幅《猴猫图》，画上虽然没有画家名款与印记，但画幅上有宋徽宗瘦金体御题"易元吉猴猫图"六个字，经专家比对，这六个字笔势劲逸，与台北故宫博物院所藏宋徽宗《秾芳诗帖》笔调一致；而且画上所钤"内府图书之印"与"宣和中祕"两印，都分别能在别的传世名迹上得到印证，证明这幅《猴猫图》确实曾经入藏宋宫。另外，这幅画的卷后有元代书家赵孟頫及明人张锡跋文；而且，清代孙承泽（1592—1676）《庚子销夏记》及嘉庆本《石渠宝笈三编》都把这幅作品列在易元吉名下，再次说明这是一张流传有序的易元吉真迹。

我们仔细看图上两只虎斑小花猫，除了眼睛、鼻翼、嘴和爪子，用墨线勾画轮廓之外，全身绒毛，都是用特别细的笔触，细细描绘，再上淡彩晕染，猫身上的虎斑纹则用比较深的赭墨来加染，显得层次分明；易元吉也用同样的手法来画黄猴，除了眼睛、鼻子、嘴巴和爪子使用线条勾画，黄猴的其他部位全部用细笔晕染来展现浑身猴毛。赵孟頫在拖尾题跋中这样赞叹易元吉："画手能状物之情如是……藏者其珍袭之。"意思是说，画家能把眼前的动物画得这么好这么像，收藏这幅画的人能不珍惜吗？

第六章　台北故宫博物院　｜　547

十四 中国历史上规模最大的一部类书：《永乐大典》

"类书"是中国古籍中的专有名词，类似今天的百科全书，但编辑方法完全不一样。百科全书是在条目下由编者撰文解释；类书则是将前人著述辑录汇编，总结了前人在不同时空背景下对这个词条的解释，这样也就间接保存了相关典籍。

《永乐大典》是明朝第三代皇帝明成祖朱棣（1402年—1424年在位）下令修造的一部类书，成书于永乐六年（1408年），全书含60卷目录，将近23 000卷，装帧成了11 000多册，大概有3.7亿字，它不仅是中国历史上最大的一部类书，也被《大英百科全书》誉为有史以来世上最大的百科全书。《永乐大典》最大的影响，倒不在明朝，而是激发了清代皇家编书的豪气与传承，清圣祖康熙皇帝编辑出版了《康熙字典》与《古今图书集成》，清高宗乾隆皇帝编辑了中国历史上规模最大的丛书《四库全书》，这都是在暗中与明代较劲，但是他们较劲的同时也保存了中国古代典籍。

永乐皇帝朱棣虽然不是明朝的开国皇帝，但他气势磅礴，宏图雄伟，开创了明初文治武功直追汉唐的格局。《永乐大典》始修于永乐元年（1403年），最初的名字叫《文献大成》，只收儒家经典，不符合皇帝的恢宏格局，因此后来永乐皇帝就命令太子少师儒僧姚广孝主其事，翰林院大学士解缙任总纂修，重新编辑，终于在永乐六年把这本书全部编辑完成，我们从《永乐大典》的巨大体量，可以想见动员编书的人力极大，搜书极博。

为什么这部大书会出现在明朝永乐年间呢？有研究指出，永乐初年具备了修纂大型图书必备的文化与经济条件，特别是图书汇集上，明宫皇家图书馆文渊阁的藏书，承袭了宋、辽、金、元四代典藏，而且太祖朱元璋、成祖朱棣两朝多次下诏寻访民间遗书，所以《永乐大典》可以说是汇聚了15世纪以前中国各种内容古籍而成的巨作，据粗略统计采辑典籍多达七八千种，号称"上自古初，迄于当世"，凡经、史、子、集、戏曲、平话、工技、艺术、农艺、医药、占卜、释道等门类，无所不包，规模远远超过了前代编纂的所有类书。

类书的编辑目的，就是为了让读者能够快速查检，但是《永乐大典》体量资料如此庞博，它是怎么做到让人有效查阅的呢？编者很聪明，他们采用"依韵寻字"的编辑方法解决了检索问题。什么叫"依韵寻字"呢？首先是根据《洪武正韵》80韵目排列单字，单字下先注录读音与字义，接着书写该字的篆、隶、真、行、草五种书体，最后列出该字的词汇，再把这个字或词汇的相关记载，整段、整卷，甚至整部抄录。由于是依韵编排，《永乐大典》虽然卷帙体量庞大，检查起来并不费力。

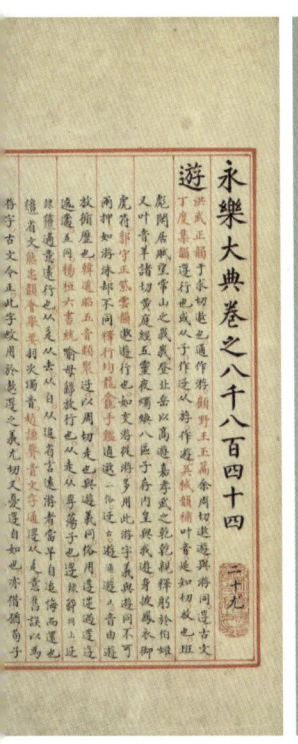

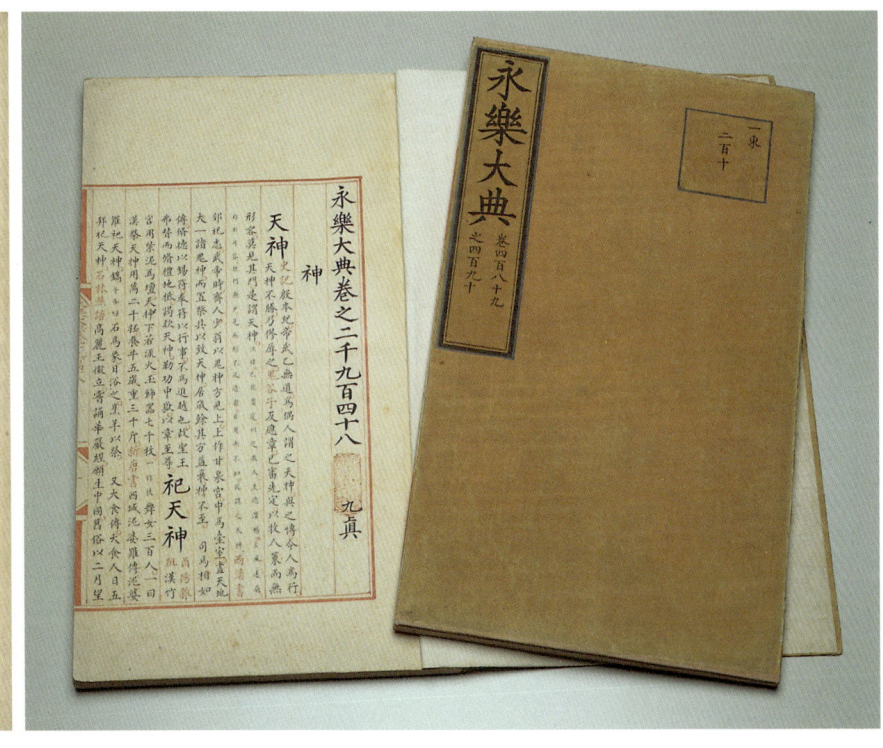

《永乐大典》依《洪武正韵》80韵目排列单字词条。大多两卷装成一册，包背装，封面用黄丝绢托裱，内衬厚纸数层，有如现代精装书

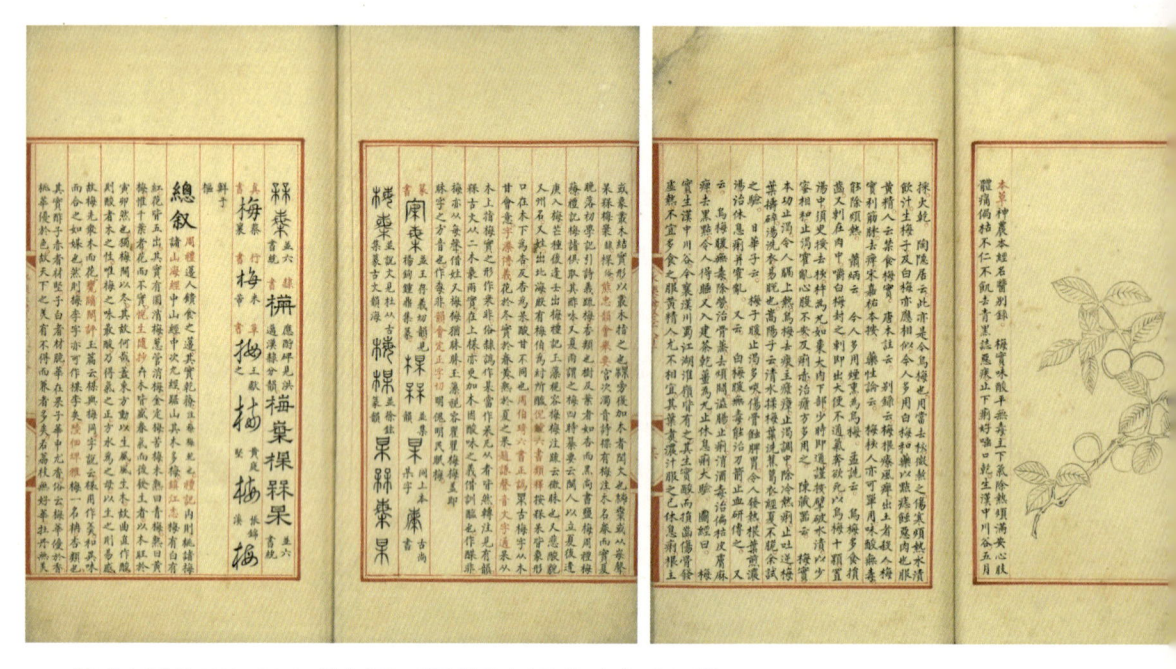

《永乐大典》卷2808—2813，"梅"字册。载录"梅"字之篆书、隶书、真书（蔡襄）、行书（米芾）、草书（王献之、黄庭坚、张锦溪、鲜于枢）等五种书体，临仿六位书家书迹及《梅实白描图》，总叙从《周礼》说起

　　《永乐大典》是朱丝栏写绘本，朱丝栏的意思就是一种画着红色格子的纸笺。尺幅比一般旧籍要宽广，四周是红色的双边。我们看到全书的排版非常美观，用字体和颜色来进行区分，一目了然。用端楷书写，工笔描绘，墨色黑亮、朱砂红艳。《永乐大典》的装帧也特别考究，封面用代表皇家的黄色丝绢托裱，内衬厚纸，因此封面相当硬挺，就像我们今天的精装书，在中国善本古籍中，都属于装帧制作特别精美的。

　　《永乐大典》受到后世珍爱，除了它在版本上标志着15世纪初中国在编书出版事业上的辉煌成就外，还因为它神秘的流传故事。《永乐大典》成书后，本来是藏在南京明朝皇宫的文渊阁。永乐十九年（1421年）明成祖迁都燕京（北京），《永乐大典》也跟着北移，而后经历仁宗、宣宗、英宗、代宗、宪宗、孝宗、武宗，在长达百余年的时间里都很少见到记载，直到明世宗嘉靖皇帝（1521年—1566年在位）即位，史载他是一位好古礼文的君主，经常翻阅《永乐大典》。嘉靖三十六年（1557年），明朝宫廷发生了一场大火，藏书的文渊阁也遭到火灾，岌岌可危，皇帝下了好几道命令，抢救出《永乐大典》。为防不测，嘉靖皇帝命令大学士徐阶（1503—1583），召集翰林儒生按原书式样摹写一部，用来保存。这部重抄本从嘉靖四十一年（1562年）开始，到穆宗隆庆元年（1567年）才告完成，前前后后用了六年时间，所以《永乐大典》就有了永乐本（正本）与嘉靖本（副本）两种版本，正本典藏文渊阁，副本放在皇史宬。自此之后，《永乐大典》渐渐淡出人们的视野。

从明到清直到今天，正本《永乐大典》像断线风筝一样，不知所踪，就像天下第一行书王羲之的《兰亭序》一样，自被唐太宗收藏后便失去踪迹。关于正本《永乐大典》，有说成为嘉靖皇帝陪葬品，有说毁于明末战乱，有说毁于乾清宫大火，甚至有人主张在皇史宬厚实的夹墙中。总之，11 095册正本消失得无影无踪，流传的是嘉靖副本。

根据记载，同样是11 095册的嘉靖副本，在清雍正年间，从皇史宬移到翰林院敬一亭。乾隆三十八年（1773年）纂修《四库全书》，嘉靖本《永乐大典》就是当时最重要的参考底本，四库全书修好之后，乾隆五十九年（1794年）清点《永乐大典》的时候剩了9881册；到了光绪元年（1875年）就剩下不到5000册了；再到光绪十二年（1886年）剩了900册；光绪二十年（1894年）又丢了100册；光绪二十六年（1900年）八国联军入京，仅存的800册有的被英国大使馆移出，有的被烧毁，有的被掠夺。等到光绪二十七年（1901年），英国大使馆归还了当年移出的330册，但是这330册随后就被监守者瓜分了，到这里为止嘉靖本《永乐大典》几乎散失殆尽。清末翰林院掌院学士陆润庠（1841—1915）曾追缴回64册，但一直保存在陆府；民国以后，在时任教育部社会教育司科长周树人（鲁迅）的奔走下，陆润庠最终把64册《永乐大典》送归教育部，其中60册转由京师图书馆保管。1928年京师图书馆改名北平图书馆。至1934年，北平图书馆的馆藏《永乐大典》增加到93册。抗日战争全面爆发后，为保存图书馆中善本古籍不被战争摧毁，部分幸存的《永乐大典》于1941年被运到美国国会图书馆保存，直到1965年才开始运转台湾，这就是台北故宫博物院62册《永乐大典》的由来。

《永乐大典》成书已经超过600年，残存于世虽仅有400余册，但是这部书却记录下15世纪中国一项伟大的文化建设，标志着中国编纂出版史上新的里程碑。

十五 朱批奏折：馆阁体与盛清三帝书法

奏折，是清朝高级官员向皇帝报告事务的一种文书，起源于清康熙年间。康熙皇帝鉴于承袭自明代的"公题私奏"（公事写题本，私事用奏本）制度，都是由内阁转呈，隐秘性不足，容易造成干预君权的情况，因此康熙决定赋予某些大臣密奏之权，奏折直接送达皇帝，皇帝朱批之后，直接发还原奏人。这样既保证了隐秘性，也保证了速度，还有利于皇帝直接统御大臣。雍正皇帝扩大了奏折的使用范围，定下回缴制度，意思就是凡是经过皇帝朱批的奏折，一律回缴宫中，储存在懋勤殿，大臣不得私藏，之后的皇帝沿袭了这个制度，成为定制。这就是台北故宫博物院158 000多件朱批奏折的由来。

朱批奏折是清代通行的公文书制度，是研究清代历史不可或缺的史料，还具体呈现了有清一代官场的流行书体，以及满族皇帝勤练书法的风貌。君臣之间通过朱批奏折商量国事、讨论地方、请安问候、闲话家常，也有助于后人更深一层地体会乾纲独断、君权唯尊的封建王朝的君臣关系。

清代官场流行馆阁体，士子应考也必须练好一手匀秀端正的馆阁体小楷，这种书体又被称为"干禄体"，是做官的必备条件。清人金安清（约1817—1880）记载，俗语形容馆阁体有"墨圆光方"特色。圆方，是指书体横平竖直结构必须规矩端正，方中带圆；墨光，是指墨色乌黑，笔画不许出现飞白、破锋，或泛油光。飞白是以枯笔写出来的带有空白的字，因为墨不够，或因行笔快速，所以笔画中有一丝丝的白笔。破锋是指笔锋是被打散的状态，显得比较狂野。要达到这些要求，书写时必须要恭谨小心，频繁地蘸墨，这样才不会出现干笔，并且应用上好的松烟墨，墨色才能乌黑饱满。

馆阁体盛行于清代官场与宫廷，在盛清三帝的带动下，几乎所有翰林学士、官员、学子等都会书写馆阁体。馆阁体在奏折中频繁出现，也在君臣唱和的画卷中屡屡现身，与清代宫廷艺术结为一体，贯穿清代两百多年。馆阁体中包含着浓郁的时代风尚，不应被我们忽视。

根据金安清《水窗春呓》的描述，清代馆阁体因为时代不同是有变化的，主要是受皇帝喜好的影响。康熙皇帝临习明代书家董其昌的字体，一时文臣都开始临习董其昌的字；雍正、乾隆两任皇帝都以唐代颜真卿的字为根底，也临北宋书家米芾和元代赵孟頫，这就促成了"墨圆光方"匀秀的馆阁体的盛行。接下来，笔者就以盛清两位重要书家词臣蒋溥（1708—1761）及梁诗正（1697—1763）的奏折、书法作品及皇帝朱批为例，介绍清朝盛行于宫廷、官场及学界的馆阁体。

蒋溥，江苏常熟人，他是大学士蒋廷锡（1669—1732）的儿子。雍正七年（1729年）钦赐举人，第二年（1730年）高中二甲第一名进士，入直南书房。雍正十年（1732年）他的父亲蒋廷锡去世，蒋溥奉灵柩归里，奉命安葬完毕即回京供职。

蒋溥于雍正十一年（1733年）任编修，后又迁内阁大学士，一生荣宠不衰，

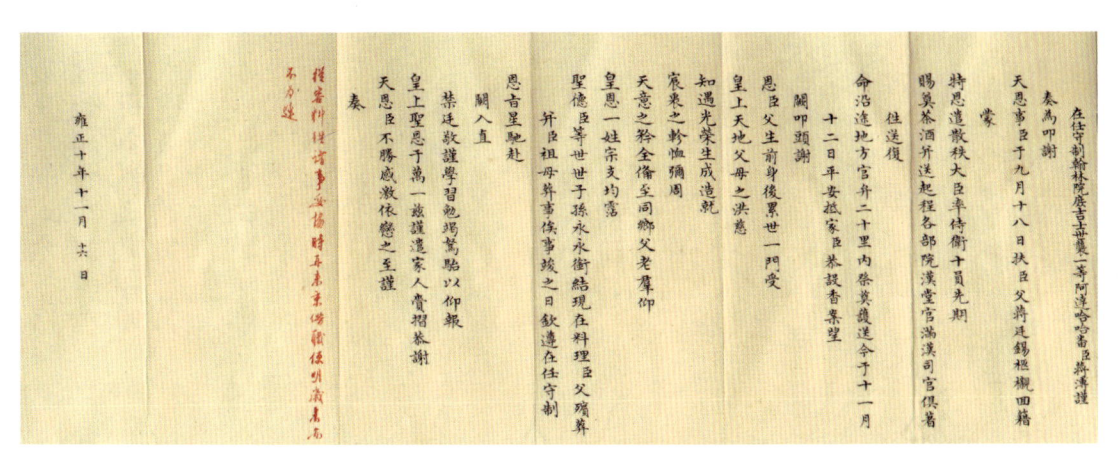

蒋溥《奏为叩谢天恩·臣扶臣父蒋廷锡柩榇回籍》 具奏日期：雍正十年十一月十六日
雍正朱批：从容料理诸事，妥协时再来京供职。便明岁来，亦不为过。

第六章　台北故宫博物院　|　553

历任要职，是雍乾两朝的重要词臣画家。乾隆二十六年（1761年）蒋溥病故在东阁大学士任上，谥文恪。蒋溥能书善画，他与父亲蒋廷锡都是宰相级的宫廷画家，除了处理政务之外，他们都留下了丰富的清宫创作，这些作品分藏在两岸故宫。

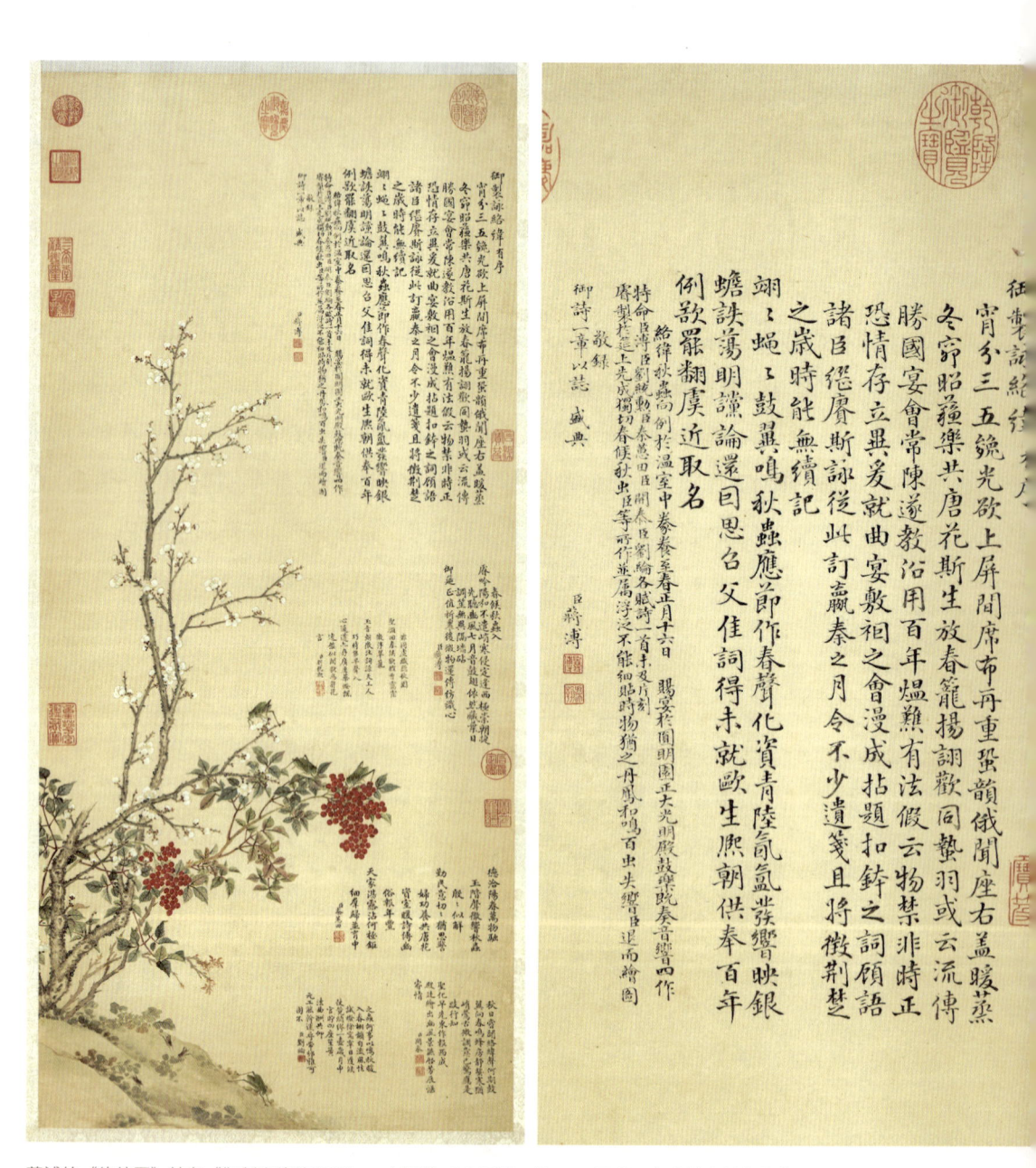

蒋溥绘《络纬图》并书《御制咏络纬有序》，本幅横 43.3 厘米，纵 92.7 厘米，台北故宫博物院藏

梁诗正,浙江钱塘县人,雍正八年(1730年)探花,以翰林院编修入直上书房,陪宝亲王读书,宝亲王就是后来的乾隆皇帝弘历。就这样,梁诗正跟乾隆建立了深厚的友谊,后来仕途顺达,历任要职。乾隆十三年(1748年)他被提拔为翰林院掌院学士。乾隆二十八年(1763年)他去世之后,谥文庄。乾隆四十五年(1780年),清高宗追忆词臣,梁诗正位列五词臣之首。梁诗正能诗工书,因此留下了丰富的君臣唱和与题跋,他的书法深得乾隆赏识,他还参与编修《三希堂法帖》;梁诗正也被后世论为清代书法家。

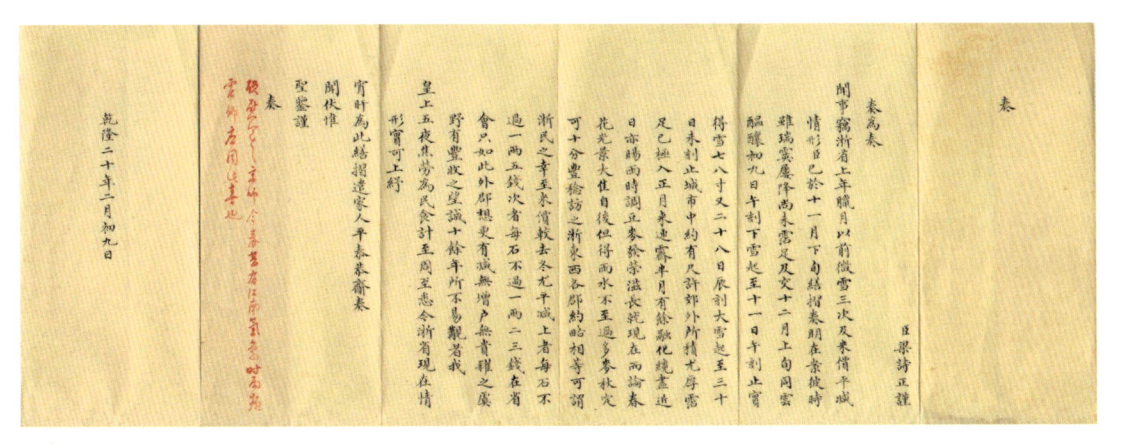

梁诗正《奏为浙省上年腊月以前微雪三次及米价平减情形》 具奏日期:乾隆二十年二月初九日
乾隆朱批:欣慰览之。京师今春甚有江南气象,时雨频霑,卿应同此喜也。

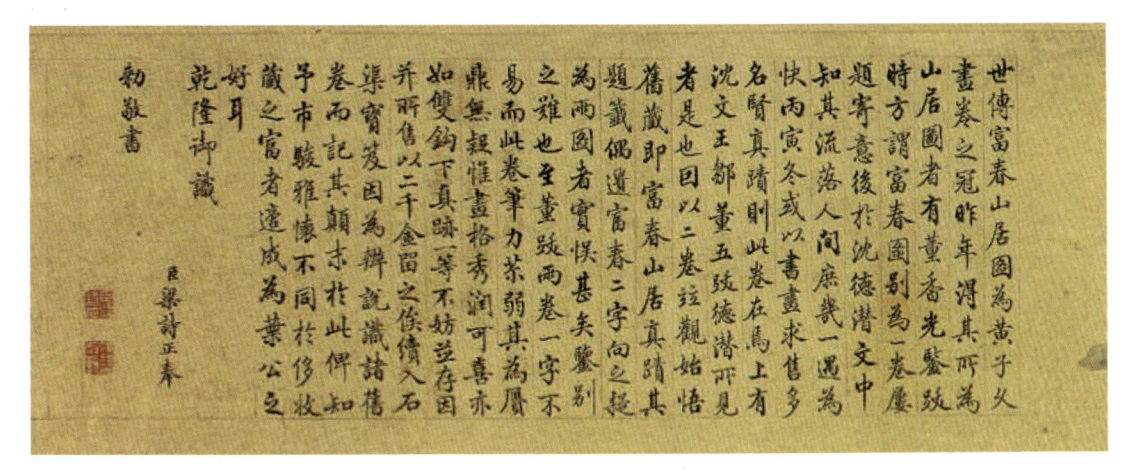

梁诗正奉敕于黄公望《富春山居图 · 子明卷》上敬书御识

第六章　台北故宫博物院　| 555

蒋溥与梁诗正的书迹端正秀丽、墨色黑亮，是清代馆阁体的上乘作品。

在了解了馆阁体之后，我们再来谈谈皇帝的朱批。朱批是指皇帝以朱笔在大臣奏折上批示，反映了皇帝日常写字的状态，因为批复奏折的时候，皇帝都是顺手写来，无须做作，也不用代笔，跟正式题跋不一样。所以这些日常的朱批更能真切地观察盛清三帝的书法成就。

用毛笔书写、批阅公文是皇帝的日常工作。根据史书记载，从康熙开始，清帝便勤练书法，康、雍、乾三帝都特别喜欢书法，留下的题跋墨迹特别多。康熙皇帝还曾经在《圣祖仁皇帝庭训格言》中自述他学书法的情形：

> 朕自幼嗜书法，凡见古人墨迹，必临一过。所临之条幅、手卷，将及万余。……大概书法，心正则笔正，书大字如小字。此正古人所谓心正气和，掌虚指实，得之于心而应之于手也。

在他的庭训下，不但皇子皇孙勤练书法，士大夫阶层的通行书体也受到影响。雍正皇帝也谈过他批大臣奏折的情形：

> 此等奏折，皆本人（大臣）封达朕前，朕亲自览阅，亲笔批发，一字一句，皆出朕之心思，无一件假手于人，亦无一人赞襄于侧，非如外廷宣布之谕旨，尚有阁臣等之撰拟也。

这段话的意思是说：这些奏折都是大臣亲自上奏给我，我亲自看了，亲自执笔批复的，不像外廷宣布的谕旨，还有阁臣帮着拟写。说明皇帝朱批从不假手于人，就是没有人代笔，肯定是他自己写的。

《红楼梦》的作者曹雪芹，他的父亲曹頫（1693—1715）和祖父曹寅（1658—1712）都曾经担任过江宁织造。从江宁织造曹寅、曹頫父子所上的朱批奏折，可以看到内务府官员所写书体及康熙皇帝勤练书法的成绩。

康熙特别喜欢书法，他认为临习书法是"陶养德性，有益身心"的活动。他常跟侍臣讨论古人的书迹，并且经常把自己的书法赐给群臣，或者给各个地方的名胜古迹题字。康熙年轻时写书法受翰林院侍读学士沈荃（1624—1684）影响，

江宁织造曹寅《请安折》 具奏日期：康熙四十三年七月二十九日
康熙朱批：朕体安善。尔不必来，明春朕欲南方走走，未定。倘有疑难之事，可以密折请旨，
凡奏折不可令人写，但有风声，关系匪浅，小心！小心！

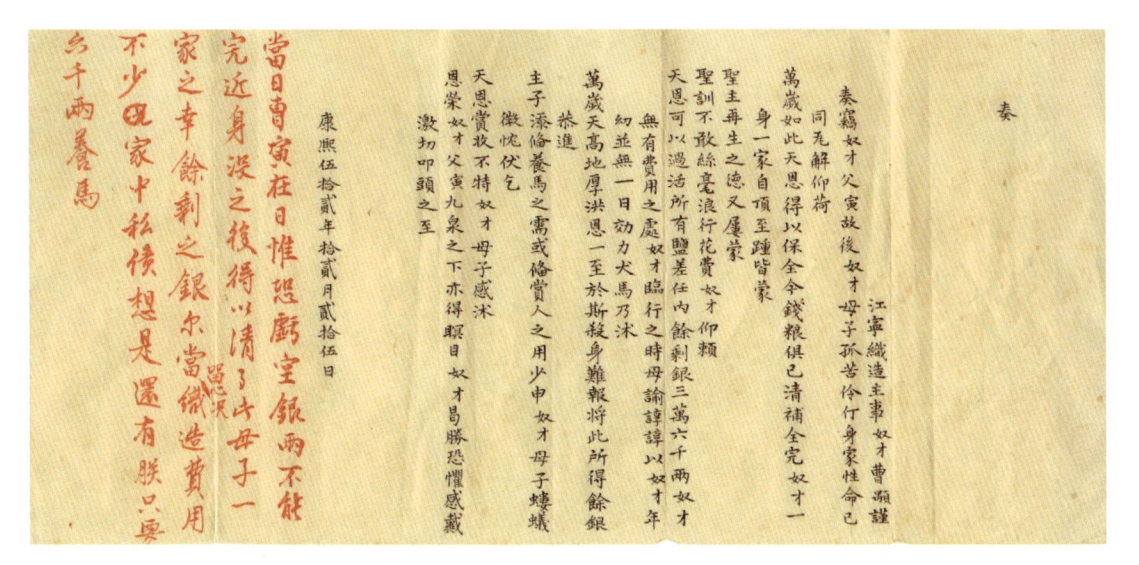

江宁织造曹顒《奏报钱粮具已清补全完余银恭进养马折》 具奏日期：康熙五十二年十二月二十五日
康熙朱批：当日曹寅在日，惟恐亏空银两不能完，近身没之后，得以清了，此母子一家之幸，余剩之银，
尔当留心，况织造费用不少，家中私债想是还有，朕只要六千两养马。

沈荃的书法则是学的董其昌。因此我们看康熙的朱批，楷书与行书结体疏秀圆柔，的确可以看到董其昌的影响。

雍正皇帝受康熙影响，自皇子时就爱好书法，经常临习宫中所藏的古代名家墨迹。他的朱批上的行书跟康熙帝相近，用笔流畅劲健，结字则偏高长，显得更为紧密。我们可以看河南巡抚田文镜（1662—1733）及湖南巡抚布兰泰（？—1752）所上奏折及雍正朱批。

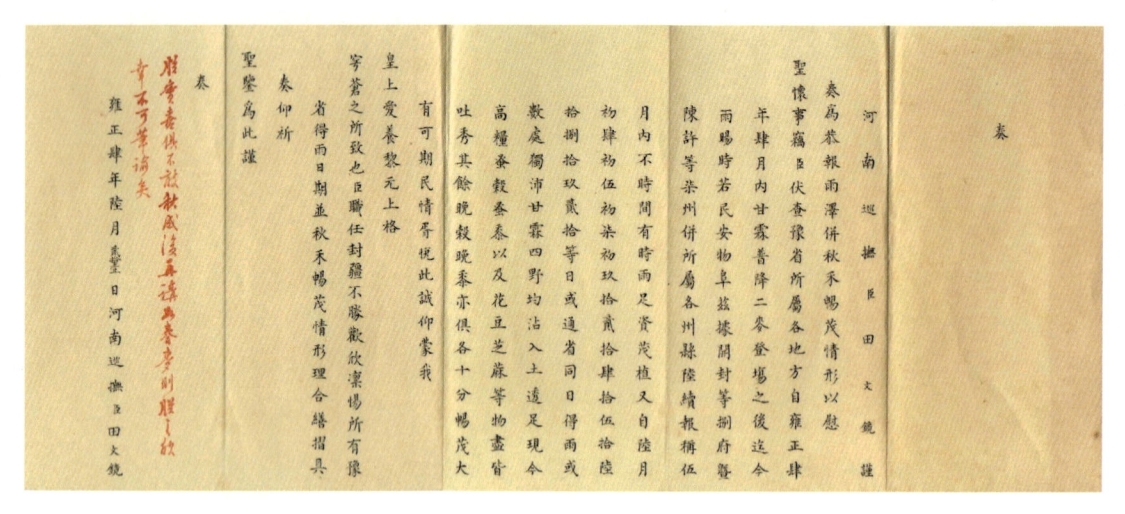

河南巡抚田文镜《奏报豫省雨泽及秋禾畅情形折》 具奏日期：雍正四年六月二十一日
雍正朱批：朕实喜俱不敢，秋成后再讲，如春麦则朕之欣幸不可笔谕矣！

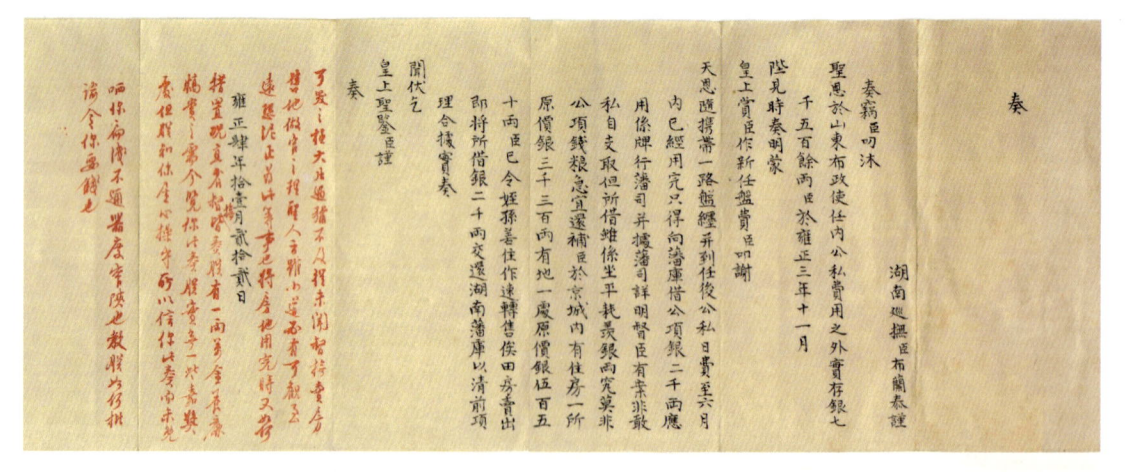

湖南巡抚布兰泰《奏卖房地产清还藩库借款折》 具奏日期：雍正四年十一月二十二日
雍正朱批：可笑之极，大凡过犹不及，从未闻督抚卖房售地做官之理。圣人云"虽小道必有可观，至远恐泥"，正为此等事也。将房地用完时又如何措置？况直省督抚皆奏朕，有一两万金养廉犒赏之需。今览你此奏，朕实无一些嘉奖处，但朕知你居心操守，所以信你此奏，而未免哂你扁浅不通，器度窄陕（狭）也。教朕如何批谕令你要钱也。

湖南巡抚布兰泰，满洲正白旗人，做官做到卖房地产填补亏损，还写个折子上报给皇帝，雍正批阅奏折的时候，肯定是哭笑不得，御笔一挥，写下了这段有趣的朱批。我们细读这段朱批，既能感受君臣对话的亲切，也可以赏评雍正皇帝流畅劲健的书体，而且可以从中看出满人勤练书法的成果。

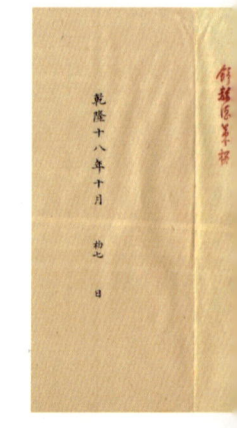

看完康熙和雍正的书法，我们再来看乾隆。乾隆皇帝在父亲的严格庭训下，从小就勤练书法，做皇子的时候就已经展露出才华，登极之后在处理政事之余，仍然不忘临习古帖，留下了丰富的书迹墨宝与诗文题记。乾隆皇帝对自己及盛清的书法成就充满自信，他曾经品题跨越康雍乾三朝的大书家张照（1691—1745）说"羲之后一人，舍照谁能若"，意思就是说，王羲之之后的书法家，除了你还有谁！乾隆皇帝这句话，就是在肯定盛清的书艺超越前朝，直追东晋。从乾隆皇帝留下的书迹与朱批来看，他早年笔法清秀流利，中晚年后逐渐变得浑厚圆劲，但是不管楷书、行书、草书，乾隆的书体风格始终如一，都是遵照王羲之的笔法。因为朱批奏折是日常实用的一种文书，书写的时候会比题跋古迹稍微放逸一些，用笔会多一些轻重浓淡变化，疏密相间，这种随意会增添许多书法的美感。

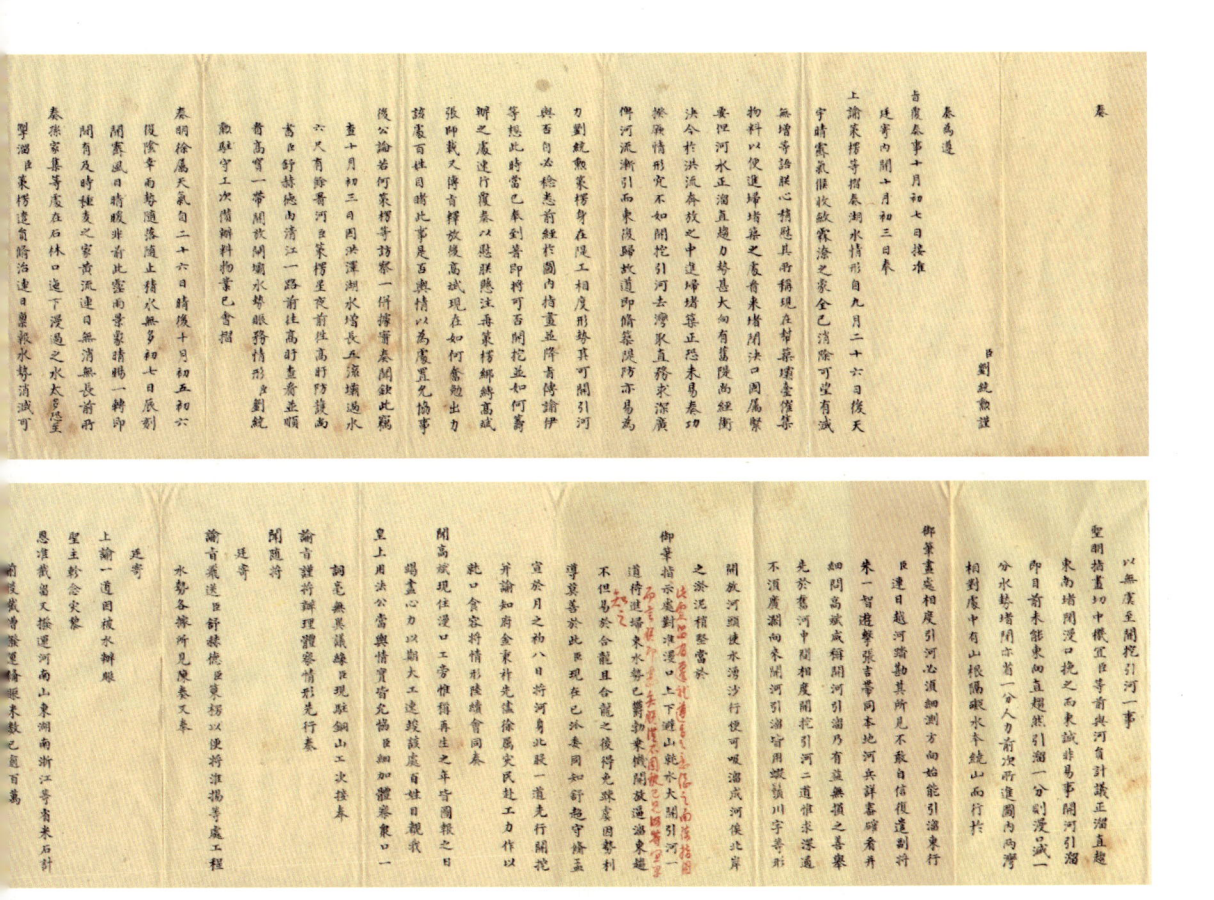

刑部尚书刘统勋《奏为洪泽湖水位稍降及催儹物料督办坝工情形折》具奏日期：乾隆十八年十月七日
乾隆朱批：览奏俱悉，今命卿速来京，以便面陈情形，较之来往问对更为亲切。可量力而来，亦不必疲顿道路。至催积物料，亦属要务，可告之舒赫德、策楞。

第六章　台北故宫博物院　| 559

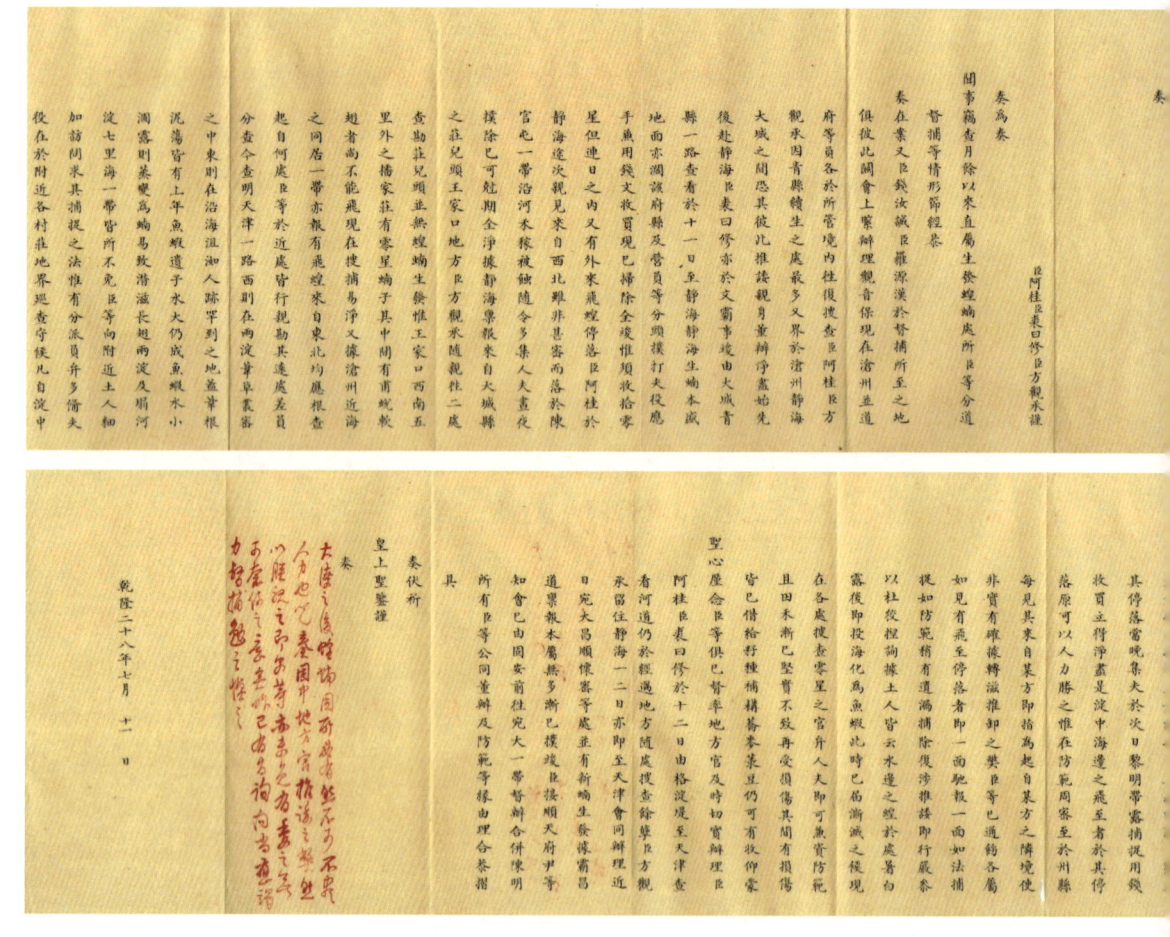

阿桂、裘曰修、方观承合奏《奏报分道督办直省蝗蝻情形折》具奏日期：乾隆二十八年七月十一日
乾隆朱批：大潦之后，蝗蝻固所必有，然不可不尽人力也。览奏固中地方官推诿之弊，然以朕视之，即尔等亦未免有委之无可奈何之意矣。昨已有旨询问，尚应竭力督捕，勉之，慎之。

　　帝王的书法作品，能够表现出他们自身的艺文修养。盛清三帝受传统书学观念影响，近的取法元代赵孟頫、明代董其昌，或上追唐代欧阳询、颜真卿、柳公权，以至东晋王羲之。三位皇帝取径虽然略有不同，但功夫都很深，喜欢匀秀、谨饬的书体，他们的书法引领时代风尚，与朝臣的馆阁体相呼应，成就了有清一代的书艺。虽然19世纪以后，朝廷之外的书家由帖入碑，创造了新的风尚，对馆阁体多有批评，但在笔者看来，馆阁体秀丽端正，与清宫艺术相始终，一直传承到清朝末年，直到科举考试停办、清王朝结束、西方笔墨传入，才真正式微。与此同时，中国传承了两千多年的毛笔书体，也退出日常生活，成为少数人学习的书法艺术。

十六 最华丽的儿童启蒙诗读本：《明解增和千家诗注》

在中国古代，儿童启蒙教育是从背诵开始的，大家可能都熟悉一句话："熟读唐诗三百首，不会作诗也会吟。"但《唐诗三百首》其实成书于清乾隆年间，那么，乾隆朝以前儿童的启蒙读本有哪些呢？背诵的是哪本诗集呢？古代儿童启蒙教育基本教材有所谓"三百千千"，指的是《三字经》《百家姓》《千字文》《千家诗》。时至今日，有些重视传统文化教育的父母，仍然在孩子进入学校接受正规教育前，教导孩子背诵《三字经》《百家姓》《千字文》等启蒙教材。在"三百千千"当中，只有《千家诗》被《唐诗三百首》取代了，但在 18 世纪乾隆朝以前，《千家诗》是非常重要的启蒙教育读本。

台北故宫博物院珍藏了一本图文并茂的《千家诗》，根据原始记录是南宋文人谢枋得（1226—1289）选注，经明代文人释义与依韵为所选诗增和诗一首，因而得名《明解增和千家诗注》。谢枋得，字君直，号叠山，信州弋阳（今属江西）人，南宋爱国诗人、文学家。南宋灭亡之后，他隐居福建建阳县，元朝建立之后多次诱降他，后来强迫他到了大都（北京），但是谢枋得坚决不降元，最后绝食而亡。这部诗集分上下两卷两本，上卷藏在台北故宫博物院，收录七言绝句 72 首，全书根据所选诗意配彩绘诗意图共 55 幅，图旁录有依韵增和诗 68 首。诗选按春、夏、秋、冬四季时序编排，优先选录南宋以前浅近、易读、易记又兼具教育意义的诗句，作为儿童启蒙读书的教材。

所谓"绝句",就是四句一首的短诗,有五言绝句与七言绝句两种,是唐代流行起来的诗歌体裁。例如台北故宫博物院所藏《明解增和千家诗注》上卷第一页所录第一首诗,选的是一首《春日偶成》:

云淡风轻近午天,傍花随柳过前川。
时人不识予心乐,将谓偷闲学少年。

《明解增和千家诗注》上卷页一a及《明道游春图》,台北故宫博物院藏

这是北宋理学大家程颢(1032—1085)留下的脍炙人口的七言绝句,浅显易懂,也很好背,这首短诗翻译成白话的意思就是:

微风轻轻,吹送着淡淡白云,近午时分我穿过花间柳荫走过前方河川。
凡夫俗子,不识我内心快乐,还以为我学习那些游荡在外的少年人呢!

这本诗集除了用黑亮饱满端正的楷体书写外，还用浓艳重彩的着色工笔画了一幅"明道游春图"，这个明道就是指程颢，程颢号明道先生。可以看到画里画了一个中年文士，穿了一身紫袍，带着两个童仆，一个手里拿着团扇，一个挑着食盒酒坛，他们穿过盛开的桃花与垂柳，来到桥前；可以看到远山青翠、流水潺潺、艳阳高挂、彩云舒卷、柳条轻拂，已经快到中午，这是一幅非常工整的诗意图。小孩看图读诗，更能明白诗意。图旁有一首明代文人依《春日偶成》押韵"增和"的七言绝句：

迟日融和霁景天，无边花柳艳山川。
断怀美景浑相得，岂学荒游度少年。

诗集编者首先介绍诗人程道明："名颢，字伯淳，河南人，谥明道先生，以经术为诸儒倡。卒，从祀孔子庙庭。"接着"释义"，解释这首诗是诗人游春偶得的作品。

诗集第二页收录的是北宋大诗人苏东坡的《春宵》：

春宵一刻值千金，花有清香月有阴。
歌管楼台声细细，秋千院落夜沉沉。

同样，端楷诗文上也用色泽艳丽的工笔画了一幅"春宵诗意图"，可以看到楼台上，两位身穿华服的女子坐在窗前似乎正轻声细语说着话，庭园中云雾弥漫，秋千空荡，半弯明月挂在天上，这个时候夜已深了，两位中年文士下了楼台走到外面，一起离开。同样，编者首先介绍诗人苏子瞻："名轼，号东坡，仕宋，官至翰林学士，以才学见重当时，夜召见便殿，太后以金莲烛送归院。"说明苏东坡因才学受到宋朝皇室重视，接着"释义"，同时录有明人增和诗一首。

从这本《千家诗注》的前两页，可以看到古人为了启蒙孩童读诗、写诗，除了配合季节为他们选读最好的唐宋诗外，而且还用工笔彩绘诗意图、简明地介绍诗人、解释诗意及点出作诗动机，最后请时人依韵和诗一首，作为示范。可以说，这是一本编得特别好的孩童学诗的基本教材。

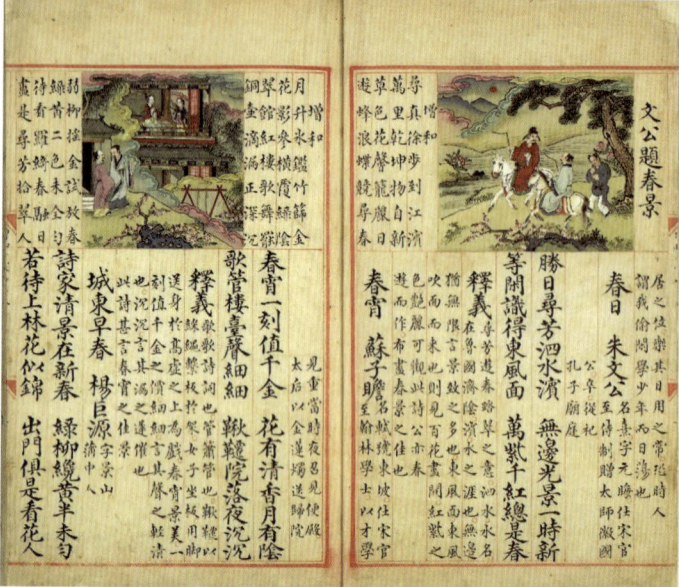

《明解增和千家诗注》上卷页一b至页二a及"春宵"插图

接下来,我们再来看看《明解增和千家诗注》的制作。全书沿用宋明以来建安地区(福建建安盛产竹木,造纸业兴盛,南宋以后成为雕版印书业中心,历元明不衰)刻书附图惯用的上图下文的版面设计,行格疏朗,朱丝栏框,手写彩绘成书。这本诗集字体端正,墨色光亮饱满,图绘色彩艳丽,它是用天然矿物染料画的,所以即便过去了很久,颜色依然特别鲜艳。最令人惊艳的是,在这么小的版面里,能够扣合诗意作画,构图细致,人物、建筑及景色等都被特别精心、仔细地描绘了出来,纹饰边线经常是用昂贵泥金来勾勒点饰的,展现出了贵气不凡的工笔彩绘的造诣,看起来赏心悦目,这样肯定有助于孩童读诗时的理解,而且全书采用加厚的皮纸,坚韧耐翻。

前文我们提到,这本《明解增和千家诗注》有上下两卷,台北故宫博物院藏有的是上卷,那么下卷呢?《明解增和千家诗注》卷二册二,现藏于北京中国国家图书馆,收录七言律诗36首,配彩绘诗意图共48幅,依韵增和诗32首。律诗也是唐代流行的一种诗歌体裁,比绝句长一倍,共八句。上下两卷两册虽然分别藏在两岸两座不同的博物馆与图书馆,但版面、字体、绘画及编书的风格,都

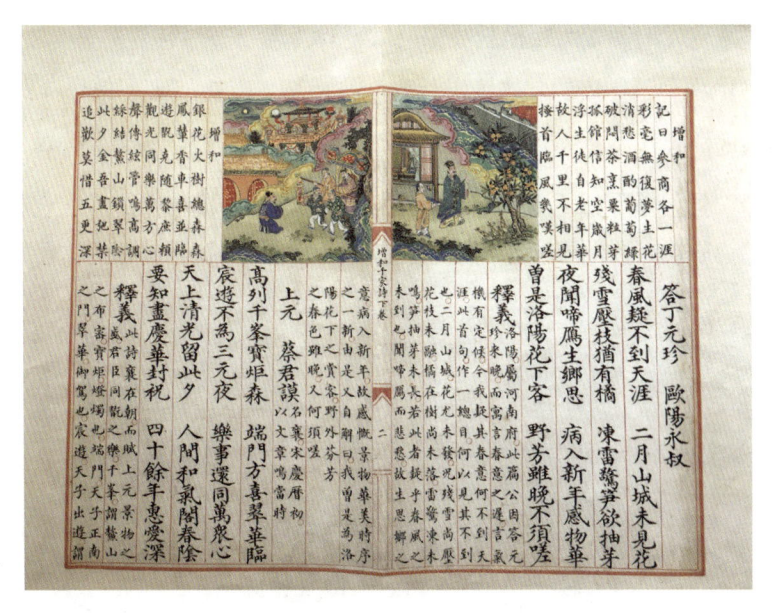

《明解增和千家诗注》下卷页二 ab，中国国家图书馆藏

完全一致，研究者早已论断这应该是一部诗集的下两册，而且是存世孤本，极为珍稀。

令人好奇的是，这套《明解增和千家诗注》制作如此精美考究，难道是给谁特别编制的启蒙读本吗？中国古籍版本专家李致忠先生曾经撰文指出，这套书极可能是张居正给万历皇帝（1572年—1620年在位）所编的启蒙教本，万历皇帝六岁被立为太子、十岁登基，张居正一直担任他的老师；当然也有人不同意这个说法。但是台北故宫博物院通过把这本书跟所藏的其他明代古籍所附彩图插画进行比较研究，指出这本《明解增和千家诗注》不但制作出于明宫，而且书里的绘图也极可能出自明代宫廷画师。明朝宫廷为什么要制作这么考究精美的儿童启蒙读物？莫非真的是给皇子皇孙准备的吗？总之，这本书制作精美，肯定不是寻常人家读本。

中国善本古籍的聚散流传，有很多感人的故事，台北故宫博物院所藏的这本《明解增和千家诗注》就有一段鲜为人知的漂洋过海的故事。这本诗集原藏于国立北平图书馆，最早被著录在1933年赵万里所编《国立北平图书馆善本书目》中，并且跟一些宋元旧刊、明版精刻及传世孤罕的善本图书同被编入甲库。1934年，北平图书馆将列于甲库的善本图书优先装箱南运，以避战火。1941年战事更加严峻，遍地烽火，为了保证安全，北平图书馆再精选两万余册甲库善本书籍运送美国国会图书馆保存，到1965年才开始运回台湾，移藏在台北故宫博物院。这个故事说明前人对古籍的珍爱，正是他们竭尽所能，才确保脆弱的古籍能够保存至今。

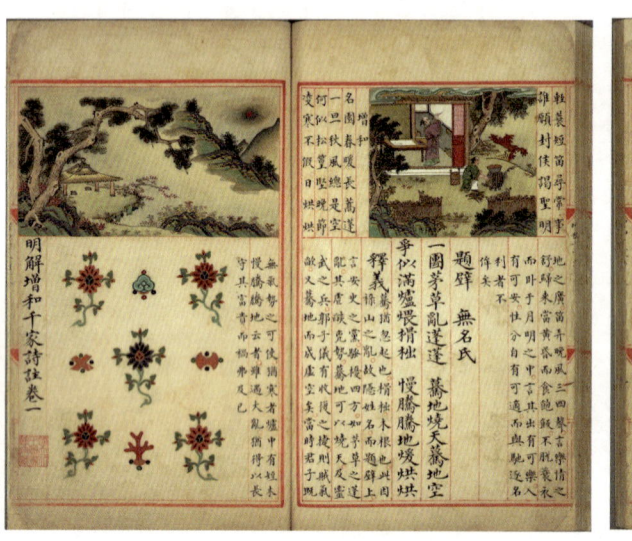

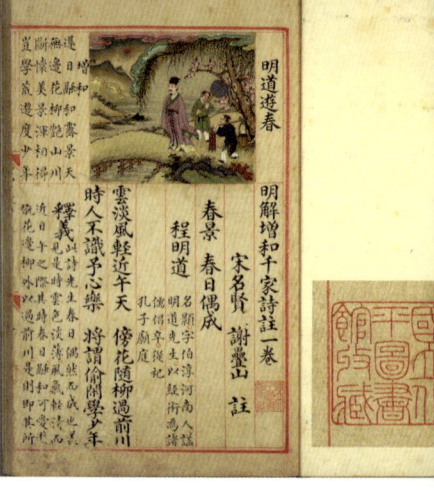

《明解增和千家诗注》上卷页一a、最后一页及"国立北平图书馆"藏书印

©中南博集天卷文化传媒有限公司。本书版权受法律保护。未经权利人许可，任何人不得以任何方式使用本书包括正文、插图、封面、版式等任何部分内容，违者将受到法律制裁。

图书在版编目（CIP）数据

看见故宫 / 余辉等著. -- 长沙：湖南文艺出版社，2023.4
ISBN 978-7-5726-0834-6

Ⅰ. ①看… Ⅱ. ①余… Ⅲ. ①故宫 – 历史文物 – 介绍 – 北京②故宫 – 历史文物 – 介绍 – 台湾 Ⅳ. ① K870.4

中国版本图书馆 CIP 数据核字（2022）第 156283 号

上架建议：历史·文物

KANJIAN GUGONG

看见故宫

著　　者：余　辉　冯明珠　徐　琳　王健华　丁　孟　马顺平
出 版 人：陈新文
责任编辑：刘雪琳
出 品 人：谭木声
学术策划：杨澜洁
特约监制：罗　瑾　张　茜　徐　荣
监　　制：秦　青
特约编辑：陈　皮
文案编辑：王　争　王子佳
营销编辑：王思懿
封面设计：利　锐
版式设计：潘雪琴
出　　版：湖南文艺出版社
　　　　　（长沙市雨花区东二环一段 508 号　邮编：410014）
网　　址：www.hnwy.net
印　　刷：河北鹏润印刷有限公司
经　　销：新华书店
开　　本：760mm×1060mm　1/16
字　　数：613 千字
印　　张：36.5
版　　次：2023 年 4 月第 1 版
印　　次：2023 年 4 月第 1 次印刷
书　　号：ISBN 978-7-5726-0834-6
定　　价：198.00 元

若有质量问题，请致电质量监督电话：010-59096394
团购电话：010-59320018